心理實驗學

孟慶茂、常建華◎著

作者簡介

孟慶茂

　　北京師範大學心理學系教授，1966 年畢業於北京師範大學教育系心理學專業，曾任中學教師，1978 年始在北京師範大學心理學系擔任教師，講授「實驗心理學」、「心理與教育統計學」、「心理學研究方法，實驗設計」及「多元統計分析」等課。著有「心理與教育統計學」、「實驗心理學」「教育統計與測量」等，發表過有關模糊數學方法在心理學研究中的應用等一系列研究論文。

常建華

　　北京師範大學心理學系高級實驗師，現任北京師範大學實驗中心主任，自 1961 年始一直從事心理實驗課的教學及管理與儀器研製。著有「實驗心理學」（合著）以及有關的研究論文。

前　言

　　該書在長達十餘年的教學實踐中得到不斷的補充與修改，搜集了國內外大量認知過程實驗研究中有關實驗方法方面的成果，補充了其它同類教材沒有的一些新方法，如適應性方法，信號檢測論的模糊數學計算方法等。本書以實驗研究方法爲主線，處理大量實驗心理學研究的成果，資料脈絡清楚，行文簡鍊。除可作爲心理專業本科生的基礎課「實驗心理學」教材之外，還可供工業設計、建築、交通、環境等與人類行爲效果有關領域的教學與科學研究工作者參考。

　　囿於作者的水平，本書一定會有很多不盡人意或錯誤之處，誠懇地希望讀者能不吝賜教。

編者

一九九七年八月二十日

於北京師範大學

目　錄

第四章　信號檢測論方法

第五章　心理物理量表法──閾上感知的測量

第六章　反應時法

第七章　聽覺實驗

第八章　視感覺實驗

緒　論

第一節　心理實驗學與實驗心理學

　　心理實驗學是一門什麼樣的學問？它的對象、任務是什麼？這些問題是學習心理實驗學必須了解的，因為這一問題涉及到心理實驗學的教學目標，即怎樣學習心理實驗學、學習的主要目標是什麼、應掌握哪些內容等等。同時，這一問題也涉及到「心理實驗學」與「普通心理學」的關係、內容劃分以及對大量心理實驗資料如何整理等一系列問題。

一、心理實驗學與實驗心理學的對象與任務

　　各類實驗心理學教科書，對什麼是實驗心理學的理解和解釋不盡相同，因此，所闡述的內容也不相同。歸納起來大致可劃分兩類：一類為廣義理解的實驗心理學，即「實驗的心理學」也稱「普通心理學」。另一類為狹義理解的實驗心理學，即心理實驗學——研究心理實驗的理論方法及技術操作的學問。

　　廣義理解的實驗心理學，其對象是指應用實驗的方法研究心理現象和行為規律的科學，即「實驗的」心理學。這一概念最早於一八六二年，由著名的德國心理學家，實驗心理學先驅之一的馮特（Wilhelm Wundt, 1832~1920）在他的《感官知覺理論貢獻》論文集的導言中提出來的。他所提出的「實驗心理學」是作為他創建新心理學，即科學心理學的代名詞。但今天我們所說的實驗心理學並不能包含科學的心理學，它只作為科學心理學的一部分。因為實驗的方法並不是研究心理學的唯一方法，除實驗之外，還有很多方法如觀察法、問卷法、調查訪問法、個案分析法、測驗量表法等等都是研究心理學的科學方法。所以，科學心理學並不能僅歸結為實驗心理學。但是當初，馮特所說的實驗心理學確是新心理學的代名詞，因為當時心理學尚未成為一門獨立的科學，它只是哲學的一個附屬部分，主要是用思辨即唯理的方法由哲學家們加以研究，馮特為了

區別他所提出的新心理學與早期的哲學家們研究的心理學，即提出「實驗心理學」一詞，用以表示他的新心理學是用實驗方法研究的心理學，與思辨的心理學（哲學家們所研究的）大相逕庭。

自 1879 年馮特在萊比錫大學建立第一個心理實驗室（即實際意義上的心理學研究所），科學心理學宣布獨立以來，心理學的實驗研究廣泛開展，實驗方法不斷得到完善和補充，實驗研究的範圍逐漸拓寬，由當初的感覺、知覺方面，逐漸深入到學習、記憶、情緒、動機、意志及人格等各方面，在臨床、教育、工程等心理學的應用上，也用實驗的方法對這些問題進行研究，取得了大量豐富的研究成果，如何通過這些豐碩的研究成果進一步揭示心理現象及行為規律，並進而運用這些規律預測和控制心理現象及行為的發生與發展，便是實驗心理學的任務。在這一點上，它與今天的「普通心理學」非常接近。作為普通心理學所揭示和研究心理現象產生和發展的一般規律，雖然不是全部都是依據實驗心理學，但主要依據確實是實驗心理學的研究成果。因此，如果實驗心理學注重理論與基本規律，所涉及的內容勢必與普通心理學相重複，如果只注意搜集研究結果，那只能算是實驗材料的堆砌，必然成為內容龐雜，材料鬆散的研究資料匯編，很難形成自己獨特的體系。就已出版的一些實驗心理學教材看，也的確如此。如早期的《心理學上幾個重大實驗》（H. E. Gurrett, 1931~1951）、《實驗心理學手冊》（S. S. Stevens, 1951）《實驗心理學》（R. S. Woodworth、H. Schlosberg, 1939、1955、1972）。武德沃斯等所著的《實驗心理學》共修訂了三版，影響較大，但其內容龐雜，材料鬆散，資料匯編的特色更是明顯，很難作為一本教科書應用。

狹義理解的實驗心理學，稱作「心理實驗學」更為貼切，它的研究對象是如何進行心理實驗，即做心理實驗的理論、方法、操作等及與此有關的問題。它的任務是：研究問題如何提出、受試者如何選擇、實驗中各種變量如何標識、控制和測量、實驗如何進行、應怎樣安排，實驗結果如何分析、解釋及處理等等。因為心理實驗的對象是人或其它生命體，一般要求受試者在健全的身心狀態下接受試驗，除非在極特殊的情況下，一般不能採用具有損害性的方法任意作用在研究對象身上。心理活動很複雜又不易觀測，嚴格說來只能間接研究，並且需要邏輯判斷。不同的心理現象，不同的心理過程，不同的研究對象，其各自的方法也不同。從上述意義上講，心理實驗遠比物理實驗、化學實驗、生

理實驗等複雜，這些心理實驗的特點也就構成了心理實驗的困難所在。但隨著實驗心理學研究的深入，這些問題都得到了一定程度的解決，總結了一系列符合心理實驗的理論、技術、方法與實驗設計。但也毋庸置疑的，其間存在不少問題，還有待於得到進一步的解決。屬於這方面的實驗心理學教材，有《實驗心理學的方法與理論》（C. E. Osgood, 1953）、《心理學實驗方法》（B. J. Underwood & J. J. Shaughnessy, 1975）等，這些教材主要從如何做心理實驗、如何進行研究設計、如何進行統計分析等方面總結實驗心理學，自成體系。

實驗心理學兩個既相聯繫又相區別的含義，構成了對實驗心理學的研究對象與任務的不同理解。本書按狹義理解的實驗心理學，即心理實驗學的角度，從實驗方法、理論、實驗設計、操作方面編寫，對於一些研究結果只作爲研究例證應用，對其心理學理論方面的貢獻不作深入闡述，有關研究方法方面，只介紹一般較爲通用的方法，至於其它更具體、特殊的一些方法則留待各學科介紹。

二、實驗心理學的建立與發展

實驗心理學在整個心理學的發展歷史上，具有十分重要的地位。1879 年第一個心理實驗室的建立，標誌著科學心理學的誕生，以後隨著實驗心理學的發展，科學心理學也隨之發展。雖然實驗心理學的建立到現在只有一百多年的歷史，但它所促成的心理科學的發展，卻超過了以往許多世紀。

一門科學的建立與發展絕非偶然，它是由於人類社會實踐的發展與需要，以及相關學科的發展與需要而孕育發展起來的。實驗心理學也不例外，它也經歷了孕育、建立與發展的不同階段。

㈠實驗心理學的孕育

大約在十八世紀中葉到十九世紀中葉，近一個世紀的時間裡，有一些天文學家、物理學家及生理學家，採用自然科學的實驗方法開始對一些心理現象進行了研究。而這時哲學家康德卻武斷地認爲心理學永遠不能成爲一門科學，因爲不能用實驗的方法來研究和測量出心理現象及心理過程，它只能作爲哲學的附庸。

最早對心理學的反應時間感興趣，並開始對其進行實驗研究的是一批天文學家和生理學家。天文學家——格林威治天文臺臺長馬斯基林（Maskelyne），

在 1796 年發現他的助手金納布羅克（Kinnebrook）在觀察星體通過子午線時，觀察時間總比他慢一秒鐘，當時觀察星體通過子午線是用眼耳法，即一邊數節拍器的滴答次數，一邊觀察星體的運行情況。當時馬斯基林認為他的助手金納布羅克失職，而辭退了他。大約二十年後，這一事件引起了德國柯尼斯貝格天文臺的天文學家柏色爾（Beesel）的注意，他比較了他自己與另一位天文學家安吉蘭德（Angelander）觀測同一星體的通過時間，也發現他們之間有著明顯的差異，提出了「人差方程式」：$B - A = X$ 這個等式反映著兩個觀察者 A 與 B 之間的差異。由於天文學家發現的人差方程式，引起了對反應時間的研究興趣，一些研究者開始研製測定反應時間的測試儀器，並對反應時間進行了深入的研究，測定了人類真正的反應時間：大約在 137~223 毫秒之間，為即將誕生的實驗心理學準備了一定的條件。後來生理學家黑姆霍茲（Helmhlotz）成功地測定了運動神經的傳導速度。再後來心理學家馮特（1862）和卡特爾（J. M. Cattell, 1886）進一步研究其影響因素，「反應時間」也就成了實驗心理學建立後的早期研究課題，吸引了很多科學家，並取得了很有意義的研究成果。

實驗生理學的發展及其所取得的成果，尤其是所提供的各種實驗方法，為實驗心理學的建立奠定了基礎。波林（Edwin G. Boriing）指出，十九世紀上半葉，實驗心理學創始於實驗生理學之內，他闡述了如下一些實驗生理學進展的實例：(1)感覺和運動神經不同功能的發現（Charles Bell & Francois Magendie 等）；(2)特殊的神經能，五種感官各為不同類的神經纖維，功能也不同（Johnnes Müller & Helmhlotz）；(3)感覺：對感官和感覺現象學獲得了大量的成績（繆勒、普肯野有關視覺的貢獻，歐姆關於聽覺聲波的傅立葉分析，韋伯關於觸覺的研究等）；(4)顱相學：關於心理機能有賴於腦內特殊的相應區域（Fanz Joseph Gall et, 1800）；(5)腦機能定位：感覺、理智、情緒之類的心理機能在腦內的定位以及布羅卡（Paul Broca）語言中樞的發現；(6)反射動作：人與動物的某些運動可能是自動的和不隨意的（Marshall Hall, 1832）；(7)神經衝動電的性質；(8)神經衝動速度的研究（Helmhlotz, 1850）。總之，實驗生理學的這些研究成果及其實驗方法，為實驗心理學的建立準備了一定的條件。除實驗生理學之外，科學的其它部門，對心理學也有促進的貢獻：在物理學，為色和聲的知覺律；在醫學，為催眠現象；在天文學，為人差的事實及其解釋。發現這些事實的學者都不稱自己為心理學家。此時在另一方面，這個時期還有一

種心理學，一種本質上理性的心理學，即哲學家的新心理學。可見，科學心理學是哲學家的心理學與生理學家的心理學的融合，再加上腦生理學、反射學、顱相學、催眠和人差方程式等其它科學領域的有關研究，共同孕育的結果，這便是心理學家波林所說的科學心理學的肇始。

(二)實驗心理學的建立

實驗心理學的建立，當從費希納英文的研究工作算起，因為費希納首創科學的心理實驗，1860 年刊印《心理物理學綱要》，認定心理物理學為「一討論心體的函數關係或相互關係的精密科學」，研究總結並提出了心理學與物理刺激的對數關係，同時還總結並提出了適合心理學實驗研究的具體方法，在這之前，有些心理學問題的研究都是借用生理學、物理學的方法，而在《心理物理學綱要》中，費希納提出了一系列測量心理量的方法，儘管這些方法後來隨著心理學實驗研究的進展而不斷趨近完善，但基本上是沿用了費希納當初所提出的一些基本方法。科學方法是工具、是武器，它為後來實驗心理學的發展，起了很大的促進作用。因此論及實驗心理學的建立，不從黑姆霍茲的有關心理學問題的研究出發，因他是一位生理學家和物理學家；也不從馮特開始，因為在那個時期，他只發表少量尚不成熟的心理學研究。但是在論及實驗心理學的正式建立，卻是以馮特在萊比錫所建立的第一個心理實驗室，即 1879 年為正式標誌。在心理學史中，學者中配稱心理學家的，以費希納為第一人，在他之前有心理學，但無心理學家，繆勒為生理學家，黑姆霍茲為生理學家和物理學家，費希納雖可稱為心理學家，但他先是物理學家，後來很想當哲學家。

我們稱馮特為實驗心理學的建立者，有兩層意思：第一，他促成心理學為獨立學科的概念。第二，他在心理學家中是老前輩——即他從事了心理學的諸多實驗研究，獲得了大量的研究成果。馮特於 1862 年發表《對於感官知覺學說的貢獻》一書，這是一部促進實驗心理學誕生的書，因為它在內容上是實驗心理學，而在這本書中第一次提出「實驗心理學」。儘管這本書還存在很多不足，也沒有費希納《心理物理學綱要》著名，但其內容是嶄新的，是在心理學意義上的。它證明馮特已開始考慮並研究實驗心理學及知覺這些重要領域了。1876年馮特又開始刊行《生理心理學原理》這一部心理學史上重要的書。這是馮特由生理學家轉為心理學家的標誌，該書建立了心理學系統，比先前所著的書更為精深。他於 1875 年到萊比錫大學，1879 年創立第一個心理學實驗室，德文心

理實驗室叫「心理學院」（Psychologisches Institute）。實驗室只是工作場所，至於學院則爲公認的行政單位。實驗心理學取得了獨立的合法存在，培養了一大批實驗心理學家，如卡特爾、鐵欽納（E. B. Titchener）等。儘管在馮特之前，已有人建立過心理實驗室，如 1875 年詹姆士在（W. T. James）哈佛大學，斯頓夫在 1875 年之前曾建立聽覺實驗室，這些實驗室只是有過這麼一個罷了，而不是「創立」起來的，更不是一個機構。1887 年創刊《哲學研究》後又創辦《心理學研究》爲心理學實驗室及新實驗心理學的機關報，刊登了大量的心理學實驗研究成果。後來馮特除修訂已發表的著作外，1896 年出版《心理學大綱》，1911 年出版《心理學引論》。由於馮特及其所培養的學生們的工作，使實驗心理學的研究深入，在建立實驗室後的二十年內完成了一百多項的實驗研究；其中包括顏色的心理物理學、顏色對比、邊緣視覺、負後像、色盲、雙眼視覺、形狀知覺、視見運動、視錯覺、聽覺、觸覺、時間知覺、反應時、注意、聯想、情感等。使實驗心理學得以確立，使之成爲科學。因而心理學史家將其尊爲實驗心理學——科學心理學的奠基人。

(二)實驗心理學的發展

　　這裡所說的實驗心理學，其劃分的主要根據端看其是否採用了實驗方法，因此在實驗心理學中，有時其它方面的研究，如生理心理學、工程心理學等方面的一些工作，也被歸納在實驗心理學範圍之內。隨著實驗心理學的研究深入，在實驗心理學發展史上，先後出現不同的學派，這些學派所持的觀點相異，有時展開激烈的爭論，這又促進了實驗心理學研究的發展，形成了不同的發展階段。

　　第一階段爲構造學派，代表人物是馮特、鐵欽納及詹姆士等。馮特以爲人的心理也像化學元素一樣，可以孤立地一個個進行分析，因此，他把感覺分成視覺、聽覺、味覺等等多種元素，並逐一地對其進行研究，採用的主要方法爲內省法，也就是讓受試者口頭報告自己的心理活動。構造派把人的心理分成一個個元素分開來進行研究，雖取得了良好的成績，但是人的心理不是由單個元素簡單相加而成，且要遠比這複雜得多，因此二十世紀初，馮特的元素分析觀點受到各方面的批評。心理學家魏太海默（Max Wertheimer）提出對心理研究的綜合整體觀點，持此觀點的還有考夫卡（Kurt Koffka）、苛勒（Wolfgng Kohler）等人，他們反對把人的心理分成一個個元素進行研究，這就是格式塔學派

或稱完形學派。這一觀點在當時有一定的進步性，但其認為「完形」是天生就有的，這樣就又帶有強烈的唯心色彩。當時，持此觀點的人，更多地側重知覺方面的研究，對其它的一些認識過程涉及不多，故也只能做到整體地、綜合性地了解和說明人的心理現象。

第二階段是行為主義，主要代表人物是華生（J. B. Watson, 1913）。這派觀點認為心理學的研究對象不是意識，而是客觀地可以觀察到的行為，完全把人類複雜的心理現象歸結為刺激—反應。行為主義反對使用內省法，認為這種方法是一種主觀的方法。本世紀四十年代又出現新行為主義，主要代表人物有赫爾（C. L. Hull）、托爾曼（E. C. Tolman）、斯金納（B. F. Skinner）等，儘管新行為主義有不同的派別，例如：赫爾的新行為主義，托爾曼的認知主義，斯金納的描述行為主義。他們有一共同的觀點是，刺激與反應之間有中介變量，可由中介變量推斷刺激—反應間的內部過程。但對中介變量及內部過程的解釋則有很大不同。其體系仍然是刺激—反應，其「黑箱子」理論是明顯的。行為主義者雖然對動物學習和人的言語學習問題感興趣，但對複雜的高級認識過程研究不多。

第三階段為認知心理學的興起與發展。這是本世紀五十年代後期興起的思潮，它的觀點與行為主義相對立，主張研究人的內部心理過程，採用客觀科學的研究方法，把人視作像電子計算機一樣的信息加工系統。人腦對外在信息的接收、加工、儲存過程，也就等同於傳統心理學研究的感覺、知覺、學習記憶、判斷、推理、思維、問題解決以及語言等認識過程。該學派從 1967 年尼賽爾（Neisser）的《認知心理學》一書問世才告建立，現在正向深入研究的階段發展。

心理學研究中，由於採用了實驗方法，就使得有可能對心理現象的本質及規律進行深入地探索。一百多年來，實驗方法不斷得到補充與發展，新方法的出現使研究水平又向前發展一步。而且，心理學研究越來越多地應用現代科學與工程技術的最新成就，例如控制論、信息論、系統工程、數理邏輯、拓撲學、模糊數學、決策論等等理論和觀點，探討心理過程和行為規律，同時還應用現代新技術，例如電子計算機技術等，使實驗範圍更加擴大，研究水平也大大提高，現在有關研究論文大致包含以下一些涉及較廣的內容：

1. 感知覺方面：心理物理學方法、眼動與知覺、感知覺過程、知覺常性、

多種感覺通道相互作用、顏色視覺、模式辨認、表象與知覺過程，及知覺的社會性。

2.記憶方面：詞的編碼與回憶、回憶與再認、人類記憶中的信息加工、言語記憶的語意網路、學習記憶的腦化學、短時記憶容量，及非言語記憶材料。

3.言語、思維方面：言語識別、句子加工與表現、語言理解、思維活動結構、決策過程、概念確認與問題解決等。

第二節　心理物理學

　　心理物理學是實驗心理學的一個分支，是心理實驗學的重要內容。自從費希納創建心理物理學一百多年來，許多心理學家對它的發展作出了貢獻，使心理物理學形成一門獨立的學科。本文簡單地介紹一下心理物理學的由來、它所探討的問題，心理物理關係的理論及一些心理物理學的方法，這或許對一些研究及心理實驗學課程內容的安排有些幫助。

一、心理物理學的由來及其對科學心理學的貢獻

　　心理物理學是研究心理事件與物理事件之間關係的科學。1860 年費希納發表的《心理物理學綱要》一書指出：「心理物理學作為一門精確的科學，就像物理學一樣，必須依靠經驗和這些經驗事實的數學聯繫，這就要求對被體驗到的東西進行測量……。」，「『心理物理學』是討論身心的函數關係或相互關係的精密科學。」費希納當初從二元論出發，認為心與體、感覺與刺激是兩個實體，應予分別測量而決定二者之間的關係。當然他的這一觀點是非科學的，但他嘗試以科學的方法探求心理學與物理學之間的關係是可取的。我們今天所理解和討論的心理物理學不是當初費希納所賦予的形而上學意義的心理物理學，而是在一個多世紀裡經過許多心理學家不斷改善的，是研究心物關係的一門科學。

　　作為一門科學，就是要用系統的方法（即科學的方法）來處理問題，發現事實的真相並進而探求其原理、原則的學問，即「科學是建立在實踐基礎上，經過實驗驗證，具有嚴密邏輯論證的，關於客觀世界各個領域事物現象的本質、特性、必然聯繫或運動規律的理性認識、知識體系」。作為整個科學體系的一

個分支的心理科學，是探討心理現象本質規律的科學，是關於心理現象的本質認識。心理科學之作爲一門科學，最先使用科學研究的方法——實驗方法，進行研究的是心理物理學。在心理物理學研究心物關係，即刺激如何引起反應這一問題時，先是借用其它學科的一些實驗方法，後來又總結了一套研究心物關係所特有的實驗方法——心理物理學方法，爲用實驗方法研究心理學作出了很大的貢獻。心理物理學本身是心理科學的一個重要組成部分，它率先使用實驗方法進行定量研究，並取得了很多重要成果，爲科學心理學的創建，起了很大的作用，可以說心理物理學發展的歷史，在一定意義上是科學心理學發展的歷史。

心理科學作爲一門科學，與所有的科學一樣，其目的無非有以下幾點：一是發現事實的眞相並對事實眞相進行解釋，心理科學在於解釋心理現象。二是在事實眞相未發生之前，根據已知的原理和條件對未來的情況加以預測，這一點在一門學科發展到一定水平時才能做到。三是根據事物變化的原理設置一定的情景，使某種現象發生或不發生。心理科學已形成了系統的方法（如實驗法、觀察法等），已建立了相當可觀的系統理論，已能對某些心理現象給予很好的解釋，精確地預測並適當地控制。心理物理學是專門研究刺激如何引起反應的，對某些心理現象變化原理獲得確切了解，爲解釋預測、控制某些心理現象提供了許多可能。同時心理物理學方法，已成爲心理學系統方法中不可缺少的一部分。綜上所述，可見心理物理學對於科學心理學的建立與發展，已經起了十分重要的作用，同時隨著心理物理學的發展而深入地研究，對心物關係認識的進一步深化，新研究方法的出現等等，勢必對心理科學的進步仍將起十分重要的作用。可見，研究心理物理學的意義是很重大的。

二、心理物理學研究的問題

心理物理學研究的問題非常廣泛，凡是研究心理事件與物理事件之間的關係問題，都屬於心理物理學研究的問題。心理事件可包括各種感覺與知覺，甚至還可包括喜好選擇、態度評定等（喜好與態度是一個較複雜的概念，我們暫不討論，這裡只指可測量的層次）。物理事件包括可用一定的物理量尺測量的，也包括不能用物理量尺測量的；有單一因素構成的，也有多因素複合的刺激。心理物理學可依不同的標誌劃分爲不同的類別。如依研究內容劃分，可分爲視

覺的心理物理學、聽覺的心理物理學、觸覺的心理物理學等等；依研究的實驗
方法劃分，有適應心理物理學、一般經典（古典）心理物理學等；根據研究對
象分，有動物心理物理學、人類心理物理學等。但無論被稱作什麼樣的心理物
理學，究其所研究的內容，大致可歸納為以下幾方面：(1)絕對閾限，即對刺激
的感受性，包括所有感覺道的感受性；(2)差別閾限，即對刺激量的感受性，同
樣包括所有的感覺道；(3)等量，被判斷為相等的刺激，即所有感覺範圍內被判
斷相等的刺激之間的差別，為主觀的等值點；(4)感覺距離，是指不同刺激所引
起之感覺間的距離，從刺激的角度說，是不同刺激之間的差別；(5)感覺比率，
是指被判斷為不同比率的刺激，即一刺激所引起的感覺是另一刺激所引起的感
覺的多少倍，或幾分之幾。以上這五個方面的問題是心理學史家波林在歸納了
心理物理學所研究的問題後提出來的。1951 年，實驗心理學家斯蒂文斯在《數
學、測量和心理物理學》一書中對心理物理學研究的問題又補充了兩個；(6)刺
激順序，指觀察者對某些刺激（不是一個刺激而是一組刺激）排列等級或順序，
這裡只要求受試者對一組刺激排序，而不要求指出刺激間的距離；(7)刺激量的
評定，這裡要求觀察者評定刺激的物理值的準確性，即感覺之間的大小、距離
和比率。在對刺激所引起的感覺知覺的測定上，這兩個問題的水平不同。

　　隨著實驗研究的深入及數學方法的應用，心理物理學研究的問題範圍越來
越廣泛。不但對感知方面，而且對喜好與態度方面，這些沒有確定的物理量可
表示的刺激及其所引起的心理量，亦總結了不少研究方法，儘管有些方法還很
不完善，但已有了一個好的開端。在心理物理學的標題之下，雖然有多種多樣
的研究問題，但從事這門學科的研究者的主要興趣是：行為如何被直接的感官
輸入所決定？即感覺的刺激是如何引起反應的。這就構成了感官的心理物理學
（視、聽、觸等心理物理學），這裡包括兩個方面：感覺能力（即機體的感受
性與分辨性）的測定，反應傾向的測量。絕對感受性與差別感受性的測定是感
覺能力測量的主要實驗內容。實驗結果顯示：測得的感受性主要是閾限刺激的
測定。反應傾向的測量，由不同的指導語規定，如使兩個刺激「相等」，或把
這個刺激匹配成另一個刺激的兩倍（或半倍）強、亮、響等等。再如比較兩個
刺激「甲比乙十分肯定大、一般肯定大、肯定大、不肯定大、十分不肯定大」
等等。指導語的類別包括：在感知連續體上相等刺激的測定——等距，在連續
體上被認為有相同差別的對偶刺激的測定——等差。確定位於指導語規定的連

續體上的刺激的等級順序，很顯然是一種心理物理量表問題。在這類問題裡沒有什麼是「正確」的回答，即所謂正確或錯誤的反應，只要將刺激分辨出差異，將刺激排列成序，通過指導語的理解而生效，它的可靠性是由對所規定的指導語的感知決定的。反應傾向的測量產生一個確切的值，所以有人稱反應傾向的測量爲字義感知的科學。感覺能力與反應傾向的區別大致有以下幾方面：(1)二者回答的問題不同，感覺能力的測定回答「我們的感官能做什麼？」，而反應傾向的測定回答「我們用它做什麼？」；(2)內容與測定方法不同，感受能力的測定主要是感覺閾限的測定方法、信號檢測論方法、迫選法等，所用的指標是「正確」判斷的百分數，d'等覺察指標，而反應傾向的測定方法是各種量表方法，如差別閾限法（要用到傳統心理物理學方法）、感覺等距法、感覺比例法、數量估計表、對偶比較法等；(3)對結果的解釋不同，感受能力的測量只在感受性領域內建立一個較低的界限，而反應傾向的測量產生一個確切的值，它的可靠性用定義作出。這就是說受試者所判斷的那個刺激水平，就是在實驗程序變化之內他的反應閾限。

心理物理學研究的問題十分豐富，除上述所說的感官心理物理學外，動物心理物理學也是一個很活躍的領域。從某種意義上說是當前心理物理學的一個新潮流，動物心理物理學是較難開展的一個研究領域，很難得到一個合作的受試者，研究人的心理物理學方法應用於動物，要有很大變化。但是，動物心理學研究中受試者的反應是非口頭的，是比較客觀的，因而取得的結果是有意義的。儘管研究工作很困難，但它對進一步探討心理與物理之間的關係，以及對於嬰幼兒的心理物理研究，能提供很多可供借鑒的方法與經驗。隨著心理物理實驗的深入與發展，所研究的問題會越來越大、越來越深入。心理學與物理學之關係的眞諦總有一天會被揭示出來。

三、心理物理學發生器理論

心理物理學的實驗研究中，在描述刺激是如何引起反應上，長期來形成了各式各樣的理論與假設，這些理論的概括是心理物理學實驗研究的結果。歸納起來，大致可分爲以下四種不同的理論：

(一)機能理論

又稱「黑箱子」假設。這一理論接近於心理物理學理論，它是通過觀察感

覺輸入和整個系統反應間的典型關係而形成的理論。該理論在描述刺激與反應之間的關係時，將反應描述爲行爲事件的有、無，而不考慮作爲基礎的神經關係，典型的情況是把反應看成一個按鈕動作，一個數目的陳述，只注意到刺激反應，而對中間過程不予注意，只說這是有機體的機能，因而被稱作「黑箱子」假設。屬於這種理論的有幾種模型。所謂模型就是把一組複雜的問題簡化，用一簡化的方式處理心理物理學。這樣便先假設許多問題不存在，只把刺激—反應之間的關係，簡化到某一反應是由某一刺激引起的。例如，這一理論的分離狀態模型假設刺激只有兩類；信號（信號加噪音）及噪音，每當輸入的刺激超過閾限，受試者就進入覺察狀態，否則受試者就進入非覺察狀態，受試者在覺察狀態下說「有」，在非覺察狀態下說「無」，用這種模型來描述剌激反應間的關係。再如程序專門化模型，在描述持續長時間監聽任務的實驗中有操作下降的趨勢。有人認爲這是受試者反應策略轉移而不是感受性變化，而有人認爲這可用到適應水平學說，觀察者的反應不僅以直接感覺到的刺激爲依據，而且也依一種系統方式，先前所呈現的「適應的」刺激時序爲依據，觀察者對補充適應刺激的感受性提高，而對已適應的刺激感受性降低，這都屬於機能理論。

(二) *結構理論*

它以感覺系統的神經心理學或神經解剖學爲基礎，比較注重感覺的生理方面分析，認爲感覺能力或反應傾向的完整系統特性，也可能反映新發現的生理學事實。如用側抑制和感受野解釋刺激—反應，就屬於這一理論之一，神經傳導的「全」或「無」律，也是其中之一。

(三) *物理理論*

它是由詳細考察刺激的物理特性而指出解釋反應的方向，同時也常以「理想觀察者」的概念爲基礎。屬於這一理論的有信號檢測論（TTS），計算機設想的理想觀察者。如聽覺方面的耳蝸水利模型，及貝克賽（Von. Bekesy）的基底分隔模型等。

(四) *演化理論*

認爲刺激模式與反應機體有特殊關聯，出於生物學利益，機體需要處理一個特殊的環境，這樣就發展了對複雜的專門化刺激模式作出反應，這種能力是有機體長期演化適應環境的結果，如一種飛蛾對蝙蝠的叫聲特別敏感，獐對低位置的躲避反應傾向（視崖實驗）都屬於演化理論的例子。

四、心理物理學方法

　　心理物理學方法是一些心理實驗的技術，有了這些方法，才能保證在特定刺激條件下獲得的數量化結果有意義，使獲得的數據準確可靠。這些技術，是對某一特殊反應的所有刺激條件進行科學分析的一個必不可少的中間步驟。這些方法按不同的標誌可劃分不同的類別。如果按這些方法的功能劃分，可將這些方法分為感覺能力的研究方法，及反應傾向的研究方法；如果按這些方法呈現刺激的特點劃分，可分為時間強制選擇方法、單一間隔法、時間上不確定性和沒有規定的觀察間隔方法；如果按刺激呈現規則劃分，則有適應性方法。這些方法的劃分標誌不同、名稱不同，有時可對同一種方法依各個不同側面的特點將其劃分到不同的方法類別中，但實際上是一個方法。

㈠感覺能力的研究方法

　　這些方法有傳統的心理物理學方法，如極限法、恆定刺激法、平均差誤法等；還有一些較新的方法，如信號檢測論方法、適應性方法等等。這些方法表示感受能力的指標有正確反應的概率，d'等。在感受能力實驗中特別要注意排除、控制學習作用這一無關因素對測定感受性的影響。

㈡反應傾向的研究方法

　　這些方法有各種心理物理量表法如差別閾限法、感受等距法、感覺比例法、數量估計法、評估量表法、對偶比較法等等。這種方法要確定的特定刺激，是把這個刺激匹配成另一個刺激的兩倍（或半倍，或其它比例的）強、響、亮等等，在心理量表實驗中不是什麼「正確」或「錯誤」反應，只是偏好的反應。只要能分辨出刺激的差異，按刺激的物理強度把它們排成次序。

㈢時間強制選擇方法

　　假如實驗目的是辨別兩個刺激，而對反應偏好沒什麼興趣，這時採用強制選擇的某種方法較合適。如果兩個刺激是 A、B，那麼可將刺激按 AB、BA、BA、AB 等隨機配對呈現，然後讓受試者報告在兩個刺激呈現的時間間隔中，哪一個是按 AB 順序呈現的，哪一個是按 BA 順序呈現的，強迫受試者選擇一個，故稱時間強制選擇方法。在應用這種方法時，要注意可能有一些無關變量的輸入，而影響實驗結果。如⑴受試者說AB或BA的傾向不同，即一個順序傾向多說，另一個傾向少說。這要影響正確判斷的百分數；⑵因為刺激是在兩個

時間間隔上呈現，受試者可能對一個間隔的刺激不如另一個間隔的刺激敏感，這有點系列效應作用。這些無關變量在實驗中要注意控制。

㈣單一間隔法

在有些實驗中難於或不可能按強制選擇方法那樣呈現刺激，這時比較恰當的方法是單一間隔法。這種方法規定單一的觀察間隔，在這個時間間隔上呈現一個刺激，然後讓受試者報告這個刺激是什麼。假如刺激只有兩個，這兩個刺激隨機呈現，每呈現一個刺激就讓受試者報告是 A 還是 B，或者是有還是無。兩個刺激的情況下是雙元決定，如果刺激是多個，則是多元決定。可見在單一間隔法中，受試者的反應是多種的，受試者正確報告 A（或有）的概率，是他辨別 A 及非 A 的能力決定的。因此可用正確報告的概率作爲感覺能力的指標。在應用這種方法時要注意由於受試者判斷的標準不同，而使正確反應的概率不同，給實驗結果的解釋帶來的困難。

㈤適應性方法

前述幾種方法都是選擇一定的刺激使之在有意義的範圍內，也就是說所選擇的刺激一定能夠測出感受性來，因爲刺激或刺激差別太大或太小對實驗沒有什麼意義。這些方法一般還是刺激一經選擇，就固定不變了。而適應性方法不是這樣，是在實驗過程中根據前一次的反應決定連續而來的刺激的變化。這種方法有階梯法和變化的階梯法（又稱上下法或 Bekesy 聽力測定法）及系列實驗的參數評定法（又稱強制選擇適應性方法）。用這種方法所研究的心理物理關係與前述方法不同，這是由於呈現規則、反應不同而造成的，因而稱用適應性方法所研究的心理物理學爲適應性心理物理學。

㈥時間上的不確定性和沒有規定觀察間隔的方法

前述的幾種方法中，刺激何時呈現，即有刺激的時間間隔，受試者是知道的。一般是用除研究的感覺道外另一個感覺道呈現信號的方式告訴受試者。如在一個聽覺實驗中用視覺信號（如一次閃光）告訴受試者呈現刺激的時間間隔，提示信號可與刺激間隔同時出現，也可以在其先或其後出現，這取決於實驗要求。總之觀察時間是規定了的：⑴受試者知道刺激輸入的時間，只依感覺輸入作判斷；⑵實驗者可根據分開的試驗，計算對刺激反應的概率。而沒有規定觀察間隔的方法卻與上述不同，刺激呈現的時間間隔任選，且隨機變化，刺激呈現的時間間隔沒有規定，也沒有信號提示，完全憑受試者的感覺判斷。下圖是

表示信號檢測實驗中的例子，刺激是信號加噪音及噪音兩種，在一定時間間隔中隨機呈現。

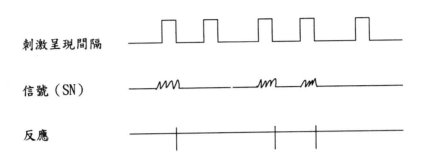

這種沒有規定觀察間隔的實驗方法，現在常被應用，這種方法所得結果與其它方法的結果亦不相同，所研究的心理物理也不一樣，因而稱其爲時間上的不確定性和沒有規定觀察間隔的心理物理學。設計這種實驗被認爲是心理物理學的重要發展。

五、學習心理物理學的意義

心理物理學方法是在實驗室研究心理學問題不可缺少的方法，是對心理現象進行定量分析的重要手段。而在實驗室研究心理學問題，是研究心理學問題的一個重要方面，心理科學的發展歷史揭示，心理學上的規律性研究，很多是在實驗室條件下獲得的。而實驗室的研究又和定量分析密切聯繫。

心理學發展到今天，不能僅僅滿足定性的研究，定量的分析已是發展心理學不可缺少的環節，一門科學的發展程度在某種意義上，可理解爲應用數學的程度，因此，近代心理學的許多理論接受定量分析的趨勢日漸上升。因此新的心理物理學方法及一些經過改進的老方法得以進一步發展，並且繼續向前發展。

可見，學習並掌握心理物理學方法是學習心理學的需要，也是研究發展心理學的需要。

第三節　心理實驗及其類型

一、何謂心理實驗？

所謂心理實驗是指在嚴密控制的條件下，有組織地逐次變化條件，根據觀察、記錄、測定與此相伴隨的心理現象的變化，確定條件與心理現象之間的關係。

二、心理實驗的基本形式

在所想研究的心理現象的多種條件中，使其它條件保持不變，只是有組織地操縱一個條件（不一定只操縱一個條件，有時要操縱多個條件，這一點在設計中將要敘述）使其變化，觀察、記錄測定與其相隨的心理現象的變化。在其它條件一定時，雖然使某個條件變化了，但看不到心理現象的變化，則那個條件就不是所欲研究的心理現象規定的重要因素，一次變化一個條件，逐次重複上述的操作，把那個現象產生的條件搞清，進而再有組織地變化多個條件。搞清各個條件所伴隨心理現象的變化，條件與心理現象的函數關係就明確了，這就是實驗的基本形式。這就像擺在某操作者面前的一臺未知儀器，他想了解儀器的性能和機構，眼前又沒有說明書可查閱，又不能打開儀器，儀器的面板上除了一些顯示指標、開關之外，沒有任何關於這臺儀器功能的信息。這種情況下，操作者就要根據自己的已有知識提出一些假設，系統地一個一個去按按鈕，在有插頭的地方一個個接通電源，調查儀器的反應，這個最初的檢驗順序是來自操作者的假設和過去經驗的類推。但這並不保證當前這臺儀器就符合這種情況。於是他的假設就要不斷地修正，操作者就是在這樣研究輸入和輸出的聯繫中，找出這臺儀器輸入和輸出關係的模式，再根據這些去預測與將來的輸入相應的輸出是什麼。這個例子講清了實驗的性質，對心理學、物理學、生物學、化學的實驗來講，可以說具有同樣的情況，在這點上，現代心理學爲弄清所要研究行爲的刺激條件，弄清刺激條件和行爲的函數關係而採取的實驗方法，不外乎是自然科學普遍使用的實驗方法或條件分析法。

關於實驗與觀察的區別方面。實驗與觀察的區別不在於是否使用儀器進行

測定，實驗是充分地控制條件，有計劃地操縱各個條件，使其發生變化，並觀察、測定這種現象的變化。若與此相反，對自然狀態的現象進行觀察、記錄和測定，則不是實驗而是觀察。從這個意義上來看，可以說實驗是主動的實驗性的觀察，而觀察是被動的自然的觀察；或者可以說，實驗是在嚴格控制條件下的觀察。

從上述情況可以清楚地看到，實驗必然具有人為的性質，這樣就不能不使人產生這樣一個疑問：在嚴密控制的條件下，實驗所操縱的行為和日常生活中自然的行為是同一回事嗎？確實當行為在實驗中被操縱的時候，參與的條件是被限定的，這時排除了自然環境下難以控制的條件。在這個意義上講，實驗是以「抽象的」條件下的行為為對象，但是，實驗所控制的行為與日常「具體的」行為的差別，是由規定行為條件的多少決定的，即規定行為的條件越多，越接近日常的活動，其行為就越接近「日常的」行為。因而說實驗規定的行為與日常觀察的行為，是存在差別的（但這個差別是相對的，而不是本質的），這一點也恰是心理實驗在研究行為上的侷限性。這個侷限性是可以克服的，藉由系統地逐步變更實驗條件，並把實驗研究和用其它方法進行的研究相互對照補充，就可以克服實驗研究的侷限性。

心理學研究採用實驗的方法優點很多。自然環境和調查的事實，由於條件不被控制，只能臆測行為是由什麼條件所決定的，最多也只能搞清楚條件與行為之間是存在共變關係還是存在相關關係。在嚴密控制的條件下，控制條件的實驗方法，能夠探明條件和現象間的因果關係和功能性關係，對某行為為什麼產生，或某心理現象為什麼會出現的問題，能給予科學的解釋。武德沃斯與施洛斯貝格在《實驗心理學》一書中說（中譯本第二頁）：

①實驗者可以在他願意時使事件產生，所以他可以充分地做精確觀察的準備。
②他可以為了驗證，在同樣條件下重複他的觀察，他可以把他使用的條件描述出來，使別的實驗者重複它們，對於他的結果做獨立檢驗。
③他可以系統地變更條件，觀察結果中的差異，研究與系統變更的條件相隨的心理現象的變化。

在這三個優點中，第二個驗證的可能性特別重要。科學的結論必須被經驗

的事實所支配，這是不言而喻的，雖然是經驗的事實，若只是特定人的經驗，那也不能成爲科學的結論，只有按照同樣的條件能被重複驗證的事實，才能構成科學的結論，科學的結論是客觀存在的，是建立在別人以同樣的手法或條件能夠驗證的基礎上，它與自然的、偶然的現象相反，存在可以再驗證可能性的實驗方法，可見作爲科學的方法是多麼優越。

實驗無論如何正確、精密地重複，其結果也很有限，它只是特定的經驗，而不是所有事件所有場合的普遍性經驗。科學不是關於特定經驗的東西，而應該建立在普遍性經驗的事實上。這裡就產生了一個問題，科學所要求的一般命題，是如何從有限次數實驗的特定經驗中尋找出來呢？亦即我們在總結分析實驗結果時，如何避免各種片面性？從哲學理論上可以幫助解釋，但要進一步數量化，就要依靠數學——統計學的知識，從特殊到一般，即從樣本推論總體。從特殊論述一般不可避免會伴隨著某種危險性，當然危險性不等於不嚴密性，因爲危險性的性質與程度，能用概率嚴密地表示。除了對實驗結果的解釋上需要統計學以外，在實驗上如何設計都離不開統計學的指導，因爲實驗只是科學研究中搜集資料的一種手段，這種手段能否做到有效，其設計必須有統計學的指導才能使之成爲有效的手段，可見心理物理學與心理統計學關係是十分密切的。

三、心理實驗的類型

心理學作爲一門科學，不但要研究和解釋各種心理現象，還要概括地揭露它們的本質，即確定一定的規律性，而在這些規律性的基礎上，闡明心理現象和過程的原因，預見他們未來的出現。在這種意義上，可以說心理學是關於「人和動物行爲的科學」，把人和動物行爲作爲它的研究對象，但是心理學研究的問題不是行爲的單個現象，而是行爲的本質。例如「笑」這個行爲，即使詳細地研究肌肉和腺體反應，或腦電、皮電反射，也不能把這叫做心理學的研究，而心理學的研究是要弄清楚「爲什麼笑」，「爲什麼在那時笑」，因此，心理學的課題是「某個行爲爲什麼產生」，要探明「爲什麼產生」的方法，就是實驗的方法。對這「爲什麼」的科學答案的尋求，通常分爲如下兩個階段：第一階段是探明所研究的行爲產生的條件是什麼；第二階段是探明那些條件和行爲的函數關係。與這兩個階段相對應，可以把實驗分爲兩種類型：一種類型是因

素型實驗（factorial type experiment）。它主要在探索所研究的行爲（心理現象）產生的條件是什麼，「什麼型」實驗即探明所要研究的行爲產生的主要因素的實驗。第二種類型的實驗是函數型的實驗（functional experiment），是研究各種條件「怎樣」地影響行爲（心理現象）的「怎樣型」實驗，即研究條件和行爲之間的函數關係。在因素型實驗中，逐個地除去、破壞或變化被看作是與行爲有關的幾個條件，檢查有無相應的行爲變化，據此探明它是否是產生行爲的主要因素。這時被操作的條件以外的條件都應該進行嚴格地控制。在明瞭產生所要研究的行爲以後，系統地、分階段地變化這個條件，進行確定條件和行爲的函數關係的函數型實驗，找出行爲的規律來，在這個意義上，因素型實驗是函數型實驗的第一階段，具有函數型實驗預備實驗的性質。在研究實驗中，很多是將因素型實驗中的同函數型實驗作爲一個實驗而進行的。根據以前的研究，在所研究的行爲原因已經探明的時候，多半是直接進行函數型實驗，從因素型實驗進到函數型實驗，是實驗的基本進程。函數型實驗與因素型實驗二者同樣都是重要的，關於如何劃分實驗類型，儘管名稱不同，有的稱爲「探索實驗」和「假說驗證實驗」（Meguigan, 1968），有的稱爲「定性的實驗」和「定量的實驗」（WoodWorth & Schlosherg, 1954），其實基本上是一樣的，都可認爲前者相當於因素型實驗，後者相當於函數型實驗。

四、實驗室研究法與其它研究方法的關係及其侷限性

前面已經敘述，實驗心理學的建立，爲心理學從哲學的附庸獨立出來而成爲一門科學，起了很大的作用。在這個意義上講，心理學短暫的歷史亦即實驗心理學的歷史，今天，現代心理學研究的主要方法也是實驗，這也是毫無異議的。儘管實驗的方法有很多優點，是進行科學研究的一種可靠方法，但也應看到實驗的侷限性。正如前面所講到的那樣，實驗把複雜的事物分析成爲單獨的現象，把複雜的條件加以簡化，多少總帶有人爲的性質，實驗工作總是具體實踐的一種近似或縮影，因此在全面相互聯繫地研究心理現象上，總存在一定的距離，儘管現代數學已幫助解決這方面的實驗設計及結果處理。另外，心理問題雖然很多都能夠用實驗的方法進行研究，但也有一些問題，正像現代科學中的天文學一樣，總是不能通過實驗來研究的。這裡就要提醒讀者注意：對心理實驗所處的地位和作用必須有一個全面的、正確的認識。實驗方法只是若干心

理學研究方法中之一種較爲主要的方法，這若干的研究方法中有：觀察法、模型、心理鑑定、輔助方法（生理學方法）、發生法、比較法及其它社會科學的方法。

在實驗方法中還包括有：實驗室實驗法、自然實驗法、現場實驗法等。而一般實驗心理學的實驗大都指實驗室實驗而言，因此，對於有關心理學問題，用實驗方法不能進行研究時，就要探索用其它有效的方法進行研究。

參考文獻

1. 曹日昌等譯〈1965〉，R. S. Woodworth 等著。實驗心理學。科學出版。

2. 高覺敷譯〈1981〉，E. G. Boring 著。實驗心理學史，152～387 頁。商務印書館。

3. 方俐洛等譯〈1981〉，B. J. Underwood 等著。心理學實驗方法。科學出版社。1981。

4. Wolman B.B. 普通心理學手冊 Chapter 14 （C.S. Watson）.New York.

5. Schlosberg H. 〈1972〉 *Experimental Psychology*（*3rd ed*）.New York : Rimehart and Winston 。

第一章 心理實驗的設計

　　實驗是進行科學研究的重要方法，是科學研究中搜集資料的一種手段。這種手段能否有效地應用，要看研究設計的思想如何，即研究什麼問題，控制什麼條件，如何看待條件變化與結果變化之間的關係，從中得出什麼結論等等。實驗設計在心理學的實驗中占有十分重要的地位。

　　心理實驗的設計，是指研究者為了解答其所研究的問題，說明在實驗中如何控制各種變量的一種簡要的計劃、結構、方法和策略等。本章主要討論實驗室研究的心理實驗設計。內容包括心理實驗研究的程序、有關變量的控制及實驗設計等。心理實驗研究的程序，心理實驗中各種變量及其控制方法等，是進行心理實驗設計必須了解的內容之一。

第一節　心理實驗研究的程序

一、研究問題的提出和假設的確立

　　進行一項心理實驗研究，首先是從解答「為什麼」這樣的問題開始，為了解答這樣的「為什麼」，就要通過實驗尋求科學的答案。

　　這些研究的問題是怎樣提出來的呢？一般只有通過對人類或動物日常具體行為仔細、認真的觀察，才能擅於提出各種研究的問題，確定科學研究的起點。另外，研究的課題也可能是實際生活、教育、生產等各方面提出的問題，如玩具廠要生產哪些顏色的玩具最受歡迎？學習外文的方法哪種最好？填鴨式的教學方法以分數為標準選人、教育人，是否是培養人才的途徑等等。一個擅於觀察而又勤於思考的人，必定能夠從實際生活所提出的各種各樣問題中發現自己的研究課題。因而觀察和實際需要是提出研究問題的關鍵。一門科學的生命力，就在於它能夠解決實際問題，推動社會和生產力的發展，心理學亦應如此。

　　除上述所說的兩點之外，研究的問題可以是理論的推導，或者是在對他人

研究成果的考察中發現，也可以是爲了驗證別人的理論。

　　研究的問題提出來了，但這並不等於可以進行實驗設計了，如果提出的問題僅僅是一些不明確的迷惑問題，也不可能就此作出實驗設計來，更不能用實驗的方法去探求問題。例如上面舉例中所提出的幾個問題，「用什麼方法學習外文最好……等等」就屬這樣的情形。在提出研究的問題之後，還必須確定「什麼行爲的哪個條件」，「怎樣地構成這些問題」才行。即問題要以假設的形式提出來，才會變得最明確。假設是關於條件和行爲關係的陳述，它的眞假要用實驗來加以驗證。例如，就學外語單詞來說，意義識記的方法要比機械識記的方法效果好，分段復習的方法要比集中復習好。這裡行爲的兩個條件：機械識記和意義識記，分散學習和集中學習，與記憶單詞的效果這一行爲的關係就陳述得較爲清楚了。這只是一個假設，它是否正確，要用實驗來加以證明，只有這時，實驗設計才便於進行。因此說，沒有設想就不能進行實驗設計，可見假設在實驗設計中的重要作用。假設具有兩個特性：(1)以科學實驗爲基礎的假設性；(2)具有推測的性質。但必須指出，實驗中觀察、記錄以及在實驗後處理實驗結果的時候，都不能帶有任何假設。這是兩個不容混淆的問題，一定要分清楚。

　　根據日常的觀察，和基於從已有的研究結果中歸納出來的假設，或由聯想和直觀的推測所構成的假設等，來計劃實驗、確定實驗的方法。當這個假設或由假設推導出的命題被實驗所證實，則作爲科學的命題而被採用；如果實驗結果違背了假設，就要修正這個假設，或者放棄它，而提出新的假設，反複實驗。可見，實驗不是像嘗試錯誤那樣沒有預想地亂撞，而應以假設爲先導。假設可以幫助人們提出新的理論、新的實驗目的，樹立一個明確的實驗目標，建立和發展科學理論。

　　上面敘述了如何提出研究的問題，以及假設在實驗設計中的重要作用。但是當假設一旦確立之後，還要進一步查明自己的研究假設是否前人已做過研究，研究的程度如何？哪些問題已經解決？以及哪些問題還沒有解決？總之必須查明這方面所做過的工作，就必須要查閱有關的文獻資料，文獻資料查閱之後，便可確定自己所欲研究問題的價值，以及研究方向。如果別人已有了很好的研究成果，那自己只能是進一步驗證；如果別人尚未提出很好的解決方法，自己就要吸取他們成功、失敗的經驗和教訓，把研究引向更深入的層次。

對於一個剛剛踏入心理學研究領域中的人，尤其是青年學生來說，除了上面所講到的之外，要能夠提出自己的研究問題，還必須解決思想中的一些障礙，如：我自己才疏學淺，不能從事什麼研究，我提出的問題是模仿別人的怎麼辦？儀器我不會使用怎麼辦？我的問題太簡單了怎麼辦？作實驗和處理實驗結果多麻煩呀！我的實驗不完善怎麼辦？我的文學和理論修養不夠，實驗報告不會寫怎麼辦？我的研究若不能一鳴驚人，若沒有新發現多沒意思呀！等等，會影響你去觀察、去思考，因此必須克服它，克服的辦法是樹立實事求是、艱苦奮鬥，為科學、為人類、為祖國服務的思想。要培養自己：對別人相信的也要認真去驗證，對別人否定的也要反覆去思考，這是科學家應具備的品格。

二、受試者的選定

根據實驗目的、研究的問題來選定受試者。選定什麼樣的受試樣本，要依研究的問題和據此而推論的全體大小而定。如果研究七歲兒童的道德判斷，那必然就要從城市、農村，各種家庭出身，及各個民族不同性別中抽選受試者，組成受試樣本。要推論全世界的七歲兒童這一總體，那還要不同區域、不同社會制度下的七歲兒童。如果研究問題的總體是非正常人的或非人類的，那就要從這些非正常人和非人類物種中取樣。綜上所述，所選定的受試者的代表性是關係到推論的可靠性的一個問題。

選定受試者的多少，依研究問題的總體、人力物力條件、實驗對象所供選擇的可能，及處理結果時使用何種統計方法、實驗設計的類型，及推論的可靠性程度來確定受試者的數目。

最理想的情況是能夠對所研究問題的全體受試者逐一進行實驗，但這是不可能的，另外，有些心理現象的總體很多都是無限的，因此，實驗只能通過選取的樣本來進行，在人力、物力及實驗現象可供選擇並允許的情況下，受試者的數目多以大樣本（即個體數目大於三十）為佳，如人力、物力不允許或可供選擇的受試者很少（如研究優秀乒乓球運動員，要以全國比賽拿到名次的為標準，則只有幾個人可供選擇），受試者可用三十以下的小樣本，視覺的個別實驗，選標準觀察者，所用的受試者只有少數的幾個人。但這裡有個假設，標準觀察者的結果相當於很多人的平均結果。一般情況下用隨機取樣的方法，但在個別情況下，則可不用隨機取樣。例如選標準受試者那樣，就不是完全隨機化

選取受試者。

如果你的實驗是屬於因素型實驗，採用相關設計的方法，那麼樣本數目應大於四十才好，如果這時樣本小於四十，在分析結果時，使用 χ^2 檢驗時就要受到影響，而用正確概率的計算方法則比較麻煩。上面所述的諸條件中，當以研究問題的需要及推論的可靠性爲主。其它條件只供綜合考慮時使用。

三、實驗的控制

這部分所講的實驗的控制，只包括實驗過程中刺激變量、部分受試變量的控制，以及反應變量的觀察、記錄和測定等。至於實驗中那些能夠影響實驗結果，但與所研究的某心理現象產生的條件（刺激變量）無關的一些因素，稱作無關變量的控制，留待下一節再詳細敘述。

(一)*刺激變量的控制*

心理實驗是要弄清所操作變化的條件和某現象之間的函數關係，在所研究的現象的許許多多條件中，只是有組織地操作、變化特定的條件。這個特定的條件就是自變量，心理實驗中稱爲刺激變量，實驗中對刺激變量的操作、變化稱爲對刺激變量的控制。對刺激變量控制的好壞，直接影響實驗的成功與失敗。

1.控制或規定自變量時應注意的幾個問題

(1)在整個的研究構思中，所規定的自變量是否是真正的自變量，以及存在不存在表面上看來是自變量而實際上不是自變量，只是自變量虛假外顯現象的問題。例如，有研究者想研究青少年智力水平是否與受教育水平有關，所選自變量是以從小學至大學的不同年級學生爲研究對象，當然不同年級的學生牽涉到性別、學校水平、城市農村、不同民族及不同區域等有關特徵。然後進行智力測驗，結果是各年級，尤其小學與初中生同高中生、大學生智力水平差異顯著。由此而進一步結論爲隨年級增長，智力亦在發展。殊不知，該研究者所選自變量年級水平表面上是青少年的不同發展階段，實際上卻不是如此。因爲中國各級學校是篩選式，尤其是在高中、大學，選拔少數人上學，這些被選的人並不能代表其同齡的人，所選自變量已是不同智力水平的人了，是代表智力水平不同的群體，而非青少年不同群體的代表樣本。自變量選錯，結論自然也是不對的。諸如此例中的現象在研究中時有所見，不容忽視。

(2)自變量的選擇是否存在單一性偏差，即自變量的取樣代表性。這一現象

影響研究的效度。自變量取樣代表性是影響實驗效度的重要因素。

(3)自變量的層次，有些自變量的層次可能對因變量產生影響，有些可能沒影響。因此在研究構想中，要考慮不同自變量的層次對不同因變量層次的實驗效應，切莫將間斷性的層次與不同層次的連續自變量效果，誤認為簡單的線性關係而進行推論，導致構想上的錯誤。例如，語文成績對三年級學生的數學成績有影響，就簡單推論，語文成績對五年級學生的數學成績也有影響。

2. 刺激變量的控制包括：

(1)對於自變量必須給予清楚的操作定義。

(2)檢查點的確定。自變量中，有的是屬於連續變量，如時間和強度，也有的是質的不同，屬於離散變量，如不同的感覺道、不同的學習方法等等。對於連續的自變量，實驗時要選幾個不同的自變量值──稱作檢查點，才能進行，所選檢查點的數目要足以找出自變量和因變量的函數關係，一般為三～五個。

(3)自變量的範圍，對於連續的自變量來說，選擇檢查點的範圍是一個重要的問題，關於這個範圍的選擇，有時前人的研究可以提供線索。

(4)自變量的間距。當選好自變量的範圍以後，還要確定各檢查點之間的距離，間距的大小可依具體情況而定，原則是：兩個不同的檢查點，能引起受試者不同的反應。即間距不能小於差別閾限。這個間距一般是等距變化的，如果自變量與因變量是接近於對數函數、指數函數時，間距若能按對數單位變化，則實驗結果的精度會變得更高。

(5)對呈現儀器的控制。在心理實驗中，連續的自變量經常使用機械的或電子的儀器來呈現。這樣就要對使用的儀器提出要求：①要準確精密不失真；②具有恆定性，即儀器的性能要穩定；③操作方便，反應靈敏；④儀器的顯示範圍要滿足自變量變化的要求；⑤儀器不應干擾、阻礙、改變所要研究的行為，即具備控制一定的無關變量的機器；⑥同一型號的儀器同質信度要高，如果不能前後用同一臺儀器呈現刺激，則應該用同一型號且誤差較小的兩臺或多臺儀器呈現，對儀器的要求是實現自變量控制的重要環節，而恰恰在這一點上，經常容易被忽視；⑦刺激呈現的方式、呈現的次序、空間位置、呈現的久暫等都應該根據要求加以控制。

㈡反應的控制

這裡所講的反應的控制，是指對實驗對象即受試者如何反應所進行的控制。

包括實驗者的言行、表情態度等所產生的對受試者反應的影響，即實驗者效應，以及受試者本身主觀上的因素所產生的影響——受試者效應的部分控制問題。可以設想，對同一個刺激，受試者個體所進行的或能形成的反應種類是無限的。如何把無限的受試者個體的反應控制在主試者所預想的方向上，這就是所說的反應的控制問題，這個問題包括指導語、受試者態度（由指導語以外的因素所引起的受試者對反應的態度）以及受試者的個體差異問題。如果一個實驗結果能看到顯著的個體差異時，應首先要想到指導語及受試者的態度問題控制得如何。

1.指導語。即向受試者說明實驗，交代在實驗中受試者要做什麼，完成什麼任務等，主試者向受試者所說的這一系列話，稱作指導語。指導語不同，受試者的反應就不同。例如一個反應洔實驗，給受試者呈現一個樂音和燈光，指導語如果是「無論是燈光還是樂音出現，你都按電鍵」或者是「只有燈光出現時按電鍵，而樂音出現時不按鍵」，指導語不同，反應時間的長短就明顯不同。第二種指導語比第一種指導語的反應時間長得多。

實驗若以人為受試者，則其往往按指導語反應，指導語的一個微小變化，都能影響實驗結果。因而對指導語的控制即成了對反應控制的一個主要部分。因此，指導語的編製要標準化，不能含糊不清，要嚴密，要使任何受試者都能作出同樣的反應方式，這就是說：要保證受試者都能聽懂，不能模稜兩可，不能因受試者的程度不同而產生理解上的差異，同時指導語也不能帶有任何對於反應的暗示成分。

2.除了指導語能影響受試者的反應之外，實驗中主試者對受試者的態度，也是影響受試者反應的一個重要方面。因為心理實驗的主要對象是人，在實驗中要經常與人打交道，這就要求遵循與人交往的基本道德規範，同時這一點，也是控制受試者反應的一個重要方面。每一個實驗中，主試者總想找到一個能夠積極合作的受試者，使自己的實驗成功，這就要求：對受試者要有禮貌，受試者來到實驗室時要熱情接待，主試者應做好實驗準備，不能浪費受試者的時間，對受試者的實驗結果要注意保密，實驗結束後要詢問受試者在實驗過程中的體會和感受，並能一一留作分析結果時參考。

3.對要求特徵的控制。在一個實驗中，實驗者往往對自己的意圖保密，這就促使受試者極力想從實驗者所能提供的任何微小線索中，確定實驗的目的是

什麼。就這樣，實驗對於受試者來說，就成了解決問題的一個遊戲。在整個實驗過程中，受試者始終在猜測實驗在測他什麼，對他有利無利等等，我們把在實驗情境中受試者對反應過於敏感的特徵叫做要求特徵，這個要求特徵有些是由實驗者的效應引起的，有些則是其它實驗情境——典型的是心理實驗要求「盲」受試者的情境引起的。在實驗中這個要求特徵不可能完全避免。只能要求做到較好地控制。(1)將編製好的指導語盡量採取錄音或錄影的自動化方式呈現；(2)採取「雙盲」的實驗設計方法，即是在實驗中主試者和受試者都不知道實驗的內容，例如特異功能測試實驗中，將寫好的卡片或顏色放在黑紙袋裡，那個黑紙袋裡放的是什麼連主試者也不知道，只請受試者用手或耳朵鑒別它是什麼；(3)增加受試者數量，儘管採取上述措施，要求特徵也在所難免，爲避免它所帶來的偏差，實驗中要增加受試者數量。由於受試者不同，要求特徵所造成的實驗結果的偏差也不同，這樣可通過多數受試者的結果，將這些偏差作爲隨機誤差加以平衡。

　　對於有些實驗中出現的要求特徵，儘管通過實驗設計已加以控制，但總是對實驗結果有較大的影響，遇到這種情況，就要在實驗設計中有意識地加以鑒別。鑒別的方法有：(1)實驗後的詢問。詢問有很多形式，可以讓受試者填寫有關的調查表，或直接談話。(2)採用控制組。即在實驗中除了不給予自變量的刺激外，其它情境都與眞正的實驗一樣，這時如果控制組的實驗結果與實驗組相同，那就表示要求特徵十分明顯，與此類似的是模擬控制組，例如，在一個催眠實驗中，實驗組與控制組的受試者都被告知在做催眠實驗，但控制組沒有催眠的具體措施，這時，你身爲控制組的一個成員可假裝已被催眠，從而觀察控制組受試者的反應，如果他們的行爲與已催眠者的行爲難以區分，就可以很明顯地看出受試者的要求特徵。在一些簡單的感知覺實驗過程中，加一些額外檢查等也屬於模擬控制。但須注意，在一個心理實驗中，對要求特徵的檢查次數一定不能多，否則易出現一些新的不可控制的因素影響實驗結果。

(二)*反應的觀察、測定與記錄*

　　*1.*關於反應的觀察、記錄與測定問題，在心理學的各個不同實驗的文獻中，制定了很多方法，並爲此設計了許多儀器。對於各類記錄及測定反應的儀器將在此後各章分別敘述。對記錄及測定反應儀器的要求基本上與對自變量的控制中所提到的對儀器的要求一樣，即儀器要能夠眞實地、靈敏地記錄和測定實驗

中所要求的反應。

2.反應指標及度量問題。某一個刺激施於受試者之後，應如何來度量受試者的反應呢？尤其是心理活動往往都是一些數量上含義不清楚的現象，如反應快慢、好或不好等。為要能夠具體地度量它，就要按一定的標準，將反應情況加以數量化，使之達到操作的程度，這就是說要給反應規定一個操作定義。這是一步很重要的工作，否則，反應就不能測量。如反應快慢以時間作標準，反應的好壞用作業分數、速度、或頻率來作為標準等，這個標準又稱為指標。作為反應的指標有：正確率、錯誤率、反應的速度、頻率、強度等。究竟選擇什麼樣的指標來度量反應，要依具體的實驗而定。指標選擇得好不好，直接影響實驗的成敗。另外作為反應的指標水平定得不合適，會使反應變量的變化不易顯示，使實驗歸於失敗。這裡要特別注意天花板—地板效應，所謂天－地效應是指由於反應指標或儀器在兩頭部分反應不靈敏，範圍不夠大而造成的測量誤差，又稱極限效應。例如，五分制評分中都得零分，或都得五分，但各自的水平是不同的，就會造成誤差，使對反應的測量不精確，從而影響整個實驗。學習實驗中的正確率或錯誤率就易出現此類問題，即考試的題目太容易或太難，大家都會做，或大家都不會做，就不能反映每個人在學習上的差別。遇到這種情況，就要通過改變實驗條件，調整反應變量的指標水平。這就如同想了解幾個人學習上的差別一樣，只有題目出得合適，才能反映各人學習上的差別來。心理實驗中，經常會遇到指標選對了，但水平定得不合適的情況，遇到這種情況，就要注意調整反應變量的指標水平。

上面講述了為能夠對反應進行度量，需要給反應規定一個操作定義——確定反應的指標，在確定測量反應的標準之後，還要注意調節反應變量指標的水平。那麼怎樣才能選擇一個好的反應指標，或者說一個好的指標應具備哪些條件呢？歸納起來大致有以下幾個方面：(1)指標要具有有效性，即特異性或相關性，能夠真實地反映反應的情況，能夠度量刺激所引起的反應而不是別的；(2)要具有客觀性，指標是客觀存在的，可用客觀的方法和儀器加以測量並記錄下來，如小學生識字閱讀，寫作能力可通過作業成績反映出來。愉快、憂慮等情緒狀態可以通過測定機體內部發生的一系列變化：如皮電、心率、呼吸、脈搏、血壓、腦電……等，情緒是一個複雜的心理過程，當然不能只用單一的生理指標度量，應該用多項指標綜合度量，才能有效地反映情緒狀態。因為指標是客

觀存在的，因而也是能夠重複的，是可靠的。例如巴甫洛夫（Pavlov）以狗的唾液滴數作爲指標度量狗的反應，這對於任何人，在任何時候都是可以重複的；(3)指標要能夠數量化；(4)指標要能夠精確地度量反應的變化。即指標本身要具有靈敏性和分辨性，既要精確，又要準確。很多時候對一個反應的測定，要考慮用兩個或兩個以上的指標來度量，究竟選多少指標合適，要看具體的反應而定。

四、實驗結果的分析與綜合

實驗的最後階段，是實驗結果的分析和綜合。首先要用統計或數學的方法，分析、綜合實驗所得到的資料，證實實驗的假設，如果實驗的結果能證明假設，就要進一步推論，尋求下面的假設，並推進實驗。如果不能證明假設，並不意味必然否定原來的假設，首先要細心、全面地分析實驗設計，反省執行實驗過程中對影響因素的控制，如果發現問題，就總結教訓，再進行實驗。如果得出了與假設相反的結果，反省實驗設計和實驗執行又沒有什麼問題，那就要修正原來的假設，反複實驗，或放棄它，建立新的假設。不能驗證假設的實驗，並不就是失敗的實驗，而控制不好的實驗一定是不成功的實驗。其次，充分地考慮實驗結果，與以往的研究結果和理論進行比較檢查，寫成實驗報告，關於實驗報告的寫法歸納起來有如下幾點：

1.題目——言簡意賅，並能提供較多的信息，說明所研究的是哪方面的問題，一般多以描述條件與行爲的關係爲基本形式。如「疲勞對螺旋後效的影響」、「照度與視敏度的關係」等描述自變量與因變量的關係形式。

2.作者姓名、服務單位。

3.摘要——簡要敘述研究設計、方法及研究結論，約四百字左右，最後列出三~五個關鍵詞。

4.引言（又稱實驗目的或問題的提出等）——主要敘說假設是如何提出來的，此項研究的理論及實際意義，及當前國內外文獻中關於這個問題的研究現狀和有關問題。行文不能太長，以簡略爲要旨。

5.方法——說明進行研究的實驗設計。包括受試者的情況、實驗所用的儀器和材料、自變量的有關規定、實驗的一些具體情境設計、要求程序等，簡明扼要，以能使人明確實驗設計的基本內容，並照此可重複這一實驗爲原則。

6.結果——實驗結果要直觀明瞭，一般多用統計表和統計圖的形式表示，並附以統計處理後的簡單結論（多以顯著性水平表示差異的情況），統計分析過程一般不要列入。對所列出的結果，要用恰當的文字加以說明。

7.討論——主要分析該實驗的成功與失敗之處，發表自己的見解，哪些結果驗證了假設？哪些理論相符？哪些結果沒能驗證假設以及怎樣來認識等等。結果與討論可以分別敘述，也可以邊敘述結果邊分析討論。

8.結論——要簡明、扼要、只列出幾條，是什麼或不是什麼就夠了。結論只說明本實驗證實了什麼或否定了什麼。不可誇大也不可貶抑，要根據該實驗的結果實事求是反映實驗的成就。

9.參考文獻——該研究參考了哪些文獻。如果資料是書，則要寫明書名、頁數、作者姓名、出版社名、出版年代、刷次等；如果資料是雜誌，則要寫明雜誌名稱、引文題目、頁數、雜誌卷、期、年代等，以備查詢。具體格式仿照有關的雜誌。

實驗報告的格式大體如此，可能有些小的變化，有些項目多些，有些少些，但大體內容就是如此。現在的實驗報告爲查閱者方便，摘要一般寫在題目之下，正文之上。歸納起來，一篇科研報告必須回答如下幾個問題：第一，研究的是什麼？這就是引言；第二，怎樣研究這個問題？即資料和方法；第三，有何發現？即結果；這個發現有何意義？便是討論。

第二節　心理實驗中的自變量與因變量

心理活動是有機體（人與動物）對客觀現實的反映，心理實驗的主要目的是研究有機體如何能動態地反映客觀的規律。在心理實驗中，常用「刺激」一詞表示客觀現實中對主體起作用的一定對象或情境，以「反應」一詞表示主體的心理活動或反映。心理科學的研究目的，主要在於研究、測定有機體的反應，或稱刺激與行爲之間的關係。研究對象大都爲人類，因而具有很多特點，影響研究結果的因素亦很複雜，這一點與生理學、物理學以及化學等實驗明顯不同，了解這些複雜的因素和特點十分必要，會有助於設計研究的程序，如果在一項研究之前，能夠對這些因素有一個較爲透徹的了解，這樣對於研究設計、解釋和分析研究結果會有很大的幫助。

一、變量的種類

　　心理實驗中變量的種類很多，名稱也各異。這裡所討論的變量，不是一般統計意義上的隨機變量、連續與非連續變量，而是在一項研究過程中起不同作用的一些因素。這些因素有些是外顯的，很容易識別，也很容易標記，而有些則是隱含的，不易識別和標定，需要借助一定的理論及統計分析方法。對這些研究過程中起作用的因素認識得全面清楚一些，對提高實驗設計的水平是很重要的。

(一)*自變量（Independent Variable）*

　　又稱作獨立變量，它是由研究者選定，並進行操縱、變化的能產生所欲研究的心理現象之因素，或因素的組合。作為研究者，操縱變化這些因素是想了解這些因素的不同變化，對人的心理或行為產生哪些影響。一般情況下，心理學研究中的自變量（常是不連續的），稱為因素；同一因素的不同標準稱為水平（Levels），又稱實驗處理。自變量由研究者操縱變化，會引起心理反應的變化，但須指出，在沒有足夠的證據之前，不能簡單地結論自變量是因，心理上的反應是果。

(二)*因變量（Dependent Variable）*

　　又稱依變量，它是受試者的反應或輸出，是受測的有機體被觀測的方面。它依據自變量的變化而變化，但不能簡單地認為它是自變量的果。

(三)*控制變量（Control Variable）*

　　為心理實驗中能影響因變量的變化，但非研究者所選擇、確定、操縱、變化而必須使之中立化、控制的因素，稱之為控制變量，又稱無關變量、參變量、額外變量。只有當這些因素被控制，才能得以研究自變量與因變量之間的關係。由於心理實驗中存在控制變量，因而才不能輕易地說自變量是因，因變量是果。

二、自變量的種類與控制

(一)*自變量的種類*

　　自變量是由研究者操縱、變化，能產生所要研究的心理現象的各種條件（又稱因素）或條件的組合。心理研究中常稱為刺激變量，有時簡稱刺激。一般用字母 S 表示。心理研究中自變量的種類很多：

　　1. 課題方面的自變量，(1)這些自變量可爲量的連續變化，也有屬於質的不連續變化。例如，研究不同照度下視敏度的變化，這裡的自變量就是不同照度（刺激光亮強度的一種表示單位），是量的變化。而不同學習方法，教學方法的學習、教學效果（常用一定的指標，如成績、記憶量等表示）等研究中，自變量就屬於質的變化，因不同的教學方法和學習方法難於用一個連續的量加以表示。(2)這些自變量可爲簡單的刺激，也可爲各種條件組合的刺激。例如，空間知覺中物體的距離、方向、大小和形狀的組合方式不同，就構成不同的自變量水平或種類。(3)這些不同的刺激可作用於同一感覺道，或作用於不同的感覺道，這時其作用不同，因而作爲自變量的性質也不同。(4)這些變量可在強度上和作用時間上不同，光和聲的刺激又各有波長和頻率的不同，光刺激的面積不同，構成不同的自變量及其水平。上述各種可以操縱進行量和質變化的刺激，一般稱爲課題變量。

　　2. 不同的環境因素也可以作爲自變量。這種自變量常稱之爲環境變量。例如，不同學校、不同地區、不同班級等環境不同的被研究對象，有些心理現象之間也可能不同，都可作爲研究內容。

　　3. 受試者變量，即在外界條件一致的情況下，受試者之間不同程度的持續性特徵，如年齡、性別、血型、不同文化背景、職業特點、健康狀況、個體差異等都可作爲自變量因素。但在大多數的研究中，這些受試者變量常被當成影響研究結果的無關因素（即控制變量）或稱影響因素，加以控制。

　　4. 暫時的受試者變量，即通過主試者或研究者的言語、態度以及用某些方法使受試者的特性、機能狀態等方面產生一時的變化，這類自變量稱之爲暫時的受試者變量。它們只在很少的情況下作爲自變量因素加以操縱變化，而在更多的情況下作爲無關變量因素（即控制變量）加以嚴格控制。受試者不同的機能狀態，構成對反應的準備狀態不同，影響研究結果不同。這些因素幾乎在所有心理學研究中都會出現。它先於某種反應而變化並且影響所要研究的結果，因此，這類變量又稱之爲先行變量，有時寫作 A 變量。心理學研究中，常將反應函數寫作 $R = f(O \cdot S)$ 或 $R = f(A \cdot S)$。這裡的 O、A 即是暫時的受試者變量，R 爲反應。可見暫時的受試者變量既可作爲自變量，又是影響實驗結果的一個很特殊的變量，這是其它學科的研究中沒有的一種變量。這種變量的存在，導致心理研究的複雜性，常會造成研究中自變量的轉移——或稱實驗污

染。這類自變量還包括以下一些因素（赫爾的研究）：(1)習慣強度，指一定的反應和一定的刺激之間的聯繫強度，這種聯繫強度以從前的學習爲基礎，例如同一個文字、詞彙對不同人的聯繫程度是不同的；(2)內驅力，例如饑餓、本能要求等生理心理中所討論的那些本體要求；(3)誘因，即預期可得到的獎勵或懲罰，人類受試者對實驗結果的立時效應都屬此類；(4)抑制，使反應的當時準備狀態削弱的一種因素或因素組合。如疲勞、滿足、干擾、恐懼、謹慎等。

　　上述的分析可見，自變量有些是有形的，有些是無形的，表面上看有些好像是刺激的缺乏，實際上刺激仍是存在的，例如剝奪食物的時間長短。尤其是受試者變量及暫時的受試者變量，在心理學研究中，除個別研究作爲自變量加以操作控制外，幾乎所有的研究中，包括前述將其一小部分作爲自變量的研究，都要對其進行嚴格的控制。否則會影響實驗結果的準確程度，不利於探討所要研究的問題。這一點要特別引起研究者的注意。

(二)自變量的控制

　　指在研究中對刺激變量的操縱變化。對自變量控制得如何，直接影響研究的成功與失敗。控制包括以下幾方面：

1. 規定自變量的操作定義

　　在實驗中規定操作定義有以下三個好處：(1)可以使研究者的思考具體而清晰，例如「疲勞對識記的影響」研究課題中，「疲勞」一詞定義很多，人人都有疲勞的體驗，但要具體量化，卻不是一件容易的事，只能規定操作定義，有了操作定義，才能使其具體操作，如規定「疲勞」是從事某種體力運動之時間數，則可用從事某體力運動一小時、二小時、三小時……等，作爲疲勞的不同程度的指標，這一規定可使研究者對「疲勞」這一自變量的定義具體而清晰，則「疲勞」這一自變量便可以操縱控制了。(2)操作定義可以增進科學研究者之間溝通的正確性。因爲只有操作定義規定的概念與變量，才不易於產生誤解。沒有操作定義必使很多概念的控制含糊不清，這也必然要產生誤解。(3)操作定義可減少一門學科所用概念或變量的數目。因爲只有在操作定義明顯不同時，才增加新概念或新變量。這裡所講的操作定義是指在定義一個概念時，不直接描述被定義事物的特徵及性質，而是說明觀察或測量被定義事物或變量所做的實際活動。

　　但須指出，在對自變量規定使用操作定義時，要特別防止操作定義的單一性偏差，影響研究的構想效度。例如上例「疲勞」的操作定義是從事某體力活

動的時間長度，但是若研究的問題是大「疲勞」概念，這樣疲勞的內涵，除體力疲勞外，還包括腦力疲勞、心理疲勞，這種情況下，只從體力方面規定了操作定義，勢必是不完全的。操作定義的片面性必然會帶來研究效度降低的問題，這是研究者必須注意的。

2.規定自變量的不同水平──檢查點或實驗處理

心理學研究中的自變量，有些有質的區別，是連續的，例如，不同感覺道、不同的學習方法、不同民族、性質等，這些不同質，便是不同的實驗檢查點，或稱爲實驗處理。如果自變量是連續的量的變化，則要求所選自變量的不同水平值──檢查點，至少要三個，一般以三個至五個左右爲宜，只有這樣，才足以找出自變量和因變量的函數關係，如果是兩個檢查點，則難以斷定自變量與變量之間的關係是線性還是非線性，如果自變量與因變量之間的關係複雜，至少要選五個或五個以上的檢查點。

在規定檢查點時，如何確定其範圍？如何確定其間的間距亦是很重要的問題。確定自變量間距的原則是：兩個不同的檢查點能引起受試者不同的反應。間距的大小可依具體的研究情況而定，一般要根據已有的研究資料作參考，若無資料依據，則應通過預備試驗來確定。自變量的間距可以用算術單位，也可以用對數單位，這也要根據具體的研究需要確定。在感覺研究中，一般情況下刺激按對數單位變化方能引起閾上的不同感覺，故自變量間距多以對數單位表示爲宜。對於自變量範圍，也應以前人的研究爲依據，如暗適應實驗，自變量爲適應的時間，時間範圍多大，則要依據前人的研究，一般爲○～四十分鐘。如果自變量範圍不能事先確定，則要根據受試者的反應，當其反應比較平穩時才能停止實驗。

3.校準測量自變量的儀器，保證研究的內在效度

對儀器進行有效控制是實現對自變量進行控制的一個非常重要的環節。對儀器的控制要求是：儀器不僅能對自變量的操作達到嚴密準確，同時也應具有控制無關變量的能力。在心理實驗中，常用機械或電子的儀器呈現刺激或測定刺激。對所使用的儀器必須具備：(1)準確精密而不失眞，電子儀器要做到此點，有時並非易事。如對電聲的換能器，除非特製的喇叭，一般情況下，易出現失眞的情況而不易被覺察。(2)具有穩定性，即儀器不能隨使用時間長短、隨開啓時間長短、隨使用條件（環境）的變化而變化。(3)操作必須方便靈敏，儀器的

顯示範圍必須滿足自變量變化範圍的需要。(4)儀器不應干擾、阻礙、改變所有研究的心理現象，即不能引起新的無關變量。(5)同一型號的儀器同質信度要高，如果不能前後用同一臺儀器，則應用同一型號且誤差較小的兩臺或多臺儀器。

　　4.控制呈現刺激方式

　　包括呈現時間長短、呈現次序、空間位置等，都應根據要求加以控制。

三、因變量及其控制

(一)因變量的種類

　　因變量又稱依變量，心理學中常稱之為反應變量（用符號 R 表示），因其主要是根據受測者在某種刺激作用下產生的反應並對其進行度量，故名。反應變量是由自變量所引起的被測者（人或動物）某些心理現象或行為變化。這裡須弄明白，因變量一定是由自變量引起，在心理學研究中這點並不易分辨或覺察，很多情形下，某些心理現象或行為的變化，可能根本與自變量無任何關係，再由於時間上的巧合，或者是自變量引起某中間因素的變化，而間接地影響因變量的變化。例如，巴甫洛夫的條件反射實驗，在建立條件反射之前的鈴聲，並不引起狗的唾液反應，實驗中真正引起狗分泌唾液反應的自變量應該是食物，而不是鈴聲。再例如，某年級某些學生的學習成績，由於兩位不同教師的講課方法不同而不同。這一成績表面上看，可以作為因變量，但實際上，兩位教師的講課方法並不必然是自變量，很可能是兩位教師各自所用的不同講課方法是講兩門不同的課程，或兩位教師的儀態不同，或教學經驗不同等等。不同的課程對學生來講可能認識不同，對之學習興趣可能也不同。實際上學生的學習成績不同，可能是由於對不同課程的學習興趣不一樣所引起，而與教師的講課方法無關。因此學習成績並不能作為兩種講課方法的因變量，如果誤認為是因變量，並據此而進行推論，必然就造成研究效度極低的情況。若兩位教師所講的課程相同，也可能是兩位教師的儀態不同而引起學生的學習態度、興趣等不同而造成學習成績的不同。從這一點來看，判斷受試者的反應，是否由自變量引起，是一件並不輕鬆的工作。需要理論的支持及有關研究資料的佐證，以及一些統計方法的幫助。

　　因變量的種類，對於心理實驗研究來說是很多的，也很複雜。一般來講作為反應變量的指標有：(1)準確性方面的指標，正確率或錯誤率。若相同條件下

（除自變量之外），亦可用正確或錯誤的次數表示。(2)速度或敏捷度方面，一般來講，內部的心理歷程越短，速度越快。常有兩種情況：①工作量一定，完成工作所需要的時間；②時間一定所完成的工作量。這兩種指標都可作為速度或敏捷度指標。反應時間亦可作為速度的指標。用反應時作為指標，在很多心理學的研究中被應用，如認知心理學研究、智力的研究等等。但是，應用反應時作指標，要特別注意對一些影響反應時的因素實施嚴格的控制，否則反應時很難作為一個良好指標。③刺激的強度水平不同，也可以作為反應的指標。例如，學習實驗中，通過迷津誤巷的多少不同，通過不同難度的智力測驗題目。④概率或頻率，某些反應出現的概率或頻率，也常被用作反應變量的指標。例如，閾限的確定，即根據「正」反應出現的概率來計算。⑤反應的強度或力量，這個強度可用物理量的大小表示，用特定的儀器測量，也可以用反應的時間長短表示。⑥各種心理測驗的量表分數及評價者的評定分數，這雖然是人為的主觀評價，但若依據的評價標準可靠，這些評價分數是可靠的。⑦高次反應變量，即用一個圖或表表示反應的多種情況，例如學習曲線，即可表示學習的正確或錯誤率，又能表示整個的學習進程情況。

在一項研究中有時用一種反應變量的指標，有時用多種反應變量的指標，共同標明反應，還有時可用其再生指標——稱為衍變量表示。究竟應該如何選用恰當的反應變量指標，這要根據研究的需要及有關的研究經驗確定。

(二)反應變量的控制

對反應變量進行控制，就是要達到反應變量確實能夠反映受試者真實的身心反應。為此，在選定反應變量指標時要做到以下幾點：

1.規定好反應的操作定義

作為心理現象或行為變化，往往都是含義不太清楚的問題。例如反應的快慢或好不好等等。為要使其能夠具體度量，就要規定一定的標準，這樣才能加以數量化。為使反應能達到具體度量，所規定的一系列標準或具體指標，就是反應的操作定義。反應的操作定義，要特別注意指標的單一偏差，因為這種單一方法的偏差，嚴重影響研究的構想效度，這意味著測量、記錄方法單一或考慮不周全。也就是說，應該用兩種指標度量反應的，而研究中只採用了一種方法，這就勢必造成單一方法的偏見。

2.使反應變量具備以下一些特點

(1)反應指標要具有有效性，要能眞實地反映反應的情況。即反應的指標能夠度量某刺激所引起的眞實反應，而不是其它別的什麼，故這種特點又稱爲特異性。

(2)反應指標要具有客觀性，即不同的研究觀察者或不同次的觀察只要是反應相同，其指標也應該是相同的。當然觀測的隨機誤差是允許的。一些主觀性較大的度量指標，規定好反應標準以後，也可認爲是一種客觀性很好的度量指標。

(3)指標要能夠數量化，或用數字，或用次數，或用一定的反應不同程度的語義的詞，例如好、很好、非常好之類，也可認爲是具有數量化特徵的指標。

(4)反應指標應能準確、眞實地度量反應的變化。在應用百分數表示正確或錯誤時特別應注意天花板—地板效應。這一效應即指反應指標的量程不夠大，而造成對接近兩極端的反應不能區分的情況。例如同是 100 ％的正確，或是同是一百分，各個受試者在此方面的反應並不盡相同，有的很吃力，有的很輕鬆，有的勉勉強強，有的綽綽有餘，但作爲記錄的反應只是一種，這就是天花板效應。地板效應也類似，不過是反應的另一端。

3.反應指標的平衡

作爲心理學研究中的反應變量有上述多種。這些指標中的兩種或多種，有時在一種反應中都出現。例如，若強調反應速度要快，最易出現反應的正確率下降，錯誤率上升的問題，同樣反應中若強調準確性，就可能出現反應速度減慢的現象，這一類問題怎樣解決？怎樣平衡這兩種反應指標之間的關係？尚須進一步研究。儘管已有的研究結果揭示，時間（速度）指標，可能比錯誤率或正確率更能反映實際情況，這一點在因變量的控制中是很有意義，又很感困難的事情，故研究者根據自己的研究應花費一定的氣力解決這一問題。因變量的選擇與確定也會影響研究的構想效度，因此需要下很大的工夫去斟酌。

第三節　心理實驗中的無關變量及其控制

前兩節討論的心理實驗的程序，自變量、因變量的標定與控制問題，已部分地敘述了心理實驗設計的問題，並且實驗程序本身就是設計所關心的，是設計實驗不可少的內容之一。本節所講的無關變量的控制，是設計心理實驗所必須掌握的。

一、控制無關變量的重要性

(一)何謂無關變量？

　　無關變量又稱控制變量、參變量、額外變量等多種名稱，這是由於描述問題的角度不同所引起的。一是說：除自變量之外，一切能夠影響實驗結果，而實驗中需要加以控制的變量；另一是說：一切與所研究的條件和行為無關，但在實驗中又是影響反應變量（行為，又稱實驗結果）的因素。可見二者所指的是同一個內容。但這兩個名稱又都不是那麼貼切，在沒有更好的名稱之前，姑且選用「無關變量」而為之。

(二)無關變量的鑒別

　　在一個心理實驗中，確定哪些因素屬於無關變量，最好是通過查閱文獻或用因素型實驗來確定，但是這很難做到的，怎麼辦呢？只能根據已有的理論、知識和經驗來分析、確定一個心理實驗中該控制的無關變量是哪些，其中有哪些必須控制，又有哪些沒有必要控制等。例如，在知覺實驗中，受試者的社會關係，實驗前一天吃的什麼，有些什麼活動等就很難進行控制，實際上也沒有必要進行控制，因而它就不能稱作無關變量。在一個實驗中，根據實驗者的分析，所確定的無關變量，有些是科學的、正確的，有些是非科學的（不正確的）。可見，確定無關變量的工作也是一個困難的任務，那麼，實驗中對無關變量的控制是否成功，無關變量的確立是否正確，能不能鑒別呢？回答是肯定的。一般可以由實驗結果誤差分散的大小來鑒別。實驗誤差分散小時，實驗者的分析正確，可以認為實驗被充分地控制了。相反地，雖然充分地控制了自變量和反應，而且反應和度量也認為是妥當而靈敏的，但結果的誤差分散較大，這裡就有理由認為，有些無關變量沒有得到很好的控制，遇到這種情況，就要認真分析無關的因素是什麼。如果經過認真分析，有些無關變量還是難以作為記述因素抓住時，就中止實驗，從別的角度設計實驗，或等到找出控制這些變量的新方法和技術時再實驗。

二、關於無關變量的控制

　　對無關變量控制得如何，直接影響研究的效度，因此，在研究設計中必須認真考慮。對無關變量的控制大致有以下幾種具體方法：(1)操作控制：①無關

變量的消除，②無關變量保持恆定；(2)設計控制：①無關變量效果的平衡，②無關變量效果的抵銷，③隨機化；(3)統計控制：①無關變量的納入，②統計控制。在一個實際的實驗中，這幾種方法經常是結合起來應用，以實現對無關變量的控制。

歸納起來有以下幾方面：

(一)對部分受試者變量及暫時受試者變量的控制方法

受試者變量是指外界條件一致的情況下，受試者間不同程度的持續性特徵，例如年齡、性別、民族、文化、職業以及其它較穩定的個體差異。暫時的受試者變量是指非持續性的受試機能狀態，例如疲勞、興奮水平、誘因、抑制等。這些變量不作為自變量時，也會影響受試者的反應，應作為無關變量加以控制，具體方法如下：

1. 用指導語控制，指導語在實驗中的作用很大，它使受試者確知如何進行反應，因此，指導語的明白程度、指導語中是否含有暗示的成分等，是會直接影響反應的。為使受試者的反應一致，對指導語必須標準化。這裡所說的標準化是指所用詞語，主試者的表情、語氣、聲調等方面都要進行標準化，即對所有的受試者，指導語都應一樣。語氣、用詞等各方面不會提示反應的成分，而對受試者應該如何反應，指導語中又能明確地提出。

2. 主試者對待受試者的態度應予規範化，即應熱情，有禮貌，尊重人，但這方面又須有度，以避免產生新的影響實驗結果的變異。

3. 雙盲試驗法，即在心理實驗中，令主試者也不知道試驗的內容，使其對試驗內容來講是一位盲者，而心理實驗中的受試者，一般情況下對實驗內容總是一位盲者，故稱為雙盲試驗。在一些具有明顯主試者效應的心理實驗中，主試者會影響受試者的反應，故應採用雙盲法控制受試者。

4. 控制受試者的個體差異，在選擇受試者樣本時，要按受試者個體差異的不同層次，對受試者進行劃分，然後進行隨機取樣，以保證受試者樣本的代表性。同時在研究條件允許的情況下，盡量加大樣本容量，也是控制受試者變量的一個方面。

5. 實驗組、控制組法，為控制受試個體方面的無關變量因素的影響，使兩組受試者個體差異在各方面相等，一般常採用隨機取樣、隨機分組的方式進行取樣與分組，這樣可保證實驗組與控制組的受試者盡量相等。

(二)*對環境變量及部分受試者變量的控制方法*

這裡所說的其他變量，主要包括有環境方面的變量因素，實驗執行中所產生的無關變異因素，同時也包括部分的受試者變量或暫時受試者變量因素。方法主要有以下幾個大的方面：

*1.*操作控制的方法，這一方法主要指用主試者的具體操作，排除一些變異因素對所研究問題的影響，這一方法還包括兩個方面，一是無關變量恆定法，二是無關變量消除法。

(1)無關變量的消除

作為無關變量的控制法，最簡單的方法是消除無關變量，使實驗在「單純的」條件下進行。心理實驗在暗室、隔音室裡進行，就是為了消除作為無關變量的視覺刺激和聽覺刺激。此外，為了消除過去經驗或知識的效果，或者用新生兒或出生後立即放入暗室進行隔離飼養的動物；或者用先天盲患者剛作了復明手術的受試者。在感知覺實驗中，為了消除無關變量，採取減少所謂知覺線索條件的辦法。例如：利用人工瞳孔排除雙眼調節機能，或用單眼觀察消除雙眼視差和雙眼輻合造成深度知覺線索等。上述這些方法，都是在不同實驗文獻中所介紹的排除無關變量的方法。

消除無關變量的方法，一般情況下較簡單易行。但有些問題須注意：一方面，在消除無關變量的時候，實驗就失去「真實性」而離開日常的狀況，變得更為「抽象的」了。另一方面，在消除無關變量的時候，反而會導入難以控制的新的變異產生：期望、緊張、恐懼等受試者變量，招來心理學上更複雜的情況。因此，使用此種方法要用得適當。對於心理實驗中不能消除的變量，如年齡、性別、身長、體重、遺傳、性格、智能等變量，更不能採用消除的方法來控制。

對於像刺激的大小、形狀這一無關變量的消除，只能採用縮短刺激呈現時間，把刺激強度調到最小程度的辦法，而不能完全排除，因為沒有形狀、大小的視覺是不存在的。如馮特的「線實驗」就是一例：為了研究眼睛的調節和輻合作用，只用人工瞳孔觀察一根非常細的線，這根線細到對其知覺不因距離的遠近而變化（即不被覺察），這樣就把線的大小這一無關變量的影響，限制到最小的程度。

(2)無關變量的保持恆定

無關變量的保持恆定，也是對無關變量進行控制的最基本方法。它應用的

範圍很廣。

　　不能採用消除法的有機體變量，如年齡、性別、身高、體重、遺傳等，形狀、大小、呈現時間等刺激變量，都要使其保持恆定，使其效果固定而控制它。另外，實驗常常要在同一時間、同一房間裡進行，對實驗儀器裝備通常要在同一的條件下使用同一部儀器（或同一型號效度較一致的幾臺儀器），主試者的態度保持一定，溫度、濕度也保持一定，實驗其它情境保持恆定等等，都是無關變量保持恆定的手續。為了控制練習和疲勞等效果，一般將明顯表現這些效果的最初數次的嘗試除外，而用練習曲線、疲勞曲線平坦時那一段實驗次數，作為正式實驗。這稱之為練習法，這個練習法的意圖是將練習和疲勞等效果保持恆定而控制它們的效果。

　　2.設計控制的方法，即通過實驗設計，控制實驗結果中可能混進的無關變量效果。有如下兩種：

　　⑶無關變量效果的平衡

　　用無關變量的消除法或恆定法控制無關變量有困難時，往往採用無關變量效果平衡的方法來控制無關變量。即無關變量所產生的效果已經影響了實驗結果，又無法排除，遇到這種情況怎麼辦？設計時採用實驗組和控制組法，是最基本的方法。這就是將受試者分成兩個無關變量相等的組，一個為控制組，一個為實驗組，都是按隨機的方法分配的。如果實驗組為兩個組或多組，其原理同一組一樣，都是使無關變量相等。

　　控制組（有時又稱對照組）在實驗中不給實驗處理，實驗組給予實驗處理。由於控制組和實驗組的無關變量相同，所產生的效果相等，故被平衡了，而且經歷的時間等條件也相等，所以兩組反應之差，就可以認為是原來實驗變量或實驗處理的（即刺激變量）的效果。二者的情況可用下圖表示出來：

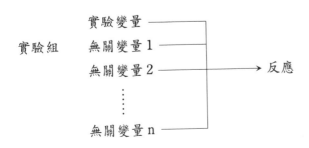

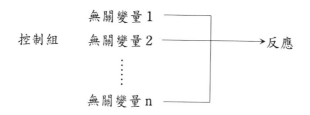

　　這是實驗組和控制組各只有一個時，如控制組法原理簡圖，如果實驗組為兩個或兩個以上，其情形如下圖所示。何時需要兩個或兩個以上的實驗組呢？一般是當實驗變量在兩個或兩個以上時，即是說實驗組數目與實驗處理的數目要相對應地增加。

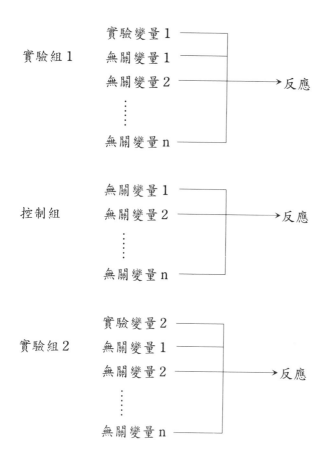

　　以上所講的是控制組實驗組法的基本形式。在這個方法中，除了控制組無

實驗處理外，還假定實驗組與控制組是相等的。這個假定基於以下兩點理由：由於受試者個體隨機地分配為兩組，使兩組有機體之變量隨機化，並且由於實驗變量以外的所有無關變量都相等，而使無關變量的效果平衡。可是事實上，這樣完全相等的假設並無保證。而在實驗變量的操作前，兩組相等的保證又是十分必要的。為適應這種要求可以採用控制組法的事前─事後測定法。

事前─事後測定法，是心理學實驗或社會調查中經常採用的一種檢查實驗變量效果的方法之一，這種方法是測定、檢查實驗變量操作前和操作後的反應，把實驗變量操作後的反應與操作前的反應之差，看作實驗變量的操作效果。這種方法多用於學習、適應、或疲勞等效果的測定上。如鏡畫學習實驗就是一例。這個實驗中一般先用非優勢手嘗試兩次，接著用優勢手進行數次（十次或更多次數）嘗試，然後再用非優勢手嘗試兩次，用最初非優勢手的兩次嘗試的均數（時間或錯誤）與最後兩次嘗試的均數進行比較，這前後兩次均值之差，就視作優勢手學習遷移的效果。在這樣的實驗中除實驗變量的效果外，操作前和操作後反應的變量都應該相等，但事實上，伴隨著實驗變量操作，操作後所測定的效果中除有實驗變量的效果外，還混入因事前測定和實驗處理所引起的一些無關變量因素（即事前測定和實驗處理所加於受試者練習或疲勞的效應的影響）。這個方法表面上看像已使無關變量保持恆定，而實際上卻不是。

● **實驗組、控制組事前─事後測定法**

在明確了事前─事後測定的方法後，再討論控制組法的事前─事後測定。這一方法就是通過事先測定，將受試者隨機分成實驗組和控制組，並使兩個組所測內容不但在平均數而且在標準差方面都相等（統計意義上的相等），然後再對實驗組給予實驗處理。根據事後測定結果，用兩個組反應之差，檢驗實驗處理的效果，這就是實驗組、控制組法的事前─事後測定的基本形式。用下表可以更清楚地表示。

組別	事前測定	實驗處理	事後測定	比較事後測定結果
實驗組	○	○	○	
控制組	○	×	○	

註：表中○代表進行事前測定、實驗處理、事後測定，×代表不進
　　行這些項目。

　　從上述基本形式的描述中，可見對兩個組其保證了在施測前完全相等的假設，但在事後的測定中，實驗組除了實驗處理的效果外，還比控制組的事後測定多混入了由於多一項「實驗處理」而引起的無關變量。如果再進一步考察，由於事前測定，也使事後測定混入了「前測」這一無關變量的影響，使事前測定所引起的無關變量效果與實驗處理的效果相混，就不能單純地檢測出實驗處理的效果。例如，事前測定的操作使得對於實驗處理的準備狀態或覺醒水平發生變化，使事前測定效果與實驗處理效果相混。為排除這些影響，有時只把未進行實驗處理的控制組的事後測定的反應與未進行事前測定而進行實驗處理的實驗組事後測定的反應加以比較：

組別	事前測定	實驗處理	事後測定	
實驗組	✕	◯	◯	比較事後測定結果
控制組	◯	✕	◯	

　　但這樣做，又產生一個問題，就是不能保證實驗組與控制組是等質的。這樣檢測實驗處理的效果是不保險的，在這種情況下設立兩個實驗組，實驗處理仍然是一個。按照這一辦法，可用實驗組 A 和控制組兩組事前測定的均值代表實驗組 B 的事前測定的估計值，在使用很多受試者個體而能假定三個組等值的時候，這是合理的。這樣就可以用實驗組 B 的事後測定與事先測定的估計值相比較，找出實驗處理的效果了。同時用這種方法還可尋求事前測定的主效果，即控制組事後測定減去事前測定之差，以及事前測定和實驗處理的交互作用效果：即用實驗組 A 事後測定結果減去用實驗組 B 計算出來的實驗處理的主效果，再減去用控制組計算出來的事前測定的主效果，就是事前測定與實驗處理交互作用的效果。

組別	事前測定	實驗處理	事後測定
實驗組 A	◯	◯	◯
實驗組 B	✕(δ)	◯	◯
控制組	◯	✕	◯

　　利用控制組法，將受試者個體分配給實驗組和控制組時，應以什麼樣的比率來進行分配呢？由於要把實驗組的結果與控制組結果進行比較，所以在把受試者個體分配給兩個組時，最好是能敏銳地測出兩組之差，庫爾茲（Kurtz, 1951）等提出了一個有效計劃。當實驗組、控制組各為一個時，二者為等組。如果控制組為一個，實驗組為兩個時，其控制組的人數占總數的 41 ％，而兩個實驗組的人數占總人數的 59 ％（每個實驗組各為 29.5 ％）。下表是庫爾茲等有效計劃的一部分：

表 1-1　庫爾茲（1951）有效計劃

		實　驗　組　數					
		1	2	3	4	5	6
控制組數	1	0.50/0.50	0.41/0.59	0.37/0.63	0.33/0.67	0.31/0.69	0.29/0.71
	2	0.59/0.41	0.50/0.50	0.45/0.55	0.41/0.59	0.39/0.61	0.37/0.63
	3	0.63/0.37	0.55/0.45	0.50/0.50	0.46/0.54	0.44/0.56	0.41/0.59
	4	0.67/0.33	0.59/0.41	0.54/0.46	0.50/0.50	0.47/0.53	0.45/0.55

註：分子為控制組人數占總人數的百分比，分母為實驗組人數占總人數的百分比。

　　那麼應怎樣把受試者個體分配給實驗組和控制組呢？要使控制組和實驗組等質，這裡所說的等質是指與實驗變量關係密切的因素，即相關高的因素等在兩組中是相同的。當何種變量該在兩組裡等質，以及何種無關變量該平衡還不清楚時，一般採用隨機化的方法，將受試者分配到兩組裡。當搞清楚何種變量在兩組裡等質及何種無關變量該平衡的時候，一般採取配對分配的方式，也有時採取配對和隨機化相結合的方法，將受試者分配到控制組和實驗組。例如，有六十名男女受試者，共使用 A、B 兩臺儀器，其人數分配應如下表，這裡認為性別是影響實驗結果相關很高的因素。

　　各種情況的十五名男或女受試個體採取隨機方法進行分配的。同時哪組為實驗組，哪組為控制組，都是按隨機的原則確定。

　　總之實驗組、控制組法平衡無關變量效果，要求各組受試者數目較多，而且各個體間的差異應該小些，否則離散程度太大，不易區分實驗處理的效果。儘管這樣，兩組受試者的個體差異要做到完全同質，也是難以辦到的。這是它的一個缺點。

	實驗組		控制組	
	男	女	男	女
儀器 A	15	15	15	15
儀器 B	15	15	15	15

(4)無關變量效果的抵銷

上面所提的實驗組、控制組法存在一些缺點，為了克服它，採用一組受試者，令該組內每個受試者個體分別接受兩個或兩個以上的實驗處理，這種設計稱作受試者內設計，又稱組內設計。有兩種形式：完全受試者內設計和不完全受試者內設計，用增加試驗次數的方法抵銷無關變量效果，即主要是練習效應的設計稱作完全受試者內設計；一部分受試者分別按 AB 順序，另一部分受試者按 BA 順序接受實驗處理，以抵銷無關變量效果的設計，稱為不完全受試者內設計。受試者內設計可以克服受試者變異較大，而人數又少，而引起的實驗處理效果不易測定的缺點。但同時又會出現一個新問題：由於實驗順序不同，會對先後兩次實驗處理產生不同影響。像這樣由實驗順序所造成的練習、疲勞、適應，以及由刺激的空間位置不同、反應的動作方式不同等造成的無關變量效果的控制，就應採用抵銷法。最基本的形式是 ABBA，又叫循環法。如果實驗中的系統誤差不止一種，那就要採用多層次的 ABBA 法平衡。例如，刺激的空間配置不同，產生的無關變量效果（空間誤差）的抵銷，可將刺激按左右右左的空間位置呈現，ABBA 的方式適用於兩個實驗處理的情況，三個以上的條件時，可用另外變化的循環法，將受試者隨機分為三個等組，各組受試者接受實驗處理的順序不同，這樣使每一實驗處理都有三組受試者的結果。但這些結果都是在不同的實驗順序上取得的，這樣來抵銷無關變量的效果。

下表是三個實驗處理條件下的實驗順序效果的抵銷。

隨機分法	順　序
受試者	1　2　3
1/3	A　B　C
1/3	B　C　A
1/3	C　A　B

　　表中A、B、C分別代表不同的實驗處理，如果實驗處理為三個以上，情形也大致如此。

　　完全受試者內設計適合每次實驗時間較短的實驗，如心理物理實驗中的感知覺實驗、反應時實驗等。有些實驗條件易產生期望時，一般也不用ABBA法，而應用隨機法安排，例如實驗條件為三種不同的時間間隔，受試者很容易猜到這次時間長，下次時間就一定短，這種情況不用ABBA安排試驗，而應該隨機安排實驗處理，以排除期望的作用。

　　不完全受試者內設計，假設ABBA所產生的順序效應嚴格相等（即每次的練習效應是線性累積增加的），這種方法一般用於需時較長的一些實驗，以抵銷無關變量的效果。

　　無關變量效果的抵銷，是假設無關變量的效果是線性增加的，如果是非線性的，則不能採用此方法，而要用隨機安排順序的方法。如下圖：

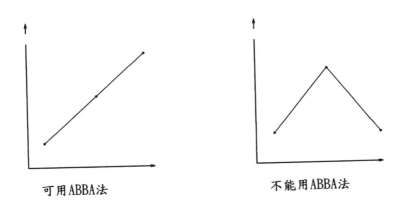

可用ABBA法　　　　　　　　不能用ABBA法

　　如果實驗中有不可逆的效應（如某一材料看一遍就記住，不能忘記，教學方法）的實驗等，則不能用組內設計的方法抵銷無關變量的效果，而應該用組

間設計的方法。

無關變量效果的抵銷，實際上在伴隨實驗變量的操作中，所測定的實驗效果裡還包含有一些無關變量所引起的效應，不過這些效應對所有組是相等的，因而不影響對實驗效果的檢驗，但在對總體參數的估計中，這些無關變量會使期望值平均數變化（增大或減小），因此對總體進行估計時，可能出現誤差。

(5)隨機化法和配對法

隨機化法和將各組受試者配對的方法，都是控制無關變量的一種方法，都是企圖使自變量之外其它影響實驗結果的無關變量，保持相等的一種方法。配對法是將兩組受試者除自變量之外其它條件盡量保持相等，這就要求將受試者依據某些特質兩兩配對，這種方法理論上可取，但實行起來有很大困難，常顧此失彼。

隨機化方法是依據數學上概率的原理，將受試者按相等機會原則分組。理論上可使不同組的受試者除實驗處理之外，其它無關變量保持相等，可彌補配對法顧此失彼的特點，是控制無關變量較好的方法。這種方法分組，雖然事實上未必各方面完全相等，但理論上相等的機會比較多。

3.統計控制的方法，包括無關變量納入與統計控制兩個方面。

(6)無關變量納入

使無關變量成為實驗設計中的一個自變量，可以彌補上面所講的將無關變量排除和保持恆定、無關變量的效果平衡和抵銷方法的缺點：實驗情境的過分人工化及實驗工作量增加等。把影響實驗結果的某種無關變量因素當作自變量因素之一，使之系統化安排，通過一定的統計方法，分析所欲研究的自變量與行為反應的關係，這種方法可以使實驗情境更接近實際。但由於無關變量的納入，使實驗中的自變量因素增加，會帶來分析上的很多困難。例如，有人想研究過度學習對記憶的影響，但是智力水平與性別就成為影響記憶（因變量）的無關變量因素。如果將其納入到實驗設計中，就使原來單因素的實驗變成多因素的了。記憶不單與過度學習有關，而且與性別及智力有關，甚至可能在過度學習、智力、性別等記憶的各變量間還有交互作用的關係。使用無關變量納入的方法可同時對這些多項假設進行驗證。

(7)統計控制

上述所講的各種控制無關變量的方法，都是在實驗之前可以考慮使用的方

法，也就是說，在實驗設計階段可以採用的一些控制無關變量的方法，這都統稱爲「實驗的控制」。但有時候，因爲受實驗的限制，上述各種方法不能使用，或使用了也難以對某些無關變量加以控制，明明知道此因素會影響實驗結果，遇到這樣的情況，只有在實驗之後採用統計分析的方法，把影響實驗結果的因素分析出去，爲達到此目的，常用的方法爲共變量分析（或稱協方差分析），這種事後用統計技術來達到控制無關變量的方法，稱爲「統計控制」。例如，對兩個班的學生進行兩種教學方法的比較研究，由於事實限制，兩個班不能混合編班，就是兩個班能夠混合編班的隨機分組，但若舉行事前測定，並不能保證兩個班完全相等，假如總有一些差異，如智力、年齡、性別……等，而智力是影響實驗結果的一個因素，事先又不能保證二者相等，無法進行實驗控制，那就要在實驗之後，使用共變量分析法將智力因素所發生的影響加以分析排除，然後再比較兩種教學方法下兩班成績的優劣，以研究教學方法的好壞。從另一個方面還可看到統計學在實驗心理學中的重要地位。

以上所講是控制無關變量的基本方法，常常是幾種方法適當地組合起來控制各種無關變量。實驗設計時必須考慮什麼樣的控制法對什麼樣的變量控制更適當，以充分設計所能控制的實驗。

第四節　實驗設計類型及方案

本節主要討論如何根據實驗程序，將控制無關變量的方法落實到心理實驗設計中。這些設計主要是以心理統計爲基礎，所述及的各種心理實驗設計方案中，重點是以實驗室的研究設計爲主，其它方面的實驗設計只簡略提及。

一、實驗設計及評價標準

㈠實驗步驟與實驗設計的意義

從第一節的敘述可知，心理實驗的步驟大體如下：⑴確定研究問題並提出假設；⑵擬定驗證假設的方法並進行研究；⑶整理分析資料並解釋實驗結果。在這些環節中，驗證假設應是整個研究的重點，而驗證假設的主要工作，又在於實驗設計，可見實驗設計的重要性。另外，從一個完整的實驗設計中，人們能看出：⑴該項研究的價值如何；⑵研究計劃實施的可能性如何；⑶研究者的

能力如何。實驗設計有如此重要意義，這是由於實驗設計本身的功能所決定的。

㈡**實驗設計**

它的功能是：

⑴使實驗變量（即反應變量）的變化最大，實驗設計時，必須考慮到選取能夠引起反應差異最大的自變量間距及檢查點；⑵能控制好各種影響實驗結果的無關變量，控制的方法見前節所討論的那些；⑶使實驗中誤差變異最小。由於實驗情境嚴格控制，因而能使隨機誤差達到最小。

㈢**實驗設計的標準**

那麼，如何評價一個實驗設計是好還是不好呢？這就要看其實驗設計是否發揮了它應發揮的功能，歸納起來可提出三個標準：⑴能夠恰當地解決所欲解決的問題。實驗方法本是解決疑難問題、驗證假設的科學方法，實驗設計是關於研究者如何應用實驗方法解決問題的具體說明，只有這具體可行的設計完成之後，實驗研究也才有可能，這個具體說明的周詳程度、科學性如何就決定研究者所欲研究的問題能否得以解決。⑵恰當地控制實驗中的無關變量。一項實驗研究中，雖然想了解的是自變量和因變量的關係，但是心理實驗中的反應（因變量）可能受很多的與自變量無關的各種變量的影響。因此，一個好的實驗設計，必須能細密而周全的考慮控制各種無關變量，從而達到解決所欲解決問題的目的。⑶使實驗結果有很高的可靠性（又稱效度），就是說實驗結果沒有混入除自變量之外的其它變量的影響（即使混入，也能加以區分），這個結果不僅僅是特殊情境下的產物，它應具有一定的科學性和普遍性。這就要求設計實驗時考慮所選取的受試者樣本，或實驗情境應具有一定的代表性，並能夠推論到其它受試者或實驗情境中去。

二、實驗設計的各種類型

依據不同的分類標準，可將各種心理實驗設計分為不同的類型。各種不同的類型設計，都有其長處和短處，一個好的實驗設計應能綜合各類設計的長處，而避免其短處，因而是多類型設計的複雜組合。下面所講的幾種設計類型中有些不是實驗設計，而是屬於非實驗設計的類型。

㈠**實驗組、控制組比較設計，又稱組間設計**

依據實驗設計的分組方式，是否給予實驗處理等，將實驗設計分為實驗組、

控制組比較設計，這是心理實驗最基本的實驗設計類型，將受試者分爲兩組：一組施以實驗處理稱作實驗組，另一組不給實驗處理，稱作控制組，最後測定對某種刺激的反應，這種情況下一般只測一次（或多次測定的平均數）表示反應的結果，然後比較兩組反應上的差異，所以又叫組間設計，而這個差異就被認爲是實驗處理的結果。這種設計的優點是可以進行比較，缺點則是兩組受試者相等的假設難以得到保證，各種無關變量的控制，兩組也難以做到完全相等。因此，對實驗結果的解釋上，可靠性就會降低。有一些單組設計（即多個實驗組而沒有控制組），表面上沒有控制組，而實際上有一個控制組的表象，雖然無須眞實的控制組，但它已隱然存在了，它們互爲對照組。

㈡事前測定和事後測定比較設計

　　這是依何時測定受試者的方式來分類的設計類型。所謂事前測定，是指在實驗處理實施前對受試者進行有關研究內容方面的測定，事後測定是指在實驗處理後實施對受試者進行有關研究內容方面的測定，前後兩次測定的差異，就被認爲是實驗處理的結果。這種設計的優點是有了兩次測定可以進行比較，缺點是由於先後兩次是在不同的時間測定的，因而對於歷史因素、身心變化、測量工具、評價人員標準的變化、練習效果及多種因素的交互作用等，都難以得到良好的控制，因而使對結果解釋的效度降低。

㈢隨機化設計及區組設計

　　這是根據無關變量的控制方式來區分的實驗設計類型，這種設計是使各組受試者在實驗處理前各方面完全相等，但分組的方式不同。

　　完全隨機設計，是依據概率的原則，用隨機分派的方法，使各組無關變量保持相等。一般常用控制組（對照組）與實驗組，或多個實驗組的設計，這種設計方法又稱組間設計。

　　區組設計，是將受試者按區組分類，使每一區組的受試者盡量保持同質，然後將區組內受試者隨機分派到各個實驗處理中去，這裡有兩種方式，一種是以每一個受試者爲區組，使其保持同質。即令每個受試者分別接受 K 種實驗處理，這種形式易產生順序誤差，如練習、疲勞及與實驗情境的交互作用。對於這些誤差採用 ABBA 循環法平衡，即按 ABBA 順序接受實驗處理，這樣，每種處理進行實驗就不止一次，需要平衡的無關變量效果層次越多，每個實驗處理實驗測定的次數越多。一般情況下，用多次測定結果的平均數，代表每種實驗

處理的結果，這樣可抵銷無關變量的效果，使結果穩定可靠，這種方式稱作完全的組內或稱完全受試者內設計。如果實驗處理不允許反覆測定，則安排一半受試者按先 A 後 B 的順序做，另一半受試者按先 B 後 A 的順序做，用這種方式平衡順序誤差，在心理實驗設計中稱作不完全受試者內設計，它屬於組內設計的一種形式。

區組設計的另一種方式是配對，即根據研究的要求，將影響研究結果的某些因素水平相同的受試者配對，這樣可得到不同水平的受試對，然後隨機讓其中的一個接受一種實驗處理，這種設計屬於組間設計的一種形式。

這種設計的優點很多，能使無關變量保持相等，至少理論上是相等的。隨機化設計看起來容易，分組需要的受試者數目較多；而受試者內設計的受試者數目少，如果各種順序誤差能得到較好的平衡是比較好的一種設計，但受試者實驗次數多，用時長，可能引起另外一些無關變量。配對區組，執行起來有一定困難。

㈣單因素與多因素實驗設計

是按實驗中自變量的多少進行分類的設計類型，如果自變量因素只有一個，就是單因素的實驗設計，例如，研究不同教學方法的教學效果，這個研究設計的自變量因素只有一個即教學方法，不同的教學方法稱爲水平不同或實驗處理不同。如果實驗中的自變量是兩個或兩個以上的話，這類設計就稱作多因素實驗設計，如上例的自變量除教學方法之外，還可增加學生性別、教室氣氛、或平均智力水平等等。單因素實驗，相對於多因素實驗來說，實驗情境有些人工化，而且對於一些無關變量的控制不如多因素設計控制得好，因素越多，實驗越接近日常情形，但這樣會使實驗情境及結果整理變得十分複雜。

㈤前實驗設計、相關設計、準實驗設計及真正的實驗設計

這是根據對實驗中各種變量的控制情況或控制水平高低劃分的實驗設計類型。

1. 前實驗設計也可以操縱、變化一個自變量，但這種設計對無關變量的控制太差，缺點很多，致使實驗結果的可靠性很低。其基本模式有以下三種：

⑴單組事後測定

只利用一組受試者，只給一個實驗處理(X)，然後測得一個結果(Y)，就說這一結果是實驗處理造成的。

實驗處理	事後測定
(X)	(Y)
○	○

×代表沒進行

○代表進行

這種設計沒有對照比較，沒有控制無關變量，因而可靠性很低。

(2)單組事前事後測定

也是利用一組受試者，在沒有呈現實驗處理之前，進行一次測定，以實驗處理之後，再進行一次測定，比較這兩次測定的結果，若有改變，就說是實驗處理所致。這種設計雖有了本組兩次測定的比較，但對於受試者變量如歷史因素、身心變化、練習效應等各種變量沒有控制，因而，使上述各種變量作用與實驗處理效果相混淆，使設計的效度降低。

事前測定	實驗處理	事後測定
Y_1	X	Y_2
○	○	○

(3)固定組比較設計

這種設計有兩組受試者，兩組受試者是依原來固定的組織形式分派的，因不是隨機分組，所以本來就不相等。其中一組施以實驗處理，另一組不給予實驗處理，比較兩組分別測定的結果，如果有差異，就認為是實驗處理的作用，因為兩組本來就不相等，有很多無關變量的干擾可能又不相同。簡單地結論兩組測定的差異是由於實驗處理的結果，這個結論的可靠性自然是很低的了。

	分組	實驗處理(X)	事後測定(Y)
固定	實驗組	○	○
分組	控制組	×	○

　　前實驗設計儘管在對無關變量的控制上功能太差，卻常有人應用它，而且犯了錯誤而不能自知，因而在了解了前實驗設計的基本模式之後，應時刻注意提醒自己不要誤用它，除萬不得已，不要應用這種設計方案。若迫不得已而使用了這種方案，在結果解釋上一定要格外小心才是。

　　2.相關設計，又叫事後回溯設計，這種設計是既不能操縱、控制自變量，也不能隨機分派受試者的設計，它只能將受試者的現存差異分類歸到一定的情境中去。原因是在對這一問題進行研究時，影響某一問題（因變量）的自變量已經過去，只能是依據一定的反應變量去追溯其可能的自變量，探討自變量對因變量可能產生的影響。因這類問題的研究只能採取相關的方法，故又叫相關設計。這種設計對無關變量的控制毫無能力，因而在對其結果的解釋上，必然存在模稜兩可的性質，只能說「自變量」與「因變量」具有相關關係，所謂自變量是否是眞正的自變量就很成問題。因此，這種設計的可靠性很低。儘管如此，有些實驗只能採取事後回溯設計的方法，而不能採取眞正實驗設計的方法，道理很簡單，因爲這一類實驗具有對受試者造成傷害的性質，無法用操縱自變量來進行。如對犯罪少年犯罪原因的調查，就是一例。犯罪這是因變量即行爲反應，其犯罪原因是自變量，這只能採取事後回溯的方法，把可能的自變量列出來，經過調查將犯罪少年歸到某一原因的情境中。沒有一個人願意接受參加造成各種犯罪情境的實驗，這是不言而喻的。再舉一例，肺癌與吸煙關係研究，也屬於這一類設計，將得肺癌的人（因變量）按每天吸煙多少進行歸類，如果統計分析說肺癌與吸煙多少有密切的正相關，但不能就此結論說肺癌的原因是吸煙，因爲可能得肺癌與吸煙多少都與情緒有關。從上面兩例可見，對這類設計所得結果解釋要格外小心。

　　3.準實驗設計，類似或近似眞正的實驗設計，是指在實際的社會情境中，

不能用眞正的實驗設計來控制無關變量，但可以對一些影響實驗結果的無關變量進行分類，將其作爲自變量因素納入，使用眞正實驗設計的某些方法計劃如何搜集、整理、統計分析資料。例如，什麼時候測定結果，測哪些受試者等等。這種實驗設計由於缺少對部分實驗的控制，因而，研究者必須事先對哪些無關變量影響實驗結果，有清楚的認知，這樣才便於對實驗結果進行解釋。準實驗設計方案大致有如下幾種：

(1)不相等實驗組控制組事前事後測定設計

這種設計因兩組受試者不能隨機分派，而是依原來的班級或團體劃分，因此實驗組、控制組兩組實驗受試者是不相等的。由於有事前測定和事後測定的安排，可以使一部分無關變量得到控制，如歷史因素、練習因素、身心變化等。但受試者的選擇不同所造成的受試者差異，及其與身心變化的交互作用沒有得到控制。這種設計的實驗結果不能推論到沒有事前測定的情境中去，但這種設計結果可以採用單因素共變量分析法，對受試者差異及其與身心變化的交互作用實施控制。這種設計的實驗結果不能推論到沒有事前測定的情境中去。但這種設計結果可以採用單因素共變量分析法予以統計控制，來處理結果。

非隨機分派	事前測定	實驗處理	事後測定
控制組	○（Y_1）	×	○（Y_3）
實驗組	○（Y_2）	○(X)	○（Y_4）

由於兩組不等，其變量分析所要求的各組內迴歸係數相等的假定不容易得到滿足。此種設計雖然有很多缺點，但在教育情境中，不能打破班級界線，無法隨機取樣、隨機分派或無法配對時，卻不能不用到這種設計。

(2)相等時間樣本設計，該設計是對單組受試者，前後抽取兩個相等的時間樣本，其中一個時間樣本施以實驗處理（○），另一個時間樣本不給予實驗處理（×），比較兩個不同時間樣本的工作量、學習速度、學習效果等。

實驗處理	×	○	×	○
測得結果	Y_1	Y_2	Y_3	Y_4

時間樣本爲多次重複,如下表所示:

實驗處理	Y_2　Y_4　Y_6　…	
未實驗處理		Y_1　Y_3　Y_5　…

　　若時間只抽取兩個,又有 n 個受試者,可用 t 檢驗法處理結果。如果時間爲多個,則不能把每個人在有實驗處理時的多次結果(Y_2　Y_4　Y_6)加起來求平均數,與沒有實驗處理時的多次結果(Y_1　Y_3　Y_5)加起來求平均數,再求n個人的結果,然後用 t 檢驗的方法分析差異。正確的統計方法是:多因素變異數分析中的一種特殊的嵌套實驗設計分析法。這種設計,雖然對受試者變量有了很好的控制,但實驗安排的反作用效果都不能控制,受試者很容易知道他在做實驗,霍桑效應是很明顯的。同時,由於時間樣本先後不同,練習和疲勞效應也影響實驗結果。另外,因只選一組受試者,受試者選擇上可能出現誤差,因此,對實驗結果的推論,只限於與所選受試者同質的受試者中,因實驗處理是相間出現的,因此,結論也不能推論到連續出現或只出現一次的場合。

　　這種設計也適用於同一組受試者,或同一個受試者交替給予不同實驗處理的情形,如果不同的實驗處理,採用循環法平衡實驗順序效應的交互作用,則可用 t 檢驗分析兩種實驗處理之實驗結果的差異,但推論時,一定要在與所選受試者的同質場合。

實驗處理 1	Y_1　Y_4　Y_5　Y_8
實驗處理 2	Y_2　Y_3　Y_6　Y_7

　　例如,了解某一人對紅燈和綠燈的反應時間有無快慢之別,可用 ABBA 法反覆測紅燈和綠燈的反應時間多次(假設 n = 30)然後用獨立樣本 t 檢驗法檢

驗兩種燈光反應時的差異（$df = 30 + 30 - 2$），但這個差異只能推論到所測的這個人或這一組受試者的其他情境，而不能推論到其它人或其它組的情境。

(3)循環法設計，又稱輪組設計，平衡對抗法實驗設計，它的特點是用拉丁方格的安排，使實驗順序、不同的實驗處理的交互影響所產生的誤差大致平衡，這種方法在第二節中已有敘述，所不同的是受試者不能隨機分派，而是原來的團體形式，因此各組受試者是不相等的，可用拉丁方格實驗設計的統計方法處理結果，檢驗實驗處理之間的差異顯著性、不同組受試者間的差異顯著性，以及不同實驗順序間的差異顯著性。由於各組受試者不同質，雖然經檢驗實驗處理間差異顯著，仍然很有可能是組別及實驗順序之間交互作用的結果。因此結論時一定要慎重。

受試者	順序		
	t_1	t_2	t_3
c_1	a_1	a_2	a_3
c_2	a_2	a_3	a_1
c_3	a_3	a_1	a_2

註：a_1、a_2、a_3為實驗處理。

4.真正的實驗設計，是指以數理統計為基礎的實驗設計，這種設計不但能對各種無關變量進行周密的控制，而且還可應用一定的統計方法幫助分析實驗結果。這將在下一部分詳細敘述。

三、基本的實驗設計

這一部分主要討論經常應用的真正實驗設計中最基本實驗設計的一部分。只列出其基本的方案，建議使用的統計方法，並對其設計的優缺點做一簡要的評述。

(一)完全隨機化設計

完全隨機化設計是指用隨機數字表或抽籤的方法將受試者隨機分組，使各組在接受實驗處理之前保持各方面相等，並隨機安排實驗處理的設計。

1. 實驗組控制組，事後測定設計

實驗組、控制組都是隨機抽樣，且隨機分派的，因此二組在實驗前相等，除自變量外，其它無關變量的控制也相當。這種設計是一種較好的設計方案，如果參加實驗的所有受試者也是隨機抽取的，這個設計的實驗結果就可推論到更大總體的場合，如果所有受試者是從某一有限定的受試隨機選取的，那結果可推論到其所限定總體內的其它情形。

組別		實驗處理	事後測定
隨機抽樣 隨機分派	實驗組	○	○（Y_1）
	控制組	×	○（Y_2）
比較			D

註：可用獨立樣本 t 檢驗法檢驗 $\overline{Y_1} - \overline{Y_2}$ 的差異是否顯著。

上述是基本模式，如果實驗處理為兩個、三個或三個以上時，實驗分組就應相應增加。如果只檢驗各實驗組與控制組的差異，仍然用獨立樣本 t 檢驗法。如果是檢驗各實驗處理事後測定之間是否有差異時，可用獨立樣本單因素方差分析的方法處理實驗結果。

組　　別		事後測定
隨　隨 機　機 取　分 樣　組	實驗處理 A 組	Y_1
	實驗處理 B 組	Y_2
	實驗處理 C 組	Y_3

這種設計表面上看沒有控制組，而各實驗處理組可互為對照，因此，事實上仍具有控制組的功能。

2. 實驗組控制組事前事後測定設計

　　這種設計是用隨機化方法將受試者分爲兩組，使兩組受試者完全相等，在兩組未進行實驗之前都進行測定，看看兩組在因變量方向上是否眞的相等。實驗開始時，實驗組給予實驗處理，控制組不給實驗處理，最後兩組再進行一次測定。

		事前測定	實驗處理	事後測定
隨機抽樣 隨機分派	實驗組	○（Y_1）	○	○（Y_3）
	控制組	○（Y_2）	×	○（Y_4）
比　　較		D_1		D_2

　　這種實驗設計應該採用獨立樣本單因素共變數分析的方法處理實驗結果，檢驗控制組、實驗組的平均數差異是否顯著。對控制組、實驗組實際上是否相等並沒有把握，至少可以說存在取樣誤差，Y_1、Y_2是在一定的取樣範圍變動的。比較這兩組事後測定的結果，須採用統計控制的方法將前測的影響分離出來。基本形式是：

實驗組		控制組	
共變量	變量	共變量	變量
Y_{11}	Y_{31}	Y_{21}	Y_{41}
……	……	……	……

　　經常情況下，使用這種設計的人，是先求出：

$$D_{Y3-Y1}=Y_3-Y_1$$
$$D_{Y4-Y2}=Y_4-Y_2$$

　　然後再用 t 檢驗法比較D_{Y3-Y1}與D_{Y4-Y2}的差異是否顯著，這種方法是不大可靠的，因爲事實上往往$\overline{Y_3}$與$\overline{Y_4}$的差異已經顯著了，而用比較D_{Y3-Y1}與D_{Y4-Y2}的t檢

驗法並未達到顯著水平。

同樣，這種事前事後測定的設計也可用於多種實驗處理的情形。

這種設計方案優點很多，對於受試者變量，無論是受試者個體差異、身心變化、歷史因素等一些無關變量，都能得到很好的控制；缺點是由於有了事前測定，就多了一個事前測定的反作用效果，因此在推論時，就不能推及沒有進行事前測定的總體。

3.四組設計

四組設計又稱所羅門（Solomon）設計，是指將受試者隨機取樣，並隨機分為四組，兩組為實驗組，兩組為控制組，兩組中一組有前測，一組無前測，這實際上是將以上所講兩種設計方案合併在一起。優點是可以將事前測定的反作用效果分離出來，對於實驗處理的效果更加清楚。所用的統計方法是獨立樣本 2×2 的方差分析法。基本格式如下：

實 驗 處 理

		有	無
測	有前測	Y_3	Y_4
定	無前測	Y_1	Y_2

註：表中Y_1、Y_2、Y_3、Y_4都是後測的結果。

這是一種理想的實驗設計方案，集中了設計 1. 、 2.的優點，在無關變量的控制上比較完善。但是它所選的受試者較多，實驗經費較大，一般不輕易使用這種設計方案。

㈡隨機區組設計

隨機化區組設計與完全隨機化設計的不同之處是：首先把受試者按某些特質分到不同的區組內，使各區組內的受試者比區組間的受試者更接近同質。將

受試者分好區組後，然後再將各區組內的受試者隨機分到各不同的實驗處理或實驗組、控制組內。因此稱作隨機化區組設計。這樣，由於事前對受試者配對，因此，控制組、實驗組這兩組受試者就更接近完全相等。在保證受試者接近完全相等這一點上，比完全隨機化分組設計更有把握。其次，是所用的統計方法不同，它是用相關樣本的方差分析或t檢驗的方法分析不同實驗處理間的差異，這種統計方法可將受試者的變異估計出來，可將它從誤差變異中排除，使誤差變異變得最小，而使實驗處理的變異變大。

如何使區組間的受試者盡量做到同質呢？方法有以下三點：(1)可以用同一個受試者重複接受幾種實驗處理，這是用受試者自身作爲控制。每一個受試者接受 k 個實驗處理（自變量）所得的結果（因變量）便是一個區組，由於每一個受試者先後接受 k 個處理的順序不同，會產生一些無關變量，可用循環法平衡無關變量的效果。也可用隨機方法決定實驗順序，藉以平衡無關變量的效果。(2)可用配對法，將在某些特質方面相同的 k 個受試者放在一個區組中，然後再將這 k 個受試者隨機分派，接受 k 個實驗處理中的一個。(3)區組內的單位是一個團體，以不同團體爲區組。

區組設計是屬於相關樣本的設計，因爲不管是同一個人接受k個實驗處理，還是 k 個配對的人各接受一個處理，還是不同團體的受試者區組，凡是同一區組的受試者，如果在第一個實驗處理結果較低，在第二個處理結果也較低，或在第一個實驗處理中的結果較高，在第二個處理中的結果也較高，可見 k 個實驗處理結果之間有相關存在。

這種隨機化區組設計，對受試者變量的控制比完全隨機化區組好，因而是比較理想的。但是在配對時往往顧此失彼，難以完全同質，因而執行起來比較困難。

4.實驗組、控制組配對受試者事後測定設計

此種設計是將區組內受試者隨機分派爲控制組和實驗組，實驗後進行事後測定。

分　　　組		實驗處理	事後測定
配對取樣	實驗組	○	○(1)
隨機分組	控制組	×	○(2)

　　如果只有兩組採用相關樣本 t 檢驗法，檢驗兩組事後測定 $\overline{Y_1}$ 與 $\overline{Y_2}$ 的差異是否顯著，若顯著水平達 0.05，則說某實驗處理的作用明顯。若沒有控制組，而是兩個實驗處理組，則所用統計方法同上，也是用相關樣本 t 檢驗法。

　　若實驗處理為 k 種，則將配對選取的受試者分別隨機分派到一個實驗處理中。上述設計方案，採用隨機區組設計的方差分析法（即相關樣本變異數分析法）處理實驗結果，可以從誤差變異中估計出區組間的變異。

區組	實驗處理					區組平均
	X_1	X_2	X_3	…	X_k	
1	X_{11}	X_{12}	X_{13}	…	X_{1K}	$y_1.$
2	X_{21}	X_{22}	X_{23}	…	X_{2K}	$y_2.$
3	X_{31}	X_{32}	X_{33}	…	X_{3K}	$y_3.$
n	X_{n1}	X_{n2}	X_{n3}	…	X_{nK}	$y_n.$
處理平均	X_1	X_2	X_3	…	X_k	

　　若以單一受試者為區組，按隨機順序接受上述處理，也使用上面所講的相關樣本單因素方差分析的方法，分析實驗結果。這裡假設，隨機順序可抵銷順序誤差，因不同受試者與實驗順序之間沒有交互影響存在。格式如下表。

　　如果只用一個受試者，使其接受 k 個處理，實驗順序的效應存在，採用循

環法平均順序效果，這裡，處理結果的統計方法就與前不同，而應採用拉丁方格設計的方差分析法。

區組	實驗處理（隨機順序）					受試者平均
	X_1	X_2	X_3	$\cdots$	X_k	
1	X_{11}	X_{12}	X_{13}	$\cdots$	X_1	y_1.
2	X_{21}	X_{22}	X_{23}	$\cdots$	X_2	y_2.
3	X_{31}	X_{32}	X_{33}	$\cdots$	X_3	y_3.
n	X_{n1}	X_{n2}	X_{n3}	$\cdots$	X_n	y_n.
處理平均	X_1	X_2	X_3	$\cdots$	X_k	

(三)多因素實驗設計

以上所討論的四種基本方案，都是屬於單因素的實驗設計，即實驗中的自變量因素只有一個，只是使其變化的水平作有系統的改變，其它一切可能影響實驗結果的變量，都作為無關變量處理、排除、恆定，或將其效果平衡、抵銷等。單從實驗設計的角度來說，這些方案沒有什麼不妥。如果從實驗情境是否符合實際情況的角度看，單因素的設計未免有些把事實的情境過分簡單化或人工化了。因此，單因素設計方案所取得的結果，就很難推論到複雜的現實情境中去，一個複雜的心理事實，很少是單一刺激因素決定的，往往是多因素交互作用的結果。比如說，想研究不同教學方法的效果，這個教學效果，有教學方法的影響，也有老師教學水平的影響，還有學生不同學習氣氛的影響……等，這種教學實際上是受多種因素交互影響所致，要使實驗更接近實際，那就應採用多因素的設計方案。

5.完全隨機化多因素實驗設計

完全隨機化多因素實驗設計，因自變量因素的多少和每個因素變化水平的（實驗處理）多少不同，而有多種類型，例如 2 × 2 析因實驗，2 × 3 析因實驗。僅就 2 × 2 析因實驗為例，來說明析因實驗設計。這個設計方案是自變量的因素有兩種，一因素稱作 A，另一因素稱作 B，而每個因素都各有兩種水平1、2，其模式是：

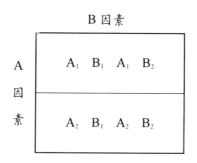

　　例如，兩種教學方法在兩種不同表現（好些和差些）的班級裡實驗。這就要選兩種表現的班級，共四個班級（除班風之外，這四個班其它方面應相等）。分別用方法 1 教一個好班和一個差班，用方法 2 教另外一個好班和差班，究竟哪個班用哪種教學方法，是隨機決定的。

	方法 1	方法 2
好班	A_1B_1	A_2B_1
差班	A_1B_2	A_2B_2

（B 因素）

　　實驗的最後階段，是分別測各班的教學效果，即學習成績分數的多少。各班的學習成績，是不同教學方法、不同班風、不同教學方法和不同班風交互作用的結果。關於實驗結果的分析、採用獨立樣本二因素方差分析的方法（即析因設計的方差分析）。

　　6.隨機化完全區組多因素實驗設計

　　上面所舉 2×2 因素實驗設計方案，若選一組實驗受試者，使這一組每個受試者都參加四種處理，每一個人四種處理的結果為一區組，哪一個人參加哪一種處理用隨機方法確定。形式如下：

受試者	A_1B_1	A_1B_2	A_2B_1	A_2B_2
1	Y_1	Y_1	Y_1	Y_1
2	Y_2	Y_2	Y_2	Y_2
⋮	…	…	…	…
n	…	…	…	…

　　使用隨機化完全區組多因素方差分析法處理實驗結果。例如，一個反應時研究，光的強度有強弱兩種，光的顏色有紅、綠兩種，測定一下反應時的快慢，選一組受試，分別測強紅光、強綠光、弱紅光、弱綠光的反應，在這四種情況的刺激條件下，反應快慢不同，每人的這四種測定結果便爲一個區組。

　　7.拉丁方格實驗設計

　　拉丁方格實驗設計，是多變量實驗設計中一種較爲常用的設計方案。心理實驗中採用循環法平衡實驗順序對實驗結果的影響，就使實驗順序、受試者差異，都作爲自變量因素來處理。只要實驗中自變量的個數（因素）與實驗處理水平數相同，而且這些自變量之間沒有交互作用存在時，都可採用拉丁方格設計方案。這裡對於這些因素之間沒有交互作用的假設是很重要的。否則，按沒有交互作用的統計方法處理實驗結果，只能是準實驗設計，同前面所講過的那樣。這個設計的基本格式如下表。表中a_1、a_2、a_3爲實驗處理的三個水平。c_1、c_2、c_3爲的三種不同的受試者類型，存在個體差異。受試者可爲一人，也可爲多人。對於這種拉丁方格設計的實驗結果，可用獨立樣本拉丁方梠分析法，可分析出受試者間、實驗順序間、實驗處理間的差異情形。即是說實驗順序、受試者差異對實驗結果的影響都可分析出來。

受試者	實 驗 順 序		
	b_1	b_2	b_3
c_1	a_1	a_2	a_3
c_2	a_2	a_3	a_1
c_3	a_3	a_1	a_2

如果，受試者是用隨機的方法抽取的，且又用隨機方法分派，可保證各組受試者相等。

受試者		實　驗　順　序		
		b_1	b_2	b_3
隨機分派 隨機選擇	1/3	a_1	a_2	a_3
	1/3	a_2	a_3	a_1
	1/3	a_3	a_1	a_2

這種設計的結果分析，可用相關樣本拉丁方格分析法處理，可分析出受試者內的順序（b因素）、處理（a因素）及部分 A × B 的交互作用。

拉丁方格設計的特點是：⑴每個因素在每個受試者的實驗次數相同；⑵每個順序在每個因素的實驗次數相同；⑶每個順序在每個受試者的實驗次數相同。故拉丁方格設計能夠抵銷實驗中因實驗順序、受試者差異等所造成的無關變量效果。因而心理實驗中經常被應用。

以上所講的幾種因素實驗設計，只是少數的幾種。隨著數理統計的發展，多因素的設計方案越來越多，多因素的實驗設計，是很好的一種設計，使實驗情境更接近實際，但由於這種設計執行起來很費勁，受試者人數要多，結果的統計處理更複雜，因此，不是非用不可時，盡量少用這類設計方案。

第五節　實驗研究的效度

實驗研究效度是指一項實驗所能揭示的事物本質規律的有效程度。當然任何一項實驗研究都想揭示所欲研究事物或現象的本質規律，但囿於研究者對所研究事物認識的全面性程度，與其它事物之間的相互影響與關係的認識程度不同，以及實驗設計、實驗方法的適切性，資料、分析方法的功能、統計方法的選擇，甚至假設與顯著性水平的確定等等諸多方面的原因，不可能完全滿足所研究問題的需要，因此就必然影響研究的效度。

自從 1966 年 Campbell 和 Stanly 提出內在效率（Internal Validity）和外在效度（External Validity）這一概念描述研究效度以來，很多學者對影響效度的因

素作過認眞的研究，提出很多方面的因素。1979 年 Cook 和 Campbell 認爲這一劃分方法不夠完整，後又從內在效度中抽出一部分命名爲統計結論效度（Statistical Conclusion Validity），由外在效度中提出一部分名之爲構想效度（Construct Validity）。

一、內在效度與統計結論效度

㈠內在效度

內在效度是指實驗數據偏離眞值的程度或指系統誤差大小而言。數據資料中含有的系統誤差種類越多，使數據偏離眞值的程度就越大，內在效度就越低。從另外的角度來說，內在效度是指研究的自變量與因變量之間關係的明確程度。自變量與因變量之間的關係是固定的，即客觀存在的，由於研究中有系統誤差的存在，使自變量與因變量之間固有的明確關係程度變得不明確了，這就降低了實驗研究的內在效度。這裡所說的自變量與因變量之間的關係明確程度，可能在客觀上，不同自變量所引起的因變量之間的差異不顯著，也可能很顯著。但由於系統誤差的存在，可能使本來不同自變量所影響的因變量差異由不顯著而變得顯著了；也可能使本來存在的顯著關係，由於系統誤差的存在，而變得不顯著了。這兩種情況都屬於使自變量與因變量之間的關係變得不明確方面的問題。

㈡影響內在效度的一些因素

1. 歷史因素

由於實驗都經歷一個時間過程，在這一時間歷程中，存在一些有利於強化反應的因素作用，使反應變量發生偏移，使反應結果不眞實。例如，長時記憶實驗中受試者的反覆默念，或一些活動的安排與實驗內容相似，或完全相逆，從而影響實驗結果，使遺忘的檢測結果不眞實。教育實驗中，在檢測某方法或某教材效果中，混進有意的輔助性活動，而這些活動又不是自變量條件等等，都屬於歷史因素的作用，會影響內在效度的。

2. 選擇

這是指沒有用隨機取樣的方法選擇實驗對象或進行分組，使所選擇的幾組實驗對象在實施實驗處理之前就存在差異，並不相等，在對結果的分析處理時，又未採用相應的方法加以鑒別分析，故其結果的差異難於說清是自變量的效果

還是原有受試者的差異所造成的，而如果只依數據的表面差異情況作出結論，那顯然就會使內在效度降低。

3. 成熟

是指隨著時間的經過，受試者內部歷程發生改變，而影響了實驗結果的真實性。例如有些心理疾病的好轉，可能是由於被治療者自身自然成熟的結果，而不是心理治療的效果，如實驗過程中，受試者由不疲勞到疲勞，由有興趣到無興趣，由不饑餓到饑餓等等，皆屬於此種情況，這都會影響實驗結果，導致內部效度降低。

4. 測驗經驗的成長

測驗經驗是指對心理學研究中常用的測驗量表的應答技巧。它會使測驗成績越來越好，如果其間還經過實驗處理，則前後兩次測驗結果的變化，就很難說是實驗處理的效應，還是測驗經驗。

5. 測量工具的穩定性

是指呈現自變量和測定反應變量的儀器，隨使用時間或電壓變化，或其它原因而變化，有變化的即為不穩定。同樣，一個信度不高的心理測驗量表也屬於這一類，如果用這種信度不高的工具評量受試者心身的變化，將會帶來很大的誤差，使內在效度降低。

6. 統計迴歸因素

是指在取樣時，選取某些特質位於兩極端的受試者，而這些受試者在前後兩次測試時，出現最高分和最低分的受試者其得分向中間迴歸，即高分組降低分數，低分組提高分數，這是自然的迴歸現象。進行實驗時是在兩次測定之間加一實驗處理，然後再做第二次測定，若低分者得分有提高，高分者得分有降低，則很難說是實驗處理造成的，很有可能是迴歸因素誤差所引起。此時，研究的內在效度自然降低。

7. 受試者亡失

即指最能反映實驗處理效應的受試者，由於某些原因中途退出實驗，造成實驗結果的偏差。動物學習實驗中一些動物因故死亡；在使用問卷調查研究時，由於有些人對該問卷看法，缺答題目或無故不寄回閱卷，都屬於此類，嚴重妨礙了實驗結果的可靠性，降低了內在效度。

8. 選擇與成熟之交互作用

選擇不同受試者可能與成熟之間存在交互作用，故也影響效度。這在臨床心理、發展心理研究中是經常出現的。例如：兒童守恆概念研究、中學生情緒研究，選擇異常與正常受試者，都可能出現自然成長、恢復等成熟現象與選擇之間的交互作用。

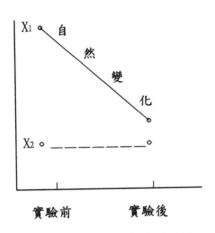

圖 1-1　選擇與成熟之交互作用

9.前測與實驗處理的反作用效果

有些研究設計需要進行前測，前測與實驗處理本身，都會對後測（實驗效果的檢測）產生影響。這些影響有正也有負，即心理喚醒水平、練習效果、遷移、前攝抑制等等，這也是影響內在效度的因素之一。

10.霍桑效應、安慰劑效應、要求特徵

即受試者知道自己正在被觀察測定，所表現出的期望效應和猜測實驗目的對自己利弊而作出的不實反應，是影響內在效度的一個很值得注意的問題。

11.疲勞因素

這是由重複安排實驗所產生的影響實驗結果的因素。

上述幾方面都在不同程度上影響實驗結果的內在效度，在研究設計上應予以嚴格控制。

(三)統計結論效度

顧名思義，統計結論效度是指由統計方法適切性所引起的統計結論有效性的程度，它主要反映統計量與總數參數之間的關係。而內在效度是總體參數（真

值）與有系統偏差的實驗總體參數之間的關係問題，若沒有系統誤差，兩個總體參數之間應該無差異。而統計結論效度所指的統計量，是用不同的統計方法所計算的統計量，二者是不同的。這不同的統計量是否能代表其總體參數，例如一個按幾何級數變化的數據，若用幾何平均數計算統計量，就可能較能反映總體參數的情況，若選算術平均數作為代表值，就不適切，就不能完全地代表總體參數，據此而得出的統計結論，其效度當然就存在一定的問題。

（四）影響統計結論效度的因素

1.統計檢定力（Power of Statical tests），決定統計檢定力大小的一些因素有：

(1)樣本大小，樣本小統計檢定力低。

(2)顯著性水平α的大小。α越小，β錯誤就越大，統計檢定力降低。因此顯著性水平α的大小要合適，一般為 0.05，但有些研究其統計推論錯誤不會造成嚴重的後果，或教育方面的研究，允許顯著性水平α為 0.10。

(3)因變量的誤差變異（標準差）的大小，標準差越大，標準誤也大，達到顯著水平時，β錯誤增大。

以上因素會影響統計檢驗能力，使之偏低，易犯第二類型錯誤。

2.所選用的統計方法依據的各種假設條件滿足的程度。例如一般統計方法建立在隨機變量的基礎上，若數據本身不是隨機變量，則此時所用統計方法的依據不能滿足，因而，其統計結論效度自然降低或沒有效度。再如t檢驗、u檢驗、方差分析等都要求數據為隨機的等距或等比的變量，總體分布為正態，其抽樣分布亦為正態分布或 t 分布，或方差齊性，才可應用，若不滿足此假設，當然統計結論效度大成問題，而這一點很多人在選用統計方法時考慮得不夠，往往被忽視，從而降低了結論效度。

3.多重比較和誤差變異，如果實驗誤差太大，標準誤也大，實驗處理的層次增加，摒棄虛無假設的可能性增加，α錯誤也增加。

4.測量工具的信度。

5.實驗處理執行的信度，即實施實驗時遵守設計要求的程度。

6.實驗環境內，無定性非相關事故的影響。

7.受試者的隨機變異。

上述後四種因素，皆影響誤差變異的大小，如果誤差變異增大，使β錯誤

（II型錯誤）增大，如果誤差變異太小，又易犯第 I 類型（α）錯誤，因此，選擇好樣本、嚴密的研究設計、選擇正確的統計檢驗方法、利用可靠的測量工具等會增加統計結論效度。

二、外在效度與構想效度

(一)外在效度

外在效度是指實驗結果的有效性，或推論、應用之範圍的準確性。任何一項研究都想將其研究結論用來推廣，希望能用已研究的結果，對同類現象進行解釋、預測或控制，並且比較準確。具有比較高的外在效度是一項研究的必備條件。如何才能達到比較高的外在效度，要注意控制以下的一些因素：

1.克服實驗的過分人工情景化，一般實驗都是在嚴密控制的條件下進行的，因此，必然帶來人工情景化問題，這樣的結果用來解釋日常生活中的問題，可能會不切實際，因此在研究設計時，應盡量減少人工情景化，這就要增加實驗變量，給實驗結果的分析帶來困難。若使用多因素的實驗設計及統計分析方法可協助解決這一難題。

2.增加樣本的代表性，這要求取樣時一定注意隨機化和代表性問題，增加取樣的層次，會使樣本代表性增大。另外，研究推論的範圍不要超出取樣的範圍和層次，是提高外在效度的一個好方法。

3.保證測量工具的效度，研究中所使用的各種工具，必須能夠正確地表達或顯示所欲測定的特質，無論是儀器還是心理測驗量表，必須有效才能保證研究的效度。

(二)構想效度

構想效度是關於關係變量及變量之間關係構想的準確性，以及實驗變量在實驗時的操作定義與推論時的定義一致性程度。換句話說，就是對所研究的特質在理論上構想的全面性。構想效度不僅涉及因果關係的構想，也包括所有有關變量的構想，變量理論上的定義無法十分全面，只能以多數人可接受的定義對之進行構造和界定，這一構想是否全面，就是構想效度問題。

影響構想效度的主要因素包括以下兩個方面：一項是理論上的構想之代表性不充足（underrepresentation），第二是構想之代表性過寬，以致包括了無關事物（surplus construct irrelevancies）。下面具體討論研究問題的概念與構想

間的一致性，而對構想與構想之間的推廣問題則較少涉及。

　　1.操作化前對構想的分析不夠完整，這樣便造成對概念具體操作選擇上的片面。例如態度（attitude）係指對某事物較長期的反應，但一般量表往往只能測量一短時間內的反應，由此種量表所獲取的資料是否能代表真正的態度？其構想是值得考慮的。為避免這一問題，最好是查閱有關資料，弄清概念的確切含義，確定其真實定義，然後將量表的效度與所選擇的操作作比較。

　　2.單一操作的偏差（mono-operation bias）。如只選單一的操作或量表，代表自變量或因變量，往往不能完整地代表該變量的全貌。如果僅代表自變量的操作還情有可原，因實驗設計包含較多的自變量操作，會不經濟。但代表因變量的操作應能盡量包括各種不同的量表，這樣才能包括構想的全貌。例如研究焦慮狀態，可用三種不同的測量工具來測量：心跳的次數、皮膚電、測試焦慮狀態問卷。焦慮狀態包括生理和知覺成分。如只用一種量表，則不能代表此變量構想的全貌。至於是用倒背數字，還是用解決其它難題的方法引起焦慮，是否能獲同一結果，則是對自變量的另一構想效度的問題了。

　　3.單一方法的偏差（mono-method bias）。是指測量同一個特質所使用的不同搜集資料的工具或方法。例如是用問卷法、儀器測量法、文獻法、訪問法等不同方法，以及呈現同一種刺激、記錄同一種反應的不同方式，而引起構想效度改變的問題。所謂記錄方式不同，例如，應用訪問法時是用紙筆記錄還是錄音記錄，問卷或量表的答案方式是直接在試卷上作答還是用答案紙答，是紙筆測試還是用計算機測試，問卷法的問題形式（正問或反問）等等。總之，是方法實質內容以外的問題，這些問題本身與研究問題無關，卻是隨內容並存。受試者可能因對這些額外問題的變化，而導致對內容的反應不同。

　　4.受試者在執行實驗時對假設的猜測，稱作「要求特徵」。即受試者在接受實驗處理時，常主動和其他受試者進行比較，對所接受的實驗處理對自己有利還是有害，常產生不自然的反應，使結果無法單純。有時，對所接受實驗處理的目的也加以猜測，並朝實驗者所期望的行為方面去反應，這時很難獲得受試者的真實反應，控制這一因素的適當辦法是盡量使假設難以猜測，或摻雜其它無關活動，或用雙盲實驗法。

　　5.受試者對被評價的不安感（evaluation apprehension）。凡人總是不喜歡被他人評頭論足，尤其是在接受人格方面的測量時，受試者往往對社會稱許性

較大的題目，用討好的方式表達，因此，這種反應不是真正構想的一部分，而是對真正構想的一種混淆。最好能使受試者在不知道的情景下充當受試者，或用不記名的方式，或使具有相同社會稱許性的問題配對，採用迫選法，使其只能選一個，或降低社會稱許性的表面效度，才能控制此一因素。

　　6.實驗者的期望（experimenter expectancies）效應。此因素能導致受試者對實驗處理的一種不自然反應，導致研究結果出現偏差。控制的方法之一是使實驗者不知實驗目的，因而無所期待，即雙盲實驗法；二是實驗設計時加入假的目的，使實驗者有假的期待；三是將不同程度的期待加入實驗設計，以便分析期待的影響。

　　7. 混淆的構想和構想層次（confounding constructs and levels of constructs）。有些自變量的層次（levels）可能對因變量有影響，有些可能沒有影響，特別是當間斷性的（discrete）層次來自連續性的（coutinuous）自變量，例如，學校可分重點校與非重點校兩個間斷性層次，而年級則是連續變量。若研究者只依一類學校得出年級與教學方法的效果之間存在線性關係，就將結論推廣到線上的其它點或其它層次，顯然會導致構想不確切。控制此因素的方法是在實驗中包括很多自變量層次，並測定各自不同的反應變量效果，了解兩者關係之間的真正構想。

　　8.不同處理的交互影響（interaction of different treatments）。受試者如不只接受一種實驗處理，這時各種反應效果往往混在一起很難分辨，控制的方法是讓受試者只參加實驗中的同一種處理，或將不同實驗處理加以控制，以便做個別分析。

　　9.測試與實驗處理的交互影響（interaction of testing and treatment）。此因素包括前測（pretesting）或再測（repeated posttest）影響實驗處理的效果，有的受試者對測試已司空見慣，因而影響不大。但測試方式特別新奇或怪異，研究者應設法防止此因素產生。控制前測的作用，在實驗設計中可加入無前測組。控制再測的影響，可以在每一再測中，加入一個獨立組，便於分析每一次再測試的影響。

　　10.構想與構想間有限制的推廣力（restricted generalizability across constructs）。為使研究結果有用，研究者應設法搜集多個因變量的資料，因為每一個實驗處理往往能有多個因變量，就是同一因變量也會有多種測試方式。因

此，甲乙兩變量之間的關係，不一定能應用在甲丙兩變量之間的關係上，無論乙丙兩項如何類似，爲避免此因素的限制，研究者應對研究題目仔細分析，尋求所有有關變量，並將重要變量加入實驗中進行研究，以使了解各變量構想關係的全貌。

上述影響研究效度的一些因素，如果能做到有效地控制，可以提高研究的效度，但不能完全避免這些因素對效度的影響。一項好的研究設計，只能是在權衡利弊得失之後，使內在效度與外在效度、統計結論效度與構想效度達到一個和諧的統一，不要出現顧此失彼的情況。

參考文獻

1. 方俐洛譯〈1981〉，安德伍德著。心理學實驗方法。科學技術出版社。
2. 張厚粲、孟慶茂編〈1982〉。心理與教育統計。甘肅人民出版社。
3. 郭祖超等編〈1980〉。實用數理統計方法。人民衛生出版社。
4. 楊國樞等著〈1980〉。社會及行爲科學研究法。東華書局。
5. Meguigan. F. J〈1990〉. *Doing Psychology Methods of Research.* NJ: Prentice Hall Englewood Cliffs.

第二章　傳統的心理物理學方法

　　心理物理學方法的歷史，可以追溯到 1829 年韋伯的提重實驗，但其起源與發展主要是費希納的工作，這些方法後來經過很多心理學家的修改與補充，乃成為今天常用的方法。但是這些方法的基本點仍然是費希納當初所提出的，故稱之為傳統的心理物理學方法。

　　傳統的心理物理學方法，主要用於對感覺閾限的測定，這些方法對科學心理學的發展起了很好的作用。

　　長期以來，人們對感覺能否進行測量的問題，進行了激烈的爭論。但現實生活和工程技術領域中常常遇到這樣一些問題：這個炒菜要比那個炒菜鹹些或淡些，這個飛機發動機的噪音要比那個飛機響些……，這些感覺上的差別是客觀存在的，與這些感覺的差別相對應的物理刺激：鹽的濃度、聲波振幅的大小……等也都有一定物理量上的差別，能否找到引起某一感覺的最小刺激量，這是很有實際意義的事情。

　　可見，心理物理學方法是研究和揭露主觀如何反映客觀存在的一種手段。因此，它是有生命力的，它之所以在一個多世紀中得到了許多的修改和補充，也說明了這一點。

第一節　閾限及其性質

一、感覺閾限

　　感覺是物理刺激作用於感官的結果，一定的刺激作用於感官就引起一定的反應，閾限是把引起一種反應的刺激，與引起另一種反應的刺激區分開來的界限。例如，一個很微弱的聲音作用於人耳，如果這個聲音的強度在一定的數值以下，就報告「沒有聽到」（也是一種反應，稱作負反應）；如果這個聲音的強度繼續增加，到一定數值時，就報告「聽到了」，這個聲音強度跨過了下閾，

有時稱爲刺激閾或絕對閾限，縮寫爲 RL。上面所舉的例子，如果聲音繼續增強，受試者就會報告聲音越來越響，我們就可以測定一個差別閾限，縮寫爲 DL，它又被稱作最小可覺差（Jnd）。從上述可知，閾限被分作兩種，一種是絕對閾限，一種是差別閾限，它們在普通心理學上分別被定義爲：剛剛好能引起感覺的最小刺激強度叫絕對閾限（RL），剛剛好能引起差別感覺的刺激之間的最小差別，稱作差別閾限（DL）。但是，僅有這個定義，在實驗中如何找到這個最小刺激強度和最小刺激差別呢？根據實驗及人們的觀察知道，一個一定數值的刺激，在重複出現的情況下，有時不被感覺，有時被感覺，經常是剛剛好感覺到，這種人類感受性的隨機變化，在每一種感覺領域中都可以發現，並且很容易演示，這個感覺的次數分配基本上是呈常態的。那個剛剛好能引起感覺的最小刺激強度究竟定在哪裡呢？根據統計學上的習慣，就要以它的算術平均數來代表，而這個平均數就恰是有50％的實驗次數被正確判斷的（即報告有）那個刺激強度。可見閾限是一個統計值。習慣上把下閾定義爲在50％的實驗次數中引起積極反應的刺激值。差別閾限也同樣如此，即在50％的實驗次數中引起差別感覺的那個刺激差別。這個閾限的定義要比普通心理學的定義更具體，也能夠操作，因此稱作操作定義。有了操作定義，閾限才能夠用實驗方法加以測定。但要做到對閾限進行測量，除了有操作定義外，還必須要有精確的實驗方法和統計方法。我們在本章以後幾節將要討論這些實驗方法。統計方法也是所學過的一些一般的數據處理方法。下面所要談的三種基本方法（極限法、平均差誤法、恆定刺激法）有某些相似之處，如它們都呈現一個標準刺激（S_t）和一個可變的比較刺激（C_0）去進行比較，受試者在報告中應用的反應分類（如「有」、「無」、「大於」、「等於」、「小於」）等，都比較相似。但也有不同之處：由於這三種方法的操作意義不同，三種測量閾限的方法所得的結果是不能進行比較的，一種方法測量的結果，不能用另外的方法重複。但只要在整個的研究中使用同一種方法，都可以驗證韋伯比率和研究其它問題。

二、閾限的性質

　　一百多年前，費希納創建了心理物理學，並把注意力集中於感覺閾限的測量。感覺閾限的性質究竟是什麼，經過長期的研究，形成了許多閾限理論，其中最有代表性的是傳統的閾限理論，神經量子理論和信號檢測論。

㈠傳統的閾限理論（高閾限理論）

　　一般討論的測定閾限方法，是依據上面談到的閾限操作定義進行的，而這些都是以下述對閾限的理解為基礎：作用於受納器的一個刺激，引起一系列的衝動，在大腦中樞發生了一種效應。這種中樞效應的大小將隨著刺激的強度、受納器的感受性、傳導通路的效率和中樞的活動水平背景而發生變化。如果在一次實驗中，中樞效應大於一定的最小量，中樞將發生衝動，產生一個反應：「我聽見了」，引起這個最小效應的刺激，就是這一次試驗中的刺激閾。從上面的敘述可以很清楚地看到，有三個連續體：刺激連續、中樞效應（內部反應）連續、判斷連續。每一個固定的物理刺激作用於受納器，都會有不同的中樞效應，反應的分配將是正態的，連續的刺激將引起一系列重疊的正態分配，這些重疊分配中，閾限是一個固定點，受試者的判斷連續對應於反應的連續，刺激強度超過最小量——閾限時，受試者就報告「有」，當刺激強度沒有超過這個最小量時，就報告「無」。判斷、中樞效應及刺激連續體如下圖所示：

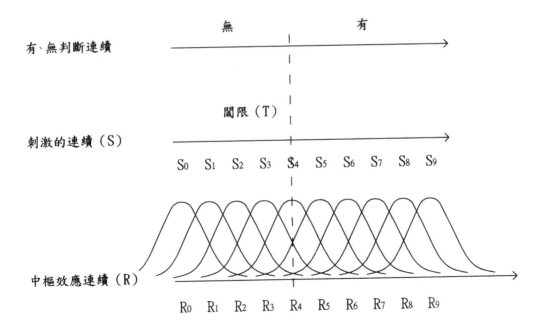

圖 2-1　三種連續示意圖

刺激量（S_t）就是最小的刺激量，當刺激大於S_t時，受試者就判斷「有」，當小於 S_t 時，受試者就報告「無」。對S_4的反應，有一半次數報告「有」，一半次數報告「無」。當S_0是零刺激時，對它的正反應的可能性是非常小的，亦即閾限落在S_0反應的三個標準差以外。爲此，有時把傳統的閾限理論稱作高閾限理論。

當刺激是S_0時，爲什麼會有中樞效應呢？這就是由於自發性的感官釋放，即噪音程度（生理噪音）所致。由刺激所引起的傳入的神經信號，必須顯著地高於這個噪音程度，才能夠被判斷爲「有」。高閾限理論把閾限看作感覺連續體上的一個截點，這就是說閾限必須位於噪音分布的平均數以上三個標準差處。這時，由刺激所引起的中樞效應，才能明顯區別於噪音所引起的中樞效應，才能被覺察。差別閾限也是同樣的道理，即第一個刺激所引起中樞效應的平均數以上三個標準差處的與之對應的另一個物理強度，才有一半的次數被判斷爲有差別。如圖 2-1 中，R_4的差別感覺當是R_8，其差別閾限是S_8-S_4，凡小於這個與三個標準差處對應的刺激強度的刺激，所引起的差別感覺十分不可靠。從這個意義上，可見閾限是受試者頭腦中的「臨界比率」（統計術語），而臨界比率是由刺激強度、感受性，還有受試者的態度、判斷標準等因素複合的結果，即除了物理因素之外，還要由一些精神因素來決定。

(二)神經量子理論

辨別是否按階梯的形式進行？閾限變異性的這種理論從經典的心理物理學開始時，就以某種形式被接受下來。只要假設神經總是按全或無的規律進行的（1941 年，斯蒂文斯等在響度和音高的辨別實驗中，推論它們的基本神經過程是按全或無規律進行的），那麼說，感覺也是以一種階梯的方式在變化著，這好像是有道理的。

這種理論假設反映刺激變化過程的神經結構，在機能上是被分成各個單元或量子的。具體來說，就是假設每當刺激增量興奮的量子數，超過標準刺激所興奮的量子一個時（另一說法兩個），這個刺激增量就能被辨別出來。如果不能超過一個量子數，這個刺激增量就不能被辨別出來，即刺激增量是線性連續的，而感覺是按階梯形式進行的。這就是神經量子論的含義，其模式如圖 2-2 所示：

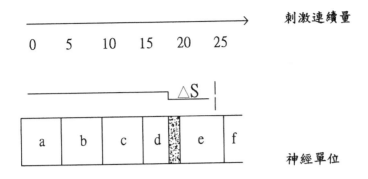

圖 2-2　神經量子論模式圖

　　圖 2-2 中，刺激 S 只引起三個神經單元興奮；第四個神經單元(d)只部分的興奮，但引進的感覺卻只相當於三個神經單元（量子a、b、c）；第四個神經單元(d)只有部分興奮，而無全興奮；當量增至第四個(d)神經單元完全興奮時，就引起一個差別感覺，因此，差別閾限感覺與刺激的增量，以及刺激所引起的神經量子興奮的剩餘量有關。如果增量是△S，它也只引起一個多一點的神經量子的興奮，因而也只能引起一個差別感覺。

　　這個理論認為：人們的所有感受性不會保持在恆定的水平上，而是瞬時的、隨機的波動。因此，給定的刺激能量使神經量子活動，受到這種波動的作用，就不能使興奮的量子數保持固定不變，有時給定的刺激可能完全地興奮一定量子數，並且多少還有一點剩餘量，這個剩餘本身不能引起另一個量子興奮，然而和相繼而來的新刺激引起的興奮能量總合起來，就能導致差別感覺，即辨別反應。通常，那些剩餘的興奮被認為混淆在受納器的隨機變異中，因此不能引起辨別反應。

㈡信號檢測論

　　該理論認為：⑴人類受試者覺察信號有一個中樞神經效應，這種效應隨著每次刺激的呈現，時刻都在變化；⑵信號總是在噪音的背景上產生的，它的影響和純噪音的影響都被假定為正態分布。兩種分布，由於信號比噪音微弱增強，故有一定的重疊，而使得信號和噪音都可能引起同一程度的感覺，人類覺察是建立在統計決策論的基礎上，就是說受試者選擇一個標準，當給定的刺激超過這個標準時，受試者就反映「有」，否則則說「無」，而這個反應標準的選擇由很多因素決定。這個反應的標準就是閾限，而不是感覺本身的真實東西。它

認爲感覺是連續的，而不是神經量子論的階梯式間斷，也不是高閾限理論的三個標準差處。因此，它認爲不存在固定的閾限，所謂的閾限是統計檢測的結果，是隨判斷標準而變化的（關於信號檢測論的詳細內容，請見第四章）。

上面只是簡要敘述各種理論對閾限性質的描述。它們各有自己的實驗結果證明。這些理論，需要在今後的研究中檢驗，並有待進一步發展以達完善。

三、韋伯定律

1846 年韋伯指出「凡比較事物時，我們並非認識兩物之眞正差異，所感覺出來的只是兩物之大小比例」，即差別閾限的大小與標準刺激的強度成正比。並且，差別閾限與標準刺激的強度比例是一個常數，1862 年以後，費希納才用 $\triangle I／I＝K$ 這個等式表示。這就是有名的韋伯定律。這就是說，要引起一個差別感覺，刺激的增量必須增至一定的量之後才行。經過長期研究，發現不同感覺道的韋伯比率相差很大，就是同一感覺道在不同的實驗條件下，韋伯比率也不同。在條件相同且又在中等刺激範圍內，韋伯比率是一個常數。這就是說，當刺激物的強度繼續增加時，最小可覺的增加量變得越來越大，這種增加也不是無限制地進行，每一種感覺都有它的限度，超出了這個限度，刺激強度再大，也不會引起再大的感覺，這就是上閾（TL），而且在靠近上閾附近，韋伯分數就不再是常數了。同樣，在下閾附近，韋伯比率也不是常數。圖 2-3 是感受性不同的受試者韋伯比率（差別閾限）的變化，是一個假定的結果。韋伯比率常被稱作相對差別閾。

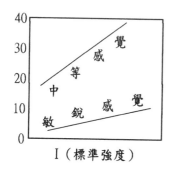
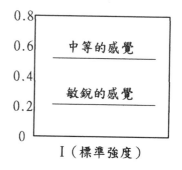

圖 2-3 假設結果的韋伯分數示意圖

　　左圖縱坐標是以△I為圖尺，右圖是以韋伯分數為圖尺，刺激在中等強度範圍，K是常數，比較恆定。

表2-1　最小的韋伯分數

感　覺　道	韋　伯　比　率
音高：在 2000 赫茲	0.003 ＝ 1/333
深度壓覺：在 400 克時	0.013 ＝ 1/77
視覺亮度：在 1000 光量子時	0.016 ＝ 1/62
提重：在 300 克時	0.019 ＝ 1/53
響度：在 1000～100 分貝時	0.088 ＝ 1/11
嗅覺橡皮：在 200 嗅單位時	0.104 ＝ 1/10
皮膚壓覺點：在每平方毫米 5 克時	0.136 ＝ 1/7
味覺：鹹味在每公升 3 克分子量時	0.200 ＝ 1/5

　　韋伯定率隨不同的實驗條件、不同的感覺道而不同，且又因人而異，只有當它與各具體領域的研究及有關知識相聯繫時才有意義。因此，表 2-1 提供的數據只供了解韋伯比率時參考。

　　韋伯定律是否有效？是否是一條普遍而確切的規律？長期以來進行了大量的爭論，同時還提出不同的定律，如福勒爾頓和卡特爾（1892）的平方根定律，即差別閾隨刺激的平方根而增長（$\triangle S = KS^{\frac{1}{2}}$）……等許多理論。如果拋開「普遍而確切規律」這一點，至少可以說韋伯定律在刺激的中等強度範圍，它可以作為一個粗略的經驗概括，而刺激的中等強度範圍恰是感覺的工作區域。韋伯定律描述了主要感覺範圍的辨別能力，很有價值，正因如此，它是非常有用的。

　　對於韋伯定律，曾提出過各種修正，為了使韋伯定律適合接近絕對閾限的刺激，有人建議使用如下的公式：$K = \triangle I\ (I + \triangle I)$，以估計神經噪音在絕對閾限附近時的刺激強度對測定差別閾限所產生的干擾因素。究竟韋伯定律應如何根據這些因素進行修訂，這是有待進一步研究的問題。

第二節　極限法

　　極限法是一種測定閾限的直接方法，又叫最小變化法、最小可覺刺激或差別法、系列探索法等。它程序上的特點是刺激按「漸增」和「漸減」兩個系列交替變化組成，每一個系列的刺激強度包括足夠大的範圍，能夠確定從一類反應到另一類反應的瞬間轉換點或閾限的位置。一般說來，各系列刺激是由小到大（漸增）、再由大到小（漸減）按階梯式順序變化的。刺激的範圍在閾限以上和以下一段強度距離，實驗時一般確定十五～二十個檢查點，每一個相鄰的檢查點的間距，根據實驗儀器的可能以及所欲測定的感覺道的性質決定。如對長度的分辨，儘管儀器可提供毫米以下的刺激變化，但這沒有什麼必要，一般以毫米爲單位的間距，就足夠很好地測定其差別閾限了。一般來說，檢查點的距離小些，測定的結果就更精確些。至於反應變量指標、結果處理及具體方法步驟（包括各種誤差的平衡）隨測定的內容而定，下面作較具體的敘述。

一、絕對閾限的測定

㈠自變量的確定

　　用極限法測絕對閾限，刺激系列按漸增（記爲↑）和漸減（記爲↓）交替的方式呈現。爲漸增系列時，刺激要從遠在閾限以下的強度開始，漸減系列時，刺激要從遠在閾限以上的強度開始。爲了使測定的閾限較爲準確，選十五～二十個檢查點，爲了使每一系列的閾限相對穩定，一般各刺激系列要分別測五十次左右（兩個系列共一百次），刺激要由實驗者操縱和變化。

㈡反應變量

　　用極限法測定絕對閾限的反應變量，要求受試者以口頭報告方式表示。當刺激呈現後受試者感覺有刺激，就報告「有」，當受試者沒有感覺到刺激，就報告「無」，以受試者的內省（感覺）爲依據，而不是依刺激是否出現爲依據報告。這時主試者以「有」、「無」或「＋」、「－」記錄受試者的反應。要求每一系列都得到受試者「有」或「無」這樣兩個報告，這就是說，漸減系列時，當受試者第一次報告「無」，漸增系列時第一次報告「有」之後，此系列實驗才能停止，然後再進行下一系列。否則實驗就要繼續進行直到第一次出現

相反的報告時為止。如果出現懷疑（？）則作為判斷改變來計算。

㈢閾限的確定

　　受試者報告「有」和「無」這兩個刺激強度的中點，就是這一刺激系列的閾限。例如，音高閾限的測定（見表 2-2），受試者在呈現 15 周／秒的頻率時報告聽到一聲音，在呈現 14 周／秒頻率時又報告說沒有聽到聲音，這個系列的閾限就是 14.5 周／秒。⑴將所有各系列的閾限求平均數；⑵或先分別求出漸增系列和漸減系列的平均數之後再求二系列的平均數；⑶或將每相鄰的漸減系列和漸增系列的閾限為一組求平均數，然後再求各組的平均數。這三種方法，都可以求出閾限值來，而且是相同的。這三種方法的區別在於求出的標準差不同。因此，用以推論總體時有差別。第一種方法變異大，而第三種方法變異小，因為先平衡了常誤所致。具體情況請見下面的舉例。

㈣誤差及其控制

　　1. 因為極限法刺激的兩個系列受試者是預先知道的，他也知道每次都有一定強度的刺激出現，因此，極限法便易產生兩種特有的誤差：一種是在漸增系列中提前報告「有」，和在漸減系列中提前報告「無」的傾向所產生的期望誤差；另一種是在漸減系列中堅持報告「有」，在漸增系列中堅持報告「無」的傾向所產生的習慣誤差。這種誤差隨實驗情境及受試者不同而異，一般對同一個受試者來說，或是期望誤差，或是習慣誤差只出現一種，有時也有兩種同時出現的，在一個實驗中，個體差異一般亦較為明顯。漸增系列和漸減系列的相互交替出現，在確定閾限時，求各次結果均值的方法就是為了平衡這一誤差。實驗中這一系統誤差，一般稱作「常誤」。極限法這一特有的常誤可以通過對實驗結果的處理計算出來。方法是：將所有漸增系列的各閾限值平均 $X_\uparrow$，所有漸減系列的各閾限值平均 $X_\downarrow$，然後用檢驗法檢驗兩個系列的均值（閾限）差異是否顯著。如果顯著就說明存在這兩種系統誤差，若 $X_\uparrow - X_\downarrow > 0$ 說明存在習慣誤差，若 $X_\uparrow - X_\downarrow < 0$ 則說明存在期望誤差，若 $X_\uparrow - X_\downarrow = 0$ 則說明不存在這種誤差（這裡所講的大於、小於、等於都是統計意義上的大於、小於、等於）。

　　2. 因為極限法的刺激系列反複出現，受試很快就會了解刺激範圍，為了克服定勢的影響，兩個系列各次的起始點不要相同，要經常無規則地變化才行。

表 2-2　以極限法測定音高絕對閾限結果

順序	1	2	3	4	5	6	7	8	9	10	11	12	13	14	15	16	17	18	19	20
系列	↓	↑	↑	↓	↓	↑	↑	↓	↓	↑	↑	↓	↓	↑	↑	↓	↓	↑	↑	↓
24	+								+											
23	+			+					+											+
22	+			+	+			+	+				+				+			+
21	+			+	+			+	+				+				+			+
20	+			+	+			+	+			+	+			+	+			+
19	+			+	+			+	+			+	+			+	+			+
18	+			+	+			+	+			+	+			+	+			+
17	+			+	+			+	+	+		+	+			+	+			+
16	+	+	+	+	+		+	+	−			+	+			+	+	+		+
15	−	−	−	+	−			+	−	−		−	+	?	+	+	+	−	+	−
14				−		+		−	?	−	+		−	−		−	−			
13						−				−			−	−		−				
12						−				−			−	−						
11						−				−			−	−						
10						−				−										
9																				
8								−												

閾限值（T）

15.5　15.5　15.5　15.5　14.5　13.5　13.5　14.5　14.5　14.5

└15.5─┴14.5─┴13.5─┴14.5─┴16.5─┴15.5─┴14.5─┴13.5─┴15.5─15.5

M = 14.8　SD = 0.84　$S_{\bar{x}} = 0.84/\sqrt{20-1} = 0.19$

平均閾限值

15.5　　15　　14.5　　15　　15.5　　14.5　　14　　14　　15　　15

M = 14.8　SD = 0.51　$S_{\bar{x}} = 0.17$

$X_t = 14.9$　$X_i = 14.7$　$SD_t = 0.92$　$SD_i = 0.75$　$P > 0.10$（df = 18）

前十個系列　X = 15.1　SD = 0.8

後十個系列　X = 14.5　SD = 0.775

$P > 0.10$（df = 18）

3.極限法測絕對閾限，除了其特有的系統誤差（常誤）──「習慣誤差」和「期望誤差」之外，還有因判斷標準的變化引起的一些誤差，以及其他方面的系統誤差，這就因實驗不同而異了。例如：如果刺激是視覺方面的，有時就

要出現因空間位置不同所造成的系統誤差——空間誤差（具體待下節再講）。由於實驗多次重複，就會產生練習和疲勞誤差，爲了檢查這種誤差，分別計算實驗中測定的閾限前一半次數和後一半次數（或前後的若干次測定）平均數的差異是否顯著。如果差異顯著，就說明這種誤差存在。如果前一半的平均數小於後一半的平均數表示存在疲勞誤差，若相反，則表示存在練習誤差。爲了消除練習和疲勞因素的影響，就要在整個測定閾限的過程中，使所受的練習或疲勞因素的影響相等。爲了達到這個目的，在極限法中就要對漸增（↑）和漸減（↓）系列做以下安排：↑↓↓↑或↓↑↑↓以四次作一輪迴，這是應用ABBA法平衡誤差，這樣安排，使漸增系列和漸減系列所受練習或疲勞因素的影響相等，用此方法測定的結果再檢驗是否存在習慣或期望誤差時，就排除了練習或疲勞因素，而比只用 AB 法檢驗常誤更可靠。實驗前要訓練受試者，使其掌握判斷標準，並在整個實驗中保持一致，這是爲了減少因判斷標準變化而引起的誤差。

(五)*舉例*

表 2-2 所述是用極限法測定音高絕對閾限的實驗結果。用聲頻振盪器提供頻率刺激，純音的強度保持一定。選十七個檢查點，檢查點的間距是 1 赫茲，刺激範圍在 8 赫茲～24 赫茲之間。實驗只重複二十次。因要考察是否存在期望或習慣誤差，所以實驗採用 ↓↑↑↓ 的方法安排刺激系列，藉以平衡練習或疲勞因素的影響。一般情形，極限法只用（↓↑或↑↓），即 AB 法安排順序就可以了。表 2-2 所列的實驗結果計算得：RL ＝ 14.8 赫茲。經檢驗期望誤差不明顯，練習誤差也不顯著。

二、差別閾限的測定

(一)*自變量*

每一次呈現兩個刺激讓受試者去作比較，其中一個刺激是標準刺激（S_t），另一個是比較刺激（C_0）。標準刺激在每次比較時都呈現，比較刺激按漸增和漸減系列呈現，其範圍、間距、檢查點的數目，與測絕對閾限的要求相同。標準刺激和比較刺激可同時呈現，也可先後呈現，根據具體實驗情況而定。

(二)*反應變量*

同樣是受試者的口頭報告，規定有三類反應，用比較刺激與標準刺激比較，

有「大於」「等於」「小於」。「大於」意即比較刺激大於標準刺激，餘此類推，分別用「＋」「＝」「－」符號記錄。懷疑（？）反應被計算爲「相等」。比較刺激的每一系列實驗時，都要記錄到受試者的三類報告，且反應比較穩定時才能終止，然後再進行下一系列。

㈢差別閾限的確定

給每一系列差別閾上限（$T_{(+)}$）和下限（$T_{(-)}$）定位的規則是：(1)在漸減系列中，只考慮第一次從正到任何非正（包括「？」「－」「＝」）的改變，該二點的中值爲差別閾限的上限，$T_{(+)}$ 從最後一次「非負」到「負」的改變，該二點的中值爲差別閾限的下限 $T_{(-)}$。(2)漸增系列中第一次從「負」到「非負」的改變和從最後一次「非正」到「正」的改變，分別爲 $T_{(-)}$ 和 $T_{(+)}$。(3) $T_{(+)}$ 和 $T_{(-)}$ 將比較刺激分成三個部分，其上部，正的判斷占優勢；下部，負的判斷占優勢；中間部分，其中正負判斷都不占優勢（因有相等和懷疑的反應），這一部分稱爲不肯定間距（IU），即 $IU = T_{(+)} - T_{(-)}$，意爲各系列的平均值。以不肯定間距的中點作爲主觀相等點，寫作PSE，理論上 PSE 應與標準刺激（S_t）相等。但事實上 PSE 很少表現與標準刺激相等，總有一定的誤差，這個誤差稱爲常誤（CE），$CE = PSE - S_t$。(4)取不肯定間距的一半爲差別閾限（DL）的最好估計量，$DL = IU/2$。或者是：上差別閾＝$T_{(+)} - S_t$；下差別閾 ＝$S_t - T_{(-)}$，二者之和的一半爲差別閾：

$$DL = \frac{(T_{(+)} - S_t) + (S_t - T_{(-)})}{2} = \frac{T_{(+)} - T_{(-)}}{2} = \frac{IU}{2}$$

㈣誤差的控制

在求差別閾限時，必須注意控制系統誤差。其中除了要平衡極限法特有的習慣誤差和期望誤差之外，還有因標準刺激與比較刺激先後呈現所造成的時間誤差，或者是標準刺激與比較刺激同時呈現所造成的空間誤差等。平衡的方法是採用多層次的 ABBA 法或 AB 法，視情形而定。如用↑↓↓↑平衡期望誤差或習慣誤差，練習誤差或疲勞誤差，同時還要平衡空間誤差（或時間誤差），就要採用每一個系列標準刺激在左側和右側各出現一次（或先、後各出現一次），形式如下：

ABBA 法

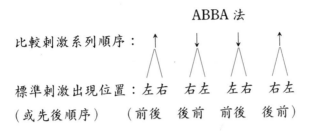

比較刺激系列順序：

標準刺激出現位置：左右　右左　左右　右左

（或先後順序）　　（前後　後前　前後　後前）

用此種方法時，實驗次數應爲 4 的偶數倍。

AB 法

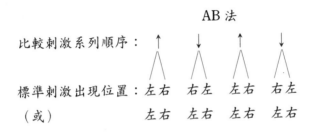

比較刺激系列順序：

標準刺激出現位置：左右　右左　左右　右左

（或）　　　　　　左右　左右　左右　左右

用此種方法時，實驗次數應爲 2 的偶數倍。AB 法使練習或疲勞的機會不等，左右空間機會、練習機會也不等，並有交互作用影響主觀相等點，因此常誤較大，但對 DL 則影響不大。這種多層次的 ABBA 法在測定絕對閾限和下幾節講述的平均差誤法和恆定刺激法實驗時也常應用。除了要平衡系統誤差外，還要用指導語，挑選和訓練受試者使其判斷標準前後保持一致等方式控制受試者因素的影響。儘管如此，誤差也難於完全做到平衡，因此，主觀相等點很少與標準刺激相同，而出現正的或負的常誤。可見 CE 是實驗中各種誤差綜合作用的結果，是很複雜的，也是很有興趣的問題。這些留待本章第五節討論。

㈤**舉例**

　　實驗以 0.40 秒的持續時間爲標準刺激，以 0.20 秒～0.56 秒，間隔 0.04 秒爲比較刺激，標準刺激先於比較刺激呈現和後於比較刺激呈現的次數各占全部實驗次數的一半，以平衡時間誤差。同時比較刺激是漸增系列與漸減系列的次數，也各占總實驗次數的一半。實驗結果如表 2-3。從表 2-3 可見，雖然要求受試者以大於、等於、小於三類反應，但實驗中常遇見兩類或懷疑反應，還有大於、等於、小於等不穩定的情形。T 值的定位，按上面所述的原則進行。

表 2-3　最小變化測定時間差別閾限結果記錄表

順序		1	2	3	4	5	6	7	8	9	10	11	12	13	14	15	16	17	18	19	20
系列		↑	↓	↓	↑	↑	↓	↓	↑	↑	↓	↓	↑	↑	↓	↓	↑	↑	↓	↓	↑
變異刺激持續時間 秒	ST																				
	0.56														+						
	0.52		+		+			+			+			+	+						+
	0.48	+	+	+	+	+	+	+	+	+	+	+	+	+	+	+	+	+	+	+	+
	0.44	+	+	+	=	+	+	+	=	+	+	+	+	+	+	+	+	+	+	+	+
	0.040	=	?	−	+	−	=	−	?	+	=	=	=	=	?	−	=	=	=	=	=
	0.36	−	−	−	+	−	=	−	−	+	=	−	=	=	−	−	−	−	−	−	−
	0.32	−	−			−	−		−			−			−		−		−		−
	0.28	−				−			−						−				−		−
	0.24	−				−															
	0.20	−																			
T₍₊₎		0.42	0.42	0.42	0.46	0.42	0.42	0.42	0.46	0.46	0.42	0.42	0.38	0.42	0.42	0.42	0.42	0.46	0.42	0.42	0.42
T₍₋₎		0.38	0.38	0.42	0.38	0.34	0.38	0.34	0.38	0.34	0.38	0.34	0.42	0.38	0.38	0.38	0.38	0.38	0.38	0.38	0.38

$\overline{T}_{(+)} = 0.426$　$\overline{T}_{(-)} = .376$　$IU = T_{(+)} - T_{(-)} = 0.05$（通常 $\overline{T}_{(+)} = T_{(+)}$　$\overline{T}_{(-)} = T_{(-)}$）

$PSE = (T_{(+)} + T_{(-)}) / 2 = 0.401$　$DL = 0.05 / 2 = 0.025$

$CE = PSE - S_t = 0.401 - 0.40 = 0.001$

三、極限法的變式

㈠系列組法

　　用正規的極限法，每次都要使刺激按梯級變化。在有些情況下，每變換一個梯級都要調整儀器是很困難的，這時可採用系列組法。就是在受試者不知道的情況下連續呈現同一個刺激若干次。如果在十次中有九次或在三次中有二次判斷為「感覺到」或「大於標準刺激」，就把這個梯級的刺激算作「正」。作完一個梯級後再改變刺激到另一個梯級，如此重複。對接近於 $T_{(+)}$ 和 $T_{(-)}$ 的比較刺激集中精力，將能夠得到一個比較好的絕對閾限或差別閾限。

㈡其它改變了的極限法

　　1. 刺激是連續變化而不是梯級變化時，受試者可以從一類反應及時地轉變到另一類反應，這時的閾值就沒有必要平分梯級間距，而是報告反應轉變時的那一點的刺激強度值。

2.一部分實驗不能採用漸增和漸減兩系列，而只能採用漸增系列，如暗適應、聽覺適應、味覺、形狀知覺的最小照度的測定等實驗，測閾值就使用單一的漸增系列。因為如果不這樣做，將會破壞適應（或後效大，主觀因素的影響）而難於測出閾值。

總之，極限法是一個適應性很大的方法，它可以應用於十分不同的刺激並不達到十分不同的研究目的。它具有一個很大的優點，就是能夠清楚地表現出「閾限」這個概念。它曾經用來測定聲音、氣味、味道、顏色、溫度、痛覺、觸覺等的閾限。

第三節　平均差誤法

平均差誤法又稱均等法或調整法。它最典型的形式是：讓受試者去調整一個比較刺激，直到他感覺到與所給予的標準刺激相等，如此反覆實驗。

一、平均差誤法的主要特點

1.要求受試者判斷在什麼時候比較刺激與標準刺激相等，直接給出主觀相等點，且這個主觀相等點落在不肯定間距之內。可見受試者的反應不是口頭報告，而是調整的等值。

2.受試者積極參與，實驗過程中由受試者本人調整刺激的變化，通過漸增與漸減兩個系列求出剛剛好不能引起和剛剛好能夠引起感覺的刺激值，然後取其平均值作為感覺的絕對閾限。

3.刺激量是連續變化的，在極限法時，刺激一般是按梯級變化。

4.在接近閾限時，受試者可以反覆調整刺激，以減少刺激的起始點對結果的影響，直到自己滿意時為止。

二、絕對閾限與差別閾限的測定

(一)絕對閾限的測定

與極限法基本相同。這裡的標準刺激假設為零。受試者調整的是變異刺激，受試者每次是與「0」相比較的。把刺激調整到剛剛感覺不到則是與0等值，每次測定的強度與標準刺激的差，仍然是它本身，故將每次測定的強度平均即為

絕對閾限。

$$RL = \Sigma X/N$$

(二)差別閾限的測定

用平均差誤法測定差別閾限，要有兩個刺激，一個是標準刺激，一個是比較刺激。受試者每次反覆調整比較刺激，直到他感覺與標準刺激相等時爲止。每次比較刺激按漸增和漸減兩個系列進行調整，找出與標準刺激相等的值來，如此反複實驗。各次的結果並不是一個固定的數值，而是圍繞著一個平均數變化，這個變化的範圍就是不肯定間距，而不肯定間距的中點即多次調整結果的平均數，就是主觀相等點（$\overline{X} = \Sigma X/N$）。主觀相等點與標準刺激的差，就是常誤 $CE = PSE - S_t$。那麼差別閾限用什麼做估計值呢？這裡有四種差別閾限的估計值的計算方法：

1.把每次調整結果與主觀相等點的差的絕對值平均起來，作爲差別閾限的估計：

$$DL = \frac{\Sigma|X - PSE|}{N} \text{ , } PSE = \frac{\Sigma X}{N} = \overline{X} \text{ ; N 爲調整的次數。}$$

2.把每次調整的結果與標準刺激的差的絕對值平均起來作爲差別閾限的結果：

$$DL = \frac{\Sigma|X - S_t|}{N}$$

這兩種結果都是以平均誤差作爲差別閾限的估計值，這就是平均差誤法這一名稱的由來。

3.用每次調整結果的標準差作爲差別閾限的估計值：

$$SD = DL = \sqrt{\frac{\Sigma(X - \overline{X})^2}{N}}$$

4.用每次調整結果的四分差值作爲差別閾限的估計：

$$DL = Q = 0.6745SD$$

上述四種方法計算的結果，都可以作爲差別閾限的估計值。只要在一個研

究中堅持前後使用同一種方法,其結果都可以作為測量感受性的可靠指標,或對韋伯比率的良好性進行考驗。

上述四種方法所計算的結果並不相等,可見差別閾限只是一個估計數,而絕非一個定值,依不同的操作定義而異。

三、誤差的控制

平均差誤法實驗,一般要受試者自己操縱儀器,調整比較刺激使之與標準刺激相等,這就要產生因受試者動作方式不同而過高或過低估計比較刺激的反應傾向,稱之為動作誤差。如果刺激是視覺的,易出現因刺激呈現方位不同所造成的空間誤差。如果標準刺激與比較刺激在時間上先後出現,又易於產生時間誤差等系統誤差的影響。因此,在實驗中要注意平衡。平衡的方法根據具體情境,用多層次的 ABBA 或 AB 法都可以。要求比較刺激從小到大,從大到小進行調整,其中一個目的就是為了平衡動作誤差及平衡系列效應等。

四、舉例

以測定長度差別閾限為例,說明如何以平均差誤法測定差別閾限。其所用的是高爾頓長度分辨尺,長尺中間有一個分界線,分界線兩側各有一個游標,可以調節界線至游標的長度,尺的背面有刻度單位,可以顯示標準刺激及這異刺激的長度。標準刺激是 150 毫米,受試者的任務是調整比較刺激使之與標準刺激相等。因長度分辨尺是視覺刺激,有標準刺激(或比較刺激)放置位置(左側或右側)不同,因此易產生空間誤差,同時比較刺激的初始狀態(長於或短於標準刺激)不同。受試者調整時向裡或向外移動游標的動作方式不同,因此易產生動作誤差。為了平衡這兩種誤差,實驗時應按下述的方式進行:

標準刺激位置: 左 右 右 左

比較刺激初始狀態:長短 短長 長短 短長

「左」、「右」指標準刺激放在左側或右側。「長」、「短」指比較刺激長於或短於標準刺激。若長於標準刺激,就須將游標向裡推,要短於標準刺激,

就須將游標向外拉，兩種情況動作方式是不同的。因此在整個實驗次數中，標準刺激要有一半的次數在左邊，另一半在右邊。比較刺激長於和短於標準刺激的次數也要各占一半。

　　平均差誤法實驗對受試者來說比較自然，可引起他的興趣，不易厭煩。可直接測量受試者的反應；實驗結果可以採用正常的統計處理。其缺點是由於受試者調整儀器，動作技巧在判斷中也常產生影響。因為受試者調整的動作，有時對他的判斷起著干擾作用，因此有時他調整的位置，並不就是他當時認為的相等點，這影響到差別閾限的測定（結果見表2-4）。

表 2-4　平均差誤法測定長度差別閾限結果

X	$x - S_t$	$X - \overline{X}$	差別閾的估計值（單位：公釐）
148	-2	-2.5	
145	5	-5.5	$AE_{St} = \dfrac{\Sigma\|X - S_t\|}{N} = 44/12 = 3.7$
153	3	2.5	
152	2	1.5	$AE_M = \dfrac{\Sigma\|X - \overline{X}\|}{N} = 44/12 = 3.7$
155	5	4.5	
154	4	3.5	SD = 3.86
152	2	1.5	Q = 2.61
155	5	4.5	
148	-2	-2.5	
154	4	3.5	
145	-5	-5.5	
145	-5	-5.5	
$\Sigma X = 1806$ 　 $\Sigma \| X - S_t \| = 44$ 　 PSE = 150.5			
$\overline{X} = 150.5$ 　 $\Sigma \| X - \overline{X} \| = 43$ 　 CE = 150.5 − S_t = 0.5			

　　本節開頭曾經說過平均差誤法的特點是要受試者調整標準刺激的相等點，因此受試者的判斷落在不肯定間距內。用平均差誤法求得的差別閾比極限法的小。因此，兩種方法的結果不能直接進行比較。

第四節　恆定刺激法

恆定刺激法又稱次數法、常定刺激差別法，以及不經常使用的正誤示例法等名稱。經常被稱呼的名稱還是恆定刺激法或常定刺激法。

在測定感覺閾限時，爲什麼需要這個方法？因爲對一些不能輕易連續調整的刺激，平均差誤法不能應用，而極限法又會帶來習慣誤差和期望誤差。但在常定刺激法中，由於刺激按隨機的順序出現，故可避免上述兩種誤差。同時，常定刺激法可以利用受試者的全部反應，它雖然要求大量的試驗次數，但每一次試驗只用很短的時間，這比極限法只應用每一個遞增和遞減系列中一兩個轉折點要優越得多；相對地講，這種方法測定的閾限較準確，應用也最廣。它不僅可以測定絕對閾限和差別閾限，也可以測定等值及其它心理值。

恆定刺激法的特點是：只用經常被感覺到和經常不被感覺到這一感覺過渡地帶的五至七個刺激，而且這幾個刺激在整個測定閾限的過程中是固定不變的，恆定刺激法因此而得名。如果一個刺激經常處在被感覺到和永遠不被感覺到之間的過渡地帶，就是說，它只會在有些時間而不是全部時間都會被感覺到，它能被感覺到的次數只是一定嘗試次數的百分數，如果它的強度越強，能被感覺到的百分數就越大。當百分數恰爲 50 ％時，這個刺激強度就在閾限的位置，我們把這個刺激定義爲閾限。

恆定刺激法的要求是：在實驗以前，需要選定刺激，並隨機確定各刺激的呈現順序。所選刺激最大的強度，應爲每次呈現幾乎都能爲受試者感覺到的強度。它被感覺的可能性不低於 95 ％。所選刺激的最小強度，應爲每次呈現幾乎都不能爲受試者的感覺，即它被感覺到的可能性不高於 5 ％。選定好刺激範圍以後，再在這個範圍內選出五至七個距離相等的刺激，每種刺激強度呈現的次數不能少於二十次，各刺激呈現的次數要相等，呈現的順序要隨機排列，防止任何系統性順序出現，因而對實驗要精心安排。實驗中，主試者安排好隨機順序，反複呈現這些刺激，要受試者報告他是否感覺到了刺激，因而叫它爲正誤示例法。當主試者每次將結果登記在一個表格中時，就會發現每一個刺激被報告的次數，從這裡又產生了常用的名稱——次數法。

一、絕對閾限的測定

㈠自變量的確定

用恆定刺激法測定絕對閾限，對於自變量——刺激的選定，同前面所述：一般通常選「感覺不到」至「感覺到」這一過渡地帶的五至七個等距的刺激強度，並要求隨機呈現，每個刺激強度呈現的次數不能少於二十次，每個刺激呈現的次數要相等。

㈡反應變量

對於因變量即受試者反應變量的確定是：每呈現一個刺激後，要求受試者如感覺到就報告「有」，如感覺不到就報告「無」，主試者分別將受試者的上述反應記爲「＋」或「－」，然後根據所記錄的受試者反應，計算絕對閾限。

㈢閾限的計算

根據閾限操作上的定義：有 50 ％的次數被感覺到的那個刺激強度就是閾限，然而，這個強度經常不恰好是所選定的刺激強度之一，而是另外一個強度，那麼這個強度如何計算出來呢？下面以測定兩點閾爲例，說明如何用恆定刺激法測定絕對閾限及其具體的計算方法。

> 兩點閾的測定

選定五個刺激，每個兩點閾規兩腳之間的距離爲：8 公釐、9 公釐、10 公釐、11 公釐和 12 公釐，每個刺激呈現二百次，共做實驗一千次，按隨機順序呈現。每一刺激呈現後，要求受試者回答「兩點」還是「一點」，實驗結果列在表 2-5 中。

表 2-5　用恆定刺激法測定兩點閾的實驗記錄

刺激（毫米）	8	9	10	11	12
回答「兩點」的次數	2	10	58	132	186
回答「兩點」的百分數（％）	1	5	29	66	93

從 2-5 可見，沒有一個刺激強度「兩點」的反應爲 50 ％。10 公釐時，報告

兩點的次數爲 29 ％，11 公釐時報告兩點的次數爲 66 ％。這時的百分數是在某一刺激下，受試者報告「兩點」（即感覺到）的次數被這個強度呈現的次數（二百次）除後得到的。這裡只計算正判斷的百分數就可以了，負判斷的百分數計算沒有多大意義，因爲正判斷和負判斷的百分數相加等於 100。在這類絕對國限的測定中，實驗者拒絕接受「懷疑」的報告，因爲這樣會使問題複雜化，如在實驗中遇到這類情況，只能是停一會再呈現這個刺激讓受試者判斷。

　　上例的實驗中，五個刺激強度，沒有一個刺激強度正反應爲 50 ％，那就必須設法計算出這麼一個刺激值來：一經試驗，就可得到 50 ％的正反應。這個刺激值的計算有幾種方法，下面分別加以敘述。

1. S-P 作圖法

　　是按笛卡兒幾何作圖原理，以刺激 S 爲橫坐標，以反應的百分數 P 爲縱坐標畫圖。將各數據點連線，成一折線，如果實驗次數足夠多，就如同本例兩點國的測定那樣，那麼這條折線在 0.30 至 0.70 一段就非常接近正態累加曲線，如圖 2-4 所示。

　　通過 50 ％處畫水平線交曲線於 a 點，再從 a 點向下畫垂線，交橫坐標於一點，這點所表示的刺激值就是國限。如果用足夠大的坐標紙畫上各數據點，可以得到足夠精確的結果，從圖 2-4 查出兩點國爲 10.57 公釐。如果不畫線的話，

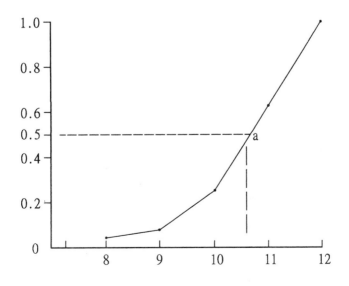

圖 2-4　S-P 作圖和直線內插法圖示

可以直接根據表 2-5 所提供的數據用內插法求得：DL $= 10 +$（$11 - 10$）$\times$（$0.50 - 0.29$）／（$0.66 - 0.29$）$= 10 + 0.568 = 10.57$（mm）

　　這個方法雖然沒有畫圖而直接計算，但它是根據圖示的原理推導而來的，因此，屬於 S-P 作圖法。兩種方法求得的結果，並不都是相同的，而本例相同。這是因為本例實驗次數較多，所求得的百分數近似正態累加百分數的緣故。

　　以上是 S-P 作圖法之一種求閾限的方法，在這個方法中，可以見到兩個缺點：

　　⑴閾限值只是通過兩個數據點計算出來的，而其他各點都被忽略了。不同刺激所得到的反應的百分數，包含有取樣誤差，其中有的可能高於眞正期望值，而有些又可能低於眞正期望值，因而，只利用兩個數據點計算閾限值，免不了要有誤差。為了克服這一缺點，就導引出 S-P 作圖法另一個計算閾值的方法：根據圖示或內插法先計算出 25％、50％、75％三點的刺激值來，然後再把這三點的刺激值相加求均數，這個均數就是閾限。本例的結果是：25％為 9.83 公釐，75％是 11.33 公釐，50％是 10.57 公釐，（$9.83 + 11.33 + 10.57$）／$3 = 10.58$（mm）（利用圖示法與內插法得相同的結果）這樣計算出來的閾限，要比只用兩點計算的閾限更接近眞正的閾限值，因為利用了更多的數據信息，更仔細地考慮了取樣誤差。在本例題中，兩種方法計算的結果相差甚微。同樣地，因為本實驗結果接近正態累加百分數。如果實驗次數較少，取樣誤差較明顯，就容易顯出這種計算方法的優越性來。

　　⑵連接各數數據點而成的是一折線，如取樣誤差較大或實驗次數較少，所得的各數據點連線，多為齒狀折線，因而不能眞實地表現刺激與反應的函數關係。若能眞實地表現刺激與反應的函數關係，應是一條修勻的正態累加曲線。關於這一點，理論的提示和實驗結果都被證實是正確的，當生物的機能變化時，它傾向表現正態分配的數值。可以根據實驗所得的幾個數據點在坐標紙上修勻曲線：使一部分數據點在曲線上部，另一部分數據點在曲線下部，曲線在 0.30 至 0.70 這一段近似一直線，斜率最大，曲線在 P $= 0.16$ 和 P $= 0.84$ 的地方曲度最大，曲線的左端和右端為 0％及 100％的漸近線。如果利用修勻的累加曲線，再按上面所述的方法計算閾限，就可能更完整地排出取樣誤差，而使其計算的閾限值更接近眞正的閾限值了。

2. S-Z 作圖法

利用 S-P 的正態累加曲線，儘管是一個比較好的方法，但是一條好的累加曲線不容易畫成，再說，用眼睛配合曲線會因人而異，依它所進行的計算也會有誤差。要使所畫的曲線變爲一條直線，則可能令人滿意。這樣就產生了用機率（概率）作圖紙——一種將縱坐標按累加正態百分數，不等距分度的作圖紙畫圖的方法，即縱坐標以 Z 分數爲單位。如果實驗結果接近正態累加百分數，那麼在這種作圖紙上作圖，連續各數據點可以得到一條很好的直線，若實驗結果不近正態，認爲這是包含取樣誤差，各數據點的連線就不是一條直線，這時，還要配合一條直線的話，一種方法是在圖上拉一根直線。調整它的位置，直到你認爲它距各數據點的距離都比較接近，這時，再按線的位置把它畫下來，這樣做仍然需要繪畫者的主觀判斷，而且也會因人而異。那麼如何使這條曲線的定位程度確定，而不受主觀的影響呢？此時可用 S-Z 作圖法：就是各刺激強度所得到的反應的百分數 P 值轉換成標準 Z 分數，通常在作圖紙上通過一定的計算程序，就可以得到一條直線。由上述可見，S-Z 作圖法的一個基本假設是實驗結果在理論上是符合正態分布的。如何將 P 值轉換爲標準 Z 分數？根據正態機率曲線的性質，P ＝ 0.50 時，Z ＝ 0，P ＝ 0.16 時，Z ＝－ 1.00，P ＝ 0.84 時，Z ＝＋ 1.00，就可根據 P、Z 值的轉換表（表 2-6～2-9）將 P 轉換爲標準 Z 分數。轉換表和機率紙上沒有相應於 P ＝ 0 和 P ＝ 1.00 的 Z 值，因爲理論上的正態累加曲線永遠達不到漸近線。當在圖上畫好直線以後，把直線通過 Z ＝ 0，Z ＝＋ 1.00，Z ＝－ 1.00，三條水平線投射到橫坐標上，就得到了 M（即閾限）及閾限散布的標準差 SD。如何確定這條直線以及根據這條直線計算閾限，下面有幾種方法：

表 2-6　相對次數與標準分數互換表（α）

P	0	1	2	3	4	5	6	7	8	9
0.99	2.326	2.366	2.409	2.457	2.512	2.576	2.652	2.748	2.878	3.090
0.98	2.054	2.075	2.097	2.120	2.144	2.170	2.197	2.226	2.257	2.290
0.97	1.881	1.896	1.911	1.927	1.943	1.960	1.977	1.995	2.014	2.034
0.96	1.751	1.762	1.774	1.787	1.799	1.812	1.825	1.838	1.852	1.866
0.95	1.645	1.655	1.665	1.675	1.685	1.695	1.706	1.717	1.728	1.739
0.94	1.555	1.563	1.572	1.580	1.589	1.589	1.607	1.616	1.616	1.635
0.93	1.476	1.483	1.491	1.499	1.506	1.514	1.522	1.530	1.538	1.546
0.92	1.405	1.412	1.419	1.426	1.433	1.440	1.447	1.454	1.461	1.468
0.91	1.341	1.347	1.353	1.359	1.366	1.372	1.379	1.385	1.392	1.398
0.90	1.282	1.287	1.293	1.299	1.305	1.311	1.317	1.323	1.329	1.335
0.89	1.227	1.232	1.237	1.243	1.248	1.254	1.259	1.265	1.270	1.276
0.88	1.175	1.180	1.185	1.190	1.195	1.200	1.206	1.211	1.216	1.221
0.87	1.126	1.131	1.136	1.141	1.146	1.150	1.155	1.160	1.165	1.170
0.86	1.080	1.085	1.089	1.094	1.098	1.103	1.108	1.112	1.117	1.122
0.85	1.036	1.041	1.045	1.049	1.054	1.058	1.063	1.067	1.081	1.076
0.84	0.994	0.999	1.003	1.007	1.001	1.015	1.019	1.024	1.028	1.032
0.83	0.954	0.958	0.962	0.966	0.970	0.974	0.987	0.982	0.986	0.990
0.82	0.915	0.919	0.923	0.927	0.931	0.935	0.938	0.942	0.946	0.950
0.81	0.878	0.882	0.885	0.889	0.893	0.896	0.900	0.904	0.908	0.912
0.80	0.842	0.845	0.849	0.852	0.856	0.860	0.863	0.867	0.871	0.874
0.79	0.806	0.810	0.813	0.817	0.820	0.824	0.827	0.831	0.834	0.838
0.78	0.772	0.776	0.779	0.782	0.786	0.789	0.793	0.796	0.800	0.803
0.77	0.739	0.742	0.745	0.749	0.752	0.755	0.759	0.762	0.765	0.769
0.76	0.706	0.710	0.713	0.716	0.719	0.722	0.726	0.729	0.732	0.736
0.75	0.674	0.678	0.681	0.684	0.687	0.690	0.693	0.697	0.700	0.703

表 2-7　相對次數與標準分數互換表(α)續

P	0	1	2	3	4	5	6	7	8	9
0.74	0.643	0.646	0.650	0.653	0.656	0.659	0.662	0.662	0.668	0.671
0.73	0.613	0.616	0.619	0.622	0.625	0.628	0.631	0.634	0.637	0.640
0.72	0.583	0.586	0.589	0.592	0.595	0.598	0.601	0.604	0.607	0.610
0.71	0.553	0.556	0.559	0.562	0.565	0.568	0.571	0.574	0.577	0.580
0.70	0.524	0.527	0.530	0.533	0.536	0.539	0.542	0.545	0.548	0.550
0.69	0.496	0.499	0.502	0.504	0.507	0.510	0.513	0.516	0.519	0.522
0.68	0.468	0.470	0.473	0.476	0.479	0.482	0.485	0.487	0.490	0.493
0.67	0.440	0.443	0.445	0.448	0.451	0.454	0.457	0.459	0.462	0.466
0.66	0.412	0.415	0.418	0.421	0.423	0.426	0.429	0.432	0.434	0.437
0.65	0.385	0.388	0.391	0.393	0.396	0.399	0.402	0.404	0.407	0.410
0.64	0.358	0.361	0.364	0.366	0.369	0.372	0.375	0.377	0.380	0.383
0.63	0.331	0.335	0.337	0.340	0.342	0.345	0.348	0.350	0.353	0.356
0.62	0.305	0.308	0.311	0.313	0.316	0.319	0.321	0.324	0.327	0.328
0.61	0.279	0.282	0.285	0.287	0.290	0.292	0.295	0.298	0.300	0.303
0.60	0.253	0.256	0.259	0.261	0.264	0.266	0.269	0.272	0.274	0.277
0.59	0.228	0.230	0.233	0.235	0.238	0.240	0.243	0.246	0.248	0.251
0.58	0.202	0.204	0.207	0.210	0.212	0.215	0.217	0.220	0.222	0.225
0.57	0.176	0.179	0.181	0.184	0.187	0.179	0.182	0.184	0.187	0.199
0.56	0.151	0.154	0.156	0.159	0.161	0.164	0.166	0.169	0.171	0.174
0.55	0.136	0.128	0.131	0.133	0.136	0.138	0.141	0.143	0.146	0.148
0.54	0.100	0.103	0.105	0.108	0.111	0.113	0.116	0.118	0.121	0.123
0.53	0.075	0.078	0.090	0.093	0.085	0.088	0.090	0.093	0.095	0.098
0.52	0.050	0.053	0.055	0.058	0.060	0.063	0.063	0.068	0.070	0.073
0.51	0.025	0.028	0.030	0.033	0.035	0.038	0.040	0.043	0.045	0.048
0.50	0.000	0.003	0.005	0.008	0.010	0.013	0.015	0.018	0.020	0.023

表 2-8 相對次數與標準分數互換表(b)

P	0	1	2	3	4	5	6	7	8	9
0.49	-0.025	-0.023	-0.020	-0.018	-0.015	-0.013	-0.010	-0.008	-0.005	-0.003
0.48	-0.050	-0.048	-0.045	-0.043	-0.040	-0.038	-0.035	-0.033	-0.030	-0.028
0.47	-0.075	-0.073	-0.070	-0.068	-0.065	-0.063	-0.060	-0.058	-0.055	-0.053
0.46	-0.100	-0.098	-0.095	-0.093	-0.090	-0.088	-0.085	-0.083	-0.080	-0.078
0.45	-0.126	-0.123	-0.121	-0.118	-0.116	-0.113	-0.111	-0.108	-0.105	-0.103
0.44	-0.151	-0.148	-0.146	-0.143	-0.141	-0.138	-0.136	-0.133	-0.131	-0.128
0.43	-0.176	-0.174	-0.171	-0.169	-0.166	-0.164	-0.161	-0.159	-0.156	-0.154
0.42	-0.202	-0.199	-0.197	-0.194	-0.192	-0.189	-0.187	-0.184	-0.181	-0.179
0.41	-0.228	-0.225	-0.222	-0.220	-0.217	-0.215	-0.212	-0.210	-0.207	-0.204
0.40	-0.253	-0.251	-0.248	-0.246	-0.243	-0.240	-0.238	-0.235	-0.233	-0.230
0.39	-0.279	-0.277	-0.274	-0.272	-0.269	-0.266	-0.264	-0.261	-0.259	-0.256
0.38	-0.305	-0.303	-0.300	-0.298	-0.295	-0.292	-0.290	-0.287	-0.285	-0.282
0.37	-0.332	-0.329	-0.327	-0.324	-0.321	-0.319	-0.316	-0.313	-0.311	-0.308
0.36	-0.358	-0.356	-0.353	-0.350	-0.348	-0.345	-0.342	-0.340	-0.337	-0.335
0.35	-0.385	-0.383	-0.380	-0.377	-0.375	-0.372	-0.369	-0.366	-0.364	-0.361
0.34	-0.412	-0.410	-0.407	-0.404	-0.402	-0.399	-0.396	-0.393	-0.391	-0.388
0.33	-0.440	-0.437	-0.434	-0.432	-0.429	-0.426	-0.423	-0.421	-0.418	-0.415
0.32	-0.468	-0.465	-0.462	-0.459	-0.457	-0.454	-0.451	-0.449	-0.445	-0.443
0.31	-0.496	-0.493	-0.490	-0.487	-0.485	-0.482	-0.479	-0.476	-0.473	-0.470
0.30	-0.524	-0.522	-0.519	-0.516	-0.513	-0.510	-0.507	-0.504	-0.502	-0.499
0.29	-0.553	-0.550	-0.548	-0.545	-0.542	-0.539	-0.536	-0.533	-0.530	-0.527
0.28	-0.583	-0.580	-0.577	-0.574	-0.571	-0.568	-0.565	-0.562	-0.559	-0.556
0.27	-0.613	-0.610	-0.607	-0.604	-0.601	-0.598	-0.595	-0.592	-0.589	-0.568
0.26	-0.643	-0.640	-0.637	-0.634	-0.631	-0.628	-0.625	-0.622	-0.619	-0.616
0.25	-0.674	-0.671	-0.668	-0.665	-0.662	-0.659	-0.656	-0.653	-0.650	-0.646

表 2-9 相對次數與標準分數互換表(b)續

P	0	1	2	3	4	5	6	7	8	9
0.24	-0.706	-0.703	-0.700	-0.697	-0.693	-0.690	-0.687	-0.684	-0.681	-.0678
0.23	-0.739	-0.736	-0.732	-0.729	-0.726	-0.733	-0.719	-0.716	-0.713	-0.710
0.22	-0.772	-0.769	-0.765	-0.762	-0.759	-0.755	-0.752	-0.749	-0.745	-0.742
0.21	-0.806	-0.803	-0.800	-0.796	-0.793	-0.789	-0.786	-0.782	-0.779	-0.776
0.20	-0.842	-0.833	-0.834	-0.831	-0.827	-0.824	-0.820	-0.817	-0.813	-0.810
0.19	-0.878	-0.874	-0.871	-0.867	-0.863	-0.860	-0.856	-0.852	-0.849	-0.845
0.18	-0.915	-0.912	-0.908	-0.904	-0.900	-0.896	-0.893	-0.889	-0.885	-0.882
0.17	-0.954	-0.950	-0.946	-0.942	-0.938	-0.935	-0.931	-0.927	-0.923	-0.919
0.16	-0.994	-0.990	-0.986	-0.982	-0.978	-0.974	-0.970	-0.966	-0.962	-0.958
0.15	-1.036	-1.032	-1.028	-1.024	-1.019	-1.015	-1.011	-1.007	-1.003	-0.999
0.14	-1.080	-1.076	-1.071	-1.067	-1.063	-1.058	-1.054	-1.049	-1.045	-1.041
0.13	-1.126	-1.122	-1.117	-1.112	-1.108	-1.103	-1.098	-1.094	-1.089	-1.085
0.12	-1.175	-1.170	-1.165	-1.160	-1.155	-1.150	-1.146	-1.141	-1.136	-1.131
0.11	-1.227	-1.221	-1.216	-1.211	-1.206	-1.200	-1.195	-1.190	-1.185	-1.180
0.10	-1.282	-1.276	-1.270	-1.265	-1.259	-1.254	-1.248	-1.243	-1.237	-1.237
0.09	-1.341	-1.335	-1.329	-1.323	-1.317	-1.311	-1.305	-1.299	-1.293	-1.287
0.08	-1.405	-1.398	-1.392	-1.385	-1.379	-1.372	-1.366	-1.359	-1.353	-1.347
0.07	-1.476	-1.468	-1.461	-1.454	-1.447	-1.440	-1.433	-1.426	-1.419	-1.412
0.06	-1.555	-1.546	-1.538	-1.530	-1.522	-1.514	-1.506	-1.499	-1.491	-1.483
0.05	-1.645	-1.635	-1.626	-1.616	-1.607	-1.598	-1.589	-1.580	-1.572	-1.563
0.04	-1.751	-1.739	-1.728	-1.717	-1.706	-1.695	-1.685	-1.675	-1.665	-1.655
0.03	-1.881	-1.886	-1.852	-1.838	-1.825	-1.812	-1.799	-1.787	-1.774	-1.762
0.02	-2.054	-2.034	-2.014	-1.995	-1.977	-1.960	-1.943	-1.927	-1.911	-1.896
0.01	-2.326	-2.290	-2.257	-2.226	-2.197	-2.170	-2.144	-2.120	-2.097	-2.075
0.00		-3.090	-2.878	-2.748	-2.652	-2.576	-2.512	-2.457	-2.409	-2.366

(1)平均 Z 分數法：

取最低一半 S 值的平均數為橫坐標值，取與之相應的 P 所轉換的 Z 值的平均值為縱坐標值。同樣，取另外一半最高的 S 值的平均數為橫坐標值，與之相應的 P 所轉換的 Z 值的平均數為縱坐標值，這樣就可以在作圖紙上描出兩個點，通過這兩點，就可以畫一條直線，過這條直線與 Z = 0，Z = − 1.00，Z = 1.00 三條水平線的交點，向下作垂線，就可得到 M（閾限值），及標準差 SD。如果刺激為偶數個，就把這些數值分成上下兩半，求出每一半的平均 S 及平均 Z，如果刺激為奇數個，則方法相同，只是中間的一個 S 和它的 Z 被使用兩次，即上下兩半各用一次。

本例兩點閾實驗結果用平均 Z 分數法。具體計算步驟如下：

S	$\overline{S}$	P	Z	$\overline{Z}$
8		0.01	-2.33	
9	9 ($\overline{S}_1$)	0.05	-1.64	-1.51 ($\overline{Z}_1$)
10		0.29	-0.55	
11	11 ($\overline{S}_2$)	0.66	+0.41	
				0.45 ($\overline{Z}_2$)
12		0.93	+1.48	

通過 (9, −1.51)、(11, 0.45) 兩點畫直線。求得的閾限 RL = 10.54，SD = 10.54 − 9.52 = 1.02（見圖 2-5）。如果不畫直線，可用內插法直接計算，根據三角形相似的原理推導出：

$$M = \overline{S}_1 + \frac{|\overline{Z}_1| \times (\overline{S}_2 - \overline{S}_1)}{|\overline{Z}_1| + |\overline{Z}_2|} = 10.54$$

$$SD = \frac{\overline{S}_2 - M}{|\overline{Z}_2|} = \frac{M - \overline{S}_1}{|\overline{Z}_1|} = 1.02$$

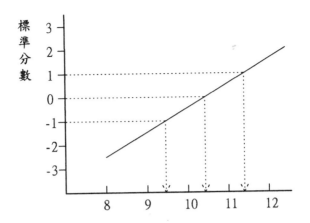

圖 2-5 用平均 Z 分數法作圖求得的兩點直線

(2)最小二乘法

　　是配合一系列數據點爲一條直線的最好方法。用這種標準的統計方法所確定的直線，就使各數據點距這條直線在 Y 軸方向上距離的平方和爲最小。這條直線就是一條迴歸線。應用這種方法需要滿足這樣的假設：各刺激強度上所得到的反應百分數是正態分布，即其取樣誤差是按正態機率分布的，同理，可以說絕對閾限的分布也是按正態機率分布的。理論上這個假設成立。因此，最小二乘法當是計算閾限（RL）和標準差之確定的計算方法。應用最小二乘法計算絕對閾限的公式爲：（註一）

$$RL = AM + \frac{\Sigma d \Sigma Zd - \Sigma Z \Sigma d^2}{n \times \Sigma Zd - \Sigma Z \Sigma d} \times i$$

$$SD = \frac{n \times \Sigma d^2 - (\Sigma d)^2}{n \times \Sigma Zd - \Sigma Z \Sigma d} \times i$$

式中，AM 爲刺激的估計平均數，選刺激中任一個強度充當

i ＝刺激強度間距，d ＝（X － AM）／ i

Z 爲反應 P 轉換的標準分數值

n 爲刺激的個數

X ＝ S，即刺激值

如果n為奇數，AM選中間一個刺激強度充任，$\Sigma d = 0$，則上式可以化簡為：

$$RL = AM - \frac{\Sigma Z \Sigma Z d^2}{n \times \Sigma Z d} \times i$$

$$SD = \frac{\Sigma d^2}{\Sigma Z d} \times i$$

將本例兩點閾實驗結果代入公式得：

S(X)	d	d²	p	z	dz
8	-2	4	0.01	-2.33	4.66
9	-1	1	0.05	-1.64	1.64
10 = AM	0	0	0.29	-0.55	0
11	1	1	0.66	0.41	0.41
12	2	4	0.93	1.48	2.96
i = 1 n = 5		Σd² = 10		Σz = 2.63	Σdz = 9.67

$$RL = AM - \frac{\Sigma Z \Sigma d^2}{n \Sigma d} \times i = 10 - \frac{-2.63 \times 10}{5 \times 9.67} \times 1 = 10 + 0.544 = 10.544 \;(mm)$$

$$SD = \frac{\Sigma d^2}{\Sigma Z d} \times i = \frac{10}{9.67} \times 1 = 1.034 \;(mm) \quad \langle 註一 \rangle$$

已知絕對閾限的值（橫坐標）和（縱坐標）已知SD的值（橫坐標）和（縱坐標），這樣便可以通過上述二點畫一條直線，這條直線就被唯一地確定下來了。

(3)斯皮爾曼（C. Spearman）分配法

這種方法是將正態累加百分數還原為次數分配，然後再計算閾限。其方法是利用減法，從刺激的弱端開始。最小的百分數被認為是位於最小的刺激以下某處的正反應次數，這個某處就定為：最小的那個變異刺激和比它再小一個間距的那個刺激的中間值，如 8 公釐的兩點反應百分數為 1％，它就被當作 7 公釐～8 公釐的中點，即 7.5 公釐的正反應次數，同理 9 公釐的正反應為 5％，而 8 公釐以下為 1％，8 公釐至 9 公釐的中點為 8.5 公釐，因而 8.5 公釐的反應為 5％－1％＝4％。這就是 8 到 9 梯級間的百分數，與此相似，可以求出其他梯級

間的百分數。這樣做的道理很簡單，是根據正態累積百分數推導而來。見圖2-6：

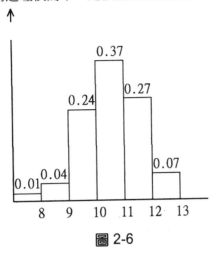

圖 2-6

　　每一距離的反應百分數，可用二刺激的中間值表示，故 8 公釐以下為 7.5 公釐，9 公釐以下為 8.5 公釐。

S	P（%）	中間點	百分次數	次數(f)	d	fd	fd²
8	1	7.5	1	10	-3	-30	90
9	5	8.5	4	40	-2	-80	160
10	29	9.5	4	240	-1	-240	240
11	66	10.5	37	370	0	0	0
12	93	11.5	27	270	1	270	270
		12.5	7	70	2	140	280
			Σ100 %	Σf = 100		Σfd = 60	Σfd² = 1040

　　這裡所得到的 8 公釐以下的正反應為 0.01，12 公釐以上的正反應為 0.07，這裡只規定以下或以上兩個刺激間距，但事實上是否如此，不可能盡然，可見這種方法的弱點。

　　按普通的統計方法求出絕對閾限，即平均數（中數 50 %）所在點的值，及分配的標準差。上表中的 F 為還原分數，是由各刺激的中點值正反應的百分數乘以實驗的總次數得到。

$$RL = AM + \frac{\Sigma fd}{n} \times i = 10.5 + 60/1000 \times 1 = 10.56 \text{（mm）}$$

$$SD = \sqrt{\frac{\Sigma fd^2}{n} - (\frac{\Sigma fd^2}{n})} \times i \text{（mm）}$$

$$= \sqrt{1040/1000 - (60/1000)^2} \times 1 = 1.018 \text{（mm）}$$

這裡分配的兩端有些不肯定，只能假定全部的小數端，都落在最小的刺激以下一個間距，本例 1％在 7～8 公釐這一間距內。反應的最大百分數以上的反應次數都落在最大刺激以上一個間距內，本例最大反應百分數爲 93％，以上的反應爲 7％，假定這 7％的次數都落在 12 至 13 公釐這一間距內。這一假設可見這種方法的弱點：只有實驗者在實驗中，已把實驗的刺激系列擴展到下端足以達到 0％，上端足以達到 100％的水平，否則，只能人爲地將上下兩端各擴展一個間距，這就不管事實上是否眞是這樣的情形了。

一般說來，這種方法還是比較簡單、精確的。從上面計算的結果可見，基本上與前幾種方法計算的結果相同。這種方法計算的絕對閾限和標準差，就是次數分配的平均數（正態分配中的均數、中數、眾數是一個）和標準差，可以通過樣本對總體進行估計，其標準誤差就是 $SD/\sqrt{n-1}$，n 的大小一般爲實驗的總次數（本例爲 1000），爲了保險起見，n 取每一個刺激呈現的次數（本例爲 200）也是經常的。

幾種方法的比較：上面所講恆定刺激法求絕對閾限的幾種方法，除 S-P 作圖法的直線內插法，只根據一部分數據求第一個中數的數值外，其餘幾種方法具有相當大的一致性。

	絕對閾限（公釐）	標準差
直線內插法	10.57	1.10
平均法	10.58	1.10
平均 Z 分數法	10.54	1.02
最小二乘法	10.54	1.034
斯皮爾曼分配法	10.56	1.018

　　因本例實驗次數相當大，實驗結果接近正態分布，因此 S-P 作圖的直線內插法與其它幾種方法的結果也很接近，如果取樣誤差較大或實驗次數較少，這種方法計算的結果與其它幾種方法計算的結果就顯出差異了。而其它幾種方法，究竟用哪一種方法更好一些，要看實驗設計的情形而定。

　　如果刺激系列能夠擴展到過渡地帶的極限，即實驗結果的最大百分數接近100％，最小百分數接近 0％，最好使用斯皮爾曼分配法。這裡所說的刺激系列擴展到過渡地帶的極限，不是說要增加刺激的梯級，而是說每個梯級間距必須夠長，能使它們包括全部地帶，否則標準差一定太小，平均數（即閾限）可能離開眞實的數值。

　　如果使用平均 Z 分數法和最小二乘法，刺激系列最好限制在過渡地帶之內，這樣可以使 P 值大約落在 0.15 至 0.85 之間，因爲 P 值在 0.15 以下或 0.85 以上的少許差異，造成 Z 分數的變化很大，對於所確定的直線斜率有影響。因而確定絕對閾限時就產生偏差。

　　如果刺激數目爲奇數，最好使用最小二乘法，這時全部數據都被利用；如果刺激數目爲偶數，最好使用平均 Z 分數法。

二、差別閾限的測定

(一)自變量的確定

　　用恆定刺激法測定差別閾限，對於刺激變量（自變量）的確定，在通常情況下，是從完全沒感覺到差別到完全感覺到差別這一差別感覺的過渡地帶，選擇五至七個等距變化的強度作爲刺激的變量，這幾個刺激又被稱作比較刺激。實驗中這些刺激強度要與事先確定的標準刺激相比較，而測定某標準刺激強度的差別閾限。標準刺激可以隨意確定，當標準刺激確定爲零刺激強度時（完全沒有被感覺的刺激），與零刺激的差別感覺就是絕對閾限；這就不難看出，絕對閾限和差別閾限可以用同樣的文字來定義。一般的情況下，經常確定一個能被感覺到的某一刺激強度作爲標準刺激。比較刺激可以都大於（或小於）標準刺激，也可以擴展在標準刺激上下一段間距，即一部分比較刺激強度小於標準刺激，而另一部分大於標準刺激，這裡也允許確定一個比較刺激強度恰與標準刺激相同。究竟比較刺激系列如何確定，要視所研究的具體問題和所確定的反應變量指標來定。但有一點要求是相同的，都必須是用比較刺激與標準刺激相

比較，而比較刺激要隨機呈現。

㈡差別閾限及反應變量的確定

依刺激變量的情況，而有下面所述的幾種情形，隨反應變量的指標不同，其差別閾限的計算方法也不同，這一點必須清楚。

1. 兩類反應

反應變量的指標定為兩類，而這兩類反應也因比較刺激系列的不同，具體內容也不同。

⑴「大於」（或小於）和「相等」反應。如果比較刺激系列的強度都大於（或小於）標準刺激強度，這時，要受試者在比較標準刺激和比較刺激後報告：比較刺激比標準刺激「大」（或小）還是「相等」，主試者分別以「＋」（或「－」）和「＝」的符號記錄反應。在這種情形下如果受試者進行比較後報告「小」或「大」的話，這個反應要作為「相等」處理，因為比較刺激系列本身並不存在比標準小（或大）的情況。這一點有點類似極限法中＋（或－）和非＝（或非－）的判斷。這種反應變量的確定方法，其差別閾限值是介乎相等和感覺到差別這兩類之間的刺激增量的值，因此這個增量值的平均數就是差別閾限。而這個增量值的平均數應當是 50％正反應或負反應的比較刺激值與標準刺激值之差。何時為正反應，何時為負反應，依比較刺激系列擴展情況而定。這就要先用測絕對閾限的各種方法，計算出 50％正反應的比較刺激值後，再減去標準刺激值，這個差數就是差別閾限。

⑵大於和小於的反應。當比較刺激系列擴展在標準刺激的兩側，在受試者比較二者後，讓其報告比較刺激比標準刺激是「大於」還是「小於」，主試者分別以「＋」和「－」的符號記錄，因而這又稱正和負反應。比較刺激系列中允許有一個刺激強度恰與標準刺激相同，這時大部分受試者願意放棄相等的判斷，而只報告正或負，但也有一部分受試者表示有「相等」的感覺，遇到這種情況時，就讓受試者自己去決定（或猜）是大於還是小於，總之報告只能是兩類的。確定這種兩類反應的差別閾限的計算方法，我們以下面的例子來說明：

提重實驗

標準刺激為 200 克，比較刺激為：184 克、192 克、200 克、208 克、216 克

共五個，每個比較刺激與標準刺激比較二十次，共比較一百次。實驗結果如下
表：

比較刺激	184	192	200	208	216
反應次數	5	10	11	13	17
P₊（％）	25	50	55	65	85
Z	-0.67	0.00	0.13	0.39	1.04

根據上述的實驗結果，依照恆定刺激法測絕對閾限時計算閾限的各種方法，
可以分別計算出 50％正反應的比較刺激值來。

表 2-10　50%正反應的比較刺激值

計算方法	M（50％）	SD	PE（＝0.674550）
平均 Z 分數法	196.1	22.9	15.3
最小二乘法	196.3	21.0	14.1
斯皮爾曼分配法	197.6	14.8	9.9
直線內插法： （S-P 作圖）	196.0	23.3	15.7

上面各種方法所計算的 50％正反應的刺激值，恰處在「正」和「負」反應
之間，因此它不是差別閾，而是主觀相等點，即該點的刺激強度使受試者感覺
到與標準刺激相同。它與標準刺激之差就是常誤。那麼如何來計算差別閾呢？
只能採用非常接近差別閾的近似計算方法。亦即：在 50％處的主觀相等點，可
以理解為，對標準刺激完全沒有辨別力，即完全沒感到差別。而 100％的正反
應則表示完全可以辨別，因此，取二者的中點，即 75％點，則可表示，有一半

的實驗次數能被感覺到與標準刺激的差別,同樣的道理,25％點也是如此。就這樣,對於「正」「負」兩類反應差別閾限的計算,就採用 75％點與 50％點的刺激強度的差別為差別閾限,通常稱之為 75％差別閾限,或上差別閾限。75％、25％為分別表示在主觀相等點以上和以下一個差別,通常情況下,用一個四分差 Q 表示差別閾限。當計算出反應的標準差 SD 以後,乘以 0.6745 即可得到一個 Q(PE)。這裡計算的差別閾限,只是一個代替值,和用其它方法計算的差別閾也非嚴格相同,但在實驗中全部使用此種方法,就可比較不同感覺情況下的感受性。如果不用 Q,而用標準差 SD 作為辨別力來用,也是可以的。只要全部實驗都採用它來代替差別閾限進行比較,同樣會得到滿意的結果。

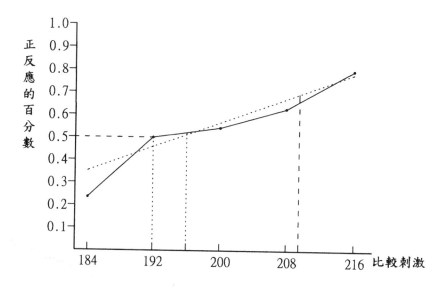

圖 2-7　差別閾的計算

2.三類反應

當刺激系列擴展在標準刺激上、下並且比較刺激中有與標準刺激相同的強度時,反應變量可以分為三類,即在受試者比較標準刺激和比較刺激後報告:「正」、「等」、「負」,主試者用「＋」、「＝」、「－」三個符號來記錄。反應變量定為三類,可以測定出兩個介乎類與類之間的閾限:一個是區分正和相等的閾限稱 $T_{(+)}$,另一個是區分負和相等的閾限稱作 $T_{(-)}$。這一點與極限

法測差別閾限時所求得的 $T_{(+)}$ 和 $T_{(-)}$ 意義是一樣的，但如何區分「正」和「非正」、「負」和「非負」的兩個轉折點 $T_{(+)}$ 和 $T_{(-)}$？其原理同極限法，即確定 50％正反應的刺激值爲 $T_{(+)}$，50％負反應的刺激值爲 $T_{(-)}$，這要分別用實驗中所得到的正反應的百分數和負反應的百分數，採用 S-P 作圖法、平均 Z 分數法，最小二乘法、斯皮爾曼分配法求得。$T_{(+)}$ 與 $T_{(-)}$ 之間爲不肯定間距，不肯定間距之半即爲差別閾限。

下面以另一個提重實驗來說明三類反應差別閾限的計算方法。標準刺激爲 200 克，比較刺激爲：185、190、195、200、205、210、215（克）共七個。每個比較刺激與標準刺激比較一百次，共比較七百次。在受試者提舉比較刺激與標準刺激後報告：比較刺激比標準刺激「重」、「等」、「輕」三種不同的感覺是屬於哪一種。結果如表 2-11。

表 2-11　一個提重實驗的結果

序號	刺激(S)	185	190	195	200	205	210	215
1	正反應的％（P_+）	4	8	14	28	60	80	91
2	等反應的％（$P_=$）	8	17	33	39	22	12	6
3	負反應的％（P_-）	88	75	53	33	18	8	3
4	非負反應（$P_+ + P_=$）	12	25	47	67	82	92	97

根據表 2-11 的數據，可以用直線內插法求出：50％的次數被判斷爲比較刺激比標準刺激較重和較輕的刺激重量分別爲：

$T_{(+)} = 200 + (205 - 200)(50 - 28) / (60 - 28) = 203.4$（克）

用直線內插法算出平均數以上和以下各一個標準差那一點的值再平均後得：

$SD_+ = (212.2 - 195.5) / 2 = 8.35$（克）

$T_{(-)} = 200 + (195 - 200)(50 - 33) / (53 - 33) = 195.7$（克）

同求 $T_{(+)}$ 的標準差一樣，求 $T_{(-)}$ 的標準差：

SD$_-$ ＝（206.5 － 186.5）/2 ＝ 10（克）

知道 T$_{(+)}$ 和 T$_{(-)}$，就可以求出不肯定間距、常誤、主觀相等點和差別閾限了。

IU ＝ 203.4 － 195.7 ＝ 7.7（克）

PSE ＝（203.4 ＋ 195.7）/2 ＝ 199.6（克）

CE ＝ PSE － S$_t$ ＝ 199.6 － 200 ＝ － 0.4（克）（絕對差別閾限）

K ＝ 3.85 克/200 克 ＝ 0.01925（相對差別閾限）

　　根據表 2-11 中第一、二、三行數據，作 S-P 圖。如圖 2-8 所示。從圖上查出的與內插法計算的結果很接近。這裡說一下主觀相等點，從邏輯上講，與曲線的交點及相等判斷的平均數及不肯定距的中點作爲主觀相等點是一樣的，由於取樣誤差的存在，三種方法不完全相同，通常只用不肯定間距的中點表示主觀相等點。

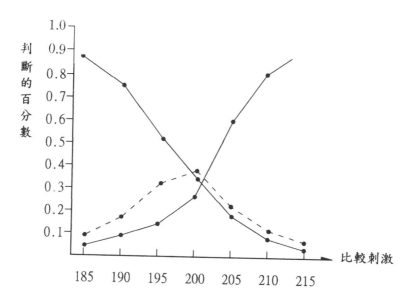

圖 2-8　三類反應的提重實驗結果曲線

　　如果用表 2-11 中第一、四兩行數據作 S-P 圖，也可得同圖 2-8 的同樣結果。因爲非負的反應即（P$_+$＋ P$_=$）與 P$_-$ 互補，所以（P$_+$＋ P$_=$）這條曲線與 P$_-$ 這條曲線必在 50 ％處相交，因而（P$_+$＋ P$_=$）這條曲線 50 ％的值與 P$_-$ 這條曲線 50 ％

的值相同，是負反應與非負反應的轉折點記爲 T_−。而 P_+ 這條曲線 50 % 的值亦可理解爲正反應與非正反應的轉折點，記爲 T_+，原理同上（圖 2-9 所示）。可見用 P_+ 與（P_− + P_=）（即非 P_+）畫圖，取 50 % 處的值，亦可知 T_+ 與 T_−。

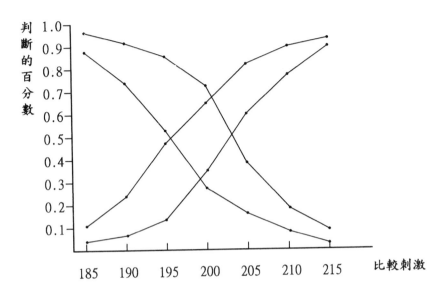

圖 2-9　三類反應用P_+與P_非+及P_−與P_非−畫圖

將表 2-11 所列反應的百分數，通過查 P-Z 轉換表所得到的標準分數：

S	185	190	195	200	205	210	215
P_+	4	8	14	28	60	80	91
Z_+	-1.75	-1.41	-1.08	-0.58	0.25	0.84	1.34
P_−	88	75	53	33	18	8	3
Z_−	1.81	0.67	0.08	-0.44	-0.92	-1.41	-1.88

　　根據上表提供的數據可用 S-Z 作圖，將 P 轉換爲 Z 分數，可在圖上作出兩條曲線，因爲實驗數據必包含取樣誤差，因此，S-Z 作圖很少可能幾個數據點連線爲一條直線。爲了更能充分利用各數據點提供的信息，使計算的結果更多排出取樣誤差的影響，採用平均 Z 分數法、最小二乘法及斯皮爾曼分配法來計

算結果較好。

　　因恆定刺激法求差別閾限，需要求出和，即50％次數比較刺激比標準刺激「重」和「輕」的判斷的轉折點，因此，要使用正判斷和負判斷兩種判斷的百分數。

　　平均 Z 分數法：

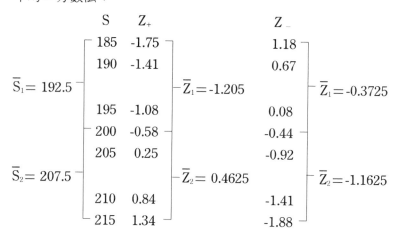

　　分別過（192.5，−1.205）和（207.5，0.463）兩點，畫正反應的直線；再過（192.5，0.3725）及（207.5，−1.1625）兩點，畫負反應的直線。二直線與 Z ＝ 0 相交點的橫坐標值就是 T_+ 和 T_-，從圖 2-10 查 T_+ ＝ 203.4，T_- ＝ 196.3。計算的差別閾限為（203.4 −196.3）/2 ＝ 3.7。因圖不夠大，因此免不了有誤差。如下圖：

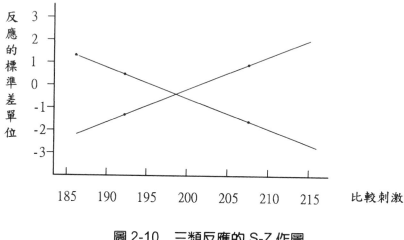

圖 2-10　三類反應的 S-Z 作圖

如果不用圖，可直接按上面計算的平均 Z 分數。用內插法計算：

$$T_+ = 192.5 + \frac{-1.205(1.925 - 207.5)}{|0.4625 + (-1.205)|} = 203.3$$

$$SD = \frac{\overline{S}_2 - M}{|\overline{Z}_2|} = \frac{207.5 - 203.3}{0.4625} = 9.1$$

$$T_- = 207.5 - \frac{(207.5 - 192.5)(-1.1625)}{|1.1625 - 0.3725|} = 196.1$$

$$SD = \frac{207.5 - 196.1}{|1.1625|} = 9.8$$

$$IU = 203.3 - 196.1 = 7.2$$

$$PSE = (203.3 + 196.1)/2 = 199.7$$

$$CE = 199.7 - 200 = -0.3$$

$$DL = 7.2/2 = 3.6$$

用最小二乘法計算：

S	P_+	Z_+	d	dZ	d^2	P_+	Z_-	dZ
215	91	1.34	3	4.02	9	3	-1.88	-5.64
210	80	0.84	2	1.68	4	8	-1.41	-2.82
205	60	0.25	1	0.25	1	18	-0.92	-0.92
200	28	-0.58	0	0	0	33	0.44	-0
195	14	-1.08	-1	1.08	1	53	0.88	-0.08
190	8	-1.41	-2	2.82	4	75	0.67	-1.34
185	4	-1.75	-3	5.25	9	88	1.88	-3.54
Σ		-2.39		15.1	28		-2.72	-14.34

將上述結果代入求 50％點的值和標準差公式：

$$T_+ = AM - \frac{\Sigma Z \Sigma d^2}{n\Sigma Zd}i = 200 - \frac{-2.39 \times 28}{7 \times 15.1} \times 5 = 203.166$$

$$SD = \frac{\Sigma d^2}{\Sigma Zd}i = \frac{28}{15.1} \times 5 = 9.27$$

$$T_- = 200 - \frac{-2.72 \times 28}{-14.34} \times 5 = 195.206$$

$$SD = \frac{28}{14.34} \times 5 = 9.76$$

$$IU = 203.166 - 196.206 = 6.96$$

$$PSE = (203.166 + 196.206)/2 = 199.628$$

$$CE = 199.7 - 200 = -0.3$$

$$DL = 6.96/2 = 3.48$$

斯皮爾曼分配法計算：

S	P_+	P	f	d	fd	fd^2	P	P	f	fd	fd^2
182.5		4	28	-4	-112	448		12	84	-336	1344
185	4						88				
187.5		4	28	-3	-84	252		13	91	-373	819
190	8						75				
192.5		6	42	-2	-84	168		22	54	-308	616
195	14						53				
197.5		14	98	-1	-98	98		20	40	-140	140
200	28						33				
202.5		32	224	0	0	0		15	05	0	0
205	60						18				
207.5		20	40	1	140	140		10	70	70	70
210	80						8				
212.5		11	77	2	154	308		5	35	70	140
215	91						3				
217.5		9	63	3	189	567		3	21	63	189
Σ			700		105	1981				-854	3318

$$T_+ = AM + \frac{\Sigma fd}{n}i = 202.5 + \frac{105}{700} \times 5 = 203.25$$

$$SD = \sqrt{\frac{\Sigma fd^2}{n} - (\frac{\Sigma fd^2}{n})}i = \sqrt{\frac{1981}{700} - (\frac{105}{700})^2} \times 5 = 8.4$$

$$T_- = 202.5 - \frac{854}{700} \times 5 = 196.4$$

$$SD = \sqrt{\frac{3318}{700} - (\frac{854}{700})^2} \times 5 = 9.02$$

IU = 203.25 − 196.4 = 6.85

PSE =（203.25 + 196.4）/2 = 199.825

CE = 199.825 − 200 = − 0.175

DL = 6.85/2 = 3.425

將以上各種方法計算的結果列表如下：

	T_+	T_-	IU	PSE	DL	SD	CE
直線內插法	203.4	195.7	7.7	199.6	3.8	9.2	-0.4
平均 Z 分數法	203.3	196.1	7.2	199.7	3.6	9.5	-0.3
最小二乘法	203.2	196.2	7.0	199.7	3.5	9.5	-0.3
分配法	203.3	196.4	6.9	199.8	3.4	8.7	-0.2

　　從上表結果可見：斯皮爾曼分配法計算出的差別閾限偏小，標準差也偏小，這是由於本實驗結果兩端並不接近 100 ％和 0 ％，因此，用此方法計算使 DL 及 SD 偏小，由於計算方法不適合此實驗結果而造成的。儘管如此，從上表結果可見，各種方法計算的各項結果非常接近，都可作爲差別閾限很好的近似計算。

　　以上講了三類反應差別閾限的計算方法。如果不採用三類反應的計算方法，可以把三類反應的結果縮減爲兩類，然後按兩類反應實驗的方法處理結果。這就要求把三類反應中相等的報告次數，區分爲正的和負的。區分的方法有兩種：一種爲費納的等分方法。就是將受試者的相等反應次數等分，然後分別加到正和負的反應中去。另一種爲：按每一刺激強度正反應和負反應的比例，把相等反應劃分到正反應和負反應中去，例如上面所舉的實驗結果：190 克時正反應爲 8，負反應 75，二者比例是 8：75 = 0.11，而相等的反應爲十七次，17 × 0.11 = 2，那就把十七次分二次加到正反應中去，十五次加到負反應中去。各個比較刺激所得結果都如此處理。這樣，就可以把三類反應縮減爲兩類。這兩種方法都存在一些缺點，因此，如果實驗者只想利用兩類反應，他應該引導受試者用猜測的方法讓受試者自己把相等的反應區分爲正的和負的。

三、不肯定間距的不穩定性

　　恆定刺激法的三類反應，計算其差別閾限是用不肯定間距的一半。而不肯

定間距的大小，則依賴於相等判斷次數的多少。如果受試者的相等判斷多，不肯定間距就大，如果相等判斷少，不肯定間距就小；如果沒有相等判斷，則不肯定間距就是零。這樣，計算出來的差別閾限，有時很難解釋，假如一個非常自信的人，他又把相等判斷作為猶豫不決或過分謹慎的標誌，那麼，他可能只作出正和負的判斷，而很少用相等判斷，結果他的不肯定間距很小，差別閾限也隨之很小，據此評定，就會說他的感受能力很強、辨別力很敏銳，儘管他的正和負判斷很差。如果一個非常謹慎小心的人，儘管他的辨別力很好，但除非他能完全肯定，否則不輕易作出正的或負的判斷，這樣，相等的判斷必然增多，結果是不肯定間距變大，差別閾也隨之增大。這兩種受試者由於態度不同，影響了判斷的標準不同，也影響了感受性的測量，因此如果實驗中影響受試者的精神因素很大，可能會使三類反應的結果歸於無效。可見，不肯定間距是一個對態度的測量。芬伯格（S.W. Fembeger, 1913）曾用不同的指導語，控制受試者對於相等判斷的態度。「確實感到相等才能報告相等」（減少相等），「感覺相等就報告相等」（中性），「稍覺相等就報告相等」（增加相等）。四個受試者的結果如下（標準刺激是 100 克）：

	減少相等	中性	增加相等
不肯定間距	2.12	4.34	9.80
差別閾	1.06	2.17	4.90
標準差	6.67	6.20	7.29
主觀相等點	94.73	95.46	95.34
常誤	-5.27	4.54	-4.66

從上面的結果，可以發現三個問題：

1. 指導語的改變，對差別閾限發生很大的影響。對受試者的影響程度不同。芬伯格得出結論說：不同的人使用相等判斷上的差別，一部分受指導語控制，還有一部分是氣質差異。

2. 標準差和常誤不太受指導語、態度和氣質等因素的影響，比較穩定。

3. 差別閾限和標準差及常誤關係不大。差別閾直接測量的是使用相等判斷

的傾向，間接測量的是影響這種傾向的各種因素的複合，可見它並不測量差別感覺性，即辨別力的敏銳度，它好像是測量某些不屬於判斷的「精確性」的東西。因此說恆定刺激法中的不肯定間距，不是對辨別力的測量，而是一個對態度的測量。但這個結論不能推及極限法的不肯定間距，因此極限法的不肯定間距的一半，仍然是差別閾限的良好估計值。

從上述可知，恆定刺激法使用三類反應，不算是定得較好的一個反應變量指標。但是有的受試者常常喜歡用三類的反應，那怎麼辦呢？一個辦法是用指導語清楚說明「相等」、「較重」及「較輕」的含義是什麼，對受試者進行完整的訓練，掌握判斷標準。另一個辦法是使用標準差說明變異，還有人用機誤（即正反應曲線的 75％與 50％反應的刺激差即 Q 值和負反應曲線的 Q 值的平均）作爲差別閾的代替測量。只要實驗者不管傳統的差別閾，而用變異性作爲對辨別力的測量（PE、SD……），那麼，即使少量或者很多的相等判斷出現，都不會影響對辨別力的檢驗。

如果刺激系列擴展在標準刺激兩側，其中一個與標準刺激等值，就是使用「大於」、「小於」兩類反應指標，其結果也能完整地反映辨別力，這時當受試者感到有相等的刺激出現時怎麼辦呢？那就讓受試者自己去猜測，只要他稍加注意，猜對的可能要比猜錯的可能大。

因此，從整體的情況來看，兩類判斷應該受到偏愛，因爲它省時、省事，所得結果又都可用。

四、恆定刺激法的變式

(一)慣用的次數法的變式是分組法

因爲在有些情況下，每一次都改變刺激很不方便。這樣就把比較刺激分成幾組——通常是三組，分組的方法是：將大於和小於標準刺激且與其間距相同的比較刺激分到同一組中去。如提重實驗，標準刺激是 100 克，按 100±3、100±6、100±9 分成三組。具體作法是將每組的兩個比較刺激都與標準刺激隨機比較若干次（一般爲二十～二十五次），各組的比較順序可按 1、2、3，3、2、1 排列，記錄和結果處理都按恆定刺激法的正常方式進行。很多研究發現：對於提重和觸覺兩點閾，在同一時間內集中一個刺激值是很令人滿意的，近年來這個方法在聽覺工作中用得很多，這種情況下獲得的結果，比用隨機比較刺

激獲得的結果更穩定。這個方法很近似於當初費希納的「正誤示例法」。

(二)用對數單位的比較刺激系列

一般的恆定刺激法，刺激系列經常是選擇在標準刺激兩側，使用算術梯級。

對於一些感覺領域，刺激系列也可用對數梯級。如響度差別閾就是用對數單位（分貝），視覺濾光器通常使用對數單位——密度。這就是說，凡是差別閾大的領域，刺激系列都可取對數單位。

(三)單一刺激法

準備一系列刺激，例如五個，用隨機順序反複呈現，指示受試者把它們分為一定的類別。這個實驗需要受試者事先作一點練習，大體熟悉一下刺激範圍，然後，讓受試者憑「絕對的印象」去進行判斷，由於省掉了標準刺激，因此節省了時間。受試者的反應類別，可以根據研究者的需要，規定為兩類、三類、四類……等可用恆定刺激法的方式處理結果，二類反應只能得出一個閾限，三類反應可得到兩個閾限：從重到不重，從輕到不輕。四類反應如A、B、C、D，就可分出A及非A，D與非D的閾限，以及A＋B與C＋D之間的閾限，這個閾限就是對A或B發生50％反應，對C或D也發生50％反應的刺激值。

實驗結果表明，單一刺激法與恆定刺激法所得結果相同，因此這個方法可以得到廣泛的應用。

第五節　心理物理實驗中的常誤及系列效應

心理物理學在測定感覺閾限時，也非常注意考察判斷過程的準確度問題，因此有時把實驗中存在哪些系統誤差作為確定對象，因為它有理論上及實踐上的意義，對於改進實驗設計、控制和平衡影響實驗結果的因素，關係是重大的。受試者對「量」的判斷如何進行？並且如何進行得如此準確，這些東西有時可以從受試者的內省中得到：如想出一定的目標、標準及任何技巧……等，有些則難以用內省來考察，因此只能用客觀的材料來分析，例如在不同實驗條件下的常誤問題。

一、常誤

常誤是在心理物理實驗中，由於各種實驗條件的影響，常常會造成實驗結

果中經常指向同一方向的誤差，稱爲系統誤差，心理物理學上常稱之爲常誤（CE-Constanterror）常誤可以用「主觀相等點」與標準刺激相差的距離和方向表示。

公式：$CE = PSE - S_t$

其種類是很多的，大部分是因爲實驗順序不同（時間和空間、動作……等）而造成的。因此有人將它們歸於順序誤差一類（一說是順序效應的結果）。

(一)習慣誤差及期望誤差

這是極限法所產生的特有誤差。

(二)練習誤差和疲勞誤差

凡實驗是進行多次就有可能產生這類誤差。

(三)空間誤差

因刺激的空間方位不同而產生的。

(四)動作誤差

因動作方式不同而產生的，是平均誤差法實驗中經常產生的系統誤差。

以上這幾種誤差在前幾節中都分別討論過了，實驗中如何平衡這些誤差效果，也都作了介紹。

(五)時間誤差（又稱時序效應）

當一個刺激在時間上跟隨另一個刺激，用第二個和第一個相比較，即比較刺激跟隨著標準刺激時，就易於發生時間誤差或時序效應。通常是由於第一個刺激的關係而過高地估計第二個刺激的傾向，稱作負時間誤差；如果過低地估計第二個刺激則稱作正時間誤差。這個時間誤差可以用客觀上兩個相等的刺激相繼呈現，反複比較的實驗進行考察，檢驗的方法是用負判斷的百分數與正判斷的百分數之差(D)表示，若差異顯著，即說明了時間誤差存在。若比較刺激系列以標準刺激爲中心對稱安排，則可用所求得的主觀相等點與標準刺激之差，提供一個適當的測量。

1.時間誤差產生的因素

費希納用表象的消退，苛勒建議用痕跡的消退來解釋，由於第一個刺激的痕跡（或表象）消退了，因此第二個比第一個重。痕跡如何作用是令人困惑的問題，第一個刺激遺留下來的興奮的剩餘水平，可能被第二個刺激推向上或向

下，因而產生時間誤差。除此之外，受試者的積極態度也與痕跡一起作用，由於定勢（心向）的作用，受試者的動作準備狀態不同，例如，他剛提起了一個標準刺激，因而產生了一個適合標準刺激的動作準備，再去提比較刺激，如果比較刺激被很快而且容易地提起來，它就似乎輕了些，並被判斷較輕，否則，則被判斷較重。

2.聽覺時間誤差

在響度方面有較強的時間誤差，當標準刺激和比較刺激之間時距是一～二秒時，引出正的時間誤差（第二個被判斷小於前一個）當時距在三秒時為零時間誤差，當時距在四秒至十二秒時是負時間誤差（L. Postman, 1946；KohLer, 1923）。

音高方面沒有時間誤差，可以用音高在皮層有明確定位來解釋。

3.視覺時間誤差

當光強先後呈現時，在短時距內，第二個受低估（正時間誤差）可用網膜適應來解釋這種現象，當光先後呈現在網膜不同部位時，即產生負時間誤差。

恆定刺激法實驗常產生時間誤差（其它的方法也產生時間誤差，只要二個刺激在時間上先後呈現，都有這個可能）。對於時間誤差的平衡，就是讓標準刺激有一半的次數先呈現，另一半的次數後呈現。

二、系列效應

系列效應是根據一個刺激在量上與整個系列的關係，對它產生過高或過低估計的傾向。即當一系列刺激連續出現時，對最後一個刺激所作的判斷，會受到整個系列的影響。屬於這種情境的有以下幾種效應：

㈠系列是對單一刺激進行判斷的參照結構

在單一刺激法中，不給標準刺激，那麼受試者如何對所給予的刺激進行分類？他參照的就是系列這一結構，如果其中有幾個刺激發生變化，系列結構也發生變化，但實驗重複不久後又會建立起一個新的系列結構作為參照，即系列變化，判斷也發生變化。系列結構參照的建立有時受過去經驗的影響，因而出現「結構變位」，這就是為什麼有時輕的被判斷為重的，重的被判斷為輕的。例如一個舉重運動員，他可能發現全部刺激系列都相當輕，從而使輕的判斷多於重的判斷。

(二)系列的集中傾向（又稱結構壓縮）

　　刺激系列的聯合痕跡逐漸衰退，系列中各刺激相互吸引，最後引向全系列的平均數，即最後一個判斷傾向於判斷為中間等級，不管這個刺激是大的還是小的，這有點類似統計中的迴歸現象。

　　在心理物理實驗中，時序效應（產生時間誤差）、系列效應，還有順序效應錯綜複雜的作用，因此使主觀相等點與標準刺激不等。實驗中所產生的這些系統誤差，都要求在心理物理實驗中加以平衡和控制，才能了解到心理量與物理量的真實關係。

　　明瞭這些常誤，可以幫助研究者正確地**解釋實驗**結果。

附　　註

註一：應用最小二乘法計算絕對閾限的公式證明如下：

根據迴歸方程：$\hat{Y} = \overline{Y} + b(X - \overline{X})$ ·· (1)

可將 X 與 Z 的迴歸方程寫作：$\hat{Z} = \overline{Z} + b(X - \overline{X})$

當式中 $\overline{Z} = 0$ 時，P = 0.50，即為所求閾限值對應的 Z 值。

X 為絕對閾限值，可寫成 X_{RL}。

$\overline{X}$ 為所有刺激值的平均數。

上式改寫一下，閾限值的計算便成下式：

$$0 = Z + b(X_{RL} - \overline{X})$$ ·· (2)

$$X_{RL} = \overline{X} - \overline{Z}/b$$ ··· (3)

因此迴歸係數 b 為：

$$b = \frac{n\Sigma(Zx) - \Sigma x \Sigma Z}{n\Sigma x^2 - (\Sigma x)^2}$$ ·· (4)

　　設 $d = X - AM/i$；$X = AM + di$，式中 i 為刺激強度的間距，AM 為刺激強度估計平均數，可選變異刺激中任一強度充當，代入到迴歸係數 b 中：

$$b = \frac{n[\Sigma Z \cdot (AM + di)] - \Sigma Z \cdot \Sigma(AM + di)}{n\Sigma(AM + di)^2 - [\Sigma(AM + di)]^2}$$

$$= \frac{n[\Sigma(Z \cdot AM + Zdi)] - \Sigma Z \cdot [\Sigma AM + \Sigma di]}{n\Sigma[AM^2 + 2AM \cdot di + d^2i^2] - [\Sigma AM + \Sigma di]^2}$$

$$b = \frac{n \cdot \Sigma Z \cdot AM + n\Sigma Z \cdot di - \Sigma Z\Sigma AM - \Sigma Z\Sigma di}{n\Sigma AM^2 + n \cdot 2\Sigma(AM \cdot di) + n\Sigma d^2i^2 - (\Sigma AM)^2 - 2\Sigma AM\Sigma di - (\Sigma di)^2}$$

式中 AM、i 爲常數，d、Z 爲變數。故上式可以整理爲下式：

$$b = \frac{n \cdot AM\Sigma Z + ni\Sigma Z \cdot d - \Sigma Z \cdot n \cdot AM - \Sigma Z \cdot \Sigma d \cdot i}{n^2 \cdot AM^2 + 2nAM \cdot i\Sigma d + ni^2\Sigma d^2 - n^2AM^2 - 2n \cdot AM \cdot i\Sigma d - i^2(\Sigma d)^2}$$

$$b = \frac{i(n\Sigma Zd - \Sigma Z\Sigma d)}{i^2[n\Sigma d^2 - (\Sigma d)^2]} = \frac{n\Sigma Zd - \Sigma Z\Sigma d}{i[n\Sigma d^2 - (\Sigma d)^2]} \quad\cdots\cdots\cdots\cdots\cdots\cdots\cdots\cdots(5)$$

將(5)式代入(3)式：

$$X_{RL} = \overline{X} - \frac{\overline{Z}}{b} = X - \overline{Z} \cdot \frac{i[n\Sigma d^2 - (\Sigma d)^2]}{n \cdot \Sigma Zd - \Sigma Z\Sigma d}$$

$$\because \overline{X} = AM + \frac{\Sigma d}{n}i$$

$$\overline{Z} = \frac{\Sigma Z}{n}$$

$$X_{RL} = AM + \frac{\Sigma d}{n}i - \frac{\Sigma Z}{n} \cdot \frac{n\Sigma d^2 - (\Sigma d)^2}{n\Sigma(Zd) - \Sigma Z\Sigma d}i$$

$$= AM + \frac{\Sigma d \cdot [n\Sigma Zd - \Sigma d\Sigma Z] - n\Sigma Z\Sigma d^2 + \Sigma Z(\Sigma d)^2}{n \cdot [n\Sigma(Zd) - \Sigma Z\Sigma d]}i$$

$$= AM + \frac{n\Sigma d\Sigma Zd - \Sigma Z(\Sigma d)^2 - n\Sigma Z\Sigma d^2 + \Sigma Z(\Sigma d)^2}{n[n\Sigma Zd - \Sigma Z\Sigma d]}i$$

$$= AM + \frac{\Sigma d\Sigma Zd - \Sigma Z\Sigma d^2}{n\Sigma Zd - \Sigma Z\Sigma d}i$$

若 n 爲奇數，AM 選位於中間的那個刺激強度充任，則 $\Sigma d = 0$；上式可簡化爲：

$$X_{RL} = AM - \frac{\Sigma Z\Sigma d^2}{n\Sigma Zd}$$

同理根據迴歸方程，$\widehat{Y} = \overline{Y} + b(X_{GD} - \overline{X})$

標準差 SD = 1 時，即 $SD = \overline{Z} = 1 = \widehat{Y}$

$$1 = \overline{Z} + b\ (X_{SD} - \overline{X})$$

$$X_{SD} = (1 - \overline{Z})\ /b + \overline{X} \cdots\cdots\cdots\cdots\cdots\cdots\cdots\cdots\cdots\cdots\cdots (6)$$

$$將\ b = \frac{(n\Sigma Zd - \Sigma Z\Sigma d)}{i[n\Sigma d^2 - (\Sigma d)^2]}$$

$$\overline{z} = \Sigma z/n$$

$$\overline{x} = AM + (\Sigma d/n) \times i$$

代入上式(6)：

$$X_{SD} = (1 - \frac{\Sigma Z}{n}) \cdot \frac{n\Sigma d^2 - (\Sigma d)^2}{n\Sigma Zd - \Sigma Z\Sigma d} i + AM + \frac{\Sigma d}{n} i$$

$$= \frac{n\Sigma d^2 - (\Sigma d)^2 - \Sigma Z\Sigma d^2 + \Sigma Z/n(\Sigma d)^2}{n\Sigma Zd - \Sigma Z\Sigma d} i + AM + \frac{\Sigma d}{n} i$$

$$= \frac{n^2\Sigma d^2 - n(\Sigma d)^2 - n\Sigma Z\Sigma d^2 + \Sigma Z(\Sigma d)^2 + n\Sigma d\Sigma Zd - \Sigma Z\Sigma d(\Sigma d)^2}{n^2\Sigma Zd - n\Sigma Z\Sigma d} i + AM$$

$$= \frac{n\Sigma d^2 - (\Sigma d)^2 - \Sigma Z\Sigma d^2 + \Sigma d\Sigma Zd}{n\Sigma Zd - \Sigma Z\Sigma d} i + AM$$

$$SD = X_{SD} - X_{RL}$$

$$= \frac{n\Sigma d^2 - (\Sigma d)^2 - \Sigma Z\Sigma d^2 + \Sigma Zd\Sigma d}{n\Sigma Zd - \Sigma Z\Sigma d} i + AM - \frac{\Sigma d\Sigma Zd - \Sigma Z\Sigma d^2}{n\Sigma Zd - \Sigma Z\Sigma d} i - AM$$

$$= \frac{n\Sigma d^2 - (\Sigma d)^2}{n\Sigma Zd - \Sigma Z\Sigma d} i$$

如果 n 爲奇數，AM 取中間一個刺激強度值充任，則 $\Sigma d = 0$，上式可簡化爲：

$$SD = \frac{n\Sigma d^2}{n\Sigma Zd} i = \frac{\mathbf{\Sigma d^2}}{\mathbf{\Sigma Zd}} i$$

參考文獻

1. 曹日昌等譯〈1965〉，R. S. Woodworth 著。實驗心理學。科學出版社。。

2. 赫葆元、張厚粲、陳舒永等著〈1983〉。實驗心理學。北京大學出版社。

第三章　適應性方法

　　隨著心理實驗中電子計算機的應用，以及心理實驗的發展，一些新的心理物理方法應運而生，心理物理學理論與方法也隨之發展。六〇年代以後，計算機作爲心理物理實驗中的一種控制儀器，記錄反應的設備逐漸普及，給心理實驗帶來了很多方便，使呈現刺激的儀器及記錄反應、數據處理等都能做到自動化，這樣使原來手工業操作不可能做到的或難於進行的一些實驗成爲可能。由於電子計算機的廣泛應用，要求實驗者提供一些新的實驗方法以適應計算機的要求，這種情況下，一些適應性方法便產生了。由於在測定感受性的心理物理實驗中廣泛使用了這一方法，因此，用這一方法所獲得的結果就構成心理物理學的主要內容。適應性方法不是憑空產生的，它是在傳統心理物理學方法的基礎上經過進一步發展而形成。這些適應性方法主要爲適應心理實驗中這樣一些問題而產生，這些問題是：在應用傳統的心理學方法測定感受性時，實驗者要選擇一定的刺激值才能據此設計實驗，這些刺激到底選多大才合適？在許多情況下對於這類問題知道的很少，另外，一般情況下，研究者都想快速而又準確地了解所欲研究的問題，但傳統的心理物理學方法所應用的刺激值範圍較大，刺激點較多，費時也較長。例如極限法，每一刺激系列所選的刺激點值在二十個左右，有些刺激值對於測定閾限沒有什麼用處，但由於該方法的要求，刺激點值必須保持在較多數量情況下才符合要求，這樣勢必浪費時間。而在有些感覺道領域裡，應用這些方法又會引進新的參變量，影響實驗結果。爲彌補上述傳統的心理物理學方法的不足，便產生了適應性方法。適應性方法適用測定感受性的要求，即選擇較少的刺激點值便能較準確地測定閾限值，又適應用計算機的要求。雖然這種方法是在極限法的基礎上進一步發展變化而來，但其方法發展至今，無論從計算方法上看，還是對閾限的解釋，都已與極限法明顯不同，因而作爲新的方法加以介紹是很必要的。這些方法包括階梯法及系列試驗的參數估計法。

第一節 階梯法

　　階梯法（staircase method）又稱上下法（up-down method）或極限法的變式。本世紀四〇年代發展出來的一種測定感受性的方法。貝克賽（Von. Bekesy）最早應用這種方法於聽力測量上，故又稱此法為貝克賽聽力測量法（Bekesy Audiometric Method）。當然早期的階梯法只僅僅是極限法的變式而已，隨著實驗的發展，這種方法也隨之發展。

一、階梯法的特點

　　1.刺激強度的增加或減少要根據受試者的反應，依一定的規則來確定。

　　2.刺激強度的增加或減少要連續進行。例如，若開始呈現的刺激受試者報告感覺不到，主試者就按規定的階梯增加刺激強度，如果還感覺不到此刺激時，就再增加一個梯級，直至受試者報告感覺到刺激，這時主試者不停止試驗，而是按先前規定的梯級減少刺激強度，直至減少到受試者再報告感覺不到時，又按一定的梯度增加刺激強度，實驗就按這樣的程序連續下去，直至達到一個先定的標準，或規定的實驗次數時為止。可見這種方法的每一次實驗所應用的刺激值，均由前一次實驗的刺激值和受試者的反應來決定，從而表現出實驗進程對於受試者的適應性。這種方法實際上是一種追蹤，這種追蹤是沿受試者選擇的閾限水平上下移動的。

　　3.刺激變化的幅度，即梯度大小前後相同，即無論增加刺激還是減小刺激，變化的梯度都要相同。

　　4.對於閾限的估計，不同的階梯法有不同的估計方法，也就是對閾限的操作定義是不一樣的。其中一種簡單的階梯法確定閾限，是當實驗達到最後水平時，求出各轉折點，即兩種不同反應（＋·－）中點值的平均數，或最後水平兩個刺激值的均數（對於實驗的最後水平，不同的方法有不同的規定，下面將要詳細論述）。這種方法所確定的閾限，是對於正反應概率為 50 ％的刺激值。它所評定的心理計量函數（即正反應的函數）為 50 ％點。而其它的階梯法，則對應於正反應概率為 70.7 ％、或 29.3 ％、79.4 ％或 20.6 ％等等不同的正反應概率。

二、簡單的階梯法

㈠特點與要求

　　簡單的階梯法是在極限法的基礎上發展起來的一種測定閾限的方法。它不同於極限法的地方在於：極限法測定閾限時，要根據事先確定好的梯級及刺激系列變化刺激，並將刺激按漸增系列與漸減系列分開，試驗完一個刺激系列後，再按事先確定好的系列進行實驗，刺激系列的變化完全不參照受試者如何反應，只遵從主試者在實驗開始之前，根據實驗設計的要求所確定的順序。而簡單的階梯法不是這樣，它根據受試者的反應，即時地增加刺激強度和減少刺激強度，使這一程序連續進行。例如：開始呈現的刺激值，受試者報告感覺不到，主試者就按一定梯度增加刺激強度，增加到受試者報告感覺到刺激時，主試者就開始按一定的梯度減少刺激強度，減少到受試者在報告感覺不到時，主試者又按一定的梯級增加刺激強度，實驗就按這樣的順序繼續做下去，直至達到一個先定的標準，或先定的實驗次數為止。實驗起始的刺激強度，要根據預備實驗或已有的實驗資料確定。當然，如果起始強度接近閾限強度，試驗的次數不需要很多就能達到閾限值，如果起始強度遠離閾限強度，實驗次數就要增加，或刺激的變化梯級較大，這樣才能達到閾限值（第一個轉折點）。簡單階梯法確定刺激變化梯度的原則是：在受試者改變反應之前，連續相同的反應不得多於三次或少於一次，梯級太大，每換一個梯級，受試者的反應就改變一次，隨刺激值的交替變化，受試者的感覺也跟著交替變化，這樣就不可能精確地測量閾限。如果刺激變化的梯級太小，連續相同的反應次數就要增多，使階梯法減少試驗次數的效用降低。當然這是已經假定一個比較好的刺激開始點的情況。如果刺激的起始強度離閾限較遠，若想減少實驗次數，就要增大刺激梯級，這樣所測的閾限就不精確（因為這種方法也是取引起兩種反應之刺激值的均數為限）。假如想使測得的閾限值比較精確一些，就要使刺激變化的梯級小些，這樣又會使實驗次數增多，沒能很好地發揮階梯法的長處。階梯法的實驗次數確定原則是：受試者反應變化的轉折點須達三十次左右，或受試者反應曲線達到高原期，即反應的轉折點相對比較穩定，反應曲線比較平緩。

㈡閾限的計算

　　當實驗達到最後水平時，即反應的轉折點在三十個左右時，求出轉折點的

平均數或最後兩個不同反應刺激值的中間值（即轉折點）為閾限值。試驗時可把試驗結果直接畫在作圖紙上。下圖就是用階梯法測定聽覺閾限的結果。

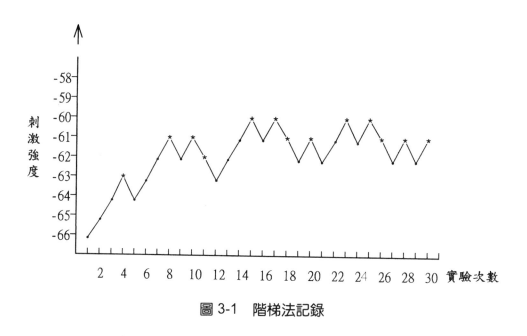

圖 3-1　階梯法記錄

　　圖中的縱坐標代表刺激強度，因是參照點以下的分貝數，故數字越大強度越小。實驗從-66分貝開始。開始時受試者報告聽不見聲音，記「0」，主試者以一分貝的梯級遞增或遞減刺激強度，共十九個轉折點。各轉折點的平均數如下：

表 3-1

分貝	-63.5	-62.5	-61.5	-60.5	$\overline{X}=-61.45$
次數	2	1	10	6	

　　轉折點是指反應發生轉折時的刺激強度與該點的前一個刺激強度值的中間值。上例的結果是某參照點以下-61.45分貝，為聽覺響度閾限。

(三)評價

　　簡單階梯法的優點很明顯，因為每一個刺激都靠近閾限值，對於測定閾限來說，都是有用的，所以比極限法更為有效，由於刺激系列短，不易引起疲勞或適應等問題，實驗中有關這方面的誤差較小，這是它的優點。但也存在一些不足，例如：簡單階梯法的刺激呈現方法容易被受試者了解到，即使一開始不了解，實驗幾次後，受試者也會知道，因此實驗結果易受受試者態度的影響。為克服這一問題，可以採用雙階梯法，即交替地使用兩個刺激系列，按兩個系列，交替地呈現刺激，每一個刺激強度的增加或減少，依各自系列中前一個反應如何來確定。也可把兩系列的刺激值隨機排列（即不交替變換）。這樣，受試者難以猜測下一個刺激值是增大還是減少，這樣約束他完全依賴感覺去判斷。兩系列階梯法計算閾限的方法，同一個系列階梯法基本相同，只是計算時要把兩系列的結果合在一起計算，或分別求出各系列各自的閾限後再平均。圖 3-2 是一個聽覺響度雙階梯法實驗的結果：

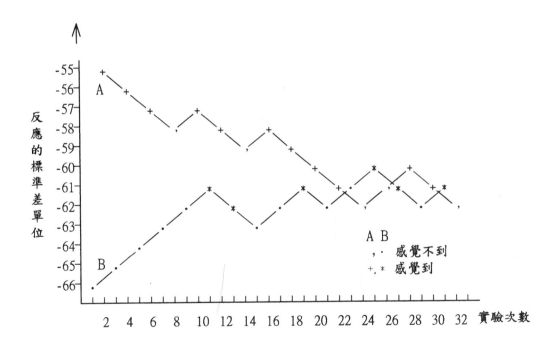

圖 3-2　兩系列階梯法記錄

表 3-2 雙階梯法試驗結果

轉折點分貝數		-62.5	-61.5	-60.5	-59.5	-58.5	-57.5	總計	平均	總平均
次	A 系列	0	2	1	0	2	2	7	-59.36	
數	B 系列	1	5	1	0	0	0	7	-61.5	-60.43

　　根據上表計算的結果可知所測得的響度閾限是某參照點以下-60.43分貝。

三、變形的階梯法

㈠變形的階梯法的特點

　　變形的階梯法是簡單階梯法的進一步發展，二者有很多相同之處。例如，起始刺激的強度要接近閾限，每一個刺激變化的梯級大小前後保持相等，每一刺激值的變化都根據受試者的反應確定等等。同時也有一些不同之處。例如，改變刺激強度的具體要求不同，即呈現刺激的規則不同。簡單階梯法呈現刺激的規則是：每一強度的刺激只呈現一次，當出現正反應時，下一個刺激強度就要減小一個梯級；當出現負反應時，下一個刺激強度就要增加一個梯級，閾限的計算是用各轉折點的平均數，或最後水平兩個刺激的中點值，這種方法所計算的閾限的操作定義，是取正反應概率的50％點作為閾限，又稱作心理計量函數的50％點。而變形的階梯法卻不是這樣，同一刺激強度出現不只一次，何謂正反應、何謂負反應的規則也不同，所評定的心理計量函數（即閾限的操作定義）不同。具體見以下敘述：

㈡變形階梯法呈現刺激的規則

　　變形的階梯法因具體呈現刺激的規則不同，可評定心理計量函數的不同點，因而有多種不同的變形階梯法。例如 0.707 變形階梯法、0.293、0.794、0.841 等等變形的階梯法。

　　這裡所說的不同呈現刺激的規則，是指根據受試者的反應情況不同而變化刺激強度（增加或減少刺激強度）的原則。例如 0.707 階梯法，呈現刺激的規則是這樣定義的：每一刺激強度一般要連續呈現兩次，如果兩次都引起正反應（記為＋，＋），則下一次試驗時，刺激強度將減少一個梯級（稱作下降組）。如果某刺激強度連續呈現二次，第一次引起正反應，第二次引起負反應（記為

＋，－），或某刺激第一次呈現時就引起負反應（記爲－，這種情況下，該刺激無須呈現第二次，只呈現一次就可以了），則下一次試驗時要將刺激強度增加一個梯級（稱作上升組）。刺激水平在一個方向上的變化系列稱作「輪」，例如一連幾個刺激梯級都是下降，或幾個刺激梯級都是增加，這幾個變化方向相同的刺激值稱作一輪。

　　變形的階梯法有各種不同的呈現刺激規則，常用的方法有以下幾種，它所測定的是不同正反應概率的閾限，即不同操作定義的閾限值。具體呈現規則及所評定的心理量函數如下表 3-3。

表 3-3　變形階梯法呈現規則及閾限的操作定義

類型	刺激水平上如果出現下述情況則爲上升組	刺激水平上如果出現下述情況則爲下降組	下降組概率	正反應概率閾限操作定義
1	－	＋	$p(x) = 0.5$	$p_+ = 0.5$
2	＋－或－	＋＋	$[p(x)]^2 = 0.5$	$p_+ = 0.707$
3	－－	－＋或＋	$[1 - p(x)] \times p(x) + p(x) = 0.5$	$p_+ = 0.293$
4	＋＋－或＋－或－	＋＋＋	$[p(x)]^3 = 0.5$	$p_+ = 0.794$
5	＋＋＋－或＋＋－或＋－或－	＋＋＋＋	$[p(x)]^4 = 0.5$	$p_+ = 0.841$
6	－－－－	－－－或－－＋或－＋或＋	$[1 - p(x)]^3 \times p(x) + [1 - p(x)]^2 \times p(x) + [1 - p(x)] \times p(x) + p(x) = 0.5$	$p(x) = 0.159$

　　表中第一、二兩欄正號或負號的數目表示：在一個刺激值連續多次呈現的情況下，反應為「＋」或「－」的次數。

　　表中 P(x)是當刺激值為 x 時，其正反應的概率，這一概率根據在整個實驗中正反應的次數除以總呈現次數得到的。

　　現以正反應概率是 0.707 為例，說明 P_+ 的計算。在變形的上下法試驗中，要求上升組與下降組的次數各半，因此就某一刺激而言，其為上升組與下降組的概率各為 0.5，但由於刺激呈現規則不同，其正反應與負反應的概率也就不同。就某一刺激而論，只有兩次反應都為正，才能減小刺激值，稱作下降組，根據概率乘法定理：p(x)・ p(x)＝0.5，即$[p(x)]^2＝0.5$，p(x)＝$\sqrt{0.5}＝0.707$。同理，「x」為上升組的概率亦為 0.5，而什麼情況下為上升組呢？即反應為一正一負的情況和第一次反應是負反應的情況，根據概率性質可寫作下式：

$$p(x) \cdot [1 - p(x)] + [1 - p(x)] = 0.5$$

展開得：$p(x) - [p(x)]^2 + 1 - p(x) = 0.5$

整理得：$-[p(x)]^2 = -0.5$

所以 $p(x) = \sqrt{0.5} = 0.707$

　　亦即正反應的概率為 0.707 時才能滿足上式，才能使上升組及下降組的概率各為 0.5。可見這種刺激呈現的規則所追蹤的閾限，對應於正反應概率為 0.707 的刺激值，換句話說，它所評定的是心理計量函數的 70.7％點，也就是用這種方法所測量的閾限值的操作定義是，正反應為 70.7％的刺激值為閾限值。這種方法稱作 0.707 變形的階梯法。

(三)閾限的計算

　　變形階梯法對閾限值的計算有兩種方法：

　　1. 取偶數序號實驗輪中點的平均數作為閾限（注意不是反應轉折點的均值！）。

　　2. 對應於正反應概率為 0.707 的刺激值作為閾限。這兩種方法所確定的閾限值比較接近，但也不完全相同。

　　現以Penner在 1978 年的實驗為例，說明 0.707 階梯法刺激呈現規則及閾值的計算。該實驗是聽覺前行掩蔽實驗。實驗時先給起掩蔽作用的噪音，後給純

音信號，採用二項迫選法（2AFC）的方式呈現刺激，即在兩個時間間隔中，讓受試者報告哪個是信號（噪音與信號兩種可選擇一個），刺激強度的每個梯級為 3db。結果如下圖：

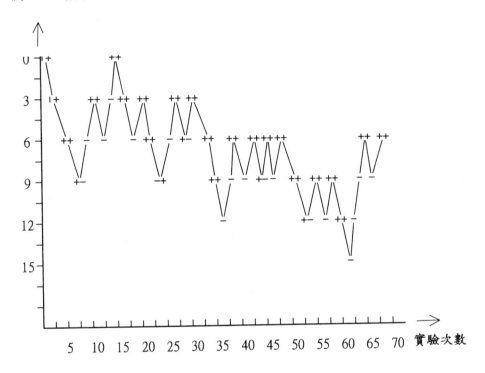

圖 3-3　變形的階梯法聽覺試驗結果（0.707 實驗）

從圖 3-3 中可以看到：第一次與第二次實驗時聲音信號沒有衰減，受試者兩次皆作出正反應，這樣便完成一次下降組實驗，因此第三次實驗時，刺激強度下降一個梯級，即對起始值衰減 3 分貝，結果第三次第四次受試者仍然是正反應。仍是下降組，則第五、六次實驗時刺激強度繼續下降一個梯級（衰減 6db），到第七、八次實驗時刺激已衰減 9 分貝了。對這一強度，受試者第一次的反應是正，而第二次的反應則爲負。這第一～八次實驗稱作第一輪，因爲第七、八次實驗時受試者的反應爲一正一負，對應於該實驗（0.707）呈現刺激的規則，第九次實驗時，刺激強度需要在第七、八次實驗的基礎上增加一個梯級（即衰減 6db），結果對該刺激強度受試者第一次就是負反應，根據刺激呈現

規則，這個刺激強度勿須連續呈現兩次，只一次就可以了，因此下一次實驗仍須將刺激強度加一個梯級（衰減 3db），對於這一刺激強度，受試者第一次反應爲正，第二次反應仍爲正，這樣便完成了第二次實驗。第二次實驗包括第七～十一次實驗，這一輪實驗刺激的中點值爲衰減 6 分貝（相對起始值）。其餘各輪的中點值皆如此計算，根據圖 3-3 的結果，取各偶數輪的中點值的均值作爲該次實驗測得的閾限。若用刺激的絕對單位表示，則絕對閾限：

$$RL = 起始值 - \Sigma Xc/N$$
$$= 起始值 - （6 + 3 + 4.5 + 6 + 4.5 + 9 + 7.5 + 7.5 + 7.5 + 10.5 +$$
$$10.5 + 10.5 + 7.5）/13$$
$$= 起始值 - 7.27db。$$

若假設起始值爲 35 分貝，則該聲音的響度閾限爲 35 － 7.27 = 27.73 分貝。

如果用對應於正反應概率的 0.707 的刺激強度爲閾限，須先統計各刺激強度上正反應的概率。每一刺激上正反應的概率，爲該刺激強度上正反應的次數除以該刺激強度上的總反應次數，這一點與恆定刺激法相同。

上圖實驗結果整理如下：

刺激值 （衰減值）	正反應次數	反應總次數 （正反應＋負反應）	正反應概率
0	4	4	1.000
3	12	13	0.932
6	19	24	0.792
9	11	19	0.579
12	3	7	0.429
15	0	1	0
		$\Sigma f = 68$	

對應於 0.707 正反應的刺激值，可用恆定刺激法的 S-P 作圖法，或直接用正反應概率，用內插法計算衰減分貝數 X：

$$(0.792 - 0.579) / (6 - 9) = (0.707 - 0.579) \times (X - 9)$$
$$X = (6 - 9) \times (0.707 - 0.579) / (0.792 - 0.579) + 9 \cong 7.20$$

其閾限值爲起始值減去 7.20 分貝。這一結果與用偶數輪中值均數計算的結果十分接近。

(四)變形階梯法的實驗次數

根據 Penner 的建議最好一百次左右。如何確定梯級的大小，一般依據的原則是在一個試驗輪中，連續相同的反應最好不超過四次，不低於兩次。

爲了克服因受試者事先知道或逐漸覺察到刺激系列所帶來的誤差，可採用雙階梯法。這一點與簡單的階梯法中的雙階梯法相同，但呈現規則仍爲變形的階梯法。

其它變形的階梯法與「0.707 階梯法」實驗的各方面基本相同，只是呈現規則不同。在計算閾限時採用正反應的概率不同。

(五)評價

綜上所述，變形的階梯法不僅保留了簡單階梯法所具有的簡潔的優點，而且更前進了一步：

1.變形的階梯法能追蹤不同的閾限，可以評定心理計量函數中的許多點，因而有著更大的靈活性。

2.可通過不同的呈現規則得到幾個閾限值，並可以互相比較與校正。

3.按一定原則將實驗分爲上升、下降組，以組爲實驗單位，每個組裡一個刺激不限於應用一次，從而減少偶然性作用，使實驗結果更可靠。

4.在一個實驗裡，可以同時應用兩個或多個不同的刺激呈現規則，因而能更有效克服受試者的期望所帶來的影響。

5.可以用計算機實現刺激的自動控制和記錄受試者的反應。

第二節 系列試驗的參數評定法

系列試驗的參數評定法，是泰勒（Taylor）和克瑞爾曼（Greelman）提出來的一種適應性方法。因其英文爲 Parameter Estimation by Sequential Testing，故又稱作 PEST 法。

一、參數評定法的主要特點

在應用這種方法的試驗裡，(1)刺激值的變化受試驗進程所決定，而且某一刺激值的試驗次數不固定，其多少也由試驗進程決定。(2)參數評定法的刺激梯級大小可以變化，這點與階梯法明顯不同，根據前一次試驗的刺激值及受試者的反應，決定下一個刺激值是增大還是減小一個梯級，以及其梯級的大小。變形的上下法都採用同樣的刺激梯級，只是在某些特殊的情況下才改變梯級的大小，而參數評定法卻不是這樣，試驗自始至終都可以增大或減小刺激梯級。

二、具體要求

(一)參數評定法的要求

參數評定法要求事先規定本實驗所追蹤的正反應的概率，又稱靶概率(P)，以及一定刺激所引起的正反應數目變化範圍[Nb(c)]，和系列實驗的偏離界(w)。一般規定正反應的概率爲 0.75 或 0.5，當然也可規定其他的概率值。正反應次數的範圍，泰勒及克瑞爾曼提出如下的計算公式：

$$Nb(c) = \mu \pm w$$

式中μ爲參數，即理論上的正反應次數，μ= np，n 爲某一刺激值的試驗次數，P 爲靶概率，w 的計算現無嚴格的定量描述。一般情況下當 P = 0.75 時，w爲 1，當 P 較小時，例如 P = 0.5，w 值可爲 1.5 或 2。這是根據經驗提出的，若將正反應的次數用 f_+ 表示，上式則可寫作：

$$(np - w) \leq f_+ \leq (np + w)$$

系列試驗的參數估計法，可根據統計學區間估計的原理來理解。由於事先規定了正反應的概率(P)，那麼在理論上，如果某一刺激值爲閾限值，則對該刺激值正反應的次數應爲μ，即 np 之積，但由於取樣變動的緣故，就是恰爲閾限值的刺激，其正反應次數一般不恰爲μ，而是在一定的區間內波動，其區間爲μ±w，只有對某一刺激值的正反應超過了或達到μ＋w 時，才能認爲該刺激值顯著地大於閾限刺激值，這時才能將該點的反應記爲正。同理，只有當某一刺激值的正反應次數少於或等於μ－ w 時，才能認爲引起該反應的刺激值明顯地低於閾限值，這時將該點的反應記爲負。這裡參數的估計是通過系列實驗進行的，因而才有系列實驗的參數評定法的得名。

(二)刺激變化規則

　　1. 某一刺激值的試驗次數事先不能規定，如果某一刺激值正反應次數始終在 $\mu \pm w$ 區間內，試驗就要進行下去，刺激始終不變。

　　2. 隨著實驗次數的增加，某一刺激值正反應的次數範圍也隨之變化。但是，只要某一刺激所引起正反應的數目第一次達到或超過 $\mu + w$（稱爲上限），就認爲該刺激明顯高於閾限值，所以下一次試驗的刺激值就要減小。當某一定刺激值所引起的正反應數目第一次達到或低於 $\mu - w$（稱爲下限），就認爲該刺激值明顯小於閾限值；即該刺激值過小，因此下一次試驗時，刺激值就增大。刺激值究竟變化多大，即刺激值的梯級如何變化，應遵循下述規則。

(三)改變刺激梯級大小的規則

　　依前所述，在參數評定法中，決定是否改變刺激強度這一點，要根據受試者的反應，即在一定的試驗次數中正反應的次數多少決定。但在試驗開始之前主試者要事先規定一個初始的改變刺激強度的梯級，對這個第一次變化刺激的梯級以及第一次試驗所用的刺激值大小沒有什麼特殊要求，均可參照傳統的心理物理法的結果確定，因爲初始刺激梯級的大小對實驗結果的精確性稍有影響。對於在實驗過程中刺激梯級變化的大小即刺激值改變的多少，泰勒和克瑞爾曼提出下述一些規則：

　　1. 當刺激梯級的方向發生變化時，即當受試者的反應發生轉折時，將原來的刺激梯級減半。這意味著當一個刺激值高於，而另一個刺激值低於閾限時，則採用這兩個刺激值的中點值，這是因爲所追蹤的閾限極可能處於這兩個刺激值的中間，應用這種中點值可以獲得更多的信息。這種刺激梯級方向發生變化時所取的減半值稱爲第一個刺激梯級。這意味著隨著實驗進程的發展，受試者反應發生轉折是經常的，因此，凡受試者反應發生轉折後的刺激梯級，都稱爲第一梯級。

　　2. 在同一個方向上的第二刺激梯級不變，保持與第一個刺激相同大小（注意：這時兩個刺激值不同），這樣可對第一個刺激的梯級大小進行檢驗。

　　3. 在同一方向上的第三個梯級的大小，有加倍和保持與第二個梯級相同大小兩種情況。什麼情況加倍呢？就是當本系列的前一個系列最後一個刺激梯級，即最近一個反應轉折前的刺激梯級沒有加倍。例如本系列刺激是遞減，前一個系列則爲遞增，由遞增向遞減的轉折，即爲最近一個反應轉折。如果最近一個

反應轉折前的刺激梯級是加倍的梯級，則這個系列的第三個刺激梯級同第二個梯級的大小一樣（見圖 3-4 第二、三輪）。如果前一個系列的最後一個刺激梯級不是加倍的梯級，則這個系列的第三個梯級要加倍。

4.在同一個方向上的第四個及其以後諸刺激梯級都應取各自前一個梯級的雙倍值（見圖 3-4 第四輪）。這是由於正在應用的刺激值可能距閾限甚遠，故加大刺激梯級，可盡快達到閾限範圍。

這裡要注意以下幾個問題：第一，刺激梯級的序號是以其方向發生變化即受試者的反應發生轉折為計算的起點，每發生一次轉折，刺激梯級就要重新編號，每次重新編序的刺激梯級都有共同的方向，即都是增大或減小刺激值。第二，每次反應轉折前的刺激梯級是作為減半所依據的刺激梯級，實驗開始時可以用起始梯級（不是起始值），當出現反應轉折時，第二輪就以起始梯級為該輪第一次刺激值減半的依據，第三輪第一刺激值以第二輪最後一次刺激的梯級為依據，依此類推。第三，上述四項原則適用於刺激值增大，也適用於刺激值減小時。

具體的應用請見下圖：

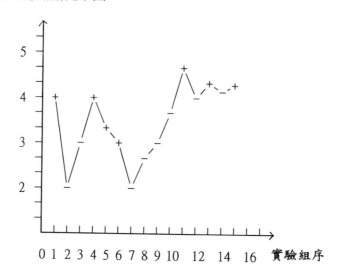

圖 3-4　系列試驗的參數評定實驗結果

圖 3-4 中每一個「＋」號（正反應）與「－」號（負反應）都代表一組實驗的結果。如 P＝0.5，當 n＝1 時，被反應為「＋」，這時根據 Nb(c)＝μ±w

＝np±w，如果w規定爲 1.5，那麼上式則可寫作：Nb(c)＝ 1 × 0.5 ＋ 1.5 ＝ 2。
試驗只進行 1 次，只得到 1 次正反應，沒有超過 2，故應繼續用這個刺激值試
驗，第二次又得到一個正反應，按計算公式得Nb(c)＝ 2 × 0.5 ＋ 1.5 ＝ 2.5，而
正反應的次數則只有 2 次，少於 2.5 次，同一刺激值還要試驗第三次，假設第
三次也是正反應，那麼，Nb(c)＝ 3 × 0.5 ＋ 1.5 ＝ 3，而正反應的次數也是三
次，二者相符，符合呈現刺激規則，這一組（n＝3）的結果就記爲「＋」，下
次試驗時，刺激值就要連續呈現，根據反應情況n可能爲 4、5、6、……。不管
n 爲多少次，只要正反應次數達到了 Nb(c)＝ np ＋ w，刺激值就要減小一個梯
級並以此爲下一級試驗的刺激值。同理，當對某一刺激值的正反應次數符合Nb
(c)＝ np － w 時，該級試驗就記爲「－」，再下一級試驗的刺激值就要增加一
個梯級……，依此類推。可見各組試驗中每一個刺激值的試驗次數(n)不同（也
可能有相同者），n 的大小由受試者的正反應的次數決定。

　　圖中看到，用初始值爲刺激強度的第一組試驗得正，第二組試驗刺激值就
下降一個梯級（用初始梯級），刺激值明顯減小。經過多次試驗，對第二個刺
激強度反應的第二組得負，第一輪試驗結束，試驗開始進入第二輪，第二輪的
第一個刺激值增加的梯級，按規定，是第一輪最後一個梯級（第一輪只有一個
梯級）的一半，因此該刺激值要增加初始梯級一半的值（在原刺激值上），對
這個刺激值經過多次試驗，得到一個負反應，下一次試驗刺激值再增加一個梯
級，所增梯級的大小同第一個梯級。這時經過多次試驗得到正反應，第二輪試
驗結束，試驗開始進入第三輪，這裡請注意第三輪第一個減少的梯級是第二輪
第二個梯級的一半。第三輪第二梯級與該第一梯級相同，第三輪第三梯級是第
二梯級的加倍值，因爲根據規則，第二輪最後一個梯級不是該梯級前一個梯級
的加倍值，故第三輪的第三個刺激梯級應加倍，而第四輪的第三刺激梯級沒加
倍，仍同其前一個刺激梯級，這是因爲第三輪的最後一個刺激梯級是加倍梯級，
故有如此結果，而第四個刺激梯級，按規定應予加倍，試驗如此進行下去。此
圖所描繪的實驗進程共進行了八輪，十五組試驗。每輪梯級變化的多少不同，
每一組試驗次數多少都不同。具有同一梯級方向的組稱爲輪，刺激梯級的序號
是在輪的範圍內編排，這就是說，刺激減小或增大的方向每變化一次梯級編號
就要重新進行，如圖中標在折線旁的數字，則是每輪刺激梯級的編號。

㈣*實驗何時停止*

一般試驗達到某個預定小的刺激梯級時，便可停止，這個小的刺激梯級是研究者事前規定的。確定的規則一般為，刺激梯級要有四次減小。如以初始梯級的大小為 1，則四次減少就意味著在實驗結束前梯級大小經過：1/2、1/4、1/8、1/16 並以 1/32 的梯級大小為終止梯級（即第五次減少），如果初始梯級太大，可繼續增加減少的次數，可為五次、六次……，這一點要根據實際情況決定，雖然試驗終止的梯級大小可以計算，但閾限值究竟是多大，必須通過實驗方法的確定。

㈤*閾限的確定*

實驗終止梯級所要求的刺激值（這是一個點值）即可確定為閾限值，可見確定閾限十分方便，不需要任何統計或計算。

從前面的敘述可以看到，參數評定法實驗不僅刺激值的變化受實驗進程所決定，而且一定刺激值的試驗次數也受實驗進程決定。這種實驗要求實驗者在每一次試驗時，都要將該次的反應與以前的反應進行比較，即時地計算出正反應的次數，並檢驗其是否達到或超過參數的估計區間，從而進一步決定下一個刺激的大小，以及刺激變化梯級的大小，這樣才能使實驗得以順利進行。可見，沒有計算機，若用手工操作是難以實現的。如果應用計算機編製程序，只要主試者事先規定正反應的概率(p)、w 值，起始梯級和終止梯級和起始值等，就可以對整個實驗過程實行自動控制。這個方法具有快速、靈活可靠的優點，它與計算機的結合，格外引人注意。

參考文獻

王甦著〈1983〉。心理物理實驗與小型計算機，心理科學通訊，第 6 期，1～9頁。

Penner. M. T. (1978).Psychophysical methods and the minicomputer. In Mayzner, M. S. Dolan, T. R. ed. *Municomputes in Sensory and Information-Processing Research.* pp. 91-122. Lawrence Erlbaum Association Publishers, Hillsdale, New Jersey.

Taylor, M. M. Greelman, C. D. (1967). *PEST: Efficient estimation probability function,* pp. 782-787. J. Acoust Soc. Amer.

第四章 信號檢測論方法

　　信號檢測論（Signnal Detection Theory）原是信息論的一個分支，研究的對象是信息傳輸系統中信號的接收部分。這個理論自 1954 年由 W. P. Tanner 與 J.A. Swets 引進到心理學實驗中以來，在對感受性的測量上獲得了成功。至今已形成了一些基本方法，如有一無法、評價法及迫選法等等，它不僅在感受性的測量上，而且在記憶等研究中也起到了作用。信號檢測論方法應用於心理物理實驗是對傳統的心理物理學方法的重大突破。對心理科學的發展起了一定的作用。

第一節　信號檢測論的一般問題

一、信號檢測論的由來

㈠電子偵察系統中的信號檢測問題

　　電子偵察系統中的關鍵問題是信息的傳輸和處理。首先將待傳輸的數據、資料等各類信息變換爲電信號，再借助發射天線輻射到空間，經過電磁波傳播，抵達接收天線，接受系統將接收到的信號加以處理後還原爲所需要的信息，送入接收系統終端或使用者，從而完成信息傳輸任務。但是在傳輸過程中不可避免地會遇到：⑴外界干擾和內部干擾，⑵電磁波傳播過程中無線電信號畸變，⑶設備技術的不完善等因素的影響，信號中混入了很多噪音，使信息傳輸的可靠性降低，這是信息傳輸過程中的不利因素。如何同這種不利的外界和內部的隨機因素作鬥爭，使對噪音背景上的信號分辨率達到最好，提高信息傳輸的可靠性，這就是信號檢測論所要解決的問題。下面舉一個雷達偵察系統的例子來說明信號檢測問題。假定所要偵察的信號是在亮度均勻的背景上出現的一個短暫閃光。這裡對信號偵察起干擾作用的背景叫做噪音(N)，短暫閃光稱作信號(S)，因它是在均勻亮度的背景上出現的，所以又稱信號加噪音，一般常寫作

SN。信號和噪音都是隨機出現的。電子偵察系統包括一個光電傳感器和一個偵察反應器，前者是接收信號的，後者是對信號作出反應的。如果光電傳感器的輸出達到某一臨界水平，偵察反應器就以「有閃光」反應，如果達不到這個臨界水平，偵察反應器就以「沒有閃光」反應。這個臨界水平可以根據需要進行調節。如果要求盡可能不漏掉信號，就得把反應的臨界水平調得很低，但這要付出一定的代價，那就是有時信號並沒有出現，只要傳感器的輸出達到這個反應水平，偵察反應就出現「有信號」反應。此種情況用信號檢測論的語言來說，叫「虛報」（falseal-alarm），如果把反應水平調得過低，漏掉的信號可能會很少，但虛報的可能性卻會相當大。反之，如果要求盡量減少虛報，就得把偵察反應器的反應水平調得很高。這樣，在沒有信號時雖然不會以「有信號」反應，但在有信號時傳感器的輸出由於達不到一定的反應水平，偵察器也不會以「有信號」反應。這樣虛報的概率雖然減少了，但報準（hit，又稱擊中）的概率也不會很高。

從上述情況可以看出：虛報率與報準率都隨著反應水平的變化而變化，乍看起來，似乎在這些情況下，電子偵察系統對信號的辨別力發生了改變，但實際上不是這樣，因為在這些情況下，傳感器在接受和提供信息的性能上並沒有發生變化，沒有因反應水平的變化而有所不同，所不同的是偵察反應器對傳感器提供的信息進行處理的方式發生了變化。這裡必須分清兩個問題，一個是電子偵察系統接收部分的辨別力問題，另一個是判定反應部分對所收到信息如何處理的問題。信號檢測論要解決的就是如何區分這兩方面的問題。

(二)人類感知過程的信號檢測問題

人類的感知系統好比是一個信號覺察器，各感官都可看作是一個信息處理系統。我們把各種刺激看作是信號，把刺激的隨機物理變化和感官信息處理中的隨機變化看作是噪音，這普遍存在於各個實驗之中，各感官對信號的分辨問題與電子偵察系統對信號的分辨非常相似。傳統的心理物理學方法所測定的閾限，實際上包含著兩個方面的內容，一個是對刺激的感受性或者叫辨別刺激的能力，另一個是受試者判定刺激是否出現的標準。儘管在使用這些傳統的心理物理學方法時，曾考慮到受試者的態度、偏好、傾向和所採用的標準對測量閾限所產生的影響。並且採取了一些措施來消除這些影響。例如在極限法中，採用漸增系列及漸減系列呈現刺激，用以平衡習慣誤差和期望誤差。又如用 AB

法平衡練習誤差和疲勞誤差。用指導語規定受試者的反應標準,並使之保持前後一致。有時對受試者事先加以訓練,使其在實驗中的反應保持穩定等等。但這一系列的措施,只能是使影響閾限的估計因素保持恆定,並不能測出受試者的反應標準,也不能把反應標準和辨別力分開。對於有些實驗,儘管採用了一些措施,使影響閾限的估計因素在一個實驗中前後保持恆定,但對於各個不同受試者各自所掌握的標準,究竟是否一樣,很難檢驗,因此,對有些實驗結果的解釋就非常困難。例如,恆定刺激法的三類反應。由於反應的偏好和自信程度不同,所測得的閾限往往差別很大。因此,把感受性和判斷標準加以區分,是心理物理實驗中早待解決的問題。很多心理學家都曾做過這方面的工作,有過一定的貢獻。如瑟斯頓(L. L. Thurstone)就提出一個假設:兩個相似的刺激所產生的反應是重疊的且又都是正態分布的,標準差相等。他已考慮到態度的影響,但沒有專門的測量。布拉克威爾(Blackwell)注意到閾限測定中決策軸的變化等等。

　　信號檢測論儘管是無線電工程中的理論,卻能夠解決辨別力和反應標準的問題,具有解決信息處理過程中一般性問題的功能,因而被移植到心理物理實驗中來。這就不是偶然的了。1954 年,W. P. Tanner 和 J. A. Swets 等人首先在密執安大學的心理學研究中,對信號檢測論進行移植,收到了預期的效果。自那以後,信號檢測論便在心理物理學中普遍應用了。

二、信號檢測論的基本原理

(一)統計學原理

　　統計決策理論是信號檢測論的數學基礎。信號檢測問題很像是統計學中的假設檢驗問題。從上面所講的雷達偵察系統的例子可見,偵察反應器在做出有無信號的判斷時,可能產生兩類錯誤的判斷。不管反應標準定在哪裡都可能出現這兩類錯誤:一類是實際上無信號出現而檢測系統判斷為有信號。另一類錯誤是實際上有信號出現而檢測系統判斷為無信號出現。前一類錯誤稱為虛報,後一類錯誤稱為漏報(miss),除此之外,都是正確的檢測。即實際有信號出現,反應系統也判斷為有信號,這稱為報準或擊中。實際上無信號出現,反應系統也判斷為無信號,稱作正確拒絕(correct rejection),判斷反應的情況可列如下的 2 × 2 反應矩陣表:

		反應（判斷）	
		有	無
輸入	有信號	報準	漏報
	無信號	虛報	正確拒絕

　　從上表可見，信號檢測相當於統計推論中假設的檢驗。如果只有兩種可能的假設：零假設（H_0）和對立假設（H_1），H_0代表無信號的情況，H_1代表有信號的情況，這時對信號的檢測就成爲相對於H_0（無信號）來檢驗H_1（有信號）了。依據這種情況可將上表寫作統計假設的格式：

		決策（判斷）	
		接受H_0（無信號）	拒絕H_0（接受H_1有信號）
事實	H_1是眞（有信號）	β（漏報）	$1-\beta$（擊中）
	H_0是眞（無信號）	$1-\alpha$（正確拒絕）	α（虛報）

將上述情況可用圖 4-1 來表示：

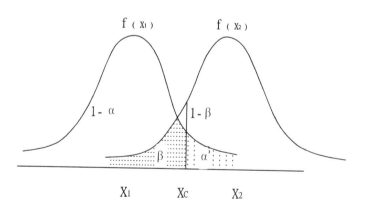

圖 4-1　信號檢測論原理示意圖

　　圖中X_c爲截點，過X_c的垂線爲判斷標準，把平面劃分爲兩個區域：R_0爲判斷無信號或H_0的區域。R_1爲判斷有信號或H_1的區域。如果兩個分布$f(x_1)$、$f(x_2)$的位置不變，α錯誤要小（即統計上講的顯著性水平），則截點（臨界點）就要向

右移至某個位置，譬如X_2，但這時β錯誤就要增大，反之，要使β錯誤變小，截點就要移至左側曲線下某個位置，譬如X_1，但這時α錯誤就要增大。

　　在無線電工程系統中，信號檢測理論的假設是：(1)噪音的分布是一個正態分布，信號加噪音的分布也是一個正態分布（經中心極限定理證明是正確的，任一具有固定值的信號將與隨機噪音重疊而形成一個新的正態分布）。(2)由於噪音和信號加噪音的強度相差很小，而且二者的強度在實驗過程中始終保持不變，強度是單維的。如果刺激強度為多維度，且信號與噪音的強度差異在某種意義上發生改變，例如，刺激的主觀累積效應以及刺激本身對受試者的聯繫效應不同，所造成的程度變化，都會改變信號與噪音具有一定重疊的正態分布性質，違背這一基本假設，信號檢測驗論應用的效度就會受影響。兩個分布有一定的重疊部分，這意味著，一部分有信號或無信號的反應，可以由噪音引起，也可以由信號引起。圖 4-1 又可視作噪音和信號加噪音的兩個正態分布。當截點X_c左移至X_1時，報準的概率（1－β）增大，漏報的概率（β）縮小，同時虛報的概率（α）加大，正確拒絕的概率縮小，虛報率增加和漏報率減少的比例是不相同的。如果截點X_c移至最左側，則報準率近於 1 而漏報率近於 0，虛報率接近 1 而正確拒絕率接近於 0。這說明反應器毫無分辨能力，不管實際上有無信號，都一概反應為「有」，同樣，當截點X_c向右移時，會得到相反的結果。從上面的敘述還可知，報準與漏報，虛報與正確拒絕是互補的關係，因而只用報準與虛報就可反映對信號的判斷情況。

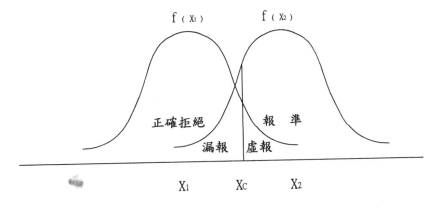

圖 4-2　信號檢測論反應示意圖

　　統計決策所需要的兩個基本假設，兩個相等到的有重疊的正態分布，在信號檢測中都能得到滿足，因而統計決策的原理就成爲信號檢測論的數學基礎。

　　同樣，在心理物理實驗中，信號檢測論的兩個基本假設也能得到滿足。因而這個理論能夠應用到心理物理實驗中來。(1)人類受試者覺察信號有一個中樞神經效應。這種效應隨著每次刺激呈現，時刻發生變化。因爲存在著內部和外部噪音，所以即便沒有信號出現，中樞效應也可能由純噪音引起。可以把受試者作出判斷所根據的感覺材料，設想爲對神經活動的測量，或者把它看作在給定時間內，達到皮質上給定點的神經衝動數目。在實驗中，雖然每次呈現的刺激（信號）總是同一個，但噪音背景卻千變萬化，因此，每次呈現的刺激無論是噪音(N)還是信號(SN)，所引起的感覺（或神經衝動的數目）都是千差萬別的，即使同一個信號在不同的時間裡呈現，所引起的感覺也不盡相同，因而形成感覺連續體，噪音和信號加噪音所引起的各種感覺的次數分布是兩個相等的正態分布。(2)心理物理實驗中所選擇的信號和噪音的刺激強度相差很小，而且只有單維的強度差異。因此，噪音和信號加噪音的兩個正態分布有重疊的部分。信號實際上總是在包含內部和外部噪音的背景上產生，因此所謂對信號感覺的分布，實際是對信號加噪音的分布。因爲噪音及信號所引起的兩個感覺的分布有重疊的部分，所以某一特定的感覺，可以由噪音引起，也可以由信號引起。前面所講的信號檢測論應用於心理實驗中，如同圖 4-3 所示：

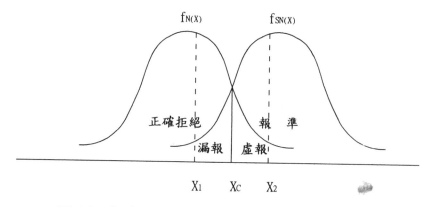

圖 4-3　信號檢測論應用於心理物理實驗反應示意圖

信號檢測論中所說的噪音，不僅專指伴隨純音（樂音）信號而出現的白噪音，在視覺實驗中，伴隨亮點信號出現的亮度均勻的背景，也叫做噪音，除了主試者有意呈現的干擾因素外，還包括操作儀器時出現的噪音，生理過程所產生的噪音等等，從這個意義上講，沒有噪音的情景是不存在的。這一點雖然使噪音與信號的強度差異發生了相應變化，但對於信號檢測論的基本假設，可以說基本上能得到滿足。

心理物理學中的信號檢測論與電子工程中信號檢測論，對某一信息所作的判斷，有四種結果，這二者是完全相同的。在心理物理學的信號檢測中，受試者對某一信息所作的判斷為：當信號出現時，回答有信號稱為報準（擊中），回答無信號，稱為漏報；當噪音出現時，回答有信號稱為虛報，回答無信號稱為正確拒絕。當信號出現的條件下，受試者作出有信號這個判斷的概率稱作報準的條件概率寫作 P（y/SN），具體計算是：在信號出現的條件下，報告「有」的次數被信號出現的總次數除；而在信號出現的條件下受試者報告「無」的概率，稱作漏報的條件概率，寫作 P（n/SN），報告「無」的次數被信號的總次數除後，即得到具體的數值，或用 1 － P（y/SN）計算。當噪音出現的條件下，受試者作出「有信號」判斷的概率，稱作虛報的條件概率，報告「無信號」的概率，稱為正確拒絕的條件概率，分別用 P（y/N）及 P（n/N）。其具體計算方法是：在噪音出現的情況下報告「有」或「無」的次數，分別被噪音的總次數除。反應的 2 × 2 矩陣為：

	y	n
SN	報準 P（y/SN）f_1	漏報 P（n/SN）f_2
N	虛報 P（y/N）f_3	正確拒絕 P（n/N）f_4

$$P（y/SN）＝f_1/（f_1＋f_2）$$
$$P（n/SN）＝f_2/（f_1＋f_2）＝1－P（y/SN）$$

$$P（y/N）＝f_3/（f_3＋f_4）$$
$$P（n/N）＝f_4/（f_3＋f_4）＝1－P（y/N）$$

(二)最優決策原則——正確判斷原則

無論無線電工程的偵察反應系統還是人類受試者，是怎樣對某特定信息進行判斷呢？首先要定出一個判斷標準。而這個判斷標準的確定是按最優原則進行的，即按這個標準判斷，會使反應更準確，盡量少犯錯誤，作為一部電子儀

器，就是要求其反應靈敏又準確。作爲人類受試者就是要能正確地反應。爲達此目的，就要確定一個最優的決策標準。因爲按期望值決策，會使得益最大，所以，最優的決策標準就是按最大期望值決策規則確定的。在無線電工程系統中，依據信號的不同情況，採用一套複雜的計算（最大後驗概率和最大似然比原則）來確定類似簡單統計選擇一假設檢驗中判定區間的臨界值，目的是爲了提高機器傳輸信息的可靠性。

人類受試者在確定判斷信號的標準時，受到下列三個因素的影響：(1)信號和噪音之先驗概率的大小，(2)判定結果的獎懲（價值）多少，(3)受試者所要達到的目的以及其它一些有關因素等。下面具體解釋這些有關的因素。

1.信號和噪音的先定概率的大小是影響判斷標準的一個因素，先定概率又稱先驗概率，是指在實驗前即可得知的信號或噪音在所有事件（刺激呈現的總次數）中的比率，它一般由主試者決定。信號的先定概率寫作 P(S)，噪音的先定概率寫作 P(N)。假設實驗中觀察的情況只包括簡單的兩個事件：信號和噪音，那麼當 P(N)/P(S)的比值小於 1，就傾向「有信號」判斷，判斷標準就定得比較低。當比值大於 1，就傾向於「無信號」判斷，標準就定得比較高。當比值等於 1，反應傾向適中。

2.對判斷結果的獎勵和懲罰也影響判斷標準。主試者對判斷結果的獎勵和懲罰又稱作結果的價值和代價。上面所談到的信號和噪音先定概率的大小影響判斷標準的情況，只是指在兩個事件（S 和 N）的先驗概率而其它參量均等的情況下，其先驗概率的大小影響判斷標準的變化。如果影響標準的其它參量發生變化，決策標準也要發生變化。獎勵和懲罰是其中一個重要因素。如何使期望值最大？就必須要考慮到反應的價值和代價。舉例說明具體的決策情況：假設在 P(N)和 P(S)先定概率都是 0.5 的情況下，主試者採取了對判斷結果的一定獎懲辦法。報準或正確否定獎一分，漏報或錯報罰一分，這時，受試者就會把判斷標準定在兩個分布相交的地方，因爲只有這樣，才能使結果得分最多。假設這個標準在 X 軸（感覺）的截點爲X_c，當某一感覺 X ＞X_c就判斷爲「有信號」，X ＜X_c就判定爲「無信號」。

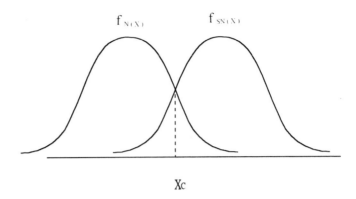

反應

刺激	有	無
S	+1	-1
N	-1	+1

圖 4-4 獎懲與判斷標準 1

如果其它條件不變，只是獎懲辦法改爲下表的情況：

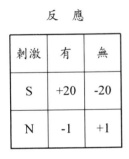

反應

刺激	有	無
S	+20	-20
N	-1	+1

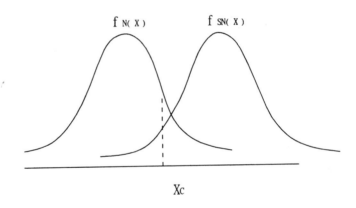

圖 4-5 獎懲與判斷標準 2

　　報準一次獎勵二十分，漏報一次罰二十分，而虛報一次才罰一分。這就促使受試者多以「有信號」反應，因爲只有這樣才能使得分的機會最大，他的反應標準自然就會定得比較低，X。就偏左，只要有一個很弱的感覺，受試者就以「有信號」反應。如果其它條件不變，獎懲辦法改爲下表所示的情況：

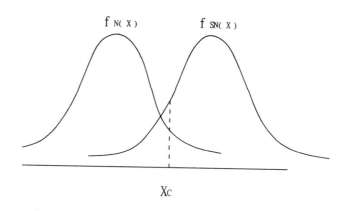

反　應

刺激	有	無
S	+1	-1
N	-30	+30

圖 4-6　獎懲與判斷標準 3

　　正確拒絕獎三十分，虛報罰三十分，這就促使受試者多以「無信號」反應。從而他的判斷標準就定得比較高，截點X_c就靠右側，當受試者的感覺較強時才以「有信號」反應。因為只有這樣，才能受益最大。

　　在只有簡單兩個事件的情況下，如果代價和價值相等，則按信號和噪音的先驗概率確定判斷標準，如果先驗概率相等，則按代價和價值的大小決定判斷標準。如果事件不止兩個，而變為多個的話，即在一個實驗中，信號和噪音的先驗概率不同，對判斷結果的獎懲不同，這時確定判斷標準就要綜合考慮上述兩方面的情況。假設判斷標準為β，β的大小表示標準的高低。β＜1判斷標準偏低，β＝1判斷標準位於兩個曲線的交叉點。β＞1表示判斷標準偏高，究竟X_c在什麼具體的位置尚不能確定，這裡的β只是表示X_c的大致方向。而不是具體定位，這一點要注意與下邊將要講述的β的區別。在噪音和信號的先驗概率不同，對結果的獎懲不同的情況下，判斷標準β與噪音的先定概率成正比，與正確拒絕的獎勵數加虛報的懲罰數成正比，就是說噪音的先驗概率越大，正確拒絕的獎勵數越大；虛報的懲罰數越大，β就越大，判斷標準就越高，傾向於「無信號」的判斷，反之，則判斷標準就定得較低，受試者就傾向於「有信號」的判斷。同樣，若信號的先定概率越大，報準的獎勵數越大，β就偏低，就傾向於「有信號」判斷。否則就傾向於「無信號」判斷，將上面的敘述寫成公式如下：

$$\beta = \frac{P(N)}{P(S)} \times \frac{正確拒絕的獎勵數＋虛報的懲罰數}{報準的獎勵數＋漏報的懲罰數}$$

　　這就是在支付矩陣和先驗概率發生變化的情形下確定判斷標準的公式。例

如，在先驗概率和支付價值相等的情況下，代入上式β＝1，X_c就在二曲線交點的 X 軸上的值，如果代價和價值相等，先定概率 P(S)＝5/6，P(N)＝1/6，代入上式β＝1/5，β＜1，X_c在左側的某個位置上，判斷標準偏低，儘管是一些微弱的感覺，受試者卻願意反應爲「有信號」。這好像雷達操作員幾乎把雷達屏上每一個小點都看成是敵機一樣。如果 P(S)＝ P(N)＝0.5，正確拒絕獎五分，虛報罰五分，報準和漏報價值和代價爲一分，代入上面的公式β＝5，這時X_c向右移至某個位置，受試者偏向於「無信號」反應了。這是一種偏高的標準，這種情形就像飛機駕駛員在只有擊中目標的可能很大時，才開炮一樣。

3.受試者所欲達到的目的，也是影響判斷標準的因素之一。如果受試者追求最大正確判斷的概率，這時正確拒絕和報準等值，虛報和漏報等值。整個實驗中受試者的動機因素始終是影響受試者反應標準的重要因素之一，因爲它會造成反應標準的不穩定性。

4.其它的一些因素

(1)速度與準確性權衡（speed-accuracy trade-off, SAT）這是人類認知加工過程中的一種普通現象，在要求速度的認知任務中是迅速作出反應，還是有把握後再作出反應，會影響受試者利用有關信息，不斷調節自己的反應標準。使受試者的反應標準在各次測查間存在位移現象，雖然這種位移量很小，但在數據處理過程中會反映到以判斷標準衡定爲前提的 d'值的變異上來。

(2)有關實驗的知識與經驗，受試者的有關實驗的知識與經驗，隨實驗進程而變化，也會影響判斷標準的變化（Hockley, 1987），在受試者對於基礎感覺——強度分布性質的明確預測基礎上選擇合適的判斷標準，這都需要知識經驗的支持。

(3)主觀預期概率。主觀預期概率是影響判斷標準的另一因素，在受試者所利用的信息中，雖然信號與噪音的先驗概率，即信噪比的總體情況是一個重要信息，但在一個實驗中，受試者根據前一個測查的情況，預測下一個測查可能爲某種刺激的概率會影響對該刺激的反應標準，因此在整個測查中判斷標準是在不斷的變動，這會使總的判斷標準受影響。

(4)系列跟隨效應。系列跟隨效應是指受試者的某次反應受其前面若干次反應和的（或刺激）影響，這裡有主觀預期概率以及刺激的累積效應等作用。

上述一些影響判斷標準的因素，在實驗研究中，可作爲控制因素加以操縱

變化，有意識地通過它在實驗中影響受試者的判斷標準。而另外一些因素雖然可能只會對判斷標準產生很小的位移，但也會對數據的準確性產生影響。另外人類受試者作爲一個信息加工者，其操作具有極大的主動性和靈活性。這就造成判斷標準的不穩定性，從而也影響到辨別力指數的穩定性。判斷標準的穩定性是信號檢測論實驗應極力予以控制的因素。關於這一點是不能忽視的，信號檢測論假設，受試者所設置的反應標準是穩定的：由此才能保證擊中率與漏報率，虛報率與正確拒絕之間概率的「互補性」，但實際上由於判斷標準的變異，而造成計算辨別力指數的波動情況，在一個實驗過程中，要想不發生是不可能的，但作爲研究者，應盡量去控制它。在判斷標準相對穩定的前提下，對數據進行處理，這是計算上的要求。

第二節　辨別力指數 d'及接收者操作特性曲線

一、辨別力指數 d'

辨別力指數 d'是衡量受試者辨別力大小的一個參數。對同一個受試者來說，在噪音強度不變的情況下，信號的強度越大，就越容易從噪音中分辨出來，這樣，噪音分布的平均數 M_N 和信號加噪音分布的平均數 M_{SN} 相差就越大，這兩個分布的重疊部分就越小。如果信號的強度越小，就越不容易從噪音中分辨，這時信號加噪音分布的平均數與噪音分布的平均數相差就越小，兩個分布的重疊部分就大。如果信號的強度與噪音完全相同。則兩個分布完全重疊，對信號和噪音就不能分辨。

如果信號和噪音的強度不變，在相同的實驗條件下，對於辨別力強的受試者，噪音分布和信號加噪音分布平均數相差就大，對於辨別力差的受試者的 M_N 與 M_{SN} 相差就小。因此，M_{SN} 與 M_N 的距離，就可作爲受試者辨別力指標。這個距離在心理物理實驗中用 d'表示，稱作辨別力指數。d'是以噪音分布的標準差爲單位表示的：

$$d' = \frac{M_{SN} - M_N}{\sigma_N}$$

信號檢測論的基本假設是信號和噪音分布爲兩個相等的正態分布。因此，

d'具體計算就可以使用下面的公式：

$$d' = Z_{SN} - Z_N$$

對於它的理解，可以從圖 4-7 得到直觀的啟示。

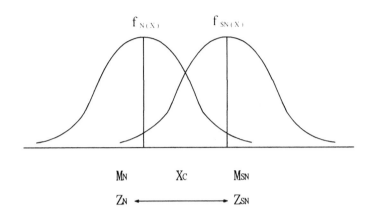

圖 4-7　辨別力指數計算示意圖

Z_{SN}為信號加噪音分布中從截點X_c至M_{SN}的距離，Z_N為噪音分布中截點X_c至M_N的距離，這兩個距離之和，就是M_N與M_{SN}之間以標準差為單位的距離。Z_{SN}與Z_N的大小是分別由報準概率及虛報概率大小決定的。而信號及噪音兩個分布相等，故通過報準率及虛報率查正態表就可得到Z_{SN}與Z_N。因其值有正有負〔由虛報及報準概率大小決定：P（y/SN）與 P（y/N）的值大於 0.50 取正值，小於 0.50 取負值〕，所以M_{SN}與M_N之間的距離用$Z_{SN}-Z_N$來表示，可免去取絕對值計算的麻煩。

d'計算示例

	實驗結果	Z 分數
報準率	0.95	+1.645
虛報率	0.159	-1.00

$$d' = Z_{SN} - Z_N = 1.645 - (-1.00) = 2.645$$

　　辨別力指數 d'，在實驗條件相同的情況下，對於不同的受試者來說，可以表示感受性的大小。d'值小感受性就差些，d'值大感受性就好些。d'值是一個沒有綱量的數值。爲了能跟普通的閾限相比，引入測量差別感覺的一個新單位-d'。這是一個以 Z 分數爲單位的物理量單位：

$$-d' = \frac{I_S - I_N}{d'}$$

　　公式中I_S爲信號的物理強度，I_N爲噪音的物理強度，因刺激不同，其單位也不相同。這個-d'具有一定的物理單位（綱量）。因爲信號和噪音的物理強度，在一個實驗中是不變的，因而對於d'值大的受試者來說，其-d'就小，反之則大。它能夠完整地反映感受性的變化，它像傳統心理物理學中的差別閾限一樣，但-d'則去掉了因反應標準不同所帶來的影響。這是它優於傳統差別閾限（DL）的地方之一。

　　從上面討論的辨別力指數d'的計算可知，d'值是由報準率及虛報率兩個因素決定的。對於辨別力相同的同一個受試者來說，由於判斷標準不同，其報準率與虛報率也不同。過去，傳統的百分數只是用於對報準率的測量，沒有能反映噪音的虛報率，而d'卻能綜合反映報準及虛報的情況，由於它反映的信息較多，因而越來越廣泛地被應用。

二、判斷標準β

　　測量受試者的反應標準，一種方法是用噪音分布和信號分布於截點處的縱坐標的比值來表示的。寫作β＝O_{SN}/O_N，O 爲正態表中縱坐標值（一般寫作y）。O_{SN} 是通過報準率P（y/SN）查正態表得到的。當β＞1時，即$O_{SN}＞O_N$，C_x位於感覺 X 軸的偏右部分，即判斷標準較嚴，傾向於「無信號」的判斷，當β＜1時，即$O_{SN}＜O_N$，X_x位於X軸的偏左部分，即判斷標準偏低，傾向於「有信號」的判斷。X_x的具體定位是 P（y/SN）的縱坐標值等於O_{SN}，P（y/N）的縱坐標值等於O_N相對應的橫軸上的那一點。當β＝1時，即兩個分布曲線相交處的橫軸的值。這是判斷傾向適中，漏報率等於虛報率，報準率等於正確拒絕的概率。其縱坐標都相等。

　　表示判斷標準的另一種方法是用截點處的物理強度。C_x表示截點處的物理強度。

$$C_x = \frac{I_S - I_N}{d'} \times (-Z_N) + I_N$$

$$或 \quad C_x = I_S \frac{I_S - I_N}{d'} \times Z_S$$

　　C_x爲判斷標準，當感覺X大於C_x時即報告「有」，小於C_x時即報告「無」。式中I_S與I_N分別爲信號和噪音的物理強度。Z_N是虛報概率的Z分數。當P（y/N）小於0.50時，Z_N爲負數，當P（y/N）大於0.50時，Z_N爲正數。式中$d'=Z_S-Z_N$，可以計算，I_S、I_N爲已知。（I_S-I_N）/d'×（$-Z_N$）或（I_S-I_N）/d'×Z_S就可求出I_N與C_x或C_x與I_S之間的物理量，再分別加上I_N或用此值去減I_S，就可得X點的物理強度值多少了。具體可通過圖4-8進一步理解。

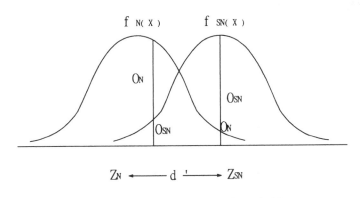

圖 4-8　截點與物理強度示意圖

　　上述討論的判斷標準的測量方法，都是基於這樣的假設：在一個條件相同的實驗中，受試者的感受性不變，信號和噪音的強度不變，因而兩個分布的重疊部分不變。即M_{SN}與M_N的關係是固定的。所改變的只是判斷標準，它由上節所討論的諸因素決定。可見d'與β是兩個獨立、無關的量。關於這一點有很多實驗可以證明，且很容易用實驗材料來證明。

三、接收者操作特性曲線

　　又稱ROC曲線（Receiver Operating characteristic Curve的縮寫），ROC曲線在心理物理測量中常稱爲等感受性曲線。假設在一個實驗中，受試者的感受性水平不變，由於改變了信號和噪音出現的先定概率，及受試者判斷結果的價

值，因而使得受試者的判斷標準發生變化，隨著判斷標準的變化，報準率與虛報率也隨之改變，判斷標準有幾個，就可得到幾組不同的報準率和虛報率，如果以報準率為縱坐標（或漏報率），以虛報率（或正確拒絕率）為橫坐標作圖，就可得到幾個點，連接各點即得到一條曲線，這條曲線就稱為「操作特性曲線或 ROC 曲線」。可見 ROC 曲線能反映信號先定概率對報準率與虛報率的影響。對於同一個受試者，因其假設在條件相同的同一個實驗中，感受性相同，因此，心理物理測量中常稱之為等感受性曲線。關於這一點，很多信號檢測論的實驗都能夠予以證明。

　　繪製等感受性曲線時，若縱坐標為報準率，橫坐標為虛報率，則坐標原點為(0, 0)，若縱坐標為漏報率，橫坐標為正確拒絕率，則坐標原點為(1, 1)。圖中過原點的對角線，稱作機遇線，意即完全沒有感受性的人，只靠猜測，在不同判斷標準下，所得的報準率與虛報率相等，各點基本上落在這條機遇線上。由於猜測的標準不同，因此虛報率與報準率雖然相同，但值可能不同，由 0 至 1.00 變化，例如，報準率與虛報率都是 0.80 或其它概率。為什麼會出現虛報和報準的條件概率不同的情況？這是因為反應偏好的概率主要受先定概率、獎懲不同等因素決定。故可認為機遇線上各點，能反映反應的偏好不同。對於具有一定感受性的受試者來說，不同判斷標準下的報準率與虛報率的點都在機遇線上方，各點連線所成的 ROC 曲線距機遇線越遠，感受性就越強。圖中$d_1' < d_2' < d_3'$。0 點(0, 0)即原點表示受試者對於所有的刺激都說「無」，標準很高。點(1, 1)表示受試者對於所有的刺激都說「有」，判斷標準非常低。這兩點絕不能表示受試者具有分辨能力，而在這兩點之間的判斷標準從高至低逐漸變化。ROC 曲線，是當判斷標準連續變化時，所得到的不同的報準率與虛報率各點的連線，左下角各點的判斷標準偏高（嚴），右上角各點的判斷標準偏低（鬆）。它能反映出不同受試者的辨別能力來。ROC 曲線與負對角線〔連接(1, 0)、(0, 1)兩點又稱等偏好線〕相交處表示$\beta = 1$時的報準與虛報的概率。負對角線上的點，說明反應偏好相等，$\beta = 1$。如果實驗數據低於機遇線，這說明受試者是有意對立，即明明感覺有信號他偏說「無」，無信號時他偏說「有」。

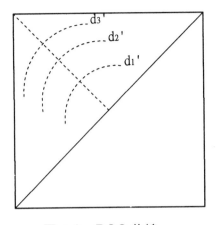

圖 4-9　ROC 曲線

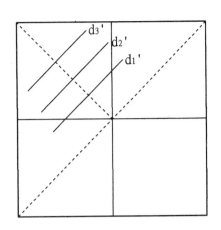

圖 4-10　以 Z 分數為圖尺的 ROC 曲線

如果將報準和虛報的概率都轉換為 Z 分數，ROC 曲線以標準分數為圖尺，這時所得到的 ROC 曲線就近似一條直線（如圖 4-10）。在負對角線處量得 Z_{SN} 與 Z_N 的絕對值之和，便是 d'值，與用公式 $d'=Z_{SN}-Z_N$ 計算的各標準下 d'的均值相同（因為負對角線處所得 d'是比較穩定的）。

綜上所述，可見(1)ROC 曲線能反映出信號呈現的先定概率對報準率和虛報率的影響，(2)亦能反映出信號檢測標準變化時報準率與虛報率的變化，(3)不同觀察者的敏感性指標 d'。ROC 曲線，對於了解在條件相同的實驗中 d'是否保持恆定是很有意義的，尤其是在那些易受精神因素影響的心理實驗中，ROC 曲線配合 d'的計算，求其相對感受性，這要比傳統的心理物理實驗所測的閾限可靠得多。

第三節　信號檢測論應用於心理物理實驗的基本方法

通過這些具體方法，可以說明信號檢測論方法在心理實驗中的應用，及如何評價受試者的作業：(1)受試者採用的判斷標準是什麼？(2)受試者對信號的辨別力怎樣？……等等。

一、有一無法

㈠基本程序

當主試者呈現刺激之後，讓受試者判定所呈現的刺激中有無信號，並予以口頭報告，可見受試者的反應是很簡單的。

㈡對主試者的規定

1.確定各輪實驗中信號和噪音呈現的先驗概率是多少，以及對受試者判定結果的獎懲辦法。例如 P(SN)＝ P(N)＝ 0.50 或者是 P(SN)＝ 0.80，P(N)＝ 0.20 等。

2.實驗前主試者要把實驗中規定的信號和噪音呈現的先驗概率以及對受試者判定結果的獎懲辦法，對受試者的要求等要以指導語的形式，明白而通俗地向受試者說清楚，藉以影響受試者判斷標準的變化。

在這種實驗中，每種先定概率的情況下，信號和噪音出現的總次數要在一百～二百以上，才能取得比較穩定的結果。在一輪實驗中信號和噪音各自呈現的次數由先定概率規定，並要隨機呈現。

㈢計算 d'的具體步驟

每種先定概率（即可得到不同判斷標準）的實驗結果，都有四種情況：報準和漏報，虛報和正確拒絕，將這四種情況結果填到 2 × 2 反應矩陣中去，如下表所示：

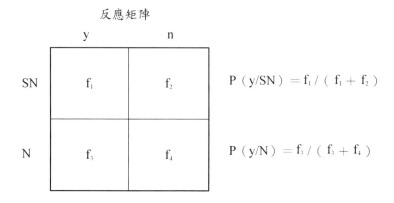

反應矩陣

	y	n	
SN	f_1	f_2	$P(y/SN) = f_1 / (f_1 + f_2)$
N	f_3	f_4	$P(y/N) = f_3 / (f_3 + f_4)$

根據計算的報準與虛報條件概率，就可按前面講述的方法，計算出感受性指數 d'及判斷標準β或C_x了。

舉例說明如下：

> **聽覺實驗**

　　這個實驗是在白噪音背景上偵察一個樂音信號，爲了改變判斷標準，主試者使用了五種先定概率，即 P(SN)爲 0.1、0.3、0.5、0.7、0.9，每一種先定概率下測試四百次，如P(N)＝0.5，則信號和噪音各呈現二百次，P(SN)＝0.3，則信號呈現一百二十次，噪音呈現二百八十次，依此類推。何時呈現信號、何時呈現噪音都是隨機安排的。實驗結果如下表：

P(SN)＝ 0.10

	y	n	
SN	12	28	40
N	36	324	360

$P(y/SN) = \dfrac{12}{40} = 0.30$

$P(y/N) = \dfrac{36}{360} = 0.10$

P(SN)＝ 0.30

	y	n	
SN	60	60	120
N	62	218	280

$P(y/SN) = \dfrac{60}{120} = 0.50$

$P(y/N) = \dfrac{62}{280} = 0.22$

P(SN)＝ 0.50

	y	n	
SN	140	60	200
N	82	118	200

$P(y/SN) = \dfrac{140}{200} = 0.70$

$P(y/N) = \dfrac{82}{200} = 0.41$

P(SN)＝ 0.70

$$
\begin{array}{c}
\quad\ \text{y}\quad\ \ \text{n}\\
\begin{array}{c|c|c|}
\cline{2-3}
\text{SN} & 218 & 62 \\
\cline{2-3}
\text{N} & 61 & 59 \\
\cline{2-3}
\end{array}
\begin{array}{l}
280\\[20pt]
120
\end{array}
\end{array}
$$

$$P（y/SN）=\frac{218}{280}=0.78$$

$$P（y/N）=\frac{61}{120}=0.51$$

P(SN)= 0.90

$$
\begin{array}{c}
\quad\ \text{y}\quad\ \ \text{n}\\
\begin{array}{c|c|c|}
\cline{2-3}
\text{SN} & 317 & 43 \\
\cline{2-3}
\text{N} & 26 & 14 \\
\cline{2-3}
\end{array}
\begin{array}{l}
360\\[20pt]
40
\end{array}
\end{array}
$$

$$P（y/SN）=\frac{317}{360}=0.88$$

$$P（y/N）=\frac{26}{40}=0.65$$

　　本實驗由於信號和噪音的先定概率規定爲五種，因而受試者採用了五種判斷標準，得到了五種不同判斷標準下的報準與虛報條件概率，根據這五組數據，就可以繪製等感受性曲線。將五組報準與虛報條件概率，通過查正態表轉換爲 Z 分數，然後用公式 $d'=Z_s-Z_N$ 計算出 d' 來。或可用 Z 分數作圖求出 d'的值。

表 4-1　實驗結果轉換表及不同先定概率下的 d'

P(SN)	0.10		0.30		0.50		0.70		0.90	
	P	Z	P	Z	P	Z	P	Z	P	Z
P(y/SN)	0.30	-0.52	0.50	0	0.70	0.52	0.78	0.77	0.88	1.18
P(y/N)	0.10	-1.3	0.22	-0.77	0.41	-0.23	0.51	0.03	0.65	0.39
d'	0.76		0.77		0.75		0.74		0.79	

　　從上表可見，五種不同判斷標準下，d'值基本上趨於一致。

　　有了五組不同判斷標準下的報準與虛報概率，通過查正態分布表，可得出五組不同的縱線高度O_{SN}與O_N，根據$\beta=O_{SN}/O_N$，可計算出五種不同的判斷標準來。

表4-2 不同先驗概率下判斷標準β

P(SN)	0.10		0.30		0.50		0.70		0.90	
	P	O	P	O	P	O	P	O	P	O
P(y/SN)	0.30	0.3478	0.50	0.3989	0.70	0.3478	0.78	0.2962	0.88	0.2001
P(y/N)	0.10	0.1756	0.22	0.2962	0.41	0.3888	0.51	0.3988	0.65	0.3705
β	1.93		1.35		0.89		0.74		0.54	

　　五種判斷標準是不同的，先驗概率為 P（SN）＝ 0.10 時標準最高，為 1.98。先驗概率為 P（SN）＝ 0.90 時標準最低，為 0.54。可將這五種不同的判斷標準畫在等感受性曲線圖上。

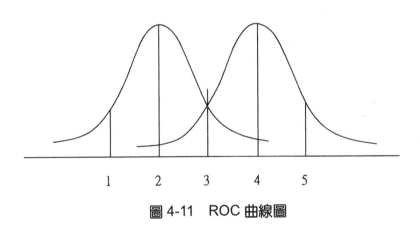

圖 4-11　ROC 曲線圖

二、評價法

　　評價法又稱多重決策法，或評級量表法。這一方法呈現刺激的方式同「有—無法」一樣，對信號和噪音的先驗概率，對反應結果的獎懲辦法，都可隨實驗要求，由主試者確定。不一定要求先驗概率和獎懲辦法都均等，這一點同「有—無法」也一樣。不同之點在於：對於受試者的反應不是簡單的「有信號」或「無信號」方式，而是將受試者從「有信號」到「無信號」這一感覺的連續體，規定出不同的感覺評價等級，然後讓受試者根據對所呈現刺激的自信度情況，報

告有信號（或無信號）的評價等級。把量表的等級看成多重判斷標準，這就成為多重決策，其判斷標準的數目（C_j）等於評價等級的數目（$K = 1,2,\cdots i$）減去 1 即 $C_j = K-1$。對於不同判斷標準下報準和虛報條件概率的計算，是將某標準以上各等級的概率累積。可表達為：

$$P_{cj}\,(y/SN) = \Sigma P_j\,(y/SN)$$
$$P_{cj}\,(y/N) = \Sigma P_j\,(y/N)$$

$P_{cj}\,(y/SN)$ 和 $P_{cj}\,(y/N)$ 為每一等級下報準和虛報條件概率，它可由實驗結果直接計算。至於感覺連續體可以分為多少評價等級？很多人的實驗證明，至少可以分為六個，不是每一個實驗都分為六個，可多於六個，也可少於六個。有了各標準的報準與虛報條件概率，便可計算出 d′ 和 β，並畫出等感受性曲線。

舉例說明如下：

假設用來評價從有信號到無信號這一感覺連續體的等級有六個，六個等級的含義如下：

第六等級：相當肯定有信號出現。

第五等級：一般肯定有信號出現。

第四等級：可能有信號出現。

第三等級：可能無信號出現。

第二等級：一般肯定無信號出現。

第一等級：相當肯定無信號出現。

圖示如下：

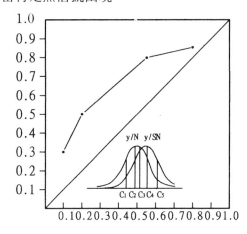

圖 4-12　評價法的各判斷標準示意圖

這是從最肯定到最不肯定或堅決否定六個自信度等級。實驗中信號和噪音共呈現一千二百次，信號的先定概率為 0.50，因此信號出現六百次，對反應的獎懲均等。實驗結果如下表所示：

表 4-3 評價法實驗結果

(1)		6	5	4	3	2	1	
(2)	F_i（SN,R_i）	176	154	101	66	59	44	600
(3)	F_i（N,R_i）	24	54	66	96	162	198	600
(4)	P_i（y/SN）	0.29	0.26	0.17	0.11	0.10	0.07	
(5)	P_i（y/N）	0.04	0.09	0.11	0.16	0.27	0.33	

表 4-3 中F_i（SN,R_i）是信號出現時被評為各感覺等級的次數，例如，當信號出現時，被評為第六等級的次數有一百七十六次，被評為第五等級的次數有一百五十四次……。F_i（N,R_i）是噪音出現時被評為各感覺等級的次數，例如，當噪音出現時，被評為第六等級的次數有二十四次，被評為第五等級的次數有五十四次……。P_i（y/SN）、P_i（y/N）兩行，是根據(2)、(3)兩行的實驗數據計算出來的信號和噪音被評為各等級的概率。例如本實驗信號出現共六百次，被評為第六等級的有一百七十六次，被評為第六等級的概率為 176/600 ＝ 0.29，噪音也共呈現六百次，被評為第六等級的概率為 24/600 ＝ 0.04，其餘類推。當信號出現時被評為各等級的概率可視為各等級下報準的概率，當噪音出現時，被評為各等級的概率，亦可視為各等級下虛報的概率，這與下面要談到的各標準與虛報概率是不相同的。

「有—無法」實驗中，每輪實驗受試者只用一個判定標準，而用評價法時，在同一輪中，受試者實際上同時使用著幾個判定標準。在上面所舉的例子中就同時使用著感覺連續體上，從左到右五個判斷標準（$C_1＝ K － 1$），這六個評價等級都可看作是對信號的不同感覺等級，假定這五個判斷標準分別為C_5、C_4、C_3、C_2、C_1，那麼，在第 n 次實驗中，當某一感覺$X_i≥C_1$時就反應為「2」，$X_i≥C_2$時就反應為「3」……，$X_i≥C_5$時就以「6」反應。如果$X_i＜C_2$時，就以「2」反應，$X_i＜C_1$時就以「1」反應。對C_5來說，報準的條件概率 P（y/SN），就是當信號出現時報告「6」的概率。對於C_4來說，報準條件概率 P（y/SN），除了以

「5」反應的概率之外還應加上以「6」反應的概率。因為當受試者把判斷標準定在C_4時，受試者就一定把凡大於C_4的任何感覺都以「有信號」反應。凡大於C_5的感覺也必然大於C_4，所以對C_4來說，報準概率 P（y/SN）就應是在信號呈現時，以「6」和「5」反應的概率的總和，因此，對於C_5以下各標準的報準條件概率，都應是某一標準以上各等級的報準概率的累積，這就是上面所講的意思，同樣，各判斷標準下的虛報概率，也應該用同樣的方法計算。

$$P_{cj}（y/SN）= \sum_{i+1}^{k} P_{j+1}（y/SN）$$
$$P_{cj}（y/N）= \sum_{i+1}^{k} P_{j+1}（y/SN）$$

現在把本例中各標準下的報準與虛報概率列在表 4-4 中，根據表中所列數據畫出 ROC 曲線來。

表 4-4　各標準下的報準和虛報概率

C_i	C_5	C_4	C_3	C_2	C_1
P_i（Y/SN）	0.29	0.55	0.72	0.83	0.93
P_i（Y/N）	0.04	0.13	0.24	0.40	0.67

根據表 4-4 所列各標準下報準率和虛報率，計算出的 d'和β，列在表 4-5 中。

表 4-5 各標準下計算出的 d'和β

判斷標準		P(Y/SN)	P(Y/N)	d'	β
C_5	P Z O	0.29 -0.533 0.3424	0.04 -1.750 0.0862	1.197	3.972
C_4	P Z O	0.55 0.125 0.3958	0.13 -1.126 0.2116	1.251	1.871
C_3	P Z O	0.72 0.582 0.3368	0.24 -0.706 0.3110	1.228	1.083
C_2	P Z O	0.83 0.954 0.2532	0.40 -0.253 0.3864	1.207	0.655
C_1	P Z O	0.93 1.476 0.1343	0.67 0.439 0.3623	1.037	0.371

從表 4-5 可以看出，各標準下的 d'值相當接近。五個標準的β值從C_5到C_1逐漸減小，這說明受試者以「6」反應時所用的判斷標準最高，以「1」反應時所用的判斷標準最低。

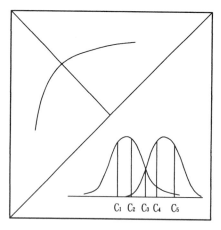

圖 4-13 評價結果的 ROC 曲線

和有—無法比較起來，評價法更爲有效，在有—無法中，把感覺連續體只分爲有、無兩部分，這會失去很多有用的信息，在受試者的反應中所能得到的只是：某一感覺在某臨界線以上或以下，至於在它以上或以下的多少，則不得而知，而評價法在受試者的反應中可以保留較多的信息，在評價法一輪實驗中，就可獲得「有—無法」多輪實驗才能得到的結果，不過，評價法實驗要求受試者對多重評價等級要能較好地掌握才行。這要應用到評價量表一節所討論的如何掌握判斷標準的方法。

三、迫選法

㈠迫選法的要求

迫選法（forced choice method）與有—無法、評價法不同的地方在於讓受試者進行判斷之前，信號與噪音要連續呈現數次，然後讓受試者判斷在哪個時間間隔上是信號，哪個是噪音，而不是刺激一呈現就讓受試者判斷是信號還是噪音。刺激連續呈現兩次即一次信號一次噪音，稱爲二項迫選法（2AFC）。如果連續呈現三次（二次噪音一次信號），稱爲三項迫選（3AFC），如果連續呈現四次（三次噪音一次信號），稱爲四項迫選（4AFC）。在連續呈現的刺激中，哪次是信號、哪次是噪音都是隨機排列。在迫選法實驗中，何時呈現刺激，一般是由主試者通過一定的方法告訴受試者，通常的做法是：在視覺實驗中由瞬間的聲響作爲提示刺激出現的標誌。因爲刺激是在不同的時間間隔中呈現，因而有時稱迫選法爲時間的迫選法。時間間隔可以有 m 個，即連續呈現的刺激有 m 個，一般稱爲 m 擇一迫選法。另外觸覺實驗可以應用不同的空間呈現，而不是時間呈現的抉擇方法。可見迫選法是按刺激的呈現方法不同，而進行分類的一種方法。當刺激連續呈現 m 次後，讓受試者報告在哪一個時間間隔順序上，最可能含有信號，而且一定要報告連續呈現的刺激中哪一個是信號，把握不準可以去猜。如二擇一迫選法信號是按 AB 還是 BA 的順序呈現的。

㈡迫選法關於感受性的計算

反　應

　　　　R₁　　　R₂

刺 S₁　| f₁（對）| f₂（錯）|

激 S₂　| f₃（錯）| f₄（對）|

迫選法的實驗結果可以列一 m × m（m 爲連續呈現的次數）矩陣，二項迫選可列出如左的反應矩陣（2 × 2）。

　　S₁代表第一次時間間隔上有信號，S₂代表第二次時間間隔上有信號；R₁爲判斷第一次呈現是信號，R₂爲判斷第二次呈現是信號；f₁代表當第一次時間間隔上所呈現的是信號時，受試者判斷正確（f₁即爲判斷爲第一次呈現有信號）的次數，f₂代表錯誤判斷（即判斷第二個時間間隔上呈現的是信號）的次數，f₃、f₄則分別代表當信號在第二時間間隔上呈現時，受試者判斷錯誤與正確的次數。

迫選法實驗一般不考察受試者的判斷標準，而只測量受試者的辨別能力，儘管在迫選法設計中不測量判斷標準β，但它所測得的辨別能力與 d' 一樣，也不受判斷標準的影響。通常情況下，迫選法實驗用正確判斷的百分數 P(c) 表示受試者的辨別力。

$$P(c) = \frac{\text{正確判斷的次數}}{\text{信號出現的總次數}}$$

上表二項迫選結果 P(c) 的計算可以寫作下式：

$$P(c) = \frac{f_1 + f_4}{f_1 + f_2 + f_3 + f_4}$$

例如一個二項迫選法所做的聽覺信號辨別實驗結果如下：

反應

　　　　R₁　　R₂

刺 S₁　| 58 | 42 |

激 S₂　| 24 | 76 |

$$P(c) = \frac{58 + 76}{58 + 42 + 24 + 76} = 0.67$$

㈢在迫選法實驗中要注意以下一些因素對實驗結果帶來的影響

在應用這一方法時，無論實驗設計還是對結果分析，都要對如下一些參變量因素給予充分的估計。⑴受試者有說 AB 多於 BA 的傾向，因而可能使整個正

確判斷的百分數減少到中性傾向所獲得的正確判斷的百分數之下。⑵受試者可能對一個時間間隔上的刺激不如另一時間上包括更多的「A」或「B」，為克服這一傾向，可以在受試者每次反應之後，告訴其結果是否正確，及時反饋，藉以糾正這一傾向。⑶信號可能在一序列中比在另一個序列中更易辨別。這是一種序列效應，可用隨機法或循環法平衡。

上面簡單地介紹了信號檢測論應用於心理物理實驗的基本方法。在一個實驗中只要信號和噪音的強度差別不變，使用上面所述的三種方法，所獲得的同一受試者的感覺性是否會有變化？實驗結果證明，儘管使用三種不同的方法所測得的感覺性指標 d'基本上是穩定的，雖說是基本穩定，當然還存在一些不穩定的地方，究其原因可能是由於判斷標準的一些因素控制的情況或程度不同，以及計算上的一些問題所致。

表 4-6　有─無法與評價法的比較(d')

受試者	有─無法	評價法
1	1.30	1.42
2	1.52	1.36
3	1.85	1.82
平均	1.56	1.53

這是Egan-Senulman-Greenberg（1959）的聽覺比較實驗結果。從上表可以看到兩種方法的結果基本接近，但也有些小的變化。

下表是 Sweks 於 1959 年的實驗結果，實驗是三個受試者，同樣在四個不同的信號強度水平上用有─無法及迫選法的實驗結果，從上表可以看到，隨著信號強度的增強即信號與噪音差異越來越大，兩種方法所得的 d'值都在增大，另外在同一信號強度水平上兩種方法所測得受試者的感覺性指標d'基本上穩定。

表 4-7 有—無法和迫選法的比較(d')

信號水平	受試者	有—無法	二擇一法	四擇一法
1	1	1.57	1.30	1.23
	2	1.24	1.03	0.91
	3	1.48	1.45	1.41
	平均	1.43	1.26	1.18
2	1	-	-	-
	2	1.40	1.15	1.24
	3	1.64	1.57	1.63
	平均	1.52	1.36	1.44
3	1	2.05	2.17	1.95
	2	1.51	1.52	1.68
	3	1.90	1.98	2.10
	平均	1.82	1.89	1.91
	1	2.47	2.28	2.31
	2	1.83	1.82	1.86
	3	1.98	2.42	2.38
	平均	2.09	2.17	2.18

　　從上面兩個實驗結果可以說明：信號檢測論三種基本方法所測得感覺性指標基本上一致，這一點為傳統心理物理學三種方法所測得的結果遠不能相比，也是一個進步。

　　信號檢測論引進到心理實驗中來，是心理物理學方法的一個重大突破。(1)在感受性的測量上，把主觀態度與辨別力分開，獲得了成功。(2)在解決辨別力指數 d'的問題上，明確地建立起反映噪音變量的虛報概念。這一點十分重要，它不僅對於辨別力的估量不可缺少，而且對於受試者主觀態度或反應偏好的測量，更具有重要意義。(3)信號檢測論不僅把信號當信息，也把噪音當作信息，

並且良好地解決兩類變量的測量。無疑地，它是對傳統心理物理學方法的一個
發展。

傳統的心理物理學方法，為了有效地測量感受性，曾採用了一系列手段以
消除動機態度一類精神因素的影響，在傳統的心理物理測量上，獲得了一些具
有生命力的成果。但對於人的主觀態度依然沒有得到根本解決，因此，有一些
測量結果，令人誤解或難於理解。如它經常把反應偏好誤作閾限的高低，而對
一些精神病患者的實驗結果，更會使人迷惑不解。傳統的心理物理學在測量中
只有對信號反應的百分比，而無對噪音的測量，這就給它的科學性和可靠性帶
來了很大的侷限性。

儘管傳統的心理物理學方法存在一些缺點，但它依然是在測量心理量和物
理量之間的關係中起重要作用的研究方法，是不可廢棄的。它不僅在工程技術
領域中被廣泛應用，即使在進行信號檢測實驗之前，也需要用傳統的心理物理
學方法，來確定信號和噪音之間的強度差別。許多心理學家論述過信號檢測論
與傳統心理物理學方法之間的內部一致性。是否可以說在一般情況下測定感受
性，仍可用傳統的心理物理學方法，而信號檢測論實驗更宜應用於人的態度對
實驗結果影響較大的實驗中，如痛覺和以精神病患者為受試者的辨別實驗等等，
更為適宜。

第四節　信號檢測論的集值統計方法

信號檢測論引入心理物理學以來，形成了一些有用的測量感受性（含記憶）
的方法，如評價法、有—無法等，有傳統的心理物理學方法所不具備的優點，
可以將受試者的判斷標準與感受性分開。充分利用對信號與噪音的反應信息等
等。但也存在一些問題，例如：(1)感受性指標 d'用 Z 分數表徵，由於 Z 分數取
值不定（一般取值範圍在 ±3.99 之間），這樣很難形成量表值，而且在意義上
不清晰也不明確。(2) d'的計算先要假設信號是在噪音背景上加一個常量，故信
號的中樞效應亦呈正態分布，受試者在控制刺激時，是以一個恒定的臨界判斷
點為標準，對信號與噪音所產生中樞效應點值的大小進行判斷，人類受試者對
信號或噪音的感覺分布為正態且感受性不變。信號噪音的強度差異是在一個單
一維度上的單一強度的差異等。信號檢測論的方法其 d'及 β的計算，一般應能滿

足上述基本假設，才能保證 d'及β的意義性，否則就會產生較大的誤差。但在實際實驗中，所收集到的數據對這一點難以保證。有時為使數據的分布趨於正態，就要增加試驗次數，這樣做又會增加受試者的負擔及實驗的困難，從而可能危及試驗信度和效度。(3)另外，在信號檢測論試驗中，要求受試者按二值邏輯判斷「是」或「否」，是某一類別還是非某一類別：這一點與人們實際的感覺不大一致。但在實際信號檢測論實驗中，中樞效應點值性就成問題，無論是判斷標準，還是對信號或噪音的感受，其效應值並不是點值，而是一個具有區間特性的模糊域。由於感覺X_i不是一個界限分明的感覺量，受試者使用的判斷標準C_i也不是界限清晰的主觀量，受試者判斷時，要把兩個模糊量X_i和C_i作比較，進行確切的歸類劃分顯然十分困難。

　　每一類別判斷的條件概率 P（y/SN）、P（y/N）或累加條件概率 CP（y/SN）、CP（y/N），可以作為判斷的隸屬度，而判斷的每一類別 ak 只能表徵X_i是信號（SN）或噪音(N)的肯定程度，或者說X_i屬於SN（$X_i \in SN$或$X_i \in N$）或N的程度，ak 是邊界不確定的模糊量，受隨機模糊量X_i的影響，又具有隨機的性質，故是樣本空間 A 的隨機模糊子集。根據上述分析，將信號檢測論方法所得到的試驗結果，用模糊數學方法處理不僅可能，而且更符合實際的心理判斷。模糊數學方法改變了信號檢測論的兩個基本假設：(1)對信號與噪音的分布無特定要求，具有任意性。(2)信號與噪音的主觀效應具一定區間的模糊性，但可以用模糊域中的某個點值為其代表值。除上述兩點以外其它一些基本假設仍與經典信號檢測論是一樣的：(1)感受性恆定且與判斷標準相互獨立，(2)信號與噪音的強度差異是在一個單一維度上的單一強度差異。只有在實驗中滿足上述假設，才能使報準的條件概率與漏報的條件概率，虛報的條件概率與正確拒絕的條件概率互補，才能用報準的條件概率與虛報的條件概率表示，使據此而確定的隸屬度具有意義性，才能使所計算的程度函數有意義。

一、模糊數學原理

㈠模糊集合與隸屬度

　　人們把界線不清楚的集合稱為模糊集合（fuzzy set）。而集合是指具有某種屬性的全體事件，集合中的某一個體稱之為元素。有的集合界限分明，稱這種集合為普通集合，如以六十分劃界及格與不及格，則這兩個集合即屬於普通

集合。但心理評價中常常會遇到各種界限不清的集合，如喜歡不喜歡、好不好等的評價，有時界限就不清楚，這一類評價就屬於模糊集合。因爲對一事物或某一屬性的態度，經常是喜歡中有不喜歡的部分，不喜歡中還含有喜歡的成分，這樣就形成對某一屬性類別判斷界限難於界定的情況，這時，只能用模糊集合來表示。

隸屬度是指某元素屬於某集合特性程度的指標，記爲 $u_{(0)}$，通常取[0, 1]連續值中某個值，$0 \leq u(.) \leq 1$ 數字越接近 1，表明該元素越具有某集合的特點，越接近 0，則表明該元素越不具有某集合的特點。判斷各個元素隸屬於某特定集合的不同程度上的差異，心理學中稱之爲某一特質的差異，可用 0～1 閉區間的連續值——隸屬度加以描述。可見隸屬度是對反應肯定性程度進行測量的指標。

(二)類別判斷的模糊集模型

1. 當把某一具有連續的一維向量的刺激分爲若干類別時，各類別之間的界限並不清楚，而且是模糊的，每個類別都是一個模糊子集，對各類別的心理反應亦屬於心理連續體上的一個模糊子集。在大多數場合，心理連續體上的分類一般無與之相平行的物理量，只有少數場合有平行的物理量（如長度、溫度等）。很多實驗證明，人類受試者經過訓練，可對心理連續體上所劃的十一個等距類別，進行比較準確的判斷，而對於用形容詞最高級、比較級所劃分的各類別，如非常符合、比較符合、中間、比較不符合、非常不符合等的等距判斷程度，則更好。這樣可對各類賦值用等距的尺度表示。

2. 人類受試者在評價、判斷某一事件時，可對心理連續體上的各類別同時產生反應，但在每個類別上肯定程度，即隸屬度不同。在對一個給定的屬性維度作類別判斷時，可同時在多個類別上有不同的符合程度的反應。這與信號檢測論評價法對同是信號卻有不同類別的反應一樣。它依據的是多值邏輯，而不是二值邏輯。這些「事件」之間，彼此是相容的。而且，在屬性維度與反應維度（肯定程度）上同時進行二維判斷。信號檢測論的評價法直接規定反應類別，而有一無法用信號不同的先驗概率規定反應類別，其隸屬度則分別用報準與虛報的條件概率表示。

二、程度函數的計算

有研究提出兩形式化方法：

1. $a = 1/k[\Sigma a_{k1} \times CP_{k1}(y/SN) + \Sigma a_{k2} \times CP_{K2}(y/N)]$

評價法試驗中 a_k 雖然以評價等級的形式出現，但它實際上表徵的是受試者判斷感覺 X_i 爲信號(SN)或噪音(N)的程度（即 $X_i \in SN$ 或 $X_i \in N$ 的程度）。a_k 可用隸屬度（u_k/a_k）表示。對信號與噪音的特徵函數 A_{SN} 與 A_N 可分別寫作：

$A_{SN}(x) = \Sigma u_k/a_k = 1/a_6 + 0.83/a_5 + 0.67/a_4 + 0.33/a_3 + 0.17/a_2 + 0/a_1$

$A_N(x) = \Sigma u_k/a_k = 1/a_1 + 0.83/a_2 + 0.67/a_3 + 0.33/a_4 + 0.17/a_5 + 0/a_6$

對信號與噪音的分辨能力，都表徵其肯定程度，因此肯定程度 $a = a_{SN} + a_N$。用各類別的累積條件概率表示隸屬度，爲使 a 取值在 $0 \sim 1$ 之間，a_{SN}、a_N 取值在 $0 \sim 0.5$ 之間，形式化處理方法可寫作下式：

$a_{SN} = 1/k\Sigma a_{k1} \times CP_{k1}（y/SN）$，取值 $0 \sim 0.5$ 之間

$a_N = 1/k\Sigma a_{k2} \times CP_{k2}（y/N）$，取值 $0 \sim 0.5$ 之間

$a = a_{SN} + a_N$，取值在 $0 \sim 1$ 之間，0 表沒辨別力，1 表辨別力極強。式中 a_{k1} 及 a_{k2} 表示各類別賦值，$CP_{k1}（y/SN）$ 是在信號出現的條件下，被判斷爲各類別累積條件概率（或稱報準的條件概率），$CP_{k2}（y/N）$ 是噪音出現條件下虛報的條件概率（與正確拒絕的條件概率互補），k 爲類別數。具體計算見表 4-8。

表 4-8 程度函數計算示例（評價法結果）

	評價等級	6	5	4	3	2	1
信號 (NS)	各等級賦值	1.00	0.83	0.67	0.33	0.17	0
	判斷各等級次數 $\Sigma f = 100$	30	25	18	17	5	5
	報準條件概率 P(y/SN)	0.30	0.25	0.18	0.17	0.05	0.05
	累積概率 CP(y/SN)	0.30	0.55	0.73	0.90	0.95	1.00

$a_{SN} = \dfrac{1}{k}\Sigma a_k \times CP(y/SN) = 1/6(1.00 \times 0.30 + 0.83 \times 0.55 + 0.67 \times 0.73 + 0.33 \times 0.90 + 0.17 \times 0.95 + 0 \times 1.00) = 0.284$

$f_{SN(u)} = \Sigma a_k \times P(y/SN) = 1.00 \times 0.30 + 0.83 \times 0.25 + 0.67 \times 0.18 + 0.33 \times 0.17 + 0.17 \times .05 + 0 \times .05 = 0.6927$

	評價等級	6	5	4	3	2	1
噪音 (N)	各等級賦值	0	0.17	0.33	0.67	0.83	1.00
	判斷各等級次數 $\Sigma f = 100$	3	10	13	20	21	33
	報準條件概率 P(y/SN)	0.03	0.10	0.13	0.20	0.21	0.33
	累積概率 CP(y/SN)	1.00	0.97	0.87	0.70	0.54	0.33

$a_N = 1/k\Sigma a_k \times CP(y/N) = 1/6(0 \times 1.00 + 0.17 \times 0.97 + 0.33 \times 0.87 + 0.67 \times 0.74 + 0.83 \times 0.54 + 1.00 \times 0.33) = 0.287$

$f_n(u) = \Sigma a_k \times P(y/N) = 0 \times 0.03 + 0.17 \times 0.10 + 0.33 \times 0.13 + 0.67 \times 0.20 + 0.83 \times 0.21 + 1.00 \times 0.33 = 0.6982$

$a = a_{SN} + a_N = 0.284 + 0.287 = 0.571$，$\beta = a_N/a_{SN} = 0.287/0.284 = 1.01$

$f(u) = 1/2 [f_{SN}(u) + f_N(u)] = (0.6927 + 0.6982)/2 = 0.6955$

$\beta = f_N(u)/f_{SN}(u) = 0.6982/0.6927 = 1.01$

不同判斷標準下的感覺性 d′爲：

$d'_5 = 1.36$，$d'_4 = 1.26$，$d'_3 = 1.32$，$d'_2 = 1.18$，$d'_1 = 1.21$，$\bar{d}' = 1.266$

2.程度函數的另一種形式化方法是以信號與噪音被判斷爲各類別報準與虛報條件概率 P(y/SN)，P(y/N)爲隸屬度。公式寫作：

$f_{SN}(u) = \Sigma a_{k1} \times P_{k1}(y/SN)$

$f_N = \Sigma a_{k2} \times P_{k2}(y/N)$

$f(u) = [f_{SN}(u) + f_N(u)]/2$，取值在 0～1 之間，意義同前。具體計算見表 4-8。

爲表示在實驗中受試者的判斷標準，可用下式計算：$\beta = f_N(u)/f_{SN}(u)$ 或 $\beta = a_N/a_{SN}$。根據肯定程度 a 或 f(u)的計算，在一維向量中，若受試者判斷標準偏嚴，勢必傾向「無」（或噪音）的判斷，此時 $f_{SN}(u)$ 或 a_{SN} 必小於 $f_N(u)$ 或 a_N，因此 β 大於 1，若受試者判斷標準偏低，則傾向於有信號的判斷，此時 $f_{SN}(u)$ 或 a_{SN} 必大於 $f_N(u)$ 或 a_N，β 小於 1，上式較能反應受試者判斷決策情況。

表 4-8 以一個實際實驗結果表示程度函數的實際計算方法。該表中所用的實驗結果爲評價法的結果。爲了便於數據處理，在計算中以隨機模糊量 a_k 的核爲代表值，根據對不同類別歸一化處理結果，本實驗中受試者的反應分爲肯定與否定兩大類別，每種類別中又各分三種類別（也許、基本、完全），各類別中又分別賦值爲：1.00、0.83、0.67、0.33、0.17、0。該項研究類別的劃分中，實際隱含了一個「中間」類別，故其賦值時，兩個「也許」之間距是其他間距的一倍，即「中間」類別的 0.5 隱去了。關於如何歸一化，應根據實際實驗中各類別的賦值情況進行線性或非線性轉換，換算的方法多種多樣，但一條總的原則是將類別程度向量取 0～1 之間的值，這樣是爲了使程度函數取值在 0～1 之間，以便形成量表值，方便比較（請參見「程度測量——心理計量的新發展」，《測驗年刊》42 輯，1995）。

$a = a_{SN} + a_N = 0.284 + 0.287 = 0.571$，$\beta = a_N/a_{SN} = 0.287/0.284 = 1.01$

$f(u) = 1/2 [f_{SN}(u) + f_N(u)] = (0.6927 + 0.6982)/2 = 0.6955$

$\beta = f_N(u)/f_{SN}(u) = 0.6982/0.6927 = 1.01$

不同判斷標準下的感覺性 d'為：

$d'_5 = 1.36$，$d'_4 = 1.26$，$d'_3 = 1.32$，$d'_2 = 1.18$，$d'_1 = 1.21$，$\bar{d}' = 1.266$

對於有一無法的實驗結果與評價法的結果相類似，不過有一無法多種先驗概率下的結果才相當於評價法一次實驗結果。例如本章第三節有一無法的結果：

表 4-9 一個有一無法實驗結果的整理表

P(SN)	0.10 c_1	0.30 c_2	0.50 c_3	0.70 c_4	0.90 c_5	
P(y/SN)	0.50	0.70	0.78	0.88		
P(y/N)	0.10	0.22	0.41	0.51	0.65	
d'	0.76	0.77	0.75	0.74	0.79	
β	1.98	1.35	0.89	0.74	0.54	$\bar{d}' = 0.762$

表中所列的 P(y/SN) 與 P(y/N) 相當於評價法結果整理後的累積條件概率。五種先驗概率使受試者形成並確定五個判斷標準，分別以 $C_1, \ldots\ldots C_5$ 表示，可根據評價法計算程度函數的方法，將各標準下的概率及累積概率整理成下表的形式：

表 4-10 將有一無法實驗結果整理成計算程度函數所需要的形式

P(SN)	0.10 c1	0.30 c2	0.50 c3	0.70 c4	0.90 c5	
P(y/SN)	0.30	0.20	0.20	0.08	0.10	0.12
CP(y/SN)	0.30	0.50	0.70	0.78	0.88	1.00
P(y/N)	0.10	0.12	0.19	0.10	0.14	0.35
CP(y/N)	1.00	0.90	0.88	0.69	0.59	0.35

可以將表 4-10 中所計算的各類別的報準與虛報條件概率，或累積的報準與虛報條件概率作為隸屬度（不同先驗概率下的報準與虛報條件概率可作為累積

概率），代入公式，便可計算程度函數α或 f(u) 了。

　　有一無法計算程度函數的關鍵，是如何對不同先驗概率所確定的反應類別進行賦值。首先要釐清以下幾點：(1)反應類別與判斷標準的關係，判斷標準為反應類別數(C)減 1，若知判斷標準數，則加 1 為反應類別數。有一無法所確定的先驗概率數為判斷標準數，因此其反應類別數為先驗概率數加 1。(2)信號的先驗概率越小，判斷標準越嚴，而反應類別的賦值應最大。反之，若信號的先驗概率越大，則判斷標準低，反應類別的賦值應越小。(3)先驗概率的數目，相當於反應類別數，可由研究者選定（一般不少於三，不大於十一，不同先驗概率下的辨別力指數是不直接比較的，這相當於評價法實驗中，不同反應類別數目的結果不直接比較一樣。(4)根據人們對概率的感知以及有一無法實驗中，判斷標準的變化與先驗概率變化的關係，在概率的兩端，判斷標準隨概率變化較大。而在概率中間，隨概率的變化較小。可見人們對概率的感知是不等距的，因此，對信號的不同先驗概率所規定的反應類別的賦值，建議查正態表用 Z 分數表示。具體作法是：首先規定先驗概率最小端的賦值為 3.00（不管其先驗概率是多少，只把先驗概率作為類別），先驗概率最大端的賦值為-3.00，其它概率值查正態表轉換，判斷標準偏嚴一側的 Z 分數為正值，判斷標準偏低一側的 Z 分數為負值，這是對信號的肯定程度賦值。若是對噪音的肯定程度的賦值則相反，即對信號的判斷標準偏嚴一側的 Z 分數為負值，偏低一側的 Z 分數為正值。對各反應類別賦值以後，再進行轉換，將其歸一化。例如上例各類別及先驗概率在正態表中的位置如圖 4-13：

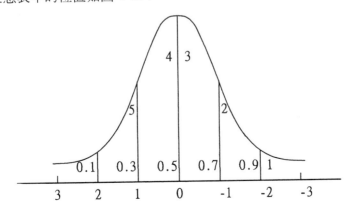

圖 4-13　有一無法先驗概率賦值示意圖

類別賦值的歸一化可用下式：

$$S_1 = (S_i' + S_{imax}')/2S_{imax}'$$

式中S_i爲歸一化值，S_i'爲各類別的實際賦值，S_{imax}'爲最大的賦值數。上圖結果代入公式分別計算的歸一化值爲：1.00、0.71、0.59、0.41、0.29、0。對噪音程度判斷的取值恰相反：0、0.29、0.41、0.59、0.71、1.00。

表 4-10 所列有－無法結果計算程度函數如表 4-11。

表 4-11 有－無法結果程度函數的計算示例

信號 (SN)	P(SN)	0.10	0.30	0.50	0.70	0.90	
	Ci	C1	C2	C3	C4	C5	
	a_{ki}	1.00	0.71	0.59	0.41	0.29	0
	P(y/SN)	0.30	0.20	0.20	0.08	0.10	0.12
	CP(y/N)	0.30	0.50	0.70	0.78	0.88	1.00

$a_{SN} = 1/k\Sigma a_{ki} \times CP_{ki} = (1.00 \times 0.30 + 0.71 \times 0.50 + 0.59 \times 0.70 + 0.41 \times 0.78 + 0.29 \times 0.88 + 0 \times 1.00)/6 = 0.263$

$f_{SN(u)} = \Sigma a_{ki} \times P_{ki} = 1.00 \times 0.30 + 0.71 \times 0.20 + 0.59 \times 0.20 + 0.41 \times 0.08 + 0.29 \times 0.10 + 0 \times 0.12 = 0.622$

噪音 (N)	P(N)	0.90	0.70	0.50	0.30	0.10	
	a_{ki}	0	0.29	0.41	0.59	0.71	1.00
	P(y/N)	0.10	0.12	0.19	0.10	0.14	0.35
	CP(y/N)	1.00	0.90	0.88	0.69	0.59	0.35

$a_N = 1/k\Sigma a_{ki} \times P_{ki}(y/N) = (0 \times 1.00 + 0.29 \times 0.90 + 0.41 \times 0.88 + 0.59 \times 0.69 + 0.71 \times 0.59 + 1.00 \times 0.35)/6 = 0.2996$

$f_N(u) = \Sigma a_{ki} \times P_{ki}(y/N) = 0 \times 0.10 + 0.29 \times 0.12 + 0.41 \times 0.19 + 0.59 \times 0.10 + 0.71 \times 0.14 + 1.00 \times 0.35 = 0.6211$

$a = a_{SN} + a_N = 0.263 + 0.2996 = 0.5626$

$f(u) = [f_{SN}(u) + f_N(u)]/2 = (0.622 + 0.6211)/2 = 0.6215$

三、信號檢測論經典方法與集值統計方法的比較

  1. 信號檢測論經典方法與集值統計方法所得到的辨別力，即 d'與辨別程度函數 a 或 f(u)具有非常顯著的相關。

  2. 集值統計方法用對信號的程度辨別函數與噪音的程度辨別函數的比值表示受試者的反應傾向，若a_N/a_{SN}或$f_N(u)/f_{SN}(u)$大於 1，表示受試者在整個實驗中傾向偏低，即傾向「有」信號反應；若小於 1，則反應偏嚴，即整個實驗中傾向「無」信號的判斷。

  3. 集值統計方法是一綜合效應的反映，在這一點上與經典方法可分別計算出不同反應標準及各標準下的 d'值來。

  4. 經典方法與集值方法，都要求信號與噪音的強度差異爲單一維度上的強度差異，若是多維度多強度的信號與噪音，辨別力指數 d'之穩定性難於保證，因爲多維度多強度差異其分布是什麼難以確定，不能滿足經典方法的基本假設。集值統計方法是雖無對信號與噪音分布的假設，但其計算上要求感受性恆定，對信號的報準與虛報條件概率要能與漏報及正確拒絕概率互補。進而使報準率與虛報率關係恆定。若強度不是單維差異，此點則難以保證。因此其程度辨別函數的可靠性受到一些影響，儘管這些影響是輕微的，但不能不予以關注。這一點決定在信號檢測論方法應用於漢字再認研究中，特別應予以注意：因爲以漢字作爲信號與噪音，儘管在字形劃數等方面做到相接近，但在結構、發音、意義性、聯想性、熟悉性及效應性等很多方面，做到很好的搭配，故這類實驗材料是一個多維度多強度差異的信號與噪音。雖然有很多研究指出信號檢測論方法是研究漢字再認的一個很有效的方法，但由於基本假設的不能滿足，而造成的辨別力指數 d'及程度辨別函數 f(u)或 a 的不穩定性也是不應忽視的。

參考文獻

1. 孟慶茂著〈1988〉。再認指標的探討，*心理學報*，1 期，46-50 頁。

2. 孟慶茂著〈1990〉。信號檢測論方法引入集值統計試驗，*心理學報*，1 期，16-22 頁。

3. 孟慶茂著〈1994〉。程度分析——心理計量的新發展，*心理學動態*，2 頁。

4. 馬謀超、曹志強〈1983〉。類別判斷的模糊集模型和多級估量法，*心理學報*，

2 期，98 頁。

5. 馬謀超、劉來福著〈1983〉。研究視錯覺的新途徑——用多級估量法測量視錯覺的嘗試，心理學報，3 期，282-889 頁。

6. 馬謀超、汪培莊著〈1985〉。心理學的方法學探討——心理模糊性及模糊統計試驗評註，心理學報，2 期，177-187 頁。

7. 楊治良著〈1985〉。信號檢測論的應用，心理學通訊，5 期，42-47 頁。

8. 赫葆源等著〈1983〉。實驗心理學，第一版，143頁。北京：北京大學出版社。

9. Banks, W. P. 〈1970〉. Signal Detection Theory and Human Memory. *Psychology Review,* V.74, pp.81-99.

10. Banks, W. P. 〈1969〉. Criterion Change an Response Competition in Unlearning. Journal of Experimental Psychology, V.82, pp.216-223.

11. Lockly, W. E. & Murdock, B. B. 〈1987〉. A Decision Mode for Accuracy and Response Latence in Recognition Memory. *Psychology Review*, V.94, 341-358.

12. Mackworth, J. F. & Tayloy, M. M. 〈1963〉. The d'measure of signal detectability in Vigilance-like Situations. Canada Journal of Psychology, V.117, 302-325.

13. Treiman, M. & Williams, D. A. 〈1966〉. Strength models and serial position in shortterm recognitions memory. Journal of Mathematical Psychology. V.3, pp. 316-347.

第五章　心理物理量表法——閾上感知的測量

　　前幾章所討論的是測定人類感官靈敏度或感受性的方法，涉及到絕對閾限和差別閾限的問題。心理物理學方法，能處理心理量和物理量之間這樣一種關係——即多大的物理量剛剛好能引起感覺，或剛剛好引起差別感覺這一心理量的問題。

　　本章的任務是，對閾限以上每一種感覺的全部範圍如何來度量，即反應傾向如何建立，並把它製成量表（或稱量尺）的問題。有了量表，就能夠說：這個聲音比另一個聲音響兩倍，這個房間的亮度是另外一個房間的一半，或這個灰色距離黑色和白色一樣遠等等。眾所周知，作為物理刺激，已有了很好的物理量表（測量工具）進行度量了，並且這些物理量表長期以來，經過人類的努力，已日臻完善，有些已經有了國際化的標準測量單位。但是對於人們的感覺和知覺如何進行度量，就不能靠物理量表，而必須用心理量表才能解決。如一個收音機設計者想把這個收音機的響度設計為另一牌號的兩倍，如果設計者只是把物理輸出量增加兩倍，他只感覺到比原來響一倍多一點，究竟要輸出多少物理量，才能使人們感覺到比另一牌號的收音機響一倍或兩倍呢？這就要編製心理物理量表，看一看物理量的增加或減少，與心理量的增加或減少究竟是一種什麼關係。可見，心理物理量表要處理兩個對象，一為物理向度，一為心理向度。研究者操縱物理量的變化，藉以觀察感覺量的變化。大體上包括如下幾方面的問題：(1)感覺距離：被判斷為相等的兩對刺激之間的差別；(2)感覺比率；(3)刺激順序；(4)刺激的等級評定等，反應傾向方面的諸問題。

　　如何對心理量進行度量並製成量表，探討心理量與物理量之間的關係，在理論上和實踐上都具有非常重要的意義。

第一節　量表的類型

　　所謂對閾上感知覺進行度量，就是依據一定的規則，將感知覺以及某些心理特質，用一定的數字符號來表示，對心理特質的度量，同對物理特質的度量十分相似。關於物理量尺，經過長期實踐及人類的努力，至今已相當完善。而心理量尺尚在進一步確定和完善之中，它隨著人類對自身認識的深化，會大大向前發展，這一點可以預料。但也勿庸置疑地，這期間會遇到很多困難和很激烈的爭論，不會一帆風順。

一、直接量表和間接量表

　　量表的類型因分類標誌的不同而不同。所謂直接量表和間接量表是以測量的方式來劃分的，直接量表就是可以直接測量所要測量的事物的特性，如用尺去量物體的長度，尺的長度就代表所要測量的物體的長度。間接量表是借助於測量另一事物來推知所要測量的事物的情況，因為它測量的是這一事物對另一事物的影響。例如，用溫度計測量氣溫，就是一種間接的度量。溫度計所測量的不是熱量，而是熱量影響溫度計水銀柱的變化，通過水根柱的變化而測量熱量的變化。

二、等級量表、等距量表和比例量表

　　這是以量尺有無相等單位和有無絕對零點來劃分的量表類型。

㈠等級量表

　　又稱順序量表。這種量表既沒有相等單位又沒有絕對零點，只是把事物按某種標誌排成一個順序。例如，運動會競賽時不用計時器，只是將先到終點的列為第一名，次到的列為第二名……，這樣，人們只知道第一名比第二名快，第二名比第三名快，但究竟快多少就不知道了。由於等級量表，只按某種特質排列事物的順序，它沒有相等單位。因此，即使知道第一名比第二名快 0.5 秒，也不能以此推論第二名比第三名快 0.5 秒。這是一種最粗糙的量表，但也能對事物的特質進行一定程度的度量。只要符合 a＞b，b＞c，並且有證據說 a＞c，那麼等級測量的條件就得到滿足。運用的統計方法有：中位數、百位數、等

級相關、肯德爾和諧係數及符號檢驗、等級變異數分析法。

㈡等距量表

是有相等單位的量表，它比等級量表進了一步。根據等距量表，不僅可以知道兩事物之間在某種特質上有差別，而且可以知道相差多少。例如，甲地氣溫從 20°降到 15°；乙地氣溫從 10°降到 5°。人們就說，甲地氣溫與乙地氣溫降低的幅度一樣，都是 5。這個相等的單位就是刻度表上的刻度數，但這種量表沒有絕對零點。因此只能說甲地氣溫比乙地氣溫高 10°，而不能說甲地氣溫是乙地的多少倍。心理測量方面的等距量表，通常是對一些測量做些假設和轉換成正態之後，才能成為等距量表。等距量表適用的統計方法大體有：平均數、標準差、積差相關、T 和 F 檢驗（變異數分析）等。

㈢比例量表

又稱等比量表、比率量表。它既有相等單位，又有絕對零點，所謂絕對零點是指某事物並不具備被測量的屬性或特徵。比例量表比等距量表又前進了一步，是比較理想的一種量表，這種量表所獲得的數字，可以運用算術的基本運算方法進行計算，用比例量表進行的測量，不僅可以知道兩事物之間相差多少，而且還可以知道兩事物之間的比例是多少。例如，人們可以說：兩尺長的棍子比一尺長的棍子長一尺，還可以說兩尺長的棍子是一尺長棍子的兩倍，一尺長棍子是二尺長棍子的一半。在心理學上比例量表就更少了。此種量表所適用的統計方法除了上面等距量表所選用的方法外，還有幾何平均數可以利用。

從以上所述可知，心理量表和物理量表的類型是一致的，除上面所談到的量表類型，也有人把用以進行分類的事物名稱列為量表類型，叫作稱名量表。

三、心理量表的評價

依據一定的規則，將某心理特質用數字符號來表示，而且使心理特質的變化符合數字符號的變化規律，這就是測量。符號本無意義，只是一種抽象的東西，它們不是事物的本質，僅僅是代表事物的特性而已，而且只有人們賦予它意義時才具有意義。一個好的心理量表應滿足以下幾點：

㈠符合三種基本假設

1. 不是 a＝b，就是 a≠b，二者不能兼而有之。這就是說，對心理特質有明確的分類標誌和測量單位，不能既是這個又是那個。對於分類明確的特質進

行度量，才可能成爲一個好的量表。模糊數學的出現，使這一基本假設可以不予考慮，或可使其進一步擴充，即分類不明確的心理特質，同樣可以測量，用模糊數學的方法加以處理，也可成爲較好的量表。

2.如果 a ＝ b，且 b ＝ c，那麼 a ＝ c。有了這個假設才能比較事物的同一特徵，才有可能對某些不能測量的特質通過第三者進行度量，間接的量表才有了可能。

3.如果 a ＞ b，b ＞ c，那麼 a ＞ c。這是一個很重要的假設，大多數的心理測量都依賴於這個假設，但這一條似乎是很簡單的假設，在心理量的度量上，並不能很容易地做到。如 A 與 B 相比較喜歡 A，B、C 相比較喜歡 B，若 A、C 相比較則很可能喜歡 C 而不喜歡 A。如果出現這些情況，好的測量應能夠對這個誤差情況有一個客觀的估計。

(二)有系統的測量理論

所謂測量理論，就是如何把事物的特徵系統與數字關係系統聯結起來。也就是當賦予事物特徵系統中每一個分子一個數值時，這些數值之間的關係仍能反映事物本來的特徵關係（數字系統基本的代數法則，也應能適用於這些數字所代表的事物特徵之間的關係法則）。建立測量理論，必然要能完整地解決下面幾個問題：

1.存在性：在哪些條件下某些心理特質可被測量，即測量的充分條件是否存在。

2.意義性：尺度值出現以後，是否能夠完整地解釋其意義，若無法解釋，則此量表無意義，因此理論也是無意義的。

3.如何測量：建立一個實際量表，以顯示出某心理量的特性。要建立起一套測量的程序。

4.對於誤差問題，能夠給予很好的客觀估計及消除等等。

很多心理特徵的測量理論尚未建立，但是其量表是存在的。一個好的量表必須是已建立起一個測量理論。

(三)用直接量表進行核對

現在已有很多用間接方法製成的心理量表，而且這方面的技術發展得又比較高。但如果用兩種方法對相同的感覺所製成的量表發生矛盾時，則接受直接量表作爲正確的量表，並用直接量表進行核對。

第二節 感覺比例法與數量估計法

一、感覺比例法

又稱分段法。這是製作感覺比例量表的一種直接方法，這個方法是通過把一個感覺量加倍或減半或取其它比例來建立的心理量表。具體做法是：呈現一個固定的閾上刺激作為標準刺激，讓受試者調節一個變異刺激，使它所引起的感覺為標準刺激所引起的感覺的一定比例，例如 2 倍、3 倍、1/2、1/3、3/4 等等。但較為可取的是減半（1/2）而不是加倍或其它比例。每個實驗只選定一個比例進行比較，用一個標準刺激比較若干次以後，再換另一個標準刺激進行比較。如果所選定的比例是 1/2 的話，比較刺激和許多不同的標準刺激比較之後，就可以找出哪些刺激所引起的感覺，是哪些標準刺激所引起的感覺的一半。以這些數據為依據，就可以建立一個感覺比例量表。

在 1890 年左右，墨克爾（J. Merkel）就已經開始應用這種方法製作量表，但當時未受注意。1936 年，斯蒂文斯指出此方法在建立響度方面比例量表的價值後，才受到重視，以致被廣泛應用。

下面以明度比例量表為例，說明比例量表製作的具體方法。此種量表最早是由漢斯（R. M. Hames, 1949）製作的。刺激是一個一寸見方的光表面，它可以改變強度 0~100 毫朗伯（ML）。標準刺激和變異刺激都在這裡以先後的順序呈現。標準刺激呈現後，受試者調整變異刺激使它的明度為變異刺激的一半，標準刺激共八個，從 0.010 毫朗伯開始，每人對每一個標準刺激作減半判斷各二十次，四人的平均結果如下表：

表 5-1 判斷為標準刺激的明度一半的實驗結果

標準刺激	毫朗伯	0.010	0.032	0.100	0.320	5.000	10.000	50.000	100.00
	對　數	-2.00	-1.4949	-1.000	-0.4949	0.6990	1.0000	1.6990	2.0000
判斷為減半的明度	毫朗伯	0.003	0.010	0.030	0.090	0.880	1.280	3.400	6.590
	對　數	-2.523	-2.000	-1.5229	-1.0458	-0.0555	0.1399	0.5315	0.8129

根據上表所列的實驗結果，以標準刺激爲橫坐標，以判斷爲標準刺激明度一半的亮度爲縱坐標畫圖。爲了使範圍很大的數值畫在一張圖紙上，橫坐標和縱坐標都取對數，如圖 5-1 所示：

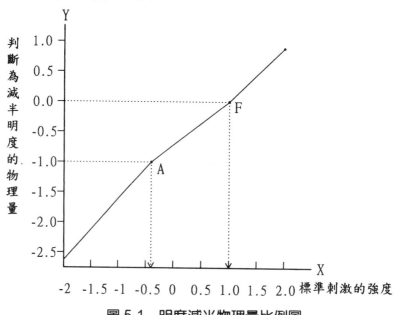

圖 5-1　明度減半物理量比例圖

從圖 5-1 中可以查到在 0~100 毫朗伯亮度範圍內，某一亮度所引起的感覺——明度加倍或減半時的物理刺激強度——亮度的物理量是多少。如想了解某一亮度的感覺減半時的物理量（亮度）是多少，可以通過橫坐標查縱坐標（Y）是多少，即爲感覺減半時的物理強度；如想了解某一物理強度所引起感覺加倍時的物理強度，就通過縱坐標查橫坐標的值（X），即是感覺加倍時的物理強度。

根據圖 5-1 所畫的曲線，可以建立起一個光強度在 0~100 毫朗伯範圍內的感覺比例量表。製作量表的步驟如下：

1. 設由 1 毫朗伯所引起的明度感覺爲 100 個明度單位，稱爲布力（bril）。把這個點作爲建立比例量表的起點。以光的強度爲橫坐標，以明度感覺爲縱坐標，這個起點的坐標（1, 100），用對數表示則爲（0, 2）。

2. 從明度減半圖上（圖 5-1）找出：1 毫朗伯亮度所引起的明度感覺一半時的光強。那就是從 X 軸上的 0 點作 X 軸的垂線，交曲線於 A 點，從 A 點再向 Y 軸作垂線交 Y 軸於 -0.58 處。因爲第一條假定 1 毫朗伯的感覺爲 100 個明度單

位，感覺減半圖上-0.58 就正好是 100 布力的一半，所以為 50 布力。坐標為（-0.58, 50）。

3.用同法再求出-0.58 毫朗伯的亮度所引起的明度感覺一半時的光強，是（-1.1, 25）。依同樣方法再求出第四點（-1.62, 12.5），第五點（-2.15, 6.25）。

4.再求出 1 毫朗伯的亮度加倍時明度感覺的光強。就是從Y軸上的O點（1 毫朗伯的對數為 0）作 Y 軸的垂線交曲線於 F 點，再向下作垂線交 X 軸於 0.80 處，因 1 毫朗伯（對數為 0）的明度感覺為 100 布力，因此 0.80 處亮度的明度感覺為 200 布力。這是感覺量表的第六點（0.80, 200）。然後再找第七點（2.00, 400）。

把這七個點的數值列在下表 5-2 中。

表 5-2　光強與明度感覺的關係

光強（毫朗伯）	-2.115	-1.62	-1.10	-0.58	0.00	0.80	2.00
明度（布力）	6.25	12.5	25	50	100	200	400

因標準刺激的範圍只在-2.00～+2.00 之間，因此只能選出這七個點的坐標值，將上表所列的值畫圖如下：

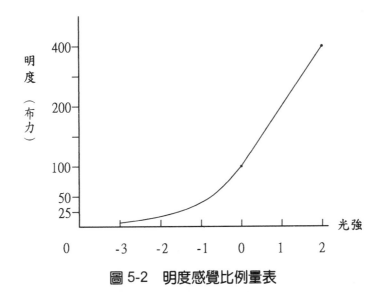

圖 5-2　明度感覺比例量表

►明度比例量表的使用方法：

1.可以查出從 0～100 毫朗伯範圍內的任何光強的明度感覺。例如，強度爲 10 毫朗伯的明度是幾個布力？從圖 5-2 橫坐標在 10 毫朗伯（對數值爲 1）處向上作垂線交曲線於一點，其 Y 值（明度感覺值）爲 230 布力。

2.可以比較兩個強度的光的明度感覺的差別。例如，問光強 10 毫朗伯的明度是 0.10 毫朗伯明度的幾倍？通過查出 0.10 毫朗伯的明度爲 30 布力，10 毫朗伯時的明度是 230 布力，230/30 = 7.7 倍，也就是 10 毫朗伯的明度爲 0.10 毫朗伯時明度的 7.7 倍。

3.可以查出與某一明度成一定比例明度的光強。例如要產生比 230 布力小一半的明度感覺，其光強需要多少毫朗伯？230 布力一半爲 115 布力，從量表上查出爲 0.10（對數），其實際強度值爲 1.2589 毫朗伯。

除上面所講的明度量表外，利用分段法還製作過其它一些量表，如斯蒂文斯在 1936 年爲測量工業噪聲製作的響度量表。

►響度量表的製作方法：

1.給受試者一個具有某種響度的固定樂音，讓他調整另一個樂音，直到後者的響度是前者的一半爲止（樂音固定）。標準刺激的強度選了幾個數值，都用同樣的方法，找出一半響度的物理量。

2.如果兩個耳朵的敏度相同，單耳的響度要與雙耳的一樣響。這時的物理量也是減半的，用這種方法也可以。

3.一味（sonl）是指頻率爲 1000 赫茲的樂音絕對閾限以上 40 分貝的響度。結果是：1 味——40 分貝，2 味——47 分貝，4 味——55 分貝，25 味——80 分貝，80 味——100 分貝。

響度量表的特點：(1)在低強度時，分貝增加很多，才使響度有所增加。(2)在高強度時，分貝增加很少，就使響度增加很大。〔音高量表（S. S.Stevens, J. Volkmann, E. B. Newman, 1937）的製作方法詳見《實驗心理學》，234～235 頁。〕

(1)標準刺激頻率爲 125 赫茲～12000 赫茲之間的樂音共十個頻率。

(2)取五個受試者的幾何平均數。調節變異刺激的頻率，使其是標準刺激的一半，繪減半圖（似圖 5-1）。

(3) 1000 赫茲的樂音的音高為 1000 噗（Mels）。

(4)以噗為縱坐標，以頻率的對數為橫坐標畫圖就得到音高量表（見圖 5-4）。

使用減半法製作音高量表，困難的是受試者對「0」音高不能形成一個穩定的觀念，因此常出現一些誤差（S. S. Stevens & J. Vollcmann, 1940）。

其它感覺道的量表：如重量的主觀量表（以 Veg 為單位）。味覺的主觀量表（以 gust 為單位）等等，都有人製作過。

分段法製作的量表一般被認為是等比量表，分段法中的減半法被認為是較為合用的方法。利賽（T. W. Reese, 1943）在仔細研究了構成測量的基礎理論之後，得出的結論是：這種類型的量表更接近於等比量表。減半法是建立比例量表的一種直接方法而非間接方法，具有一定的正確性。後來又有許多人對減半法的測量理論進一步研究討論，認為它是屬於二等分系統的測量，並建立起一套測量理論（將在下一節討論）。減半法的兩個刺激，一個是零，產生零感覺；另一個刺激產生一種閾上感覺。找出介於零與一定的感覺之間的感覺來，就是減半法。就這一點來說，它與下節要討論的感覺等距法很相近，區別之處是「零感覺」，是感覺連續體的 0端。因此，這種量表具有絕對零點，屬於等比量表。

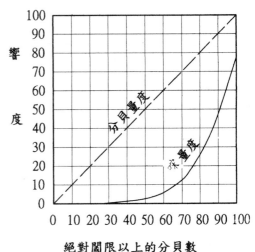

圖 5-3　響度量表

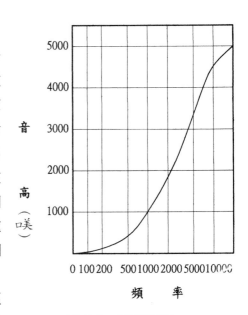

圖 5-4　音高量表

二、數量估計法

數量估計法也是製作感覺比例量表的一種直接方法。

具體步驟是：主試者先呈現一個標準刺激，並規定一個主觀數值，然後讓受試者以這個主觀值為標準，把其它同類，但強度不同的主觀值放在這個標準刺激的主觀值關係中進行判斷，並用一個數字表示出來。

例如，在一個用數量判斷氣味強度的實驗中，給受試者的指示語如下：

「我們讓你估計一種氣味的強度，這個刺激是標準強度，並將你們感覺到的這個標準刺激氣味強度規定為 10，其它任何所呈現的變異刺激強度是多少都放在 10 中進行判斷；也就是說，標準刺激強度感覺是 10，其它刺激的強度感覺該是幾？如果是標準刺激強度的 1/5 就說『2』，如果是標準刺激強度的 2 倍就是 20。數字可以是任何你所認為合適的數字，分數、整數都行，回答無所謂對錯，只是想了解受試者是怎樣判斷氣味的。」。

幾個受試者每人對七個濃度的氣味各判斷二次，結果如下：

表 5-3

氣味的濃度（%）	反應值（幾何平均數）
1.56	2.86
3.12	3.81
6.25	5.74
12.50	8.19
25.00	i1.57
50.00	15.92
100.00	24.67

表5-4　表5-3的對數單位

氣　味	0.19	0.49	0.80	1.10	1.40	1.70	2.00
反應值	0.46	0.58	0.76	0.91	1.06	1.20	1.39

　　氣味濃度為 12.50 %的是標準刺激，其濃度感覺的主觀反應值為 10，因為反應值中會出現一些特別高的數字，所以集中趨勢最好以中數或幾何平均數表示。

　　實驗結果圖示如下：

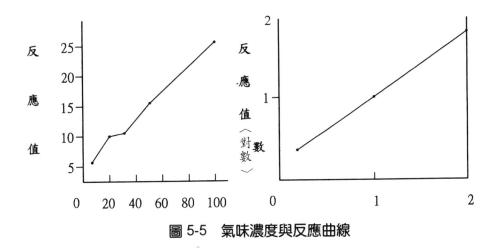

圖 5-5　氣味濃度與反應曲線

三、製作等比量表應注意的問題

　　1.受試者能否正確使用數字，這是影響實驗結果的一個重要因素。

　　2.在判斷中易受其它心理因素的影響，如動機、周圍環境干擾等。實驗中誤差較大，例如，X 是 Y 的兩倍，Y 是 Z 的三倍，X 理應是 Z 的六倍，但事實上往往不是此種情況，這就存在一個問題：判斷很難按等比的尺度進行。因此，很難保證此種量表的等比性質。

第三節　感覺等距法與差別閾限法

感覺等距法和差別閾限法是製作等距量表的兩種主要方法。

一、差別閾限法

該方法是以絕對閾限為起點，以最小可覺差（jnd）為測量單位構成量表。是製作等距量表的一種間接方法。

差別閾限法是製作量表的一種古老方法，是與韋伯、費希納的名字聯繫在一起的。費希納認為，韋伯比率為感覺的測量提供了一個線索，韋伯定律指出了差別閾限是標準刺激的一個固定的比率。這就是說，為了使兩個量的主觀感覺構成一個可覺差（DL），當其中一個標準刺激的物理量增加時，另一個量也必隨之按一定的比例增加，才能使兩個主觀上的量保持恆定（即一個可覺差），但可覺差的階梯也必然要增高。例如，一個假設的感覺其絕對閾限為八個單位，韋伯分數為 1/2，每一個新的最小可覺差的刺激值應為前一個刺激值的 3/2 倍。根據費希納定律，可以將感覺與刺激強度之間的關係用如下的經驗公式表述：

$R_n = R_0 \times r^n$

兩邊取對數：$\lg R_n = \lg R_0 + n \lg r$

式中：R_0 為選作零點或起點的刺激值（以絕對閾限刺激值充任）

$\qquad R_n$ 為任何刺激值（即第 n 個感覺階梯的刺激值）

$\qquad r$ 為韋伯分數加 1.00

$\qquad n$ 為任何一個感覺（最小可覺差）階梯（jnd）

▶例一：下表 5-5 的假設數據：

$n = 5$；韋伯分數 $= 1/2$；$r = 1 + 1/2 = 3/2$；$R_0 = 8$

$\lg R_5 = \lg 8 + 5 \times \lg(3/2) = 0.903 + 5 \times 0.176 = 0.903 + 0.88 = 1.783$

查反對數表得：$R_5 = 60.8$

►例二：若 n = 10，問刺激是多少？

代入公式：

$\lg R_{10} = \lg 8 + 10\lg 3/2 = 0.903 + 10 \times 0.176 = 2.663$

查反對數表得：$R_{10} = 460.3$

這是已知感覺的最小可覺差階梯，求刺激強度時的計算公式。

表 5-5　刺激的增量隨最小可覺差而變化

最小可覺差階梯 （絕對閾限）	刺激值 S	刺激值的對數	刺激值對數的 增加量
0	8.0	0.903	0.176
1	12.0	1.079	0.176
2	18.0	1.255	0.176
3	27.0	1.431	0.176
4	40.5	1.607	0.176
5	60.75	1.784	0.176
n			

將上表所列各數據可用圖 5-6 表示：

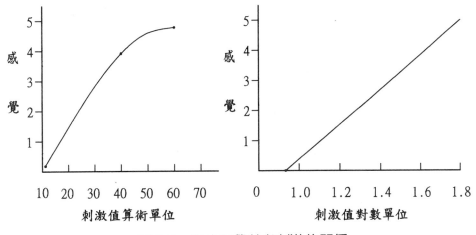

圖 5-6　最小可覺差與刺激的關係

橫坐標將刺激值用對數表示，則曲線變為一條直線。這說明感覺量與刺激

的對數成直線關係，這符合費希納定律：s＝k × logR（s 爲感覺，R 是刺激，k 爲任一常數）。

從上圖可以找到產生某一感覺水平所需要的刺激值。

若已知刺激強度，求最小可覺差數，公式如下：

n ＝（lgR$_n$ － lgR$_0$）/lgr

設R$_n$＝ 100，R$_0$＝ 8，r ＝ 3/2，代入公式：

n ＝（lgR$_n$ － lgR$_0$）/lg1.5 ＝（2 － 0.903）/0.176 ＝ 6.2

所以感覺爲 6.2 個可覺差。

兩個刺激強度之間的感覺階梯是多少也可以計算。

這個公式是一般的計算公式，當它應用於計算特殊感覺領域時，需要明確的感覺單位（jnd）及選定的刺激值零點（R$_n$），n 或R$_n$及韋伯比率。差別閾限量表，需要事先求出韋伯比率來。

差別閾限量表，符合費希納這樣的假設：

1. 最小可覺差是感覺的一個相等的增加量，不論是在哪一水平上被測定的。

2. 強的感覺是量表上在它以下的所有最小可覺差階梯的總和。

儘管費希納定律還有很多爭論，但這個假設對於建立感覺量表，卻提供了一個有用的方法：(1)差別閾限（最小可覺差）是一個特定的、並且明確規定了的單位；(2)可以知道兩個刺激之間有多少辨別的階梯。因此，最小可覺差量表有資格成爲一種有相等單位的量表，即各個階梯是相等地被知覺的。

在 1915 年以前曾建立了這樣一些感覺量表，後來的二十年人們對這些感覺的東西沒有什麼興趣了，但是這些量表在實際中卻得到了應用。如電話工程師發現用分貝（decibel, db）爲單位來說明聽覺刺激強度很方便。分貝是兩刺激比值的對數單位的 1/10，大體上和差別閾限相當，現在聲覺和電訊工程廣泛使用著它。又如：攝影和光學工作者使用密度單位的濾光器也是用對數量表。

製作差別閾限量表，首先必須求出韋伯比率來，韋伯比率不管是用什麼方式表示的（用 K ＝△I/I 或反應時間的比率，第七章將要討論）。韋伯比率比較穩定的刺激在中等強度範圍，對於差別閾限量表，中等刺激也是適宜的刺激，但是，在感覺閾限（R$_0$）附近，刺激往往較弱，韋伯比率不穩定。因此用上面

公式所求出的增量的大小也不穩定，很難保證閾限附近的最小可覺差與中等強度範圍內的可覺差是相等的，對這一點要有所認識。

二、感覺等距法

感覺等距法是製作等距量表的直接方法，它是把兩個刺激所引起的某感覺的連續體分出主觀上相等的距離來。有二分法和同時分出幾個等分的方法，本部分將著重於討論二分法。很明顯地，感覺等距法中對於引起某個感覺的物理刺激量，有合適的物理量連續體表達。因此，此法是屬於心理物理量表一類。但是對有些能引起心理量連續體變化的物理刺激，卻沒有相應合適的物理量表來表達，對於這樣的心理量也可以建立等距量表，但不能用等距量表法，而應該使用評價量表法。二者都是本部分要討論的。

（一）二分法

這個方法於 1850 年曾為普拉托（Plateau）所用，他讓一個畫家畫一種灰色，使之正好在白色和黑色中間。後來由德伯夫（J. L. R. Delboeuf）、繆勒（G. Z. Miilles）和鐵欽納於 1905 年進一步發展。當時應用這一方法的目的是檢驗費希納定律，如果其集中趨勢（中點）與幾何平均數相符，而不是和算術平均數相符，則費希納定律就對了。

二分法是將某兩個刺激所引起的感覺連續體分成兩等分，或者說找出某一點，將感覺分成相等的距離。例如：兩個刺激$S_1 < S_5$，兩個聲音的強度不同，引起兩種不同的聲音感覺，受試者的任務是找出第三個聲音S_3，使之主觀感覺在S_5與S_1所引起的主觀感覺R_5與R_1之間，找出某一感覺R_3，使$R_5 - R_3 = R_3 - R_1$，然後再找出S_4，使之主觀感覺R_4在R_5和R_3之間，再找出S_2使之感覺R_2在R_3與R_1之間。關係可用圖 5-7 表示：

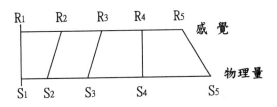

圖 5-7　感覺等距法示意圖

$R_5-R_4=R_4-R_3=R_3-R_2=R_2-R_1$，即主觀感覺上是等距的，但引起等距感覺的物理刺激強度之間的差異，可能相等也可能不等。這就得到了響度的等距量表。把相等的感覺單位作爲縱坐標，以刺激的物理量爲橫坐標畫圖，等距量表就製成了。

㈡二分法須滿足的條件

用二分法製作量表，是出自二等分系統。即在某一集合 A 中的所有物體按某一屬性存在有大於或等於的關係，對屬於 A 的任何 X、Y 存在唯一的二等分點。關於二等分系統滿足下列諸點：

1.表現性（存在性）：具備下列四點測量的充要條件：⑴在 A 集合中 X≥Y，B(X, Z)≥B(Y, Z)即存在單調性；⑵兩個相同刺激強度感覺的二等分點是一個刺激的感覺（反身性）；⑶二等分點是在 X、Y 兩點之間任意一點上，即連續性；⑷雙對稱性，即B[B(W, X), B(Y, Z)]＝B[B(W, Y), B(X, Z)]。用下圖表示：

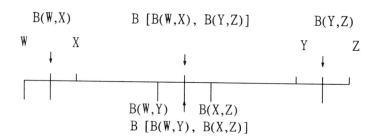

圖 5-8　測量的表現性示意圖

上面所講的：$R_5-R_4=R_4-R_3=R_3-R_2=R_2-R_1$，其測量的表現性可用下圖表示如下：

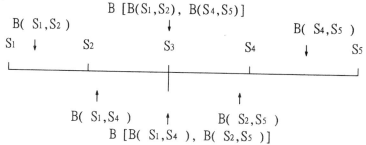

圖 5-9　二分法測量的表現性示意圖

測量的表現性是使感覺等距很重要的一點，由於二分法具備了這些測量的重要條件，因而可以進行測量。從實驗結果證明，這個條件是存在的。可以從某一集合中隨意抽取四個不同的刺激值加以證明。這裡須注意一個問題，二等分必須具備雙對稱性，但操作不一定是對稱的，這就是說，先呈現 X 或先呈現 Y，其二等分點不一定相同，即 B(X, Y) 不一定等於 B(Y, X)，因此，運用二分法時必須注意平衡這些誤差。

2.唯一性：f 是一等距尺度，心理量 f(x) 是等距量尺。

3.意義性：假設感覺是一連續體，因此等距的尺度能予以解釋。

4.有一套測量的構架（程式），如感覺等距方法的操作程序。

5.對誤差有很好的平衡和消除方法。

因此，感覺等距中的二分法是一種比較好的測量方法。

應注意的問題有：

(1)計算上要用幾何平均數。當採用多個受試者進行實驗時，各受試者的二等分點不一定相同，這時計算平均數時，應取各受試者二等分點的物理量的對數相加後平均，作爲多個受試者的平均數。因等距量表符合費希納定律，因此統計方法前後要一致（兩種結果或許差別不大）。

(2)系列效應。感覺等距法類似單一刺激法，存在著系列效應的影響：①參照點的影響；②系列的集中傾向。這個系列效應不但存在在等距量表中，也存在在其它量表中。如在評定某系列時，刺激先後不同，或頭腦中另有一個刺激爲參照點等，會使量表等距的性質受到影響（參見《實驗心理學》，240～244頁及 223～224 頁）。

下面以音擺爲例說明用感覺等距法製作響度量表的具體步驟：

音擺是利用兩個擺錘下落，敲擊一個立柱發出聲音刺激的儀器，因擺錘下落的角度不同可發出強度不同的聲音，最大爲 90°，最小爲 1°。實驗前選定一個聲音強度距離，例如，選定音擺下落的角度爲 10° － 60°，也就是 $S_1 = 10°$，$S_5 = 60°$，主試者以相等的時距連續呈現三個刺激 S_1、S_5 和 S_v，其中 S_v 爲變異刺激，每呈現一輪 S_1、S_5 和 S_v，讓受試者判斷 S_v-S_1 的響度與 S_5-S_v 的響度距離大小是否相等。S_v 是 S_1 與 S_5 之間任何角度。例如取 22°～40° 之間的十個強度作爲 S_v，以類似用最小變化法測差別閾限的方式進行實驗，不是比較刺激強度本身的大小，而是響度距離的大小。如用漸減法的步驟，連續呈現 60° － 40° － 10° 三個刺激，

讓受試者判斷第二個響度的距離（40°－10°）比第一個響度距離（60°－40°）大、小、還是相等，如受試者回答大，下一次再呈現 60°－38°－10°……，這樣三個一組，一組組的呈現刺激，直到受試者第一次回答第二個響度距離小於第一個響度距離爲止。漸增法的步驟相反。爲了消除時間誤差和系列效應，可有一半的次數先呈現S_1，另一半的次數先呈現S_5。下表所列是八次實驗的結果。實驗總次數應爲八的倍數：二十四或三十二，這些次數是實驗常用的。

表 5-6　響度等距法實驗結果

變異刺激 S_v	$S_5-S_v-S_1$		$S_1-S_v-S_5$		$S_1-S_v-S_5$		$S_5-S_v-S_1$	
	↓	↑	↓	↑	↑	↓	↑	↓
40°	+							
38°	+		+					+
36°	+		+			+		+
34°	+		+	+		+		+
32°	+	+	=	=	+	=	+	=
30°	=	=	=	=	=	=	=	=
28°	=	=	−			−		−
26°	−	−	−	−		−		−
24°	−	−						
22°			−			−		
	29°	29°	31°	30°	30°	30°	30°	31°

M = 30°

按響度來說，音擺的高度 60°－30°＝30°－10°。

用同樣的方法再求 60°－30°響度距離相等的S_4，平分 30°－10°的響度距離的S_2。設S_1所引起的感覺梯級爲 0。則上面的實驗結果可列表如下：

表 5-7　判斷為相等距離的結果

聲音的強度（度數）	10	22	30	40	60
響度單位	0	1	2	3	4

根據表中數據，以響度爲縱坐標，以聲音強度爲橫坐標作圖如下：

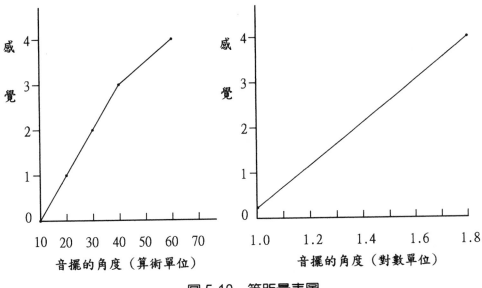

圖 5-10　等距量表圖

橫坐標取對數，曲線接近直線，符合費希納定律。

從這個響度等距量表可以查出在量表的範圍以內任何響度的聲音系列來。如響度變化 1 個單位，則角度爲 10°、22°、30°、40°、60°；如響度變化 1.5 個單位，則角度爲 10°、26°、40°或 22°、36°、60°，如響度變化 0.5 個單位，則角度爲 10°、15°、22°、26°、30°、36°、40°、47.5°、60°。

三、評價量表（rating scales）

前面所討論的是心理物理量表，心理量連續體都是由一個相應的物理連續

體引起的，現實中還存在著沒有合適的相應物理量連續體所引起的心理量，例如，人的表現好壞、字寫得好壞、對一件事的態度等等，引起心理量的刺激是客觀存在的，但不能用相應的物理量連續體加以表示，其心理量也可以建立很好的心理量表，其一種方法就是評價量表。理想的評價量表是一種等距量表，也是製作等距量表的直接方法。要使評價量表成為具有相等單位或者有一個穩定的參考點，它必須被固定下來，各個等級可以用文字或數字來表示，如劣、差、中、良、優等，等級的數目可以根據不同的要求，定為奇數或偶數。評價量表是對連續的刺激進行評價，因此最好是先熟悉一下所有的刺激，然後再進行評量。為了克服評量結果中經常出現的集中傾向（判斷趨於中等因而使等距受影響），這裡可以將各種類別規定出一個特殊的個體作為參照點，或規定一定的百分數為每一類的代表。例如上面所講的五等，每等為 20％等。所謂集中的趨勢，就是偏於中等類型的評價。如：分別為五個等級（假如分五等）N 個受試者進行等級評量，評量結果是中間等級的人數要多於兩端的。至於很多個體進行評價時，其評價結果接近一個正態分配，這究竟是評價者心裡因素的影響，還是事物本身許多特點都是常態分配的這個事實，並沒有外部的核對。評價量表對於心理品質的測量是較好的方法。困難之處在於要保持等距，往往用下面所講的等級量表經過正態轉換，來實現等距，以克服系統誤差的影響。

第四節　對偶比較法與等級排列法

一、對偶比較法

對偶比較法又稱比較判斷法。這個方法是由費希納（1896）的實驗美學選擇法發展而來的，由寇恩（J. Colrn, 1894）在他顏色偏愛的研究報告中介紹出來，後來又經瑟斯頓進一步發展完善，因此，該方法又稱瑟斯頓第五型比較判斷法。這個方法類似恆定刺激法，按照恆定刺激法的方式，應讓受試者比較標準刺激和變異刺激。但用這個方法比較美感和態度時，標準刺激必須要屢次出現，而這會使人看膩了而影響正確判斷，從而改成兩刺激對偶比較。這樣可以克服恆定法的不足，但其結果又能轉化為恆定刺激法的結果，這一點從下面的敘述便可清楚地了解。

(一)對偶比較法的具體步驟

把所有要比較的刺激兩兩配對,然後一對一對地呈現,讓受試者對於刺激的某一特性進行比較並做出判斷:兩個刺激中哪一個刺激的某種屬性更明顯,如甲物比乙物好看、受歡迎……等,它要求每一個刺激都要分別與其它刺激比較一次。

表 5-8　對偶比較法記錄格式

	A B C D E F G H I J
A	A A A A A A A A A
B	B B E B G B B J
C	D C C C C C C
D	E D D D D J
E	E E E E E
F	F F I F
G	G G G
H	I J
I	J
J	
C分數	9 5 6 5 7 3 4 0 2 4
	ΣC = 10(10 − 1)/2 = 45

如果用 n 代表相比較刺激的數目,那麼比較的總次數就是:n(n − 1)/2。例如 10 個刺激,若每一個刺激都與其它的刺激比較一次,則須比較 10(10 − 1)/2 = 45 次,也就是要配 45 對。為了控制空間誤差、時間誤差等系統誤差,要求每對刺激隨機呈現,用 AB 法平衡空間和時間誤差,即每對的兩次比較中某刺激先呈現,在另一次比較時,則後出現等。實驗時,要事先準備好一個記錄表。格式如表 5-8 所示。

記錄的方式有兩種：

1.用字母表示，則是：當 A 與 B 比較時受試者覺得 A 比 B 好（即某一屬性明顯），就在 A 行 B 列的交叉處寫上「A」，如果 B 與 G 比較時，受試者報告 G 比 B 好，就在 B 行 G 列的交叉處寫上 G。最後統計得分時，數記錄表上有多少個「A」，A 就得多少分，B 有多少個，B 就得幾分，依此類推。這個得分稱作選擇分數，用字母 C 表示。所有各刺激所得選擇分數的總和應該是比較的總次數，即 $\Sigma C = n(n-1)/2$。最後可用這一點，對選擇分數的計算是否有誤進行核對。

2.另一種記錄方式是用「1」表示某一特徵明顯，「0」表示不明顯，如表 5-8，記錄方式可表示為：

表 5-9　對偶比較的記錄格式

	A	B	C	D	E	F	G	H	I	J	C 分數
A		1	1	1	1	1	1	1	1	1	9
B	0		1	1	0	1	0	1	1	0	5
C	0	0		0	1	1	1	1	1	1	6
D	0	0	1		0	1	1	1	1	0	5
E	0	1	0	1		1	1	1	1	1	7
F	0	0	0	0	0		1	1	0	1	3
G	0	1	0	0	0	0		1	1	1	4
H	0	0	0	0	0	0	0		0	0	0
I	0	0	0	0	0	1	0	1		0	2
J	0	1	0	1	0	0	0	1	1		4
C 分數	9	5	6	5	7	3	4	0	2	4	45

C 分數的計算很簡單，數縱列「0」的個數或橫行「1」的個數，就是該項的得分數。

關於對選擇分數進行核對，前面所講是在只進行一輪比較，即每一個刺激與另外的刺激只比較一次時，$\Sigma C = n(n-1)/2$，實驗中為控制空間、時間等系統誤差往往需要比較二次、四次……，因此，這裡若進行核對，ΣC 就應是 n(n

－1)/2 乘上同一對刺激相比較的次數了。

　　選擇分數百分數的計算是將每個選擇分數都除以(n － 1)，因為，有 n 個刺激，每一刺激都要與其它刺激比較一次，這樣對某一刺激來說，須比較 n － 1 次，因此所得 C 的最高分數應是(n － 1)分。

表 5-10　對偶比較數據的計算（表 5-9 記錄的結果）

	H	I	F	J	G	D	B	C	E	A
C 分數	0	2	2	4	4	5	5	6	7	9
$P = C/n - 1$	0	0.22	0.33	0.44	0.44	0.56	0.56	0.67	0.78	1.0
$C' = C + 0.5$	0.5	2.5	3.5	4.5	4.5	5.5	5.5	6.5	7.5	9.5
$P' = C'/12$	0.05	0.25	0.35	0.45	4.5	0.55	0.55	0.65	0.75	0.95

　　用這種方法計算百分數，在出現 C 為 0 或 C ＝ n － 1 時，對於以後的正態轉換有一定的困難，故選擇分數百分數的計算。一般還採用將每一個選擇分數加 0.5 分的辦法，其意義是每一個刺激與自身相比，並無所謂的好壞，因此各得 0.5 分。這樣，再計算百分數 P' 時，就用 n 代替 n － 1 去除 C' 了。

(二)對偶比較的數據處理

1. 數據處理的基本原理

　　對偶比較是受試者對每對刺激中的兩個成分進行選擇，即某一屬性是明顯還是不明顯，所以實驗是兩個類別的反應，這同恆定刺激法的兩類反應一樣，如果把這兩類反應稱作「有」和「無」或者是「成功」和「失敗」，那麼每個刺激的選擇分數，就是報告「有」或「成功」的次數，而其百分數 P，就是報告「有」或「成功」的百分數。表 5-10 所舉的例子中 H 的次數是零，對於所有其它（H 除外）的刺激來說，它成功的次數是零，而 A 刺激則是 9 次，就是對所有的刺激來說成功是 9 次。百分數是百分之百，而其它的刺激如 I 成功的比例只有 22 ％。這個選擇分數的百分數，在一定程度上表示了某一刺激的某個屬性被選擇為明顯的比率了。這一點與恆定刺激法 P₊（或 P₋）很類似。

　　瑟斯頓於 1927 年進一步發展了對偶比較法的度量化方法。其理論大意是：

呈現給受試者一個刺激 i，則受試者會對 i 刺激引起心理上的主觀判斷S_i，同一刺激施予很多人或施予一人很多次，所引起的感覺呈正態分布，其平均數$\overline{S_i}$、變異數σ_i^2。

如果有兩個刺激 i 與 j，且 i＜j，則可能在一大樣本受試者中形成兩個正態分布：

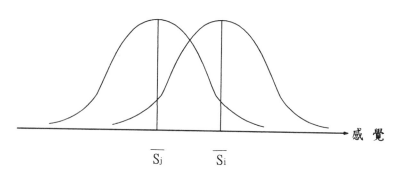

圖 5-11　兩個刺激的感覺分布

j 的感覺的平均數爲$\overline{S_j}$，變異數爲σ_j^2。

同樣，i 與 j 的差別感覺（即 j 與 i 哪個大或小的感覺）也是一個正態分布。如果 j＝i，即$\overline{S_j}=\overline{S_i}$，理論上應有一半的次數 i 被感覺大，另一半的次數 j 被感覺大，其差別感覺$S_{j-i}=0$，其變異數爲：

$$\sigma_{j-i}^2=\sigma_j^2+\sigma_i^2-2r\sigma_j\sigma_i$$

如果 j＞i，即$\overline{S_j}＞\overline{S_i}$，那麼其被感覺爲有差異的比率就要增大，如圖 5-12 所示（圖中陰影部分）。其平均值S_{j-i}位於分布的最高點，而判斷爲 j＜i 的比例明顯少（非陰影部分），兩部分被原點（i＝j 即$S_{j-i}=0$）劃分。

如果用f_{ij}表示 j＞i（即$\overline{S_j}＞\overline{S_i}$）判斷次數，N 代表總判斷次數（N 個人判斷一次或一個人判斷 N 次），那麼，其判斷爲 j＞i 的比率$p_{ij}=f_{ij}/N$。如果欲求出差別感覺（$\overline{S_j}-\overline{S_i}$）與無差別感覺（$\overline{S_j}=\overline{S_i}$）之間的距離，根據統計學原理，其間的距離可用 Z 分數表示如下：

$$Z_{ij}=\frac{(\overline{S_j}-\overline{S_i})-0}{\sqrt{\sigma_j^2+\sigma_i^2-2r\sigma_j\sigma_i}}$$

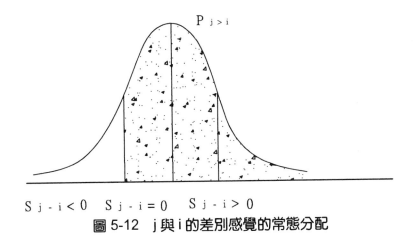

$$S_{j-i} < 0 \quad S_{j-i} = 0 \quad S_{j-i} > 0$$

圖 5-12　j 與 i 的差別感覺的常態分配

　　這個公式是瑟斯頓建立對偶比較法的基礎。為了進一步簡化計算，假設對偶比較法中所有刺激引起感覺分布的方差都相等：

$$\sigma_1^2 = \sigma_2^2 = \cdots\cdots\sigma_n^2$$

而且各刺激是相互獨立的，即相關係數為零。這樣上式可以化簡為：

$$Z_{ij} = \frac{\overline{S}_j - \overline{S}_i}{\sqrt{2\sigma^2}} = \frac{\overline{S}_j - \overline{S}_i}{\sqrt{2}\sigma}（以單一感覺分布的方差為單位）$$

兩刺激的感覺距離可以這樣表示：$\overline{S}_j - \overline{S}_i = Z_{ji} \cdot \sqrt{2\delta}$，若將兩感覺差分布的方差轉換為標準正態分布，令其方差為 1，即兩感覺差分布的方差（$2\delta^2$）為 1，則兩感覺之間的距離：$\overline{S}_j - \overline{S}_i = Z_{ij}$，而 Z_{ij} 可以通過 P_{ij} 查正態表得到，從而在無需對刺激進行測量的情況下，便可達到對感覺進行測量了。p_{ij} 可通過比較判斷，用上面的公式計算得到。

　　2. N＝1 時的數據處理

　　上面已經談到，對偶比較實驗相當於恆定刺激法的實驗，特定的刺激範圍，代替了單個標準刺激，而每一個刺激的選擇百分數，就相當於恆定刺激法兩類反應得到的 P_+。因為所有各刺激（i、j……）之間的差異不同，所以，其被反應為「較大」的（即正反應）百分數也不同，根據前面所述，選擇百分數相當於 P_{ij}，那麼可通過各刺激的選擇分數所計算的百分數，查正態表得到 Z 分數，各刺激所引起的感覺之間，就可以用 Z 分數表示其間感覺強度的差別，這樣就將各刺激的感覺轉化為以標準差為單位的等距量表。

　　有了這個量表不僅可以說出各刺激特性被評定的順序，而且可以知道它們之間的距離（是以標準差爲單位的）。如果其原點爲 0（利用加上一個數得到——各實驗不同，所加的數也不同，只是一個相對的數值），則可得到有一個相對零點的等距量表來（見圖 5-13）。

表 5-11　Z 量表轉化

	H	I	F	J	G	D	B	C	E	A
C 分數	0	2	3	4	4	5	5	6	7	9
$P = c/n - 1$	0	0.22	0.33	0.44	0.44	0.56	0.56	0.67	0.78	1.00
Z	?	-0.77	-0.44	-1.5	-0.15	0.15	0.15	0.44	0.77	?
C'	0.5	2.5	3.5	4.5	4.5	5.5	5.5	6.5	7.5	9.5
$P' = c'/n$	.05	0.25	0.35	0.45	0.45	0.55	0.55	0.65	0.75	0.95
Z	-1.64	-0.67	-0.39	-1.3	-1.3	0.13	0.13	0.39	0.67	1.64
Z + 1.64	0	0.97	1.25	1.51	1.51	1.77	1.77	2.03	2.31	3.28

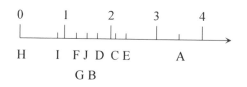

圖 5-13　Z 分數量表

3. N＞1 時的數據處理

　　上面所談的只是一個受試者對偶比較的結果處理，很清楚地，個人的愛好對於一個有效的量表並不是可靠的，因此需要若干個體的良好取樣，把各個受試者對各刺激選擇分數加起來就得到一組受試者的結果，可以通過累積的 C 分數計算 P 及 Z 了。

　　例如：對紅、橙、黃、綠、藍五種顏色的乒乓球拍的顏色愛好評價，制定

量表以決定其生產的數量。這個實驗選 500 名受試者，每個受試者對每對顏色球拍前後比較 2 次，那麼每一對偶顏色的比較就是 1000 次。如紅色與橙色比較，喜歡紅色的 517 人次，那麼喜歡橙色的就是 483，二者加起來是 1000 次。若有五種顏色，則每人需比較 5(5 － 1)/2 次，共 2 輪，因此，每人需比較 20 次，即應有 20 個反應，共 500 人則有 20 × 500 = 10000 次反應。

(1)列 F 矩陣：將得到的 10000 次反應，按 5 個顏色列成 5 行 5 列的矩陣表，分別記錄其一顏色比另一顏色更喜歡的次數，如表 5-12 所示是行比列更喜歡的次數：

表 5-12　比較判斷實驗結果次數表（F 矩陣）

顏色	紅	橙	黃	綠	藍	Σ	總分數的百分數
紅		517	525	545	661	2248	22.48
橙	483		841	477	576	2377	23.77
黃	475	159		534	614	1782	17.82
綠	455	523	466		643	2087	20.87
藍	339	424	386	357		1506	15.06

(2) P 矩陣：將 F 矩陣表次數 F_{ij} 除以每一對偶比較判斷的總次數，在本例中每一比較的總次數為 2 × 500 = 1000。

表 5-13　P 矩陣表

顏色	紅	橙	黃	綠	藍	累積 P（沒加 0.500）
紅	0.500	0.517	0.525	0.545	0.661	2.248
橙	0.483	0.500	0.841	0.477	0.576	2.377
黃	0.475	0.159	0.500	0.534	0.614	1.782
綠	0.455	0.523	0.466	0.500	0.643	2.087
藍	0.339	0.424	0.386	0.357	0.500	1.506

(3) Z 矩陣：根據 p_{ij} 再轉換為標準正態的標準分數，可查正態表。

表 5-14　Z 矩陣表

顏色	紅	橙	黃	綠	藍	累積	平均	+0.2526
紅	0	0.040	0.063	0.113	0.415	0.631	0.1262	0.3788
橙	-0.043	0	1.028	-0.058	0.192	1.119	0.2238	0.4764
黃	-0.063	0.999	0	0.085	0.290	-0.687	-0.1374	0.1152
綠	-0.113	0.058	0.085	0	0.366	0.226	.0452	0.2978
藍	-0.415	-1.92	-.290	-0.366	0	-1.263	-0.2526	0

上表中的 Z 平均數，可由累積數除以 n(n ＝ 5)得到，如上表中的 0.2526，是為了使量表從 0 開始，將平均這一數值加上其中最小的數值 0.2526，這個 Z 量表被認為是等距的尺度，量表值越大就代表越受喜歡，如果只決定其生產數量，可由 F 矩陣所計算出的總分數百分數乘以生產的總數得到此顏色球拍的生產數量。為什麼由 F 矩陣不能通過求平均 C 而求 P，再轉換為 Z 呢？因為 P 與 Z 不是一一對應的關係，因此先求平均 P 值再轉換為 Z 誤差較大，而先求 C 的平均數與先求 P 的平均數是相同的，這一點在轉換等距量表時須注意。

二、等級排列法

等級排列法又稱順序排列法，是等級量表的一種簡單直觀的方法。

(一)步驟

按照指定的屬性把許多刺激排出一個等級順序來，如果由很多受試者評定，則可把各評定的等級相加，再求出平均的等級來。關於等級之間的相關用斯皮爾曼等級相關方法。要檢驗各刺激所評等級差異是否顯著，用非參數變異數分析來檢驗。

(二)等級排列法與對偶比較法的關係

如果一個受試者把一個刺激的屬性排在 10 個刺激的第一位，這就是說，他覺得這個刺激的屬性比其它 9 個都明顯。如果排在第二位，就是比其它 8 個明顯……，因此每一等級(R)可以轉換成一個選擇分數(c)。如果有 n 個刺激則：

$$C = n - R \text{ （R 為所排的等級）}$$

如果是平均等級（多數人評定的平均結果），可用下式計算選擇分數：C ＝ n －R根據對偶比較法的計算，可以把選擇分數 C 轉換爲百分數。p ＝ c/n － 1，p'＝(c + 0.5)/n，然後就可以將 P 值轉化爲 Z 值，這樣就將等級量表轉換爲等距量表了。

表 5-15　等級量表

受試者 （評論者）	被　評　價　者									
	A	B	C	D	E	F	G	H	I	J
1	1	2	4	3	9	6	5	8	7	10
2	1	4	2	5	6	7	3	10	8	9
3	1	3	4	5	2	8	9	6	10	7
4	1	3	4	5	2	6	10	8	7	9
5	1	9	2	5	6	3	4	8	10	7
6	1	4	9	2	5	6	7	3	10	8
7	1	3	5	10	2	6	9	7	8	4
8	1	3	5	7	6	4	8	10	2	9
9	1	2	8	4	9	6	3	7	5	10
10	1	2	4	5	9	8	6	3	7	10
等級總和	10	35	47	51	56	60	64	70	74	83
M_R	1	3.5	4.7	5.1	5.6	6.0	6.4	7.0	7.4	8.3
$C ＝ n － \bar{R}$	9	6.5	5.3	4.9	4.4	4	3.6	3	2.6	1.7
$P ＝ c/n － 1$	1.0	0.72	0.59	0.54	0.49	0.44	0.40	0.33	0.29	0.19
Z	?	0.58	0.23	0.10	-0.03	-1.5	-1.25	-0.44	-0.55	-0.88
c' ＝ c + 0.5	9.5	7	5.8	5.4	4.9	4.5	4.1	3.5	3.1	2.2
P' ＝ c'/n	0.95	0.7	0.58	0.54	0.49	0.45	0.41	0.35	0.31	0.22
Z	1.64	0.52	0.20	0.10	-0.03	-1.3	-0.23	-0.39	-0.50	-0.77
Z + 0.77	2.41	1.29	0.97	0.87	0.74	0.64	0.54	0.38	0.27	0

上表5-15是卡特爾在1906年對當時十個著名的天文學家的成就評定結果。

A的成就被評爲最好，B次之，J最差，而各位天文學家成就的差異也可從 Z 量表看出來。

第五節　心理量與物理量的關係定律

　　前面介紹的幾種量表方法，涉及的是對閾上感覺進行測量的問題。一定的感覺都由刺激的一定物理量引起，但心理量與物理量之間究竟存在什麼關係？有無一定的規律依存？這就是本節所要討論的有關問題。

一、對數定律

　　前面講過的等距量表製作方法中曾經談到，費希納從韋伯比率中看到了度量閾上感覺的可能性，在 R ＝△I/I 這個韋伯定律中，△I 代表差別閾限，也叫最小可覺差。費希納假設每一個最小可覺差可以看作感覺上的一個最小變化，最小可覺差的主觀量是相等的。如果以△S 代表最小的感覺變化，那麼感覺變化△S 和刺激物理變化△I/I 之間可作如下數量表述：△S ＝k_1△I/I（k_1與韋伯比率的 K 不是同一個意思），寫成向量的形式則為d_s＝k_1d/I，因為閾上感覺量為許多在它以下各感覺的總和，所以把d_s＝k_1×d/I 積分。因為韋伯比率適用於中等強度，故：

$$s = \int_a^b k_1 d/I = k_1 \ln I + c \int_a^b = k_1 \lg I + c$$

　　此公式中(a, b)區間即為中等強度之範圍，式中 S 是感覺（即中等刺激強度所引起的心理量）。

　　k、c 為常數（不是韋伯定律的 K）這就是對數定律，就是說心理量是刺激量對數的函數，即當刺激以幾何級數增加時，心理量則以算術級數增加，這個定律首先被差別閾限法製作的等距量表所支持。感覺等距法製作的等距量表也支持這個定律。把等距量表的數據畫在對數坐標上（感覺是算術單位，刺激是對數單位）。心理測量的函數應為一條直線，如圖 5-6 及圖 5-10 所示。

　　費希納的定律曾受到多方面批評：⑴以詹姆士（W. James）為首的內省心理學家認為感覺是完整的，不能分析成部分。他說：粉紅色的感覺顯然不是深紅色感覺的一部分，電燈光的感覺似乎也不包含蠟燭光於其內；⑵沒有充分的證據支持假定的最小可覺差都相等。有人說把許多斤加在 100 斤以上所引起的感覺增量，和把許多兩加在 1 斤上，所覺察出來的增量是不同的，對於費希納

定律的爭論達幾十年之久，眾說紛紜（這些爭論情況見《實驗心理學史》327～328頁及其它有關部分）。

二、冪定律

是由斯蒂文斯提出來的。他經過多年的研究指出：心理量與物理量的關係不符合對數定律，而符合冪定律，即心理量與物理量都是按幾何級數增長的。如果將心理量和物理量的測量數據畫在雙對數坐標上，心理量與物理量呈直線關係。斯蒂文斯用分段法與數量估計法這些直接方法所製作的比例量表來支持他的論點。如果兩個刺激表現出某一給定的比例，則在數量估計的實驗中，受試者分配給它們的數字也應有一定的比例，這也就是說，如果兩個刺激比例不變，由它引起的感覺比例也不變。這樣，心理量的比例和物理量的比例就成正比的關係。光和聲的物理量和心理量之間的關係的確有這種特點。如表 5-16 所示：

表 5-16 光和聲的物理量度和心理量度之間關係

相對物理強度 對　數	1 0	10 1	10^2 2	10^3 3	10^4 4	10^5 5	10^6 6	10^7 7
心　理　量 對　數	0.063 -1.2007	0.125 -0.9031	0.25 -0.6021	0.5 -0.3010	1 0	2 0.3010	4 0.6021	8 0.9031

相對物理強度 對　數	10^8 8	10^9 9	10^{10} 10	10^{11} 11	10^{12} 12	10^{13} 13	10^{14} 14	10^{15} 15	10^{16} 16
心　理　量 對　數	16 1 0.2041	32 1 0.5051	64 1 0.8062	128 2 0.1072	256 2 0.4082	512 2 0.7093	256 3 0.0086	1024 3 0.3201	4096 3 0.6117

從上表可以看出，只要物理量的比例不變，心理量的比例也不變。例如，物理量$10^6/10^4 = 10^2$心理量 4/1 ＝ 4。物理量是以 10 倍的關係增加時，心理量總是以兩倍的關係增加。如果以I_1和I_2分別代表物理量，比例等於一個常數的兩個

刺激以s_i和s_j代表I_j和I_i所引起的兩個相應的心理量，則：

$I_i/I_j = R$，$s_i/s_j = m$

這裡 R 和 m 是常數。將以上兩式都取對數。則：

$\lg I_i - \lg I_j = \lg k$
$\lg s_i - \lg s_j = \lg m$　　（$\lg k$ 和 $\lg m$ 都是常數）

這個結果表示，在雙對數坐標上，物理量表上距離相等的兩個刺激在心理量上也相等。這就意味著在雙對數坐標圖上，心理與物理函數將是一條直線，如果以 I 代表物理量 S 代表心理量 a、b 為常數，這條直線的函數就可以寫成：

$\lg S = a \lg I + \lg b$

取其對數，則 $S = b \times I^a$ 即心理量 S 是物理量 I 的冪函數。下圖是根據表 5-16 的資料繪製的。

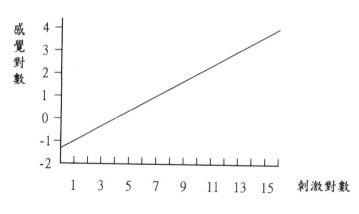

圖 5-14　心理量與物理量的冪關係

斯蒂文斯根據多年的研究指出，對不同的感覺道來說，那個代表直線斜率的指數相差很大，這說明感覺的增長速度很不相同，如表 5-17：

表 5-17 不同感覺道的指數

明度	a = 0.33 a = 0.5	暗室條件下 亮光條件下
響度	0.67	3000 赫茲
味覺	1.3 1.4	飽和蔗糖溶液 飽和鹽水溶液
溫度	1.0 1.5	冷（手臂） 溫（手臂）
重量	1.45	提重
手握力	1.7	
電擊	3.5	通過手指
長度	1.0	
視角	0.7	

如果指數大於1，畫在算術坐標上就是正加速曲線；如果小於1則是負加速曲線；如果指數等於 1 就是一條直線。圖 5-15、5-16 是上面斯蒂文斯所研究的三個不同感覺道的實驗結果〔見 S. S. Stevens (1961). The psychophysics of sensory Function. In W. A. Rosenblith (ed), *Sensory Communication*. New York: Wiley.〕

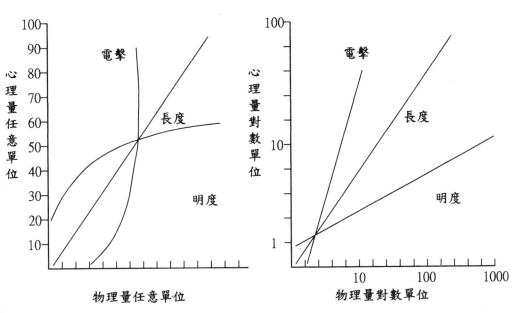

圖 5-15 心理量與物理量的冪函數　圖 5-16 心理量與物理量的冪函數關係

圖 5-15 電擊曲線說明電擊的感覺強度比產生它的電擊的物理強度增長得快得多（a＝3.5），明度比光能的增長慢得多（a＝0.33）。線段的主觀長度和線段的物理長度則有同樣的增長率（a＝1），如果以圖 5-15 實驗結果畫在雙對數坐標上，則爲斜率不同的三條直線（圖 5-16）。

斯蒂文斯認爲，數量估計法爲製作量表提供了一條道路，這種方法製作的量表直接支持了他的冪定律。這個方法曾受到批評，批評者認爲，受試者給出的數目可能更能反映他的數字習慣而非反映他的感覺。爲了回答這類批評，斯蒂文斯使用了不同感覺道的交叉匹配方法，這就是讓受試者調節一個感覺道的刺激強度，使之與另一個感覺道的刺激相等。如改變一個聲音的響度，都調節一個「數量」直到使之與響度相匹配，下圖所列的是響度與電擊（60赫茲）、手指握力、紅顏色、粗糙度、聲強、振動等相區配的結果（1965）：

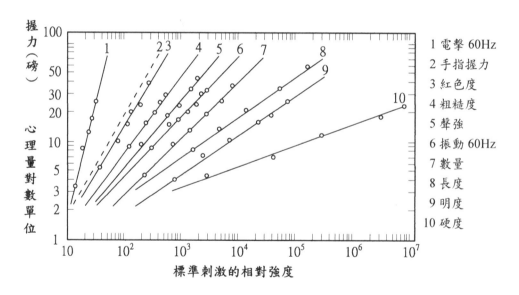

圖 5-17　不同感覺道交叉匹配的結果

上圖是將區配的結果畫在雙對數坐標上，都是一條直線，可見心理物理函數仍然是冪函數。

心理物理函數究竟是符合對數定律還是符合冪定律？從數量估計和分段法實驗得到的證據都支持了斯蒂文斯的冪定律，而製作等距量表的實驗結果卻又支持了費希納的對數定律。這些從本章前幾節講的對閾上感覺的測量都可以得

到說明。幾十年來的爭論，各有理由和實驗證據說明其正確性，使人難於對心理物理函數是依冪定律還是依對數定律作出絕對肯定或否定的回答，它服從哪個定律因具體條件不同而異。

有一種觀點（W. S. Togesen）認爲對這個問題不能在實驗的基礎上解決。在用灰色製作明度量表中發現，實驗中受試者依比例判斷還是依等距判斷依主試者的指導語而定。以比例判斷就產生冪函數，而以等距判斷就產生對數函數。因此他認爲，心理物理函數究竟服從什麼定律，不是通過實驗去發現問題，而是一個在實驗中進行選擇的問題。

另一種觀點（G. Ekman）認爲在假定費希納對數定律是普遍正確的前提下，冪定律是對數定律的一個特例：數字估計法實驗中，以數目匹配刺激的程序，受試者所匹配的實際上是兩套刺激，一個是數字的主觀量（s_n），另一個是刺激的主觀量（s_I），依對數定律$s_n = a\lg n + b$，$s_i = c\lg I + d$（n 代表數字刺激，I 代表物理刺激），而$s_I = s_n$，因此：

$a\lg n + b = c\lg I + d$

$\lg n = (c\lg I + d - b)/a = (d - b)/a + c\lg I/a。$

設 $(d - b)/a = \alpha'$，$c/a = \beta$　則：$\lg n = \alpha' + \beta\lg I$

可得 $\lg n = \lg 10^{\alpha'} + \lg I^{\beta} = \lg 10^{\alpha'} \cdot I^{\beta}$於是有 $n = \alpha \times I^{\beta}$（其中$\alpha = 10^{\alpha'}$）

n 爲數字估計量（代表心理量），I 爲刺激（物理量）。二者之間爲冪函數關係。因此說，如果把冪定律看作一種心理量與物理量之間關係的描述，它就是心理物理定律；如果把它作爲兩個刺激（數字的和物理的）變量之間關係的描述，它就代表以刺激表示的費希納定律。

不管心理量與物理量究竟符合什麼定律，但有一點是肯定的，即它們之間是有一定函數關係的，因此對閾上感覺的度量是可能的。而且已有了一些被心理學界接受的一種客觀有效的量度化方法。傳統心理物理學觀點認爲，人對物理刺激的判斷標準主要受物理強度變化的影響，即心理量直接受物理量影響，不管這種影響的方式是對數形式還是乘冪的形式。近來（五十年代以後）信號檢測論的觀點則採取比較有機的態度，即人在判斷感覺的過程中，除了受物理刺激本身的影響外，還受到受試者本身的動機、實驗者對受試者的獎懲、實驗

的後果等因素的影響。加上這些考慮後，使心理物理學更擴大了它們所處理的範圍，並能給結果以更合理的解釋。

參考文獻

1. 曹日昌等譯〈1965〉，R.S.Woodwoth 等著。實驗心理學。北京科學出版社。
2. 楊國樞等著 1980。社會及行為科學研究法，第三版。台北：華東書局。
3. 赫葆源、張厚粲、陳舒永著〈1983〉。實驗心理學。北京大學出版社。
4. Schlosberg H.〈1972〉. *Experimental Psychology.* New York : Rinehart and Winston, ch.3.。

第六章　反應時法

第一節　概述

一、反應時的研究意義

㈠反應時間的定義

反應時間又稱反應時，它是一個專有名詞，不是指執行反應的時間，而是指刺激作用於有機體後到明顯的反應開始時所需要的時間，即刺激與反應之間的時間間隔。

當刺激一進入有機體時，並不會立即產生反應，而有一個發動的過程，這個過程在有機體內潛伏著，直至到達運動反應器，才看到一個明顯的反應。這個過程包括刺激作用於感官，引起感官的興奮，並將興奮傳到大腦，大腦對這些興奮加工後，再通過傳出通路傳到運動器官，運動反應器接受神經衝動，產生一定的反應，這個過程可用時間作爲標誌來測量，這就是反應時間，有時稱作叫反應的潛伏期。

㈡反應時間是一種反應變量

反應時可以作爲成就的指標及內部過程複雜程度的指標。對一件工作越熟悉，反應時間就越快；內部過程越複雜，反應時間就越長。反應時間隨多種原因而變化，因此它可以作爲一個很方便的反應變量來運用。由於這些原因，反應時的研究就在實驗心理學的研究中占有很重要的地位。

心理實驗中常用速度作爲反應變量，這個速度稱作反應的時間，而反應時只是它的基本成分，這是最簡單的例子。速度包括兩方面的內容：(1)做一定的工作所需要的時間，(2)在一定的時間之內所完成的工作。這兩種情況都是測量工作速度。速度之所以能夠成爲一個有用的量數，是因爲每個動作都需要時間，而時間可以測量。速度可以作爲成就的指標，對一件工作完全精通，就會做得

很快。它也可以作爲造成一種結果的內部過程複雜程度的指標,內部過程越複雜,所需要的時間就越多。因而測量反應的時間,即執行反應的時間就成了很重要的工作,而反應時,就是測量反應的時間中最簡單的例子。

二、反應時實驗及其設計

(一)反應時的種類

1.簡單反應時

簡單反應時(又稱作 A 反應時)是指給受試者單一的刺激,只要求作單一的反應,這時刺激與反應之間的時距就叫反應時。簡單反應時實驗中受試者的工作很簡單。他預先知道刺激是什麼,他要做的反應是什麼。例如,要測量一個人對光的反應時間,讓他在一個暗淡的屋子裡,坐在一個桌子前,他看見他前面有一個幕,幕中有一個洞,光線可以從洞中照射過來。事先給他看一看這個光,使他明白將要用的刺激是什麼。在桌子上有一個電鍵。告訴他聽到預備信號就把手指放到電鍵上(或按下電鍵),當看到閃光時就按下電鍵(或將手指抬起來釋放電鍵)。在主試者那邊有一個與電鍵刺激器連接在一起的計時器,可以記錄從刺激呈現到受試者的反應開始時的時間間隔,這個時距就是簡單反應時。頭幾次實驗中,反應時可能在 250 毫秒之上,經過一定的練習後會有所進步,可到達 200 毫秒以下。如果是聽覺刺激,甚至可以短至 100 至 120 毫秒。

2.複雜反應時

複雜反應時包括選擇反應時與分辨反應時,選擇反應時又稱 B 反應時,分辨反應時又稱 C 反應時。選擇反應時實驗中,給受試者幾種不同的刺激,要求受試者作出幾種相應的反應。例如呈現三種不同的燈光信號,受試者分別用食指、中指、無名指按三個不同的鍵進行反應。受試者不知道將出現的刺激是什麼,以及他要做的是什麼,他必須根據呈現的刺激去決定做出什麼反應。分辨反應時是指受試者對所呈現的多個刺激中的某一個刺激(這一刺激是由主試者確定的)進行反應,而對其餘的刺激不進行反應。例如刺激是紅綠二種燈光,要求受試者看見紅燈(或綠燈)反應,看見綠燈(或紅燈)不反應,這時測得的紅燈或綠燈的反應時就是分辨反應時。三種反應時的模式如圖 6-1:

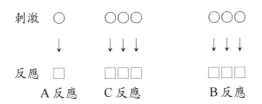

圖 6-1　三種反應時的反應模式

　　三種反應時的時間長短不一，簡單反應時最短，分辨反應稍長些，選擇反應時最長。如圖 6-2 所示。

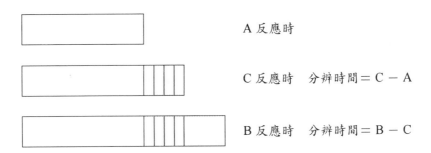

圖 6-2　三種反應時的長短比較

　　上述這三種反應時的分類模式是反應時早期研究的基本模式，至今也仍然有重要地位。但有不少學者不同意這種分類方式，他們認為 A、B、C 這三種反應時不能簡單相加，即 C 反應時不是在 A 反應時上簡單相加來分辨時間，B 反應時也不是在 C 反應時上簡單加上選擇時間，三者之間不存在簡單相加關係。但是自十九世紀六十年代至二十世紀六十年代這一百多年的時間裡，在應用反應時作指標的研究中一直遵照這種反應模式。

㈡*實驗程序中要注意的問題*

　　反應時應該測量得很準確，才可能作為一個定量實驗的反應變量。除了計時器要精確外，實驗程序上若不注意，也會使測量不準確。這裡要注意兩個問題：

　　1. 避免提前反應以及其它錯誤反應

　　因為受試者有反應得越快越好的傾向，在簡單反應時測定中他又知道刺激是什麼，反應是什麼。因此，當刺激才剛剛施予，他已提早反應了。如果每次

「準備」的信號總是在刺激之前以固定不變的時間間隔出現，那麼，受試者就更容易出現這類提前反應或向未成熟的反應（即反應不是由刺激引起）。防止提早反應的方法有：(1)可以插入「檢查試驗」，一般二十次中加上一次（次數不能太多，否則會引起改變反應時的類型）。只發出預備信號，而無刺激呈現，如果這時受試者也有反應，說明受試者要求特徵很明顯。這二十次結果就全部作廢不用，因爲從這二十次裡挑出那些屬提前反應是很困難的。(2)使預備和呈現刺激的每個時間間隔在每次實驗時有些變化（如果要比較不同的受試者結果，這些變化對不同的人來講最好保持一致）。

2.每一種刺激要有一種相應的反應

即反應的數目要與分辨更替的數目一樣。如對兩種顏色燈光的反應，要有兩個，即紅光用右手反應，白光用左手反應，或一種燈光反應，另一種燈光不反應。不能是不管白光、紅光都用右手（或左手）反應，這時儘管指導語是要求受試者看清白光、紅光後再反應，這種認識反應，表面上看來好像可以，但實際上卻是行不通的，很難區分有無反應。因爲反應只一種，受試者又預先知道，因此，這就很容易變成簡單反應時實驗了，這種實驗應該用分辨反應。兩種刺激應有兩種反應。

(三)計時器

測定反應時必須要選定具有一定精確度和準確度的計時器，這是保證反應時測量準確的一個重要條件。如果是測定一般執行反應的時間，如賽跑，完成某項工作的時間等等，計時器的精確度爲 1/5 秒或再大點也就足夠用了。如果是測定反應時，則一般要求精確度爲 1/100 秒或 1/1000 秒。

1.計時器在測量時間時，一般都容易產生一定誤差，這需要在使用時充分注意。

(1)兩頭誤差：即計時器開動時的遲緩和停止時間過遲，這些誤差是絕對的，不能達到這一點，就要考慮是否進行調整或另選其它的計時器。

(2)運轉誤差：一般的計時器都有運轉誤差，因此使用時要注意調整，或在測定後發現有這類誤差，需要在結果中予以一定的修正，才能保證測量準確。機械計時器存在這種誤差，電子計時器、甚至計算機時鐘也會出現因電子器件、線路設計優劣、程序設計的好壞等等，而出現上述誤差，不過這一誤差很小，一般情況下均忽略不計，但精細的反應時研究則須考慮這一問題。

2.計時器的種類：依歷史的發展情況作一簡單的介紹，以備實驗時選用。

(1)機械計時器：希普計時器是希普（Hipp）於1842年設計的，可以測量精微的時距。記錄部分，大針每刻度1/10秒，小針是1/1000秒。因此精確度可達到1/1000秒，是早期反應時測量使用的儀器。這種計時器的運轉誤差很大，在五十次實驗中就須校正一次，同時噪音也較大。

(2)電動計時器：鄧拉普（K-Dunlap）或約翰·霍布金司（John Hopkins）計時器，是他們在1917～1918年前後設計的，動力部分使用同步馬達代替彈簧發條，精確度可達1/100秒。現在一些電動計時器也屬於這一類。

(3)電子計時器：採用精密電子儀器作爲計時器，如電子毫秒計、電子定時計、數字頻率計、示波器等，都可作爲精密的計時裝置，一般精確度較高可達1/1000秒，是當前心理學實驗時常用的計時器。同時，計算機時鐘作爲計時裝置，在應用計算機作爲呈現刺激、控制實驗時也常用。

(4)簡單的計時器：有落尺計時器和游標計時器。落尺計時器是1928年皮艾朗（H. Pieron）根據自由落體原理設計的簡單計時器。用一根直尺，靠在垂直的牆面上，主試者用手按住，當「預備」開始時受試者的手也靠近直尺，用眼睛看到主試者的手指一動，受試者就按住直尺，這時直尺下落的距離爲 s，根據自由落體的公式知道：$T = 2s/g$，s以公分爲單位，$G = 980$ 公分／秒^2，直尺下落 s 距離的時間就是受試者的反應時間。根據這一原理製成了各種方便的計時器。

游標計時器，這一原理最早由F·愷撒在天文觀察中應用（1851～1859），後又由散佛（San-Ford）按游標原理設計的計時器，又稱微差計時器，儀器是使用兩個擺，一個長擺每分鐘75次（$60/75 = 0.8$ 秒/次），短擺每分鐘擺77次（0.78 秒/次），兩擺從同時擺動到分開擺動再到同步擺動需 40 次，長擺擺動一全擺，即被短擺追上 0.02 秒。使用時一般長擺先動，短擺後動，當觀察者看到長擺一動或與長擺同步呈現的刺激一出現，就啓動短擺。當短擺擺動時，數短擺（或長擺）到二擺同步擺動時的次數(M)，然後用 M 乘以 0.02 秒就是長擺先擺動與短擺後擺動的時距，而長擺擺動與刺激呈現是同時的，短擺擺動與受試者反應是同時的，因此二者之間的時距就是反應時。

(5)描記計時器，是用記紋鼓來計時。通過電磁標將刺激呈現與受試者的反應記錄到記紋鼓上，同時要求記紋鼓的轉動是均速的，並用電動音叉將時間也

描記到記紋鼓上，這就可以計算反應時間了，這是早期反應時實驗中常用的計時方法。

(6)除了上面所講的幾種計時器外，還有另外一些計時手段如：高速攝影、錄相計時等。現代電子計時儀器可以幫助提供許多計時上的方便。這些都可以根據實驗的要求和條件加以選用。

㈣刺激與反應鍵

選定了合適的計時器，實驗中實驗者就要設計使刺激、計時、反應同時開閉的電路裝置，必須做到刺激呈現與計時器的開動要同步，計時器的停止要與反應的開始同步，這才能保證時間測量的正確。對反應鍵的要求：一是安全，二是要用釋放式，即受試者反應時是抬起而不是下按電鍵，這樣可以減少按鍵時克服彈力及經過一段距離所花費的時間，使反應時測量誤差減小。除此之外，還可避免錯誤反應，因爲先按下電鍵可以使與刺激鍵串聯到一個閉合電路中，受試者要提前反應，主試者易於覺察。對於語言反應要用語音開關。

刺激器和刺激鍵應該適用所要刺激的感官，除了所要給的刺激外，不要發出其它額外的刺激（最好是無聲的）。如果做不到這點，就要把操作部分與受試者的反應部分用隔音室隔開。在視、聽、觸感覺上刺激可以較容易做到單一，而在溫、痛、冷、嗅等方面要做到刺激單一，而不引入其它感覺則較困難，甚至幾乎是不可能的，測定這類反應時，刺激的呈現要格外用心設計才行。

三、反應時實驗的歷史簡述

反應時的實驗已有一百多年的歷史，有以下幾方面的研究：

㈠黑姆霍茲的研究

1850 年黑姆霍茲等關於青蛙運動神經傳導速度的測定，開始了反應時的研究。他發現刺激離大腦近的皮膚，反應時較短；刺激身體的不同部位反應時則差異很大。

㈡天文學的研究

天文學關於「人差方程式」的研究很早就開始了。他們在天文觀察中發現各人觀察星體時間有差異，而研究各個觀察者之間的差異核算公式就叫作「人差方程式」。其中，希施（A. Hirsch）在 1861～1865 年間利用新發明的希普計時器測量他所算的視、聽與觸覺的「生理時間」得到簡單反應時的時值，直到

今天還算是相當標準的。

(三)其它生理學的研究

　　如 1868 年，唐得斯（F. C. Donders，荷蘭人）研究分離反應時要比簡單反應時長 100 毫秒；1873 年，厄克斯奈（S. Exner，奧地利）指出準備定勢在反應時測量中的作用，並首先提出「反應時間」這個名詞。

(四)馮特等心理學家們的研究

　　1879 年以後馮特及其學生們將反應時問題作爲心理學研究課題，進行了廣泛的研究，皮艾朗（H. Pieron，法國巴黎大學，比納的學生）等也有研究，爲反應時的研究技術作出了貢獻，並已找到了一些理論及實際應用。二十世紀初，隨著行爲主義興起，人對心理內部過程不再感興趣，反應時研究進入低潮，直到本世紀四十年代，對信息論和工程心理學的研究，使對反應時的研究開始復興。從 1850 年至 1969 年這一時期內，反應時的研究一般稱作「唐德斯A、B、C」或稱「減法反應時時期」。1969 年以後，由於認知心理學實驗研究中普遍使用反應時作爲指標，使反應時的研究進入新的階段，這段歷史時期稱作加法反應時時期。

第二節　影響反應時的因素

　　影響反應時的諸因素，即是反應時實驗中的額外變量，包括 O 變量、刺激變量。當其中某一因素作爲自變量加以研究的時候，其餘影響反應時的因素在實驗中就應該作爲控制變量加以控制，因此，了解影響反應時的因素對於反應時的實驗設計，對於取得可靠的反應時指標和對實驗結果的解釋十分重要。

一、反應時有賴於刺激

(一)反應時有賴於被刺激的感官

　　這就是說刺激是影響反應時的一個重要因素，它包括：刺激作用的感官，刺激作用於同一感官的不同位置及刺激本身的強度等等。這就是常說的「S」，即刺激變量。

　　1. 反應時因刺激通道的不同而不同，刺激有視覺的、聽覺的、觸覺的等不同種類，不同感覺道的反應時間不同。從希施（1861～1864）直到現在，幾乎

普遍發現：對光反應的潛伏期要長於對聲音和對皮膚觸覺的反應潛伏期。

熟練成人的典型結果如下：

光　180毫秒

聲　140毫秒

觸　140毫秒

2.對於視覺和觸覺，刺激作用的位置不同，反應時也不同，例如觸覺的反應時間是觸覺較敏感的地方，離大腦較近的地方一般都有較快的反應。對光的反應時則隨刺激作用的網膜部位不同而異。如果刺激作用於中央凹部分，反應時就縮短些，離中央凹的距離越遠，反應時就越長。反應的速度與視力的敏銳度相一致：從中央凹往外距離增大，視力就減弱，反應時就增加，在視網膜的水平線上與中央凹距離相等的靠鼻側半邊，比靠顳側半邊的視力要敏銳，反應時就短些，如圖6-3所示：

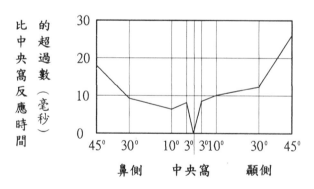

圖 6-3　網膜不同部位反應時的差異

從反應時間看，視覺、觸覺、聽覺，都可分別進行單獨刺激，屬於一類。而對於熱、冷、痛、嗅、味等，就難以單獨刺激而不同時刺激其它感受器，因此這一類反應時刺激的施予就非常複雜。在溫度和化學刺激深入到它們的感受器之前，觸覺感受器先接受了機械的刺激，受試者在得到溫度、嗅或味覺之前若干分之一秒就已經得到了觸覺。要受試者對刺激不反應，而對其溫度覺和化學感覺反應，這是很困難的工作，用一個小刷子給予味刺激，小刷子裝在適當

的電路上，一個熟練的受試者其受試結果（F. Kiesow, 1903）如下：

刺激物	反應時（毫秒）
鹹　飽和食鹽溶液	308
甜　飽和蔗糖溶液	446
酸　稀薄的檸檬酸	536
苦　奎寧飽和液	1082

　　測嗅覺反應時是將氣味噴到鼻子中，反應時是200～400毫秒（熱和冷的反應時是300～1600毫秒，熱的反應時要比冷長些）。

　　3.痛覺反應時，因刺激方式不同而不同，如果是觸覺之後有痛覺，反應時是268毫秒，只有痛覺的反應時是888毫秒（用細針刺激）；半規管（蒙著眼睛在旋轉椅上）反應時的中數是500毫秒。

　　為什麼不同的感覺器官，其反應時間不同呢？光作用於視網膜要引起光－化反應，大腦皮質視覺區在20～40毫秒才開始活動，如果電流直接作用於視神經，則大腦皮質的潛伏期就小到2～5毫秒，可見視網膜的光－化過程要20～35毫秒左右，聲音作用於耳朵只要8～9毫秒就到達皮質區，而大腦要用70～90毫秒，神經輸出衝動只需10～15毫秒，反應動作及肌肉本身和反應鍵動起來需30～40毫秒。冷熱與味覺的反應慢主要是刺激深入到感覺器所需的時間較長的緣故。這些過程都需要時間，而各器官各過程所需時間是不相同的。

(二)反應時受刺激強度的影響

　　刺激的物理強度大小影響反應時的長短，一般情況是對弱刺激（閾限以上），反應時間就長，刺激增加到中等強度與極強時（尚未引起另一種感覺，基本上還是感受器適應的範圍之內），反應時就變短，下面從不同的感覺道的刺激分別討論：

　　1.聲音強度

　　聽覺中的刺激強度可以變化的範圍較大，其反應時是隨刺激強度的增大而減小的。下面是巴黎大學索爾本（Sorbonne）實驗室綽綽里（R. Chocholle, 1945）的實驗結果，所用頻率是1000赫茲，從閾限強度開始（其對數為0），

其它因素保持恆定。

表 6-1　聽覺刺激強度與反應時實驗結果

強度（lg）	0	0.2	0.4	0.6	0.8	1	2	3	4	5	6	7	8	9	10
反應時	402	316	281	249	218	193	161	148	139	130	124	118	112	111	110

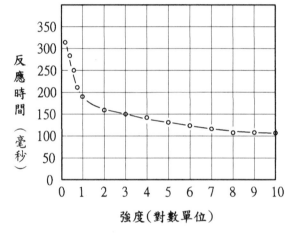

圖 6-4　刺激強度與反應時的關係

　　假設閾限時的刺激強度為 1，其它的刺激強度是以貝爾為單位的值。上例的刺激強度範圍從 0 分貝到 100 分貝之間，曲線在接近 100 分貝時逐漸接近平穩，看來 110 毫秒就接近極限了。

　　是否存在反應時的極限呢？根據感受器傳出、傳入神經的傳導，肌肉的收縮及大腦中樞對信息的加工，都需要時間，反應時一定大於零，因而可以說反應時總存在一個極限——最小值（大於零的一個值），這個最小值是不可以再減小了。另外，這些反應系統並不總是以最高的效率工作，因此，反應時每次都以隨機方式變化著。按照皮艾朗（1919）的看法，可以有理由將任何反應時間看作由兩部分組成的。極限和一個餘數（稱可減少的餘限），刺激弱，可減少的餘限就大；刺激強，可減少的餘限就小。同時，可減少的餘限隨不同的感

覺道而不同，聽覺短而視覺長，痛覺就更長。

在其它影響反應時的變量保持恆定的情況下，反應時隨刺激強度的增加而減少，RT＝f(I)（RT反應時符號）有了實驗結果，可以將反應時與刺激強度的函數關係用圖形表示出來。人們也可以用一個經驗方程式來表示其函數關係，這樣雖然沒有什麼理論意義，但對於實際應用卻是很有意義的，假設聽覺的反應時的極限是 105 毫秒，那麼 y ＝ RT － 105（y 為可減少的餘限），可寫作下式：RT － 105 ＝ f(I)，如果將反應時的可減少餘限取對數〔lg（RT － 105）〕畫圖，可得到兩條直線。

如果刺激強度I（貝爾為單位，實際為對數）可視作算術單位，縱坐標以對數為單位，這時要將圖中所有的點配合成一條直線很困難，最好配合兩條直線，一條直線是強度從 0 到 1，另一條直線的強度是從 1 到 10。根據函數方程式：縱坐標為對數，橫坐標為算術單位（貝爾實際為對數單位），這時所畫圖線為直線，說明因變量與自變量之間是指數函數關係。y ＝ A · q^I，y 是可減少的餘限，y ＝ RT － 105，則上式可以寫作：RT － 105 ＝ A × q^I，式中A、q是常數，I 是以貝爾為單位的變數。如果將上式兩邊取對數，則：lg（RT － 105）＝ lgA ＋ Ilgq 是一條直線方程式。式中 lgA 為截距，lgq 為斜率。根據上述資料，可用最小二乘法求出刺激強度從 0 到 1.0 分貝之間的迴歸係數b，截距a，結果如下：

a ＝ 2.455（即 lgA ＝ 2.245 查反對數表得 A ＝ 285.10）

b ＝-0.51（即 lgq ＝-0.511 查反對數表得 q ＝ 0.3083）

據此，可將刺激強度從 0～1 分貝之間的指數方程寫成下式：

RT － 105 ＝ 285.1 × 0.3083^I

或 RT ＝ 285.1 × 0.308^I＋ 105······················(1)

同理可求出刺激強度從 1～10 貝爾間方程式中各項常數：

lgA ＝ 2.0713（查反對數表 A ＝ 117.85）

lgq ＝-0.1408（查反對數表 q ＝ 0.723）

方程式為：RT － 105 ＝ 117.85 × 0.723^I

或 RT ＝117.85^I× 0.723 ＋ 105························(2)

根據方程(1)、(2)就可算出任一強度（貝爾）單位時，聽覺反應時是多少。這一經驗公式是有實踐意義的。

表 6-2　將反應時餘限取對數

lg 強度	0	0.2	0.4	0.6	0.8	1	2	3	4	5	6	7	8	9	10
lg(RT − 105)	2.47	2.32	2.25	2.16	2.05	1.94	1.75	1.63	1.53	1.40	1.08	1.10	0.85	0.78	0.70

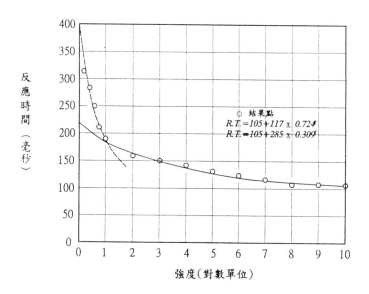

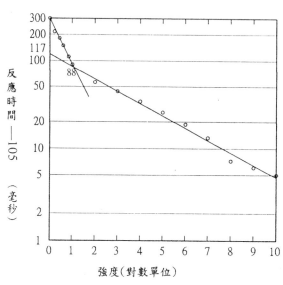

圖 6-5　反應時餘限與強度的關係

如果將刺激強度貝爾視作對數單位，則強度 I 的量綱是音強（爾格／公分・秒），這時刺激強度與反應時之間的關係爲冪函數關係〔這時刺激：$\lg I/I_0$ 與 $\lg (RT - y)$ 所畫的圖形爲直線〕，$\lg (RT - y) = a\lg I + \lg c$，$RT = c \times I^a - y$，式中 a、c、y 是常數，這樣若知道聲音的實際強度（以爾格／公分・秒爲單位）就可求出式中各項常數，便可寫出具體的方程式。這一點進一步驗證心理與物理量之間爲冪函數關係。上述實驗結果還可以用一個方程式而不是兩個方程式表示其刺激與反應時之間的函數關係：

$$RT = a + b/\lg (1 + k \times 10^I)$$

式中 a、b、k 爲常數，$I_c = \lg (I/I_0)$ 爲分貝單位，而 I 爲爾格／公分・秒單位，根據上述實驗結果，上式可寫作：（見陳文熙著（1987）。《心理學報》，4 期，399-402 頁）。

$$RT = 102 + 124/\lg (1 + 1.6 \times 10^{IC})$$

爲什麼曲線從刺激閾限附近急速下降，這可能是由於克服感覺延遲因素的結果，即因強度很低，受試者只有非常用心才能聽到，以致運動反應不發生（因受試者注意感覺刺激而使運動反應遲緩）。這時強度稍一增加，就可克服這種延遲因素，故曲線下降很快。在中強度和高強度時的逐漸下降可能是由於克服運動延遲的因素所致（這是因爲每次都將任務放在盡快反應上）。

值得提到的是綽綽里對 2000 赫茲純音研究的結果，也和上面所分析的材料一樣出現很近似的曲線。

2. 光的強度

光的強度變化範圍也許和聲音一樣大，但反應時實驗並沒有用很大的強度廣度，1886 年馮特實驗室只做過兩個受試者（卡特爾和貝格爾）強度從 1 到 1000 的範圍（三個對數單位），在暗室裡，用中等強度的光爲最高限，最弱的光也大大超過閾限值。結果如下：

表 6-3　不同光強的反應時間

相對強度	1	7	23	123	315	1000
lgI	0	0.85	1.36	2.09	2.50	3.00
反應時	280	205	184	174	170	169
lg（RT－167）	2.05	1.58	1.23	0.85	0.48	0.30

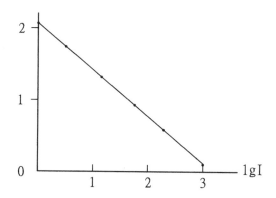

圖 6-6　光的反應時可減少餘限與刺激的關係

　　同樣，橫坐標若以I（強度對數）單位爲算術單位，縱坐標以反應時的可減少餘限的對數爲單位，所畫的圖是一直線，說明反應時的可減少餘限與刺激強度I（對數單位）呈指數函數關係。

$$\lg（RT－167）＝\lg A＋I\lg q$$
$$RT－167＝A\times q^{I}$$
$$RT＝167＋A\times q^{I}$$

　　假設光反應時的最小極限爲 167。則上表所列結果的經驗方程式是（用最小二乘法計算 $\lg a＝2.06$，$A＝115.1$，$\lg q＝0.5997$，$q＝0.2514$）：

$$\lg\,(RT-167) = 2.06-0.59971^{I}$$

$$RT = 115.1 \times 0.2514^{I}+167\,(\text{I 是光強以對數為單位})$$

(1)刺激的時間和空間積累效果影響反應時：如果不是改變光強而是增加光刺激的面積，或者增加光刺激時間，都可以使反應時縮短，這實際上屬於刺激強度的變化。以下是弗羅貝格（S. Froeberg）在 1907 年的研究結果：

面積效果

方塊每邊以公釐計	3	6	12	24	48
反應時以毫秒計	195	188	184	182	179

時間效果

光的時間以毫秒計	3	6	12	24	48
反應時以毫秒計	191	189	187	184	182

有實驗證明光刺激時間再加長，反應時就不再減少了。聽覺反應時的時間積累是 100 毫秒，或稍微再長點。反應時可隨刺激時間的增長而略有縮短。雙眼與單眼有同樣的效應且比單眼更明顯，如果是同一刺激，雙眼的反應時要比單眼的反應時快些。三人平均結果如下：

單眼：189 毫秒

雙眼：174.3 毫秒

(2)眼睛對光適應與暗適應的狀態，影響了反應時及適應水平的不同，相對說是降低和增加了眼睛對光的感受性，因此與減少或增加刺激強度有相同的效果，這一點要比增加光面積和增加刺激時間更明顯。如霍夫蘭（C. I. Hovland, 1936）的實驗就清楚地證明了這一點：實驗是看 12 寸遠的一個 20 公釐直徑的圓塊，照度為 250 燭光，眼睛的適應水平是測反應時前看不同照度的牆壁，使之適應後再測反應時，結果如下（五個受試者每人在每種條件下一百次的平均結果）：

適應水平以尺燭光計	200	150	100	50	0
反應時以毫秒計	154	146	144	140	131

3.聯合刺激要比單一刺激的反應時快

這是不同刺激的累積效果。下面是托得（J. W. Tood ,1912）的實驗結果（三人的平均）：

光　176　毫秒

電擊　143　毫秒

聲音　142　毫秒

光與電擊　142　毫秒

光與聲音　142　毫秒

聲音與電擊　131　毫秒

光、電、聲　127　毫秒

上述所引證的實驗材料，證明刺激強度的變化，使反應時也跟著變化，刺激強度增大，在感官中引起更多數目的感覺細胞起作用，而且使感覺細胞產生的神經衝動數目也增加，因而使反應時縮短。

(三)*刺激的停止及刺激強度的變化反應*

一種刺激的停止也同刺激的出現一樣，能引起反應，在視覺中對刺激的減弱要比刺激的增加反應快，這是視覺所特有的。（關於上面的論述有很多實驗結果加以證明，資料請見《實驗心理學》中譯本25～26頁。）

二、反應時有賴於機體

前一部分討論了影響反應時的主要因素。這一部分討論O變量，即當刺激來臨時，有機體內部的諸因素，這些 O 變量由 A 變量的影響而產生，即指導語、獎勵和懲罰等 A 變量引起的因素，同樣，這也是影響反應時的重要因素之一，在實驗設計中，除將它當作自變量加以研究外，一般都須嚴格加以控制，只有了解它是什麼，才能很好地控制它，使實驗設計更加完善，防止變量混淆

研究所要解決的問題。

(一)*額外動機加速反應*

　　反應時實驗中，受試者一般是想反應得越快越好，除此之外，一些額外動機如獎勵和懲罰，會使受試者的反應更快。如約翰遜（A. M. Johenason, 1922）將每次測得反應告訴受試者，受試者便得到一種輕微的獎勵和懲罰的立時效果，因而反應時逐漸變短。下圖是三種不同系列，反應時結果的次數分配。共三個受試者，每個系列三千六百次實驗結果。這裡的激勵系列是告訴受試者結果，並加以讚揚；懲罰系列是告訴受試者反應慢時要用手指電擊一次；常態系列則是不告訴受試者結果，結果如圖 6-7：

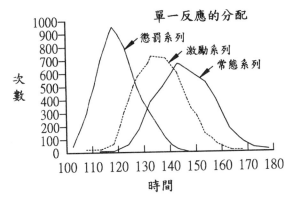

圖 6-7　聽覺不同額外動機反應時次數分配

　　三種不同的系列使受試者的額外動機不同，因而其反應時也不同。縱然是有訓練的受試者也受額外動機的影響，可以說這是加強了預備定勢的結果。

(二)*準備定勢的因素影響反應時*

　　準備定勢影響反應時，這是當然的。簡單反應時，受試者預先知道將要出現的刺激和要做的反應，這都是一種準備定勢。反應時實驗中，受試者的準備定勢有些是隨意的並可由實驗者的指導語所控制，但也有一部分是非隨意的。受試者對即將呈現的刺激去反應，要做不同的準備，要做不同種類的反應，一般將受試者的反應分為三個連續的時期：

　　(1)前期：從預備信號到刺激。

　　(2)反應時間：從刺激到明顯運動。

(3)後期：從明顯反應開始到其終結，用 P 表示預備信號，用 S 表示刺激，用 R 表示反應，則可把這三個時期用連續直線表示。

圖 6-8　反應的三個時期示意圖

　　準備定勢如何影響反應時，受試者對反應的準備如何控制和變化。這其中還有哪些因素？分析如下：

　　1.反應前期的長短影響反應的快慢，假若前期太短，受試者就來不及準備，如果前期太長，他的準備又可能鬆懈。實驗結果證明，一般 2 秒左右的反應前期比較合適，但存在個體差異，有些人喜歡長些，有些人喜歡短些。一般在賽跑時，前期 1.5 秒比較好，下面是托爾福得（C. W. Telford, 1931）的實驗材料，二十個受試者聽覺的平均結果：

前期（刺激間停代替）秒	1/2	1	2	4
平均反應時（毫秒）	335	241	245	276
標準差（毫秒）	64	43	51	56

　　上例可見，前期 1 秒至 2 秒比較好，其反應時間短而標準差小。

　　2.反應前期肌肉緊張，影響反應時，反應前期中肌肉緊張，這是很自然的，但是，肌肉緊張的不同程度，即所說的預備定勢是不一致的：

　　(1)在前期末尾的肌肉緊張越高反應時就越快。

　　(2)當前期是有規則的，最恰當的長度時，則肌肉緊張最大。

　　(3)肌肉緊張從預備信號以後 200～400 毫秒開始，一直增加到反應時為止，預先的肌肉緊張，是實際反應動作的發動階段。這就是所說的預備定勢活動。記錄肌肉的動作電流是研究肌肉緊張的一種技術，戴維斯（R. C. Davis, 1940）、卡策爾（R. A. Katzell, 1948）都作過具體的研究。

3.肌肉的緊張程度影響反應時，下面是一個研究結果（J. L. Kennedy, & R. C. Travis, 1948），肌肉的緊張程度用動作電流表示（微伏）。

動作電流水平	反應時（毫秒）	N
80	640	101
40	700	524
20	890	601
10	970	323
5～7	1100	157

這個實驗中，他們把電極巧妙地放在前額眉肌皮膚上，用以搜集眉肌的電位變化，通過放大，受試者的任務是一種連續的追蹤活動，移動控制桿保持一個指針在一個運動目標上。從上面的結果可以說明肌肉的動作電流指標，還可以作爲一種人體肌肉機警的指標，可用於實際要求肌肉緊張保持一定水平的工作中去。如司機開車時，其原理是將動作電流放大，當其降到某一種水平時，由動作電流經放大裝置控制的警報器發出信號，提示肌肉緊張不足（如司機想打瞌睡時便是這樣）。

4.運動準備與感覺準備的類型不同，反應時長短也不同。

一個人要對某一特定刺激用某種特定運動很快地反應，就必須有準備：(1)接受什麼特定刺激；(2)應做什麼動作；(3)接受哪個特定刺激才去運動。如果他的準備是放在「接受哪種刺激上」就是感覺準備，如果放在「應做什麼動作上」就是動作準備，這是定勢準備的類型不同，感覺準備的反應時較長，而動作準備的反應時對於一般的受試者較短，如果沒有特殊的實驗程序要求他採取感覺定勢或動作定勢，一般情況是傾向於將二者保持平衡。

(三)**複雜反應**

包括選擇反應（又稱分離反應）與「辨別反應」，不同的刺激需要不同的反應，其中一類是：對一種刺激用右手反應，另一種刺激用左手反應，這種稱之爲 B 反應，即選擇反應。另一類是對一種刺激反應，另一種刺激不反應，這稱爲 C 反應，即辨別反應。辨別反應一般比簡單反應（稱作 A 反應）慢 20～200 毫秒，而 B 反應又比 C 反應慢些，這都與反應的種類及刺激的數目有關。

1.選擇反應時與選擇的數目成正比

選擇數	1	2	3	4	5	6	7	8	9	10
反應時間	187	316	364	434	481	532	570	603	619	622

上述結果可圖示如下：

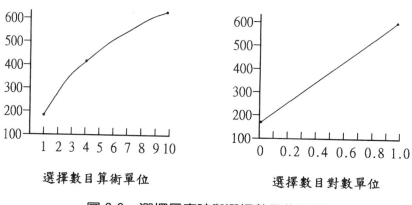

選擇數目算術單位　　　　　　　選擇數目對數單位

圖 6-9　選擇反應時與選擇數目的關係

　　將選擇數目取對數作圖，反應時與刺激數目的對數成正比，1953 年，赫克（Hick）把信息量引入反應時的研究，他證明了複雜反應時（CRT）隨刺激選擇數的對數而增加，$CRT = blg_2(n + 1)$，n 爲等概率的刺激選擇數，這一研究與墨克爾的研究結果接近。

2.刺激越相似反應時間就越長

聲音相差	16	12	8	4	線長(mm)	$\frac{10}{13}$	$\frac{10}{12.5}$	$\frac{10}{12}$	$\frac{10}{11.5}$	$\frac{10}{11}$	$\frac{10}{10.5}$
反應時	290	299	311	334		296	298	305	313	324	345

韓蒙（V. A. C. Henmon, 1906）

　　在顏色辨別反應中，兩種顏色美感價值差別較大，反應時較快，若同時呈現兩種顏色，讓受試者用兩手反應，則較喜歡的那種顏色在哪側就傾向於用哪

隻手反應，而當兩個刺激的相似程度越來越大時，選擇反應時就越長，同時，錯誤反應的次數就隨之而增加（所謂的錯誤反應是指不是用較喜歡的一側手而是用對側手反應），選擇反應中的錯誤反應，其反應時間較快，這相當於簡單反應時的不成熟反應。

㈣練習因素影響反應時

一般來說，反應時隨練習的次數增加而減少，簡單反應練習幾次就可達最高速度，而選擇反應則練習的次數須增多。練習剛開始，反應時的進步較快；當反應時越接近極限時，反應時隨練習次數的增加而減少的速度就很慢了。下面是布蘭克（G. Blank 1934）對視覺刺激的簡單和選擇反應時練習曲線，是三十個受試者每天練習六十次的平均結果的平均練習曲線。

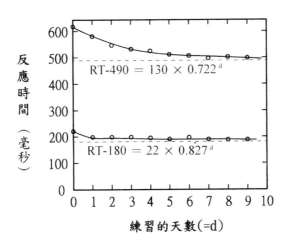

註：圖中的上線爲選擇反應時，下線爲簡單反應時

圖 6-10　反應時練習曲線

㈤年齡因素影響反應時

在個體發育過程中，不同年齡受試者的反應時也不同，從幼兒到二十五歲這一時期內反應時隨年齡增加而逐漸縮短，起初減少得很快，以後慢些。孤笛諾夫（F. C. Goodenough, 1935），鐘斯（H. E. Jones, 1937）聽覺刺激的簡單反應時，每位受試者二十次反應的研究結果發現：成人以後至六十歲沒有多大變化，六十歲以後反應時就逐漸變慢。

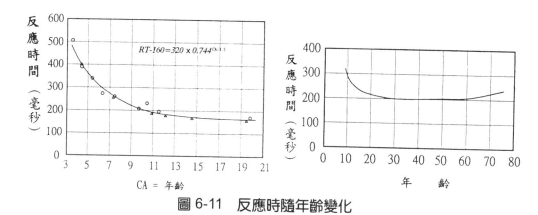

圖 6-11　反應時隨年齡變化

(六)個體差異因素影響反應時

　　反應時實驗中，儘管對刺激強度，前期的長短、指導語、年齡、練習等諸因素控制不變，但對一些 O 變量卻不能都控制得很好，很多研究證明：體溫、注意起伏、情緒干擾、脈搏的快慢、缺氧藥物等都能影響反應時的變化。這些因素造成反應時實驗的隨機誤差，即同一個受試者，前後不同時間測定的結果是不同的。

　　受試者個體差異也是影響反應時的一個因素，各人的反應時間同其它方面一樣，各不相同。未經練習的受試者簡單反應時的平均分配是一個正態分配，練習以後，有些人進步得快些，有些人進步慢些，在分配中的位置變化很大，頭幾次測定的結果與經過五百次練習後測得的結果相關不顯著（G. Blank, 1934）。即使在長期的練習之後，個體差異也依然存在。相同年齡的（指兒童與戈人）男性的反應時快於女性的反應時（Goodenough, 1935; C. J. Bellis, 1932～1933）不同感覺道的反應時，個人一致性是很大的。就是說一個人的簡單反應時較快，選擇反應時也較快；視反應時較慢，聽反應時也較慢，簡單反應時的相關為 0.43～0.85（T. K. Sisk, 1926; L. H. Lanier, 1934; Forbes, 1945），簡單反應時與選擇反應時的相關為 0.30～0.70（V. W. Lemmon, 1927; L. H. Lanier, 1934; R. H. Seashore & S. H. Seashore, 1941）。相關都具有統計意義，不但如此，而且用手和腳反應其相關也很高。同一個人經過長期練習，反應時的分布呈正偏態，這是因接近極限時的次數較多而極限以下不存在。反應時的個體差異研究具有實際意義，在專業技術人員的職業選材、訓練中，經常應用有關的研究成果。

(七)速度與準確性權衡

在完成用反應時作指標的各類作業中，人類受試者可以主動地調整自己的反應速度，但是這樣會使對反應時的解釋複雜化。人在完成反應時的任務中，平衡速度與準確性的操作特徵稱爲：速度—準確性權衡（speed-accuracy trade off）。如果完成某些反應時作業上，受試者的反應時—錯誤率關係的模式歸因於速度—準確性特徵時，這種情況下反應時指標就不可靠，因這時影響反應的因素主要由受試者追求正確率而產生，較小的反應時差異被追求正確率所造成的反應時差異所掩蓋，不能反映受試者的反應特點。遇到這種情況，要特別注意這一操作特徵所帶來的影響。

關於人類受試者可以平衡速度—準確性這一操作特性的實驗證明，首先由費茨（Fitts, 1966）完成，他給三組受試者以不同的指導語，控制受試者速度與準確性決策水平。速度組的指導語是反應快有獎，準確組的指導語是反應正確有獎，控制組的指導語則是中性的。實驗結果發現：速度組反應時最短，但錯誤最多；準確組反應時最長，而錯誤最少；控制組的兩次指標則是居於上兩組之間。結果圖示如下：

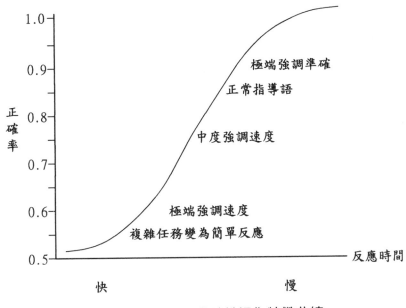

圖 6-12　速度—準確性操作特徵曲線

　　該結果表明，人可以根據不同的動機、偏好調整自己的反應模式，進行速度—準確性平衡，或快或慢地進行反應，其代價是錯誤率的增加或減少，人類受試者反應決策的這一特徵，造成應用反應時指標時的困難及解釋上的複雜性。

　　帕徹拉（R. G. Pachella, 1974）的研究進一步指出，反應時與錯誤率（或準確性）之間交互變化，不完全由速度—準確性操作特徵所決定，有時還由認知過程的特點不同所決定。在分析反應時快慢時，首先要分清究竟由哪種模式所決定，然後才能進一步分析反應時這一指標是否可用，如果反應時的快慢由認知過程因素所致，用反應時作指標則更為貼切，其認知過程內部複雜程度恰好能用反應時描述。如何辨別實驗結果中反應時—錯誤率的關係模式是由不同的認知過程決定，還是由速度—準確性操作特徵決定，可見表 6-4。

　　在反應時—錯誤率關係模式歸因於速度準確性特徵時，分析反應時與錯誤率之間的關係應注意速度—準確性特徵曲線不同階段的不同特點。在曲線的上升階段（低正確率範圍），曲線上升較快，較大的錯誤率變化對應較小的反應時變化，因此，較小的錯誤率變化對反應時的影響不大，若錯誤率之間有一點微小差別時，反應時之間可進行粗略比較。反應時這一指標雖然可靠性受到影響，但還可用，如果在曲線的高原期（高準確率範圍）微小的錯誤率變化會引起較大的反應時的變化，因此，若反應時之間有較大差異，一種可能是由實驗條件不同所引起，另一種可能是由於速度—準確性權衡不同所引起，在這種情況下應用反應時作指標很不可靠。

第三節　反應時技術與應用

　　反應時是速度指標中的一個簡單事例，作為一些簡單動作及內部複雜程度的指標，是很令人滿意的，如刺激強度差異、感覺差異、美感的價值等等很有意義。可以用反應時作為一種指標來說明。但必須指出，反應時作為連續動作的指標是不好的。實驗證明，一系列快速反應由一系列的刺激引起，其所需時間並不完全有賴於反應時，簡單的反應時間和一系列作業，例如顏色命名和敲擊、劃銷這類連續動作速度之間的相關是零。可見，反應時並不是一個人連續工作速度的一種滿意指標，因為連續工作速度常常要受到其它心理因素的影響起伏變化，因此，在應用反應時作為一種指標時，要具體分析、應用得當，方

能起良好的作用。

表 6-4 反應時、錯誤率關係模式

反應情況	實驗條件 1	2	3	反應時錯誤率關係模式
反應時增加 錯誤率恆定	500 5％	600 5％	700 5％	認知過程模式：總的實驗任務較複雜，三種實驗條件其複雜性不同，每次速度—準確性平衡可能相同，但反應時不同。
反應時增加 錯誤率恆定 於 0	500 ns 0％	600 ns 0％	700 ns 0％	認知過程模式：儘管不同條件下實驗任務不同，但總的看來實驗任務不甚複雜，故錯誤率恆定於 0。
反應時增加 錯誤率增加	500 ns 5％	600 ns 5％	700 ns 5％	認知過程模式：總的任務很複雜，三種條件下複雜程度越來越大，故反應時、錯誤率隨之增加。
反應時增加 錯誤率下降	500 ns 9％	600 ns 5％	700 ns 1％	速度—準確性模式：三種實驗條件對完成任務準確性要求不同，或受試者的權衡不同造成反應時增加，錯誤率下降。

註：三種實驗條件下的反應時與錯誤率數值為模擬數值。

一、反應時在製作量表和實際應用方面的用處

　　前面談到簡單反應時與刺激強度在辨別反應中與刺激的差別有規則的關係，因此，有時將反應時作為反應次數的替代量數很合適。

㈠通過反應時直接評量感覺的強度

　　前面談到反應時隨刺激強度而縮短，這就是說，一個刺激引起的感覺越強，其反應時也就越快，因此可以製作心理量與反應時之間的量表（因反應時是強

度的函數）。

(二)通過反應時製作間接量表

1. 差別閾限量表

在辨別實驗中，假設同樣難度的辨別任務，其反應時相同，若刺激間的差別明顯，其反應時就快慢不等，有些研究還證明了，相等的相對差別有相當固定的反應時。辨別反應時與辨別反應的次數有相當的一致性。對此有過許多研究，其中 1938 年約翰遜的研究，就很清楚地說明這個問題。他用恆定刺激法（兩類反應）及反應時法，兩種方法進行實驗，選 50 公釐的線段爲標準刺激，從 40～60 公釐間以每次變化 2 公釐的線段爲比較刺激，受試者的任務是報告哪一個線段長些。測反應時時，用兩個鍵報告：右邊還是左邊的線段長，即按長些那一側的反應鍵，同時記錄反應的時間，並同時讓受試者報告判斷的肯定程度（完全肯定有把握——完全肯定沒把握），將各變異刺激報告長於標準刺激的次數換算成正反應的百分數（P_+），將反應時的次數分布進行統計，並將判斷肯定程度（+100 ％爲肯定長，-100 ％爲肯定短，0 爲完全不肯定）結果畫在一個圖上（見圖 6-13）。

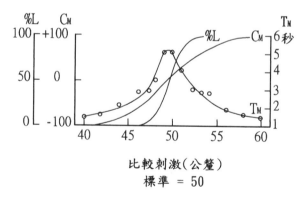

比較刺激（公釐）
標準 = 50

圖 6-13 時間次數和信心的函數

P_+ 是正負兩類反應中正反應的累積百分數，C 是肯定程度（信心）的累積百分數，T 是反應時曲線，它在 50 公釐（標準刺激）處達到高峰，它與信心的零值（完全不肯定）P_+ 反應的 50 ％點重合。從圖 6-13 可見辨別反應時與判斷次數是一致的。從圖中還可以看到：當判斷次數達 100 ％時，反應時隨著刺激差別的加大在繼續變小（曲線繼續下降），正是這個特點，反應時有可能用來

為大於差別閾限的刺激差別找出等值（即刺激差別大於 DL 時仍可以有對應的反應時作指標）。因此，用反應時的差別閾限（DL_T）可比用刺激強度的差別閾限（DL）範圍大，究竟定多大的反應時差別作為DL_T，可以由研究者自己確定，只要在不同的標準下測得的反應時分配中都取相同的DL_T，得出的韋伯比率都能說明問題，有了韋伯比率就可以根據差別閾限量表的要求製作間接反應時量表了。

　　2.情感距離的反應時量表

　　對偶比較法製作量表，是用瑟斯頓方法將等級量表轉化為等距量表，同樣用反應時法也可將情感距離製作等距量表。具體方法是（W. C. Shipley, 1945）：呈現給受試者一對偶顏色讓受試者判斷，偏好哪一個顏色就用按那一邊的反應鍵表示，並可同時記錄反應時間。每對偶刺激反應六次，其各種顏色可配成十五對〔n（n － 1）/2〕，共四十個受試者。將反應時列表時發現各受試者的差異很大，如果將第一次測得的反應時都被各受試者自己的平均反應時除，便得到相對反應時百分數，這樣可消除個體差異，然後再計算每一個顏色配對的這些數值平均數（反應時百分數）。如果以相對的反應時為縱坐標，以對偶比較法所求出的瑟斯頓 Z 分數量表為橫坐標畫圖，就可看出對各顏色愛好的情感距離來了。從圖 6-14 中可見，反應時百分數較大；Z 分數較小

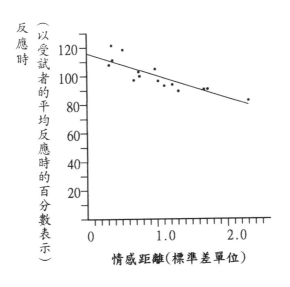

圖 6-14　情感距離反應時量表

，反應時百分數較小，則 Z 分數較大，說明其較受喜愛。反應時百分數與 Z 分數相關很顯著（r = 0.86 + 0.045），可見用反應時製作量表是很有前途的。

(三)心理學研究和實際應用方面的用處

1.反應時在心理學研究中，除上面所講到的量表法之外，在很多方面都很有價值。反應時短，表示反應趨勢強或者說沒有矛盾的趨勢，可用來研究動機、注意，在辨別、聯想、學習記憶的研究中，也經常用到反應時作爲反應的指標使用。

2.應用於實際方面的用途。

(1)職業的選擇與訓練：

很多職業如汽車駕駛員、飛機駕駛員、運動員、軍事人員……等，在緊急情況下需要作出緊急反應時，都要求反應時比較快，凡是需要這一類心理品質的職業，在選拔人時，都應把反應時作爲選拔的項目之一。如果反應時個體差異的研究能提供這方面的需要，這當是一個有用的選材指標。汽車駕駛員緊急煞車需 450 毫秒，其中一半是從加速器移到煞車板的時間，另一半就是反應時；飛行員著陸時，他的眼睛來往於著陸跑道與儀表之間，平均需 200 毫秒；體育運動員的起跑、抱球等都要求反應快。這就要求這類從業人員必須要有較快的反應時，而作爲這些專業的訓練，訓練反應時也應當是職業訓練的一項內容。

(2)複雜操作室的設計要把反應時作爲一個參數。

有些儀器儀表操作臺的設計，要把反應時作爲設計參數，尤其是一些需要緊急反應一類的操作臺，儀器之間的距離、位置方式等，就一定要有利於縮短操作人員的反應時間，例如，飛機駕駛艙內表盤技術模型的製作，就是通過反應時間的測定結果加以鑒定的，爲此設計了最佳表盤的弧形表板以保證飛行的安全。

二、反應時技術

反應時技術包括減法法與加因素法（又稱加法法），是用反應時分析信息加工過程的技術方法。信息加工理論認爲，信息在腦內要經過一系列操作加工，這些操作加工有明確的先後次序，在不同的加工階段信息處於不同的狀態，而這些都是在時間上進行的，其特徵必然能在反應時上表現出來。因此不同的心理操作能按時間分布上的不同加以區分，反應時技術在認知心理學的研究中具

有十分重要的地位。

(一)減法法

減法法的基本邏輯思想是，在安排兩種或兩種以上的反應時作業中，其中一個作業包含有另一個作業所沒有的加工階段，而其它方面則相同，從這兩種作業反應時的差異即可判斷那個特有的加工階段所需要的時間。像簡單反應時、分辨反應時和選擇反應時的差異可歸結爲分辨過程、選擇過程所需要的時間，而基本的時間——即簡單反應時間三者都相同。這種方法可從測得的總反應時間中，分析出研究者感興趣的過程，這一過程可通過設計不同的任務，插入或刪去一個加工階段、不改變其它加工階段來實現，原則上連續相減可獲得每個加工階段的持續時間。

這種方法要求實驗者對實驗任務引起的刺激與反應之間的一系列心理過程有精確的認識，並要求相減的兩種反應時作業中，有嚴格的相同或匹配的部分，只有滿足上述兩點，才能應用減法法對信息加工過程進行分析。而有時恰恰對上述兩點不能得到滿足：對複雜的信息加工過程難以區分不同的加工階段，有時不同作業的匹配也難以做到，由於減法法的上述弱點，使其在心理學研究中的應用受到一定的限制。儘管如此，在認知心理學中，分析信息加工過程還是應用減法法，經常提出很多信息加工的過程分析和一些新的理論構思。應用這一方法的關鍵在於構思精細的研究設計。舉例如下：

1. 視覺編碼和聽覺編碼實驗

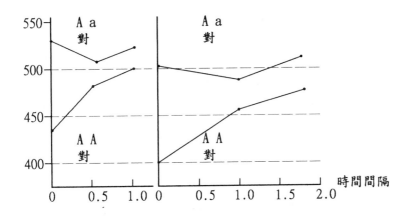

圖 6-15 不同任務的時間間隔反應時

短時記憶的信息是以視覺形式編碼還是聽覺形式編碼？爲回答這一問題，波斯納（Posner, 1969-1970）等設計如下實驗，應用減法法進行分析實驗，自變量是以不同間隔時間（0"、 0.5"、1.0"、 2"）呈現 AA 和 Aa，受試者是認爲 AA 或 Aa 相同就反應，計時器記下反應時間。實驗結果如上：

上述結果表明AA對的反應時快於Aa時，這說明兩種匹配任務的信息加工過程不同，Aa對的反應時間長，這些刺激都是視覺呈現，反應的任務也相同，但 Aa 對比 AA 多了一個過程——將 Aa 由視覺編碼轉爲聽覺編碼，然後反應。而 AA 對只需根據視覺編碼即可判斷是否相同了。在不同呈現間隔上，隨間隔時間加大，兩個作業的反應時接近了，說明在長時間間隔下視覺編碼作用降低，聽覺編碼的作用增大。

2.句子——圖畫匹配實驗

這是認知心理學中較爲推崇的應用減法法的實驗範例。這一實驗是由科拉克和蔡斯（H. H. Clak & W. G. Chase, 1972）所精心設計的：實驗時給受試者看一個句子和一個圖畫，例如「星形在十字之上」，要求受試者判斷二者是否一致，並作出反應、記下反應時。句子有八種，主語有「星形」和「十字」，謂語有「在……之上」、「在……之下」、「不在……之上」和「不在……之下」，按他們的假設，信息加工有如下階段：第一階段是將句子轉換爲其深層結構，即以命題表徵句子，且否定句要長於肯定句（參數 b），對「之下」的加工要長於對「之上」的加工（參數 a）；第二階段是將圖畫轉化爲命題；第三階段是將句子和圖畫的命題表徵進行比較，如果兩個表徵的第一個名詞相同，則所需時間比不同時少（參數 c），如果兩個命題都是肯定的，則比含一個或兩個否定時所用時間少（參數d），最後階段是作出反應，所需時間爲t_0，這樣比較不同句子、圖畫匹配任務的反應時差異就可求出a、b、c、d的時間了。科拉克和蔡斯的實驗結果是：參數 a 爲 93 毫秒，參數 b 和 d 爲 685 毫秒，參數 c 爲 187 秒，參數t_0爲 1763 毫秒。有研究者指出，科拉克與蔡斯的實驗所劃分的信息加工過程是否能那樣清楚地區分開來是一個值得深思的問題。

3.心理旋轉實驗：

1937 年庫珀（L. A. Cooper）和謝帕德（R. N. Shepard）設計了該實驗，證明心理旋轉的實際存在，將他的實驗選取不同的字母或數字（如R、J、G、2、5、7 等）爲實驗材料，取這些材料的正面或反面以及六種不同的傾斜度，例

如：R、Я兩種材料在不同的角度隨機呈現，受試者的任務是辨別正寫的R還是反寫的R，並在反應後記錄反應時間，結果如圖6-16：

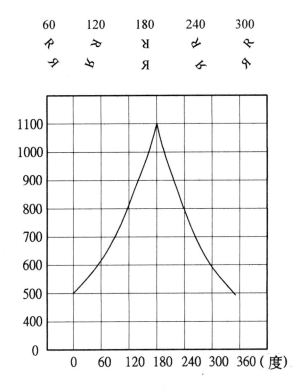

圖 6-16　反應時與圖形傾斜角度的關係

　　從圖6-16的結果明顯可以看出，不同旋轉角度圖形的辨認時間不同，說明在辨認圖形時首先將傾斜不同角度圖形的表象加以旋轉，然後再去辨認，這樣就造成不同旋轉角度的辨認時間不同了。除上述研究之外，庫珀與謝帕德還做過其它不同條件的旋轉實驗，例如，有提示無提示、是與呈現同時提示還是間隔提示（提示傾斜度）、三維圖形、不同方向的辨別等，這些實驗都是用減法技術證明心理旋轉的存在。

(二)加法法

　　加法法是加因素法（additive factors method）的簡稱，方法是由斯頓伯格（Sternberg, 1969）提出的，該方法是減法法的發展和延伸，與減法法是同一個問題的兩個不同側面。該方法的邏輯是：如果兩個因素的效應相互制約，即

一個因素的效應可以改變另一個因素的效應，那麼這兩個因素只作用於同一個信息加工階段；如果兩個因素的效應分別獨立，那麼這兩個因素各自作用於不同的信息加工階段，如果事先可以發現或觀察到完成作業所需時間的一些因素，通過單獨地或成對地應用這些因素進行實驗，就可以將各因素所需時間相加，可從完成各階段的時間變化，確定這一信息加工過程的各個階段以及所需要的時間總和。加法反應時是以信息的加工方式，且是系列加工而非平行加工為前提的，如果這一前提不能得到滿足，就不能應用加法。另外，兩個因素也許能以相加的方式對同一個加工階段起作用，也許能對不同的加工階段起作用，並且相互發生影響，這兩種情況目前尚不能排除，因此使加法法的應用也受到限制。

　　1. 短時記憶信息提取實驗

　　該實驗是讓受試者先看一～六個數字（識記項目），然後再看一個數字（測試項目），要求受試者判定測試數字剛才是否識記過，按鍵反應，並記下反應時間，通過一系列實驗，斯頓伯格從反應時的變化上確定對短時記憶信息提取過程有獨立作用的四個因素，即測試項目的質量（優質或低劣）、識記項目的數量、反應類型（肯定或否定）和每個反應類型的相對頻率。他認為信息提取過程包括相應的四個獨立加工階段，即刺激編碼階段、順序比較階段、二擇一的決策階段和反應組織階段，關於四個因素與信息提取的四個階段的對應關係，他認為測試項目的質量對刺激編碼階段起作用，識記項目的數量對順序比較階段起作用，反應類型對決策階段起作用，反應類型的相對頻率對反應組織階段起作用，這些加工階段是通過嚴密的推理得到的。

　　2. 開窗實驗

　　開窗（open windows）實驗是能夠比較直接地測量每個加工階段的時間，並且能比較明顯地看出這些加工階段，就好像打開窗戶一樣，可以一覽無遺了。這稱之為開窗實驗，是反應時實驗的一種新形式，與加法反應時和減法反應時有相同之處。

　　現以哈密爾頓（Hamilton, 1977）、霍克（Horkey, 1981）等的字母轉換實驗為例說明開窗實驗：

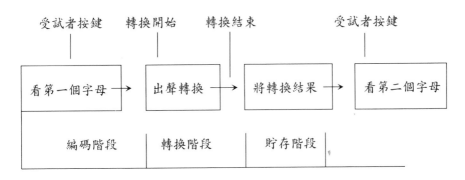

給受試者呈現一～四個字母並在後面標上一個數字，例如「F＋3」、「KENC＋4」等，四個字母一個個相繼呈現，由受試者自行按鍵控制，當呈現「F＋3」時要求受試者念出字母表上 F 後面第三個字母來（應為 I）。同理「KENC＋4」呈現後受試者的反應為「OIRC」，因為 K 後第四個字母為 O，E 後第四個字母為 I，N 後第四個字母為 R，C 後第四個字母為 G，其它類同。通過分析反應時數據，明顯可看出字母轉換作業的三個加工階段，如上圖所示。

　　在四個刺激字母實驗裡，可以獲得十二個數據，從中可以看到完成字母轉換的整個過程和經過的所有加工階段。通過對數據歸類處理後可得到總的結果。這裡我們可看到開窗實驗的優點：能夠比較直接地測量每個加工階段的時間以及這些加工階段是什麼。

參考文獻

1. 曹日昌等譯〈1965〉，R. S. Woodworth 等著。實驗心理學。北京：科學出版社。
2. 舒華著〈1988〉。反應時技術與認知心理學，心理科學通訊，4 期。
3. 楊治良等著〈1990〉。實驗心理學。上海：華東師範大學出版社。
4. 楊清等著〈1989〉，J. R. 安德森等著。認知心理學。長春：吉林教育出版社。

第七章　聽覺實驗

聽覺是人類獲得外界信息的一個重要管道，是關於世界的一切知識的一種重要源泉（這是從感覺是認識過程的開始的這一角度說的）。心理學中關於聽覺的研究已積累了很多資料。本章主要討論聽感覺和聽知覺中有關心理實驗方面的一些問題。

第一節　聽覺刺激

聽覺是由於物體的振動所產生的聲波作用於人（或動物）的聽覺器官後，所產生的一種心理現象。不是所有頻率和強度的振動都能引起聽覺，引起聽覺的振動頻率稱爲聲波，它是聽覺的適宜刺激。在聽覺的心理實驗中，常把聽覺的刺激作爲自變量，把聽覺的心理現象作爲因變量來加以研究。而關於聲波的產生、控制、測量是隨著物理學及電子儀器的發展，越來越複雜，因此，如何獲得聽覺刺激，如何對其進行控制和測量，就是實驗心理學所要討論的問題了。

一、聲波的特性

聽覺的適宜刺激是聲波，它是由一定介質傳播的疏密波。聽覺研究中接觸到的聲音可分爲純音和複合音兩類。

(一)純音

是聽覺實驗室研究中常用的聲音，日常生活中不容易聽到這種純音。它是單一頻率的聲音，是單純的正弦波形式。純音的物理特性由三個因素決定：頻率、強度（振幅）和相位。頻率和強度可引起兩種聽覺現象：音高和強度，但卻不是這兩種聽覺現象的唯一決定因素。

(二)複合音

是指由多個不同頻率所組成的聲音。任何複合聲都可分解爲幾個頻率不同的純音。如音樂聲、噪聲、言語聲等都是複合聲。複合聲可以按其組成的各純

音的頻率之間的關係分爲三種：

1.音樂聲

指組成複合聲各純音的頻率之間的關係是簡單的倍數關係。如1、2、3……樂器聲。歌唱家聲音和語言中的元音等，都是有周期性的振動，具有可重複的波形。波形每秒鐘重複的次數爲複合聲的基頻率，或稱爲第一階波。其它附加頻率叫做諧音或陪音，是基頻的倍數。頻率爲基頻兩倍的純音成分稱爲第二階波，還可以有第三階波等等，依此類推。

2.噪音

當複合聲的各純音頻率之間沒有整數倍的關係時，複合聲是非周期性的，具有不規則的波形。這就是物理意義上的噪聲（當然社會意義上的噪聲與此不盡相同）。

實驗室常見的噪聲有白噪聲（又稱「熱」噪聲）和無規則噪聲兩種。白噪聲有很寬的頻帶（複合聲中頻率最高的純音與頻率最低的純音之差稱爲頻帶寬），且能量（最大振幅值）的分布在各頻率是均勻的，相位也相同。無規則噪聲波形瞬時幅值的分布是無規則的，即是正態分布的。

從另外的標準劃分，噪音又可分爲：低通噪音，即只有低頻組成的噪音；高通噪音，即只有高頻組成的噪音；帶通噪音，只有一定寬度的頻率組成的噪音。

3.語言聲

是樂音與噪音的複合音。元音是有周期的，輔音是非周期的。

二、聲音的發生與控制

二十年代以前聽覺研究所用的聲源是音叉、音盤和高爾頓笛，它們可以發出不同頻率的純音，聲音的強度也可以通過與聽者的距離以及用力、送氣的大小來加以控制。顯而易見地，這很不精確。

隨著電子技術的發展，已有了系統的電發聲設備。有各種規格型號的信號發生器，包括高低頻信號發生器、噪音信號發生器，同時還有各式錄音機、記錄語言聲和電信號。這些信號發生器將電能轉換成聲信號，但要變爲聽覺的刺激尙需換能器。換能器有兩種：耳機和揚聲器。耳機有氣導和骨導兩種。耳機的好處是方便、易控制，並可作單耳和雙耳的控制實驗。但由於音域較窄，使

不失眞的再變頻率很難超過 7000 赫茲，儘管有一些寬頻耳機，也不能完全克服
這個弱點。

揚聲器的優點是能提供雙耳刺激，接近日常生活中的情況，它的音域較寬，
能產生較少失眞的聲音；缺點是不簡便、不易控制。它發出的聲音要不受音場
周圍牆壁反射所產生的影響，這就需要有消音設備；要控制反響作用，實驗就
必須在消音室進行，這是相當複雜的。

電聲設備所發出聲音的頻率、強度和相位等控制，通過電設備本身設計的
一系列電路來控制，可以達到精確的計量。控制時要注意這兩個問題：⑴信號
發生器和換能器之間的聯繫要匹配；⑵各種儀器在使用前一定要校準，實驗中
要時刻注意儀器的測量誤差。尤其是換能器的頻率響應，應予特別注意，否則
出現未被發現的測量誤差，將會妨礙研究結果的可靠性。

三、聲音的測量

㈠測量單位

1. 頻率

是單位時間（秒）周波的數目，單位是赫茲、Hz 或簡寫爲～，或（cps）。
頻率也可用音階來表示，假定中間 c 音爲 256～（一般音樂家定調稍高一些，用
260～定爲 C 調，上行八度 c 音爲 512～，下行八度 c 音爲 128～）。一般定 c：
129.5～，d：145.2～，e：162.9～，f：172.6～，g：193.8～，a：217.5　～，b：
244.1～，c'：258.6～，d'：290.3～，e'：325.9～，f'：345.3～，g'：387.5～，
a'：435.0～，b'：488.3～，c^2：517.3～，d^2：580.7～，e^2：651.8～，f^2：
690.5～，g^2：775.1～，a^2：870.0，b^2：976.4～，各音階比率近似爲：c：d：e：
f：g：a：b ＝ 1：9/8：5/4：4/3：3/2：5/3：15/8：2。人可以聽見的最低頻率是
16～左右，最高頻率是 20000～左右，這是統計數字。

2. 強度

聲音的強度可以用能量單位或壓力單位來表示，即：巴斯卡＝達因／公分^2
（音壓單位），巴斯卡＝爾格／公分^{2}秒（能量單位）。現在國際上通用上述測
量單位很少。因爲聲音的強度動態範圍很廣，由剛剛好能聽見的 0.0002 微巴到
1000 微巴，相差很大，因此用微巴很不方便。於是用聲壓值比的對數來表示，
稱爲聲強級。現在國際上通用的是將 1000 赫茲的聽覺閾限的強度 0.0002 微巴定

為P₀，其餘所測量的聲壓與P₀比值的對數取為貝爾單位，貝爾的 1/10 為分貝（dB），因此聲強級的計算公式寫作：

$$NdB = 10 \lg I/I_0$$

I_0為能量單位，1000～的強度閾限為10^{-9}爾格／公分^{2}秒為I_0（10^{-9}爾格／公分^2·秒＝10^{-16}瓦特／公分^2）。

$$NdB = 20 \lg P/P_0$$

P_0為壓力單位，1000～閾限強度為 0.0002 微巴＝ 0.0002 達因／公分^2，0.0002 微巴的壓力只能使鼓膜產生10^{-9}公分^{2}的位移。這個距離比氫原子直徑十分之一還要小。

用分貝表示的聲壓級單位使用起來很方便，它只取對數，當兩聲的能量之比為 100 比 1 時就是 2 貝爾或 20 分貝。當兩聲之比為10^{12}：1 時才是 12 貝爾或 120 分貝。可見分貝是一個相對單位。現在國際上規定$P_0 = 0.0002$ 微巴（或$I_0 = 10^{-9}$爾格／公分^2）即為 1000 赫茲的閾限強度為 0 分貝，有了國際上的標定，它應用起來就更方便了。

對於噪聲的強度，經常用每周波的強度或「聲譜水平」來表示。這個數值通過在一個給定頻率帶中測定的總強度除以頻帶寬度獲得。

日常生活中，不同聲音的聲強級大致如下：

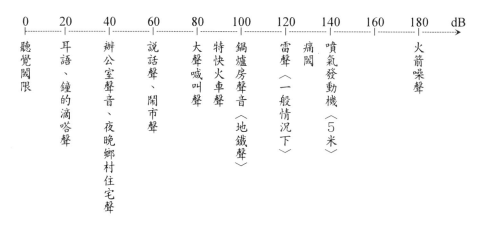

3.相位

對於某些複雜的聲音，除考慮頻率及強度外，還須考慮合成複雜聲波的不同相位。

㈡用於測量聲音的儀器

頻率：頻率計。用一個對一定頻率響應的話筒，將聲音的頻率信號送到頻率計中，即可通過頻率計讀數測量出發聲頻率的大小。一般信號發生器都能自行測量本身所發聲音的頻率。

對於聲音強度的測量一般用聲級計。對於揚聲器所產生的聲強的測量比較簡單，用一個精密聲級計即可測量出人耳所在位置聲音的聲強級，從聲級計所附濾波器就可分析出聲音的頻率成分，對耳機產生的聲壓測量就複雜一些，必須在耳機和人耳之間加一個容積為 6c.c.的金屬空腔——人工耳，耳機所發出的聲音，通過人工耳在聲級計上所得到的聲壓級讀數，可以近似地得到人耳鼓膜所得到的聲壓級。

除上述儀器以外，還有示波儀、聲譜儀、聲圖儀或語圖儀等聲學儀器，可用於對聲音的波形、頻率、音色、音長等複雜分成進行分析和測量。聲譜儀能顯示語音的動態過程，儀器屏幕顯示的橫坐標為組成一個聲音的不同頻率成分，縱坐標表示聲強（聲音的振幅）大小。語圖儀可以清晰地看到語音的形象，所繪的語圖的橫坐標為時間單位，縱坐標表示構成一個語音的不同頻率。其原理是說話者對連在一個精密電子儀器上的微音器說話，通過十二個不同的帶通濾波器將組成聲音的全部頻率（30～12000 赫茲）分成十二個波帶，記錄下來，並通過繪圖儀顯示，從而可具體地「看到」語言。

對於聲音的發生、控制、測量和分析，是聽覺研究中操縱自變量不可缺少的技術要求，因此，每一個從事聽覺研究的心理學工作者也應當具備使用某些聲學儀器的專長。

第二節　聽覺現象及其測定

本節主要討論聽覺的心理物理學實驗，即各種聽覺現象與各種聽刺激物理強度的關係。心理實驗中，經常把聽覺的各種現象當作因變量來加以研究。但在實驗中必須考慮聽覺現象與物理量之間的關係這一因素，因為一種聽覺現象

並不單純由聲波的某一種物理特性決定，而是由多因素決定的。因此在實驗設計時就一定要考慮到這些因素。

一、音高

㈠音高的測量

音高又稱音調，是對頻率屬性的反映，是一個心理量。引起音高感覺的最低頻率爲 16～，最高頻率爲 20000～，它基本上是由聲音頻率決定，但它和聲壓級及聲音的組成部分也有關係。音高的單位是噗，規定 1000 赫茲，60 分貝的音高爲 1000 噗，有斯蒂文斯和佛勒克曼於 1940 年用分段法製作了音高量表可資利用（見圖 7-1）。

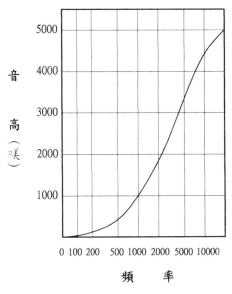

圖 7-1　音高量表

頻率從 20～至 20000～，而音高的感覺只在 0～3500 噗之間。製作量表時各頻率的強度按等響曲線調節，即保持響度相同。

㈡音高與強度的關係

上面談到聲音的頻率不是決定音高的唯一因素。很多研究發現音高也在一個輕微的程度上依賴於刺激的強度。當一個大音叉的振動（低頻）逐漸減弱時，

樂音聽起來好像升高一點。斯蒂文斯（1935）發現在高頻部分有一種相反的效應。實驗方法是使頻率稍有差別的兩個樂音相間出現，讓受試者調節其中一個樂音的強度，使兩個樂音聽起來相等。中等頻率範圍1000～至3000～強度對音高沒有什麼影響，在低頻增加強度時，音高隨之降低；在高頻，增加強度後音高隨之升高。這些現象後來又在不同時期被不同研究者重複實驗過。同樣的情況在用單耳和雙耳（強度等於單耳的一倍）實驗時，也有類似的現象。根據以上的討論，就可以明瞭：在說明一個聲音的音高時，最好以一個標準的響度水平作參考，一個常用的標準就是四十分貝的影響水平。在強度變化的實驗中，其設計就要考慮到音高與強度的關係這一因素。譬如測定不同強度聲音的差別閾限，其頻率一般選1000～至3000～，因為這個頻率的音高不受（或很少受）強度的影響。如果選用其它頻率，低頻或高頻就要考慮到強度對於音高的影響，就要利用等高線的原理，將不同強度的頻率作一修正，否則，很難使音高這一因素保持恆定而研究響度方面的問題。如不這樣，最後測出的差別閾限究竟是響度的還是音高的就難以解釋了（見圖7-2等高線）。

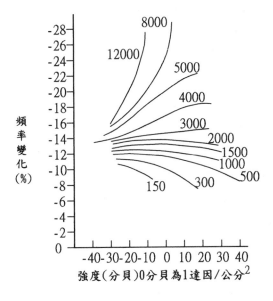

圖 7-2　等高線

圖 7-2 的縱坐標是頻率改變的百分數。即在低頻，隨著音強的增加，音高

感覺是越來越低的，這時要保持原來的音高，就必須增加頻率，增加的百分數如圖上所示相反，在高頻時，在音強變化時要保持原音高不變，卻應減小聲音的頻率（*Journal of Acoustic Society of America*, 1935.6: 150-154）。

㈢音高與刺激持續時間的關係

持續時間以另一個不同的方式影響音高。如果樂音呈現的時間較短，就聽不到確切的音高。在低頻只需少數周波，但在 8000～時需要 150 周波，大約是 20 毫秒，100～大約是 30 毫秒，1000～大約是 10 毫秒。

這個刺激頻率的臨界時間在實驗設計時都應予以考慮。但刺激連續作用的時間也不能太長，否則就要產生適應與疲勞的影響。

㈣音高與受試者個體的關係

音高感覺的個體差異很大，一些聽力受損的人（耳聾）對任何頻率的聲音都不能感知，還有一些人只對一部分頻率能感知，而對另一部分頻率不能感知（音島及音隙），以及因聽覺器官的老化（青年人 2000～，中年人 12000～至 16000～）和聽分析器病變等所造成的聽力損失，這些都是音高方面的個體差異。因此一定要根據研究需要來選取受試者，一般選標準的受試者，即指聽力正常的受試者。十八歲至二十九歲之間的受試者被認為是聽力較好的年齡。

㈤音高的差別閾限

音高的差別閾限主要用頻率表示，它是一個統計的概念，是多數人實驗的統計結果，用 50％音高感覺差別的頻率差來表示。

現代使用顫音技術，用連續不斷的在頻率和強度方面具有每秒若干次顫抖的聲音代替過去所用的以一定時間間隔分開了的標準刺激和比較刺激。受試者的任務是報告是否聽到了顫音，而主試者的任務是確定引起受試者有顫音感覺時的頻率或強度上的最小差別。

過去許多研究表明，音高聽覺的韋伯比率（$\triangle I/I$）在中等範圍內（500～至 400...～）是相當穩定的，且很小，大約為 0.3％頻率的變化，即韋伯比率等於常數 0.003。在頻率的兩端變化很大，例如音頻達到 10000 赫茲，頻率變化 30 赫茲方能感覺差異。同時，音高差別閾限與強度有很密切的關係，強度越大，差別閾限越小；強度降低，音高的差別閾限則會增大（見圖 7-3）。

圖 7-3 的幾條曲線是不同實驗者用不同實驗方法所獲得的結果，雖略有不同，但卻說明在刺激的中等強度 500～至 4000～之間韋伯比率近似常數。

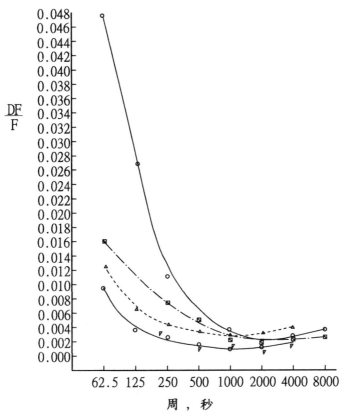

圖 7-3 音高的韋伯比率

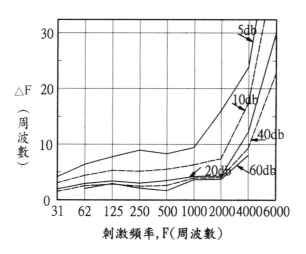

圖 7-4 音高差別閾限隨強度變化曲線

二、響度

㈠響度的範圍和測量

　　響度主要是由聲波的強度（振幅）所決定的心理量，它是關於刺激強烈程度屬性的反映。其單位是味（sone）。響度主要是聲壓的函數，但它也與頻率及波形有關。對於響度與聲波物理強度（分貝）之間的關係，有已製成的響度量表可用（詳見《心理物理量表法》一章）。

　　該量表規定：1000～的純音其強度爲40分貝時所產生的響度叫做一味。它可以告訴人們這個響度比那個響度響多少，是對響度進行測量的一個量尺。製作量表時，變異刺激的樂音頻率可有不同，因而可製作很多的響度量表。

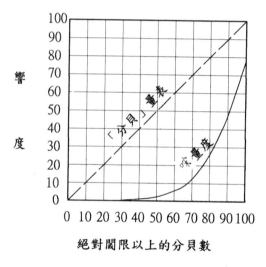

圖 7-5　響度量表

　　圖 7-5 中的響度零級是產生聲音感覺最低的聲壓，即 0.0002 微巴，聲強級爲零分貝。而產生最大響度的聲壓級爲 120～140 分貝。這個量表是用 1000～的純音製作的。隨著參照聲音頻率的不同，其量表也不同。如果都以 0.0002 微巴爲參照零級，各頻率的閾限強度都不相同。請見圖 7-6：

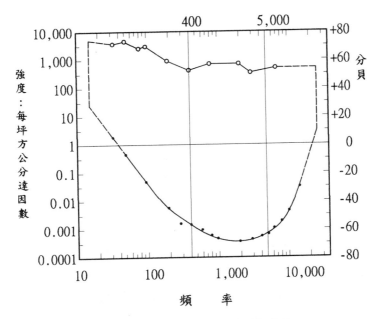

圖 7-6　響度閾限隨頻率變化曲線

　　圖 7-6 可見，曲線在 2000 赫茲左右有一個強度的最小值，隨著頻率的增高和降低，響度閾限的強度級（分貝）逐漸加大。低頻時需要高強度刺激，但在高強度的作用下，聲波在耳朵中失真，產生主觀陪音。即有時聽到某種聲音，但卻不是與刺激頻率相應的低音，而是其陪音。這是低頻聽覺實驗必須要注意的一個問題。

　　響度級：當人們聽到一個聲音比另一個聲音響時，它的響度等級是多少，就要用到響度級的概念。而如果表示一個聲音響多少，就要用到響度（味）的概念。這是二者的區別。它們共同表示對響度的測量。

　　響度級規定：1000 赫茲的純音，聲壓級是 70 分貝（相當於 0.0002 微巴）和某一方形波同樣響時（不管方形波的聲壓級如何）則方形波的響度級就被認為是 70 吩（Phon）。0 分貝（即聲壓零級，1000 赫茲純音的聽覺閾限的強度）則是響度零級（圖 7-7 響度與響度級的關係，是以 1000 赫茲的純音為標準頻率測定的）。

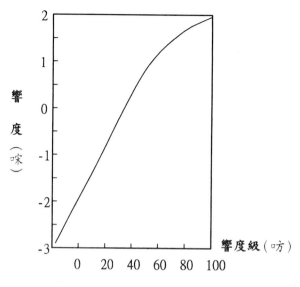

圖 7-7　響度與響度級的關係
（Fletches & Munson，1937）

　　圖 7-7 只講了對純音響度級的測定，如果是複合純音及噪音，其響度級的
計算請看《聲學》448～450 頁。

(二)*響度與頻率的關係*

　　響度感覺相同，其物理刺激（聲壓線）強度卻隨著頻率的不同而異。也就
是說，響度不但隨刺激的物理強度變化，同時也隨著聲音的頻率變化（假設強
度相同）。刺激的強度增加量相同時，不同頻率下響度的增加量卻不同。以
1000～純音 40 分貝的強度為標準刺激作等響曲線，如圖 7-8 所示。這是佛萊徹
爾和門森（H. Fletches & W. A. Muson）於 1933 年的研究結果。

(三)*響度與刺激持續時間的關係*

　　另一個影響響度的因素是刺激的持續時間，一個恆定的刺激所引起的響度
感覺在 200 或 300 毫秒內增大（W. A. Muson, 1947），這也就是說只在很短的
時間內（例如幾十毫秒）聽一個聲音的強度閾限與在較長時間（例如 300 毫秒）
內聽一個聲音的閾限是不同的，前者大而後者小。

(四)*響度的差別閾限（以聲壓級──分貝表示）*

　　響度的差別閾限因刺激的強度與頻率不同而變化。強度較大時，其韋伯比
率大約為 1/3，強度較小時，韋伯比率就要大得多。對於頻率在 50～和 1000～

之間的任何純音，假定純音的聲壓級超過閾限50分貝時，人耳可以鑑別1分貝
聲壓級的變化。在理想的實驗條件下，聲音由耳機供給時，在中頻範圍內，人
耳可覺察到0.3分貝的聲壓級的變化。如果聲壓級小於40分貝時，聲壓的變化
必須達到1至3分貝，方能被人耳鑑別出來。圖7-9是李茲（R. R. Riesz）對音
強的韋伯比率的考驗。

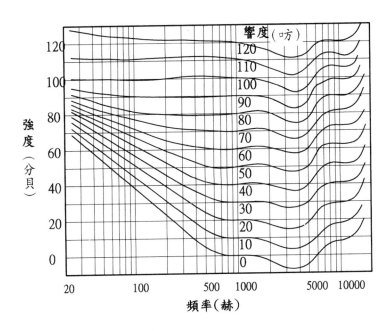

圖7-8　純音等響曲線

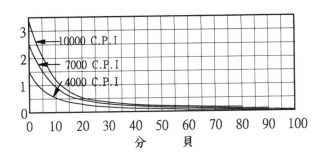

圖7-9　不同頻率、不同強度的響度韋伯比率曲線

下面是李茲所提供的兩種強度水平的標準刺激，在不同頻率時的強度差別閾限：

頻　　率	31	62	125	250	500	1000	2000	4000	8000
10db 水平	7.4	5.3	4.2	3.4	2.8	2.4	2.0	2.3	3.2
40db 水平	1.8	1.3	1.0	0.7	0.6	0.6	0.6	0.7	0.9

(五)響度與聽力

不同受試者的聽力不同，個體差異很大，同時聽力也隨年齡因素而變化。因此，在選擇受試者時一定要注意這方面的情況。圖 7-10 是平均聽力損失曲線，可見一般中國人的聽力損失可能與外國人不同，但聽力損失現象是存在的。所謂聽力損失，就是其響度閾限比正常人的閾限所需要加大的聲強級，用分貝表示。

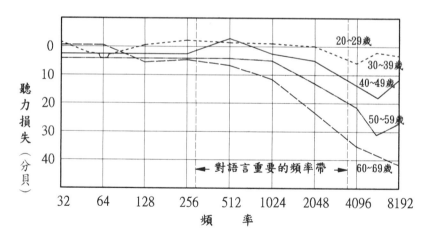

圖 7-10　不同年齡聽力損失曲線（以 20～29 歲聽力為正常聽力）

三、聲音的掩蓋

掩蓋，又稱掩蔽，是一種聽覺現象，即一個聲音的存在使另一個聲音的強度閾限提高的現象。對掩蓋的定量分析是用強度閾限提高的分貝數，即先測出

信號本身的閾限，然後在呈現掩蔽刺激時再測量信號的閾限，這兩個閾限之間的差異，就是掩蔽效應的總量。掩蔽現象大致可分如下幾種：

(一)純音對純音的掩蓋

即頻率掩蔽。研究結果顯示：(1)頻率比較接近的純音比離它遠的純音有較大的掩蓋效果；(2)低頻對高頻的掩蓋大於高頻對低頻的掩蓋；(3)掩蓋聲的強度提高，掩蓋效應增加，同時掩蓋實驗中，兩聲音同時出現時，容易產生拍音、和音、差音等現象，反倒使掩蓋的聲強值降低，這是實驗中要注意的。

(二)噪音對純音的掩蓋

(1)對於純音信號的掩蔽作用是由噪聲中在頻率上接近該信號的成分造成的。如果是窄帶噪音，起掩蓋作用的頻率於中心頻率（與純音相接近的頻率）對稱的範圍在低強度時比高強度時小。(2)研究發現，在信號頻率上下一定範圍內起掩蓋作用的頻帶（稱作臨界頻帶）的能量約等於被掩蔽純音信號能量的2.5倍。(3)「遠距離」掩蔽。除低頻噪音（低通噪音）對高頻測試聲有掩蔽作用外，高通噪音對低頻測試聲也有掩蔽作用。

(三)非同時性掩蓋

即前掩蓋和後掩蓋。這是發生在掩蓋聲與被掩蓋聲不同時作用的條件下，被掩蓋聲作用於掩蓋聲之前的掩蓋稱後掩蓋，又稱倒行掩蓋：一個短暫的聲音可能因一個在時間上跟隨而來的聲音脈衝掩蓋而變得聽不到。掩蓋聲作用在前，被掩蓋聲作用在後，稱前掩蓋。研究顯示：(1)被掩蓋聲在時間（五十毫秒之內）上越接近掩蓋聲，掩蓋聲的強度閾限值提高得越大，此種掩蓋常發生在掩蓋聲聲強級 40db 以上。(2)掩蓋聲和被掩蓋聲時間相距很短時，後掩蓋作用大於前掩蓋作用。(3)單耳作用比雙耳作用顯著；(4)掩蓋聲強度增加，並不增加相應的掩蓋量。如掩蓋量增加 10 分貝，掩蓋閾限只提高 3 分貝。

(四)其它掩蓋現象

如中樞掩蓋，兩個不同頻率聲音分別作用於兩耳，能產生這種中樞掩蓋效應。

綜上所述，聲音的掩蓋現象是聽覺實驗中必須注意的一個因素。如同時和先後呈現刺激必須注意時間因素所造成的掩蓋作用。

四、疲勞與適應

㈠疲勞

聲強達到一定強度的聲波，連續作用於聽覺器官後，引起對另外頻率的聲波感受性降低的現象稱之為疲勞。通常是把閾限提高的量（db）作為疲勞的指標，稱為「暫時閾移」（TTS）。暫時閾移受刺激強度、刺激時間、各刺激呈現之間的時距、刺激頻率等因素影響，在聽覺實驗中一定要注意疲勞因素的作用。

1.疲勞聲的強度

疲勞聲強度越大，「暫時閾移」越大，八十分貝以後，TTS 急遽增加。圖 17-12 是兩種不同強度下的「暫時閾移」曲線。

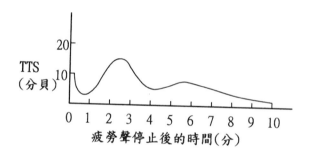

圖 7-11　500 赫茲 12 分貝疲勞聲作用三分鐘後的恢復曲線（測試聲為 4K～）

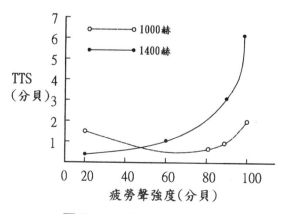

圖 7-12　疲勞隨強度變化曲線

從上圖可見，「暫時閾移」曲線在 90～100 分貝時急遽上升，這個界限對制定噪聲標準很有意義。目前許多國家的噪聲標準計在 80～90 分貝之間，其部分根據就在這裡。

2.疲勞聲作用時間

一般的「暫時閾移」按聲音作用時間(T)的對數增加。

3.被影響聲的頻率通常在高頻顯著

例如 4 千赫～6 千赫，而疲勞聲在低頻時的作用大於高頻。

4.聽力的恢復過程

在疲勞聲作用停止兩分鐘之內，TTS 有不規則的變化，這表明存在不止一種類型的恢復過程。

5.研究疲勞的意義

TTS 可因噪音環境而產生，一個人長期暴露在噪音環境而無防護措施，會使聽覺遭受永久性的聽力損失。從一個聲音所產生的 TTS，可預測暴露於噪音環境多長的時間會產生永久性聽力損失，為制定聽力損失危險閾，輪廓線提供了可靠的數據。我國已有的研究表明，噪音對 3000～以上的高頻影響較大，而對 200～以下的低頻影響較小。為實驗設計與控制提供了參考數據。

(二)聽適應

聽覺適應在感覺上的表現是聲音的響度在刺激作用最初的幾分鐘內有所下降，隨後會比較穩定在一個水平上，適應發展最快是在聲音作用後的 1～2 分鐘，恢復也很快。

1.適應與疲勞的區別

適應與疲勞都是聲音作用下出現的聽覺現象，二者的界限有時不那麼明顯，但並不是沒有區別。適應的特點在於它是一個平衡過程，即聽系統對一個穩定刺激的反應，最初是逐步下降，而後穩定在一定的水平。這時聽系統消耗的能量與維持它的能量達到平衡。感覺上的表現則為聲音的響度在最初作用幾分鐘後有所下降，爾後則大體穩定。

2.適應的測定方法——響度平衡法

這種方法是讓受試者一耳聽一聲音，聽一段時間後，調整另一耳所聽到的聲音的響度（頻率可與適應聲相同，亦可不同），使之聽起來與另一耳接受的適應聲一樣響。如果適應前兩耳響度平衡適應後不平衡，二者之差即為適應量。

聽覺的疲勞和適應現象要求實驗時對聽覺刺激的呈現時間要得到控制，對有些實驗結果的解釋，要注意分析疲勞與適應因素的影響。

五、聲音的相互作用

聽覺實驗中常常遇到同時呈現兩種聲音的情景，這時除了注意上面所講的一些問題之外，還要注意兩種聲音同時出現而造成的聲音相互作用的問題。

㈠音色

音色隨陪音及附加振動成分數目的多少而不同，因此，同一個研究要注意保持音色相同，才能很好地研究其它聽覺現象，如下面將要講到的，音色的差別是聽覺定位的一個線索之一。

㈡拍音（升沉）

兩個聲音的頻率相近而同時呈現，便產生拍音（升沉現象）。即聽到一個樂音的強弱變化，此時該樂音的音高介於兩個原始頻率之間，變成一個聲音間音，強弱變化的數目爲二頻率之差。拍音一般在兩音頻率相差二十八個赫茲內出現，當大於二十八個赫茲時，拍音變成一種不愉快的音響，再大可聽到兩個聲音時，拍音變得不顯著，樂音效果變得十分粗糙。升沉現象可用來測定響度差別閾限，即利用兩個相差很少頻率的聲音同時呈現，調節其中一個強度，使之產生拍音，這時的強度差異就是差別閾限，這種方法稱爲響度調製法。

㈢差音與和音

是當兩種不同頻率（一般相差 28Hz 以上）的聲音同時作用於聽覺器官所產生的聽覺現象，又稱聯音，即當兩種不同頻率的聲音同時作用於聽器官時，還感覺到兩種頻率之差或兩種頻率之和，是頻率的第三種聲音。由於有這種現象，所以在聽覺實驗中，一般要採取先後呈現不同頻率聲音（記憶法）的方法，而不能同時呈現。因此要求實驗者在實驗時一定要縝密考慮這些聽覺現象。

本節所討論的聽覺現象以及產生影響這些聽覺現象的諸因素，都是需要在聽覺實驗中加以認真考慮的因素。有時這些因素之一作爲自變量加以操縱，其它的因素就要作爲無關變量來加以控制了。了解這些聽覺現象，對我們設計實驗、解釋結果是有裨益的。

第三節　聽空間知覺

聽覺是有機體對遠處刺激作適當的反應，因此稱作距離感覺。一個動物會把它的頭、眼睛、耳朵轉向聲源，人還能用言語指出聲源的方向，對於發聲物體的距離反應也很好，雖然比對方向的判斷精確度稍微差點，這些聽空間知覺究竟依賴哪些因素，這些實驗應如何進行，是本節所要討論的問題。

一、聲音方向定位線索

聲音方向定位線索即指判斷發聲體的方向時依賴哪些因素。根據實驗心理學家們的努力，對這個問題已有了較清楚的認識。歸納起來，共有下述幾個因素：

(一)雙耳的時間差異

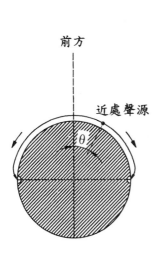

圖 7-13　當聲源靠近頭部時雙耳的距離差異

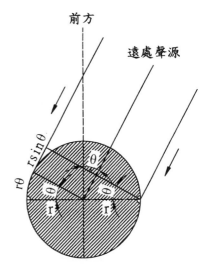

圖 7-14　當聲源在遠處時兩耳的距離差（一般在幾尺以外就認為是遠聲源）

　　早期的聽覺實驗證明聲音的方向可以被知覺，而雙耳線索被認爲是定位的因素。兩耳之間的差異是很明顯的。兩個耳朵不在同一個地方，兩耳位置上的不同會引起刺激上的哪些差異呢？幾何學和物理學很容易解決這些問題。當聲源是在頭的中切面上任何一點時，聲源到達兩耳需要經過同樣的長度和彎曲度（假設頭是一個球形，很小的不對稱對聲音的影響很小）。當聲源不在中切面上而是偏向一側時，聲音所經過的長度和彎曲度就會發生變化。如圖 7-13、7-14 所示。

　　從圖 7-13、7-14 所示，可以很清楚地看到，不管聲源是挨近頭部還是遠離頭部，其聲波到達兩耳的距離都隨著聲源偏離中切面的角度（稱爲方向角）不同而變化。當聲源挨近頭部且與中切面的夾角爲θ時，聲源到一耳就要比到另一耳多經過 2θ 弧度乘以 γ（因爲 1 弧度＝ $180°/\pi$，弧長＝半徑× 360 度）。根據多數人統計結果，人頭的半徑爲 8.75 公分，兩耳之間的半圓周長爲 27.5 公分，因而可計算出近聲源時聲波到達兩耳的距離差：$Ds = 8.75 \times 2\theta$（弧度）（公分）。同樣從圖 7-14 可知，當聲源在遠離頭部幾尺時，就可認爲聲波幾乎是平行地到達雙耳，但經過靠近聲源一側的耳朵要比經過遠離聲源一側的耳朵少一段距離。這段距離的長度爲；

　　$Ds = \gamma\theta$（弧度）$+ \gamma \times \sin\theta = \gamma$（θ弧度＋ $\sin\theta$）$= 8.75$ 公分 ×（θ弧度＋ $\sin\theta$）

　　如果聲源是在頭部的一側，那麼該聲波到達另一耳所多經過的距離就是頭的半圓周，即爲 27.5 公分。

　　綜上所述，任何方向的雙耳距離差異都可用下列公式計算：

　　1. 當聲源在頭的近處時：

$Ds = 8.75 \times 2\theta$；Ds 以公分計，θ以弧度計。

　　2. 當聲源在遠處時：

$Ds = 8.75 \times (\theta + \sin\theta)$；其中 $\sin\theta$ 的θ是以角度計，其餘同上。

　　上面根據幾何原理所推論出來的計算公式，對凡與中切面形成的方向角相

等，不管聲源在上方、下方、前方和後方都是適用的。在每一個方向角上都形成一個圓錐面，在這個方向角的圓錐面上聲音容易混淆，究竟是上方還是下方，是前方還是後方常常分辨不清。因此常用「方向發生混淆的圓錐」一詞來形容。

　　聲音到達一耳比到達另一耳需要經過的距離遠一些，這是事實，並且幾何學原理已經給予證明。聲波通過一定的介質傳播，其本身具有一定的速度，聲波在空氣中傳播的速度大約為 344 公尺／秒或 34.4 公分／毫秒，每傳播 1 公分的時間為 1/34.4 ＝ 0.029 毫秒。因而距離差異可以歸結為時間差異（Dt）。

　　1. 當聲源在頭的附近時：

Dt ＝ 8.75 × 2θ × 0.029 ＝ 0.254 × 2θ（毫秒）

　　2. 當聲源在遠處時亦可寫作：

Dt ＝ 0.254 ×（θ＋ sinθ）（毫秒）

根據上面的公式就可計算出聲源在不同方向和距離時的雙耳時間差異。

方向角	1°	2°	3°	4°	5°	10°	15°	20°	25°	30°	35°
近聲源	0.009	0.018	0.027	0.036	0.044	0.089	0.133	0.178	0.222	0.266	0.311
遠聲源	0.009	0.018	0.027	0.036	0.044	0.088	0.132	0.176	0.218	0.260	0.301

方向角	40°	45°	50°	55°	60°	65°	70°	75°	80°	85°	90°
近聲源	0.355	0.400	0.444	0.488	0.533	0.577	0.602	0.666	0.710	0.755	0.799
遠聲源	0.341	0.379	0.416	0.452	0.486	0.518	0.549	0.578	0.605	0.630	0.653

　　根據早期聽覺實驗的研究結果，對於滴答聲的方位辨別閾限大約為 3°（中切面），據此計算時間差異為 0.027 毫秒。這是屬於低頻脈衝聲，如果高頻脈

衝聲（4000Hz 以上）時間差異大約爲 60 毫秒，這是多麼精細的時間分析！雙耳的時間差異是物理學的事實。對於滴答聲或任何聲音的突然開始都是適用的，這已有很多的實驗資料予以說明。爲什麼這麼小的時間差異，受試者就能作爲定位線索，能否說一個受試者注意到了這一時間差異，從而判斷出聲音的方向？對比是絕對不可能的，這麼小的時間差異受試者根本知覺不到，那爲什麼又能作爲定位的線索呢？這只能從生理學方面考慮：即當神經衝動從一耳先來時，對那邊的反應會保持優勢，直到被從另一耳來到的反壓力所推翻，這種優勢效應，被許多人的實驗證明是存在的。我們只能從這一神經機制的假設，才能解釋爲什麼這樣小的時間差異可提供方向定位線索。

對連續的樂音，除了開始之外，似乎是同時地作用於兩耳，它也能夠被正確地聽出是從哪個方向來的。這是什麼道理呢？問題的答案是：一個「持續」的樂音是由連續振動的波長所構成，每個波都先到達近耳，後到達遠耳。因此計算出來的時間差異對於每個相繼而來的波峰都適用，即不同波峰到達雙耳的時間差異不同，提供了方向線索。但對於某些高頻率的連續樂音，這一方向線索卻不起作用。如聲源的方向角爲 62°時，計算的雙耳時間差異爲 0.5 毫秒，假設 1000～的樂音，每一波峰間隔是 1 毫秒，每一波峰到達近耳以後 0.5 毫秒的時間才達到遠耳，也就是在下一個波峰達到近耳之前 0.5 毫秒到達遠耳，即到達兩耳的是兩個相位相反的聲波，聽覺機制沒有能力辨別個別的波，因此不能分辨聲音是從左邊來的還是從右邊來的，僅從時間差異的角度來說，可以預料必定要發生定位的混淆。但實驗結果證明不完全如此，這表明除了時間差異之外，還有其它線索提供方向判斷。

(二)雙耳強度差異

除了雙耳的時間差異之外，聲音的雙耳強度差異也是定位的一個因素。很顯然地，近耳所受到的刺激強些，遠耳弱一些。當聲源比較近時易於覺察這個差異；聲源比較遠時，也能夠聽出遠處的聲音。但這時強度的差異卻是非常弱的，只能是方位知覺方面的一個很次要的線索。雙耳的強度差異是由於雙耳的距離不同以及聲音的陰影效應所產生。有的聲波被頭部所阻不能通過，而形成的陰影效應對於高頻聲音產生的強度差異更明顯，長波可因繞過頭部而損失較少，短波卻易受阻，強度損失較大。可見波長越短（頻率越高），兩耳的強度差異就越大。席維安與懷特（L. J. Sivihn ＆ S. D. White, 1933）的實驗所確

定的閾限，在方向角爲 15°時產生的雙耳強度差異的比率如下：

樂音	強度比率
3000～< 1dB	1.26 : 1
1100～= 4dB	2.51 : 1
4200～= 5dB	3.16 : 1
10000～= 6dB	4 : 1
15000～= 10dB	10 : 1

　　上述資料表明在 3000～以下純音的強度差異在方向定位中不起什麼作用（聲音強度在遠耳損失較小）。如果聽的是複雜的樂音，由於在聲音陰影中損失了高頻陪音，這樣就會造成音色上的差異，也提供了方向定位的線索。

　　綜上所述，對於自由聲場中非瞬態聲（連續聲）的定位通過兩條線索：在低頻時，以時間線索爲主，高頻時以強度線索爲主，而對當中的頻率範圍兩者都無效，因而常出現定位錯誤。對噪音和脈衝聲一類的複合聲兩種線索同時起作用，這是很多實驗都證明了的問題。

⊜連續樂音場合下的雙耳相位差

　　當連續樂音經過一個周波的不同階段到達雙耳時，聲音在兩耳間就產生了相位差。它是雙耳時間差的一種表現。它們的大小都受方向角的影響，相位差隨頻率而增加。當頻率加大時波長變短，波前到達遠耳的是一個周波更後面的部分。如果聲源在耳朵的一側，又聲音的波長等於兩耳間的距離，相位差等於360°，兩耳的相位相同。因此，相位的線索受到破壞。1500～的波長恰與兩耳之間的聲學距離（23 公分）相等（34400 公分/1500 = 22.9 公分，近似於 23 公分），因此聲源在一側就容易產生判斷上的錯誤，在室外和消聲室的純音實驗都證實了這一點。相位差異對於長波來說是方向定位的一個重要線索。由於相位差依賴於聲波的方向和波長兩個因素，因此它不能成爲獨立的聽覺方向定位標誌。

⊜視覺對聽覺方位判斷的影響

　　當能看到聲源時，儘管這個聲源是虛假的，一般在20°以內，往往使人們判斷聲音是從假聲源發出的。這說明視覺刺激與聲源之間鞏固的條件聯繫的影響，

可以使人們在雙耳聽覺標誌存在的條件下產生對聲音定位的錯誤判斷。例如電影院放映電影的音響一般是銀幕兩側，但觀眾所聽到的聲音都是從銀幕上人物的口中發出來的。這一點要求在進行聽覺方向定位的實驗時，應使受試者不能見到聲源，也就是要排除視覺的作用。

二、聽覺空間方向定位的實驗方法

㈠條件的控制

在日常聽覺中，各種雙耳差異是同時起作用的。如果聲音在左側，聲音先到達左耳，後到達右耳，左耳接受的聲波強度要比右耳的強度大些，聲音的相位也不同，而且左耳的陪音要比右耳的陪音更豐富一些，音色上有差別。在這些線索同時起作用的情況下，不能分辨究竟哪些因素是主要因素。如果研究某一線索的作用，用這種日常的方法不行，這時實驗必須使其它因素保持恆定，再來研究另一因素的作用。如強度相同可研究時間差異，時間一定時可研究強度差異。但這樣做又使用了互相矛盾的線索，因為強度一定，就是說聲源在中切面上而時間先後又告訴人們聲源是偏向某一側。在實驗中，這類問題就要看受試者是依從哪個線索為主進行判斷了。

㈡使用的儀器與方法

雙耳方向定位線索的實驗一般都採用兩耳分別給予刺激的方法，稱作「兩耳分開技術」或叫「兩耳分聽」。早期實驗中使用類似聽診器的儀器，把小管子插到受試者的外耳道中，最後將兩根連成一根，開口接近聲源。如果兩根小管的長度不同，就得到時間差異，如果閉塞一根就是單聽；如果部分地閉塞一根就得到不同強度。這種方法在早期的實驗中常被應用，至今仍有優點：做實驗的學生能容易地懂得他在如何處理聲源。

現代這類電話式的兩耳分聽實驗儀器是使用兩個耳機，各有分開的線路，線路中有放大器和衰減器來控制強度，兩耳的聲源是一個能產生多種頻率的振盪器，聲源的組成、陪音的結構等都可以控制。如果需要，兩耳還可以分別給予不同聲波的刺激，兩耳接受刺激的時間也可以得到控制等等。問題的關鍵在於這種分開實驗必須要選擇兩個同質的耳機才行。

㈢幾個具體的定位實驗

1. 早期的音籠實驗

關於聲音的方向定位是由早期的音籠實驗加以證明的。實驗時把受試者的兩眼蒙起來，將受試者的頭部固定，讓受試者在能吸音的房子裡或室外，使回音減到最小。爲使聲源在不同的方向時仍能保持同樣的距離，後來研製了音籠的儀器，它有水平方向和垂直方向轉動的曲柄，曲柄的頂端有發聲裝置，曲柄所經過的各點可形成以受試者頭部爲中心的球面，而球面各點的方位可以通過兩個圓周儀的讀數表示。聲源到受試者雙耳的強度可用聲級計加以測量（當時尚不能做到這一點）。這類早期的實驗證明雙耳聽覺對於方向定位的重要性。皮爾斯（A.H. Pierce, 1901）曾綜述了這方面的早期研究。爾後有很多人（D. T. Young, 1928；C. F. Willey，E. H. Inglish & C. H. Pearce, 1937）用反聽器又進一步證實了這個問題。將從左側來的管子繞到右耳，右耳的管子繞到左耳，這時左側的聲源好像在右側，右側的聲源好像在左側。

2.卡嗒聲實驗（即瞬態聲音）

研究兩耳時間差異的閾限是用兩耳分開的卡嗒聲實驗，就是分別改變兩耳卡嗒聲的時間間隔。結果發現僅僅百分之幾秒的時間差異就可把聲音定位於一側（Q. Klemm, 1919～1920）。後來又有很多人重複這個實驗，發現最小有效的雙耳時間差異在不同受試者上有差異，變動在 0.03 與 0.3 毫秒之間。當時間差異是 0.65 毫秒時，聲音就靠近一側耳朵，時間差異再增加，聲音仍在一側，到 2.5 毫秒時單一的卡嗒聲就分爲兩個了。

用卡嗒聲實驗還證實了時間因素是定位的主要因素。實驗是由霍恩波士特爾與魏太海默（E. M. Von Hornbostel & M. Wertheimen, 1920）提出的。他們採用平衡法：讓右耳先得到卡嗒聲（0.1 毫秒），這時兩耳的卡嗒聲強度相等，聲音便被定位於右側。然後調節強度使其有利於左邊，直到強度差異很大時才能勝過小小的時間差異的影響。這一研究推翻了早期許多實驗者認爲強度差異是聲音方向定位主要線索的傾向，強調了時間差異的重要性。

後來克萊姆（1920）又做了一個補充實驗，即時間差異等於零，強度差異 3：1，然後調節時間差異來平衡強度差異所造成的影響。補償強度差異所需要的時間大約爲 0.6 毫秒，這也是一個較大的數值。因此 1925 年威特曼重複這兩種平衡實驗，證實了時間差異與強度差異在短促聲音的定位中都是強有力的因素。

3.連續樂音實驗

也是採用兩耳分聽的技術，送到兩耳的樂音強度與時間都可以控制。這類實驗很容易觀察到：當時間與強度差異都是零時，就可以聽出聲音是從中切面來的，當時間差異等於零時，樂音就被定位於較大強度的一邊，當強度一定，時間差異逐漸加大時，聲音就向一邊移動。時間差異不能超過半個周波，當時間差異和強度差異很大的時候便聽到兩個聲音，每個耳朵各有一個。對於高頻，最大的時間差異最多能把聲音從中切面移開 60°～65°，或更少些。平均起來頻率在 1500～時，時間差異就開始完全失效。用持續的樂音和卡嗒聲獲得的結果是一致的。只要時間差異有機會起作用，它常是主要線索。但連續的樂音多少有些不同，偏於一側的樂音開始發生時，會有一個明顯的時間差異，當高頻率波聲連續發生時，時間差異就變得混淆不清了。

4.野外的樂音定位

野外的樂音定位實驗可以克服兩耳分開實驗的實驗室情境，使其更接近於日常生活。讓受試者坐在屋頂上盡可能地避免回聲，一支高竿上有一個揚聲器，這個高竿可以在受試者雙耳的水平方向轉動任何角度。60～至 10000～的樂音聲可以在受試者前後左右及其間的許多方向上發出，讓受試者判斷聲音的位置，結果發現：(1)對於左右判斷正確而對前後有時弄錯，這種現象在低頻常見而高頻時少有，這是外耳所造成的聲音影響作用。外耳的結構使得從後方來的聲音比從前方來的聲音弱些，只有在高頻才有這種陰影效應。前後判斷還需過去對該聲音的經驗；(2)定位在靠近中切面時比較準確，即在中切面附近方向角變化較小時，受試者便能感知，而在方向角爲 90°時誤差較大，即方向角在 90°附近變化較大時受試者才能感知其變化，而且當聲源在 90°附近，有時判斷爲大於或小於 80°，這是因爲聲源在 90°附近移動時，雙耳時間差異和強度差異都改變得很慢的緣故，因而變化一定的角度，並不能清楚地分辨其變化。音籠實驗也證明了這一點。

從這個實驗得知，在日常生活中聲音定位最普遍和確切的因素是時間差異因素。

三、距離知覺

*1.*一個聲音的強弱對於聽覺的距離知覺是一個很重要的線索。聲音逐漸變弱，知道聲音遠去；一個聲音很強，聲源的位置就很近。這些判斷依賴於對這

此聲源的熟悉程度。

　　2.回音（或回響），根據聲源發出的聲音及回音之間的時間差異辨別距離，是距離知覺的一個主要線索。盲人避開障礙物等都依靠這一線索。這類實驗很容易進行。

第四節　語音知覺

　　語音聲是複合聲的一種，語音知覺是人類特有的聽覺。語言是在人類長期的發展過程中形成的，語音知覺也是在人類的社會實踐中發展形成的，它必然帶有自己的特點。關於語音的研究內容是很多的，涉及的學科也很多，本節只是簡要地敘述一下語音知覺的研究方法。

一、語音及其聲學特點

　　語音的成分有元音和輔音，特殊的語言：如漢語的聲調。組成語音的元素有音調、音強、音色和音長。這四個元素，是對語音進行感知的不可缺少的因素，發音器官好像一個樂器，不但強度和頻率可以調節，還有一種類似的音色上的特性可以調節。聲帶產生樂音，經過喉嚨和口發出來，喉嚨和口成為一個共鳴箱，由於唇和舌的活動起不同的諧振作用，使它的諧波得到不同的加強，產生不同的語聲。

㈠元音分析

　　把人的說話聲所產生的振動記錄下來（用錄音機或電子計算機），然後對它作諧音分析，用聲譜儀或語圖儀使一個元音的頻率帶變成可看的東西。不同的人，元音可能不同，其頻帶可能略有變化，在聲譜上看，能量集中在某些頻區（一個基波和許多諧波），即在某一個頻率上振幅最大，稱為共振峰，一個元音有好幾個共振峰，究竟用幾個共振峰才能表示一個元音的音色，目前尚有爭議，但一般認為二～三個共振峰就可表示元音的音色。當一共振峰與第二共振峰寫作F_1與F_2，它對舌位、唇形的改變特別敏感，因而語音學上常常以F_1與F_2的數值作為描寫元音音色的依據。頭三個共振峰對元音音色有質的規定性。這幾個共振峰的頻率範圍在各個聲音上是交互掩疊的，視元音不同而有所不同。第一（或最低）的共振峰（F_1）常處在 200 與 1200 赫茲間；第二共振峰（F_2）

在 600 與 3500 赫茲間,而第三共振峰 (F₃) 在 1500 與 4000 赫茲間。最低頻率的共振峰一般具有最大的幅值,第二共振峰居中,第三共振峰最弱。在後元音(舌隆起部位靠後)如 o、a 等之中,第三共振峰常很弱,所以它們的聲音一般主要只由兩個最低的共振峰爲特徵。隨說話人的不同,任何聲音共振峰的頻率和相對幅值是有相當差別的。對於同一個人來講,連續說同一個語音時,差異比較小一些。下面是共振峰情況的不同圖解(圖 7-15、7-16)和數據比較表:

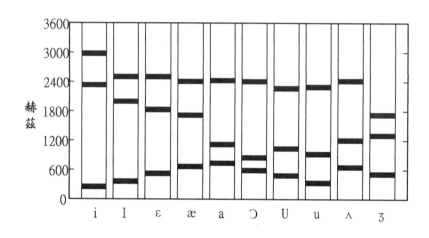

橫槓代表各元音的第一、第二和第三共振峰

圖 7-15　元音的共振峰

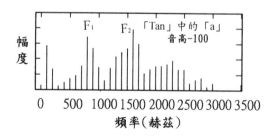

F₁和F₂分別代表第一和第二共振峰

圖 7-16　「Tan」這一詞中的元音「a」的頻率成分的幅度

表 7-2　普通話十個元音的共振峰頻率數據表（單位：赫茲）

例字 元音	衣 i	烏 u	迂 ū	啊 a	喔 o	鵝 e	（嗟） ê	（資） i[ʅ]	（知） i[ʅ]	兒 er
F1 男	290	380	290	1000	530	540	480	380	390	540
女	320	420	320	1280	720	750	610	420	370	730
童	390	560	400	1190	850	880	750	440	410	750
F2 男	360	440	2160	1160	670	1040	2240	1380	1820	1600
女	2800	650	2580	1350	930	1220	2480	1630	2180	1730
童	3240	810	2730	1290	1020	1040	2560	1730	2380	1780
F3 男	3570	3660	3460	3120	3310	3170	3470	3020	2600	3270
女	3780	3120	3700	2830	2970	3030	3510	3130	3210	3420
童	4260	4340	4250	3650	3580	4100	3800	3920	3870	4030

　　上表是男、女、童三組發音人所發普通話十個元音的共振峰頻率分布的數據（資料引自《中國語文》，1979 年 4 期，318 頁），可以看出男、女、童三組共振峰雖有差別，但在各組中，元音間的關係規律還是相似的。元音是可變的，也是十分複雜的，尤其當元音與輔音結合時就更複雜。當把語音中的高頻用濾波器濾掉，很多單詞就變得難以辨認，單純樂音的某些頻率聽起來可以類似某些元音，但十分單薄而不豐富。

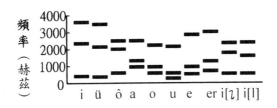

圖 7-17　普通話十個元音的共振峰分布圖

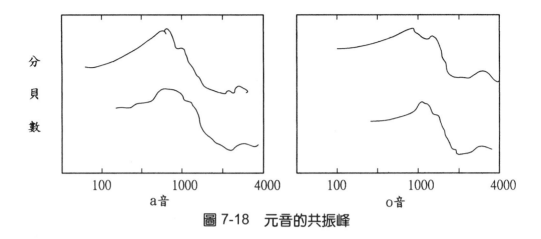

圖 7-18　元音的共振峰

　　下表數據來自說英語的受試者：三十三個男子、二十八個女子和十五個兒童，帶有顯著的美國音。

表 7-1　持續元音平均基音和共振峰頻率及其幅值比較表（英語）

		i	I	ɛ	æ	a	ɔ	ʊ	u	ʌ	ɜ
基頻	男	136	135	130	127	124	129	137	141	130	133
	女	235	232	223	210	212	216	232	231	221	218
	兒童	272	269	260	251	256	263	276	274	261	261
共振峰頻率	F_1 男	270	390	530	660	730	570	440	300	640	490
	女	310	430	610	860	850	590	470	370	760	500
	兒童	670	530	690	1010	1030	680	560	430	850	560
	F_2 男	2290	1990	1840	1720	1090	840	1020	870	1190	1350
	女	2790	2480	2330	2050	1220	920	1160	950	1400	1640
	兒童	3220	2730	2610	2320	1370	1060	1410	1170	1590	1820
	F_3 男	3010	2550	2480	2410	2440	2410	2240	2240	2390	1690
	女	3310	3070	2990	2850	2810	2710	2680	2670	2780	1960
	兒童	3730	3600	3570	3320	3170	3180	3310	3260	3370	2160
共振峰值	(db) L_1	-4	-3	-2	-1	-1	0	-1	-3	-1	-5
	L_2	-24	-23	-17	-12	-5	-7	-12	-19	-10	-15
	L_3	-28	-27	-24	-22	-28	-34	-34	-43	-27	-20

資料來源：引自《聲學學報》，1965 年第 1 期，5 頁

上表所列的是幾個持續元音平均基頻和共振峰頻率及其相對幅值，是以[o]的第一共振峰的幅值作參考（0值）。

漢語語音有它一定的特點。其中最明顯的特點之一就是：在漢語音節中元音占優勢，而在許多外國語中則不然。因此，研究漢語中元音的物理特性，無論對於漢語語言規律的探索，還是為我國通訊工程作參考，都是十分重要的。根據現有的一些材料，已可看出漢語和英語在元音頻率特徵上有一定的差別。在漢語的標準普通話中，每個單元音的吐字都十分清晰明朗，英語則含混得多。這方面的差別可能與兩種語言頻率特徵上的不同有一定的關係。其次，在基頻的範圍方面，漢語與一些歐洲語言也有區別。例如漢語在聲調不變化（陰平——見後）時，基頻的範圍無論男女都比瑞典語及英語高。這與我們平常感覺外國人說話聲音比較低這一事實是相符合的。

(二)*輔音*

輔音分為有聲和無聲兩種，有聲輔音也稱濁輔音，無聲輔音也稱清輔音。發清輔音時，聲道比較暢通無阻，發濁輔音時則聲道作不同程度和部位的緊縮，清輔音是非週期的，有連續的聲譜；濁輔音類似於低頻元音，具有線性頻譜，但在高頻，它像清輔音一樣，有一段連續頻譜。輔音與元音接合時，後接（或前接）元音因受輔音舌位的影響，它的幾個共振峰的開關（或後尾）偏離了原來的頻率位置，這一段稱為「過渡音」，或稱音渡，特別是第二共振峰的過渡音向輔音方向走勢的不同，就成為這個輔音的主要聽辨信息。這種趨勢稱為「過渡音徵」。各種輔音，特別是塞音，其過渡音徵的作用占很主要的地位。實驗證明，如果除去這一段音徵以後，聽起來就不像是這個輔音了。

表 7-4　幾個半元音和輔音的頻譜特徵

半元音	F_1	L_1	F_2	L_2	F_3	L_3	F_4	L_4
l	450	-8	1000	-21	2550	-20	2950	-24
r	500	-5	1350	-12	1850	-16	3500	-29
m	基頻	-11	1250	-21	2250	-23	2750	-30
n	基頻	-13	1450	-26	2300	-28	2750	-33
ŋ	基頻	-10	2350	-	2750	-	-	-

摩擦輔音		F_1	L_1	F_2	L_2	F_3	L_3	F_4	L_4
	基頻	-18	1150	-37	2500	-	3650	-	
δ	基頻	-18	1450	-27	2550	-45	-	-	
z	基頻	-16	2000	-33	2700	-42	-	-	
ʒ	基頻	-15	2150	-24	2650	-39	-	-	

塞輔音		F_1	L_1	F_2	L_2	F_3	L_3	F_4	L_4
b	基頻	-20	800	-	1350	-	-	-	
d	基頻	-20	1700	-	2450	-	-	-	
g	基頻	-17	————不確定————						

上表數據是一個男孩受試者說英語時獲得從 F1 到 F4 的共振峰。各個人口音的相對頻率和幅值可能互不相同。表中數據可供人們將同一口音所說各不同的音加以比較。在大部分聲音中，第一共振峰的頻率與基頻是如此接近，以至於用分析儀器不能把它和基頻清楚地分開。在這些情況中，它便被規定作爲基頻。表中幅值 L 以 db 計，是以〔ɔ〕的第一共振峰幅值爲參校值（0db）的。

㈢語言四要素

1. 聲調

是發聲時聲帶振動基頻作高低變化產生的。普通陰、陽、上、去四聲是基頻變化的四種不同模式。從語圖儀上可以清楚地看到元音和四聲變化的共振峰。從四種聲調的振幅上看，陰平和去聲的振幅峰偏前（前響），陽平的振幅峰偏後（後響），而上聲則一般有前後兩個振幅峰（前後較響，中間較弱），呈馬鞍形，具體見下圖：

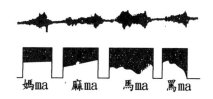

圖 7-19　普通話四個聲調的音高顯示

2.音高

主要決定於語音的頻率，一般的語音頻率範圍在 125～7000Hz 之間，語音音高因發音人的性別年齡而異，同性別同年齡也因人而異。不過平均起來是兒童的音高頻率高於女性，而女性又高於男性（見表 7-2）。

3.音強

音的響度不一定跟它的強度成正比，影響音強的因素是多方面的，在其它條件相同的情況下，開而低的元音比閉而高的元音聽起來更響（元音發音特點不同），如 o、a 比 i、v 的響度大得多。較高的音高和較長的音長，其響度都要大一些。

4.音長

一般以時間（毫秒）表示，音長的測量比較容易，一般的示波器即可測量，但不夠精確。可用切音機、切分語音來進行研究，元音和輔音的音長閾限是多少，皆是語音聽覺研究的內容之一。初步的研究結果見表 7-5，這是各不相同音節中的一些輔音及元音長度。

表 7-5

音節	全長	輔音	音渡	元音	音節	全長	輔音	音渡	元音
ba	407	6	6	395	jia	450	31	33	388
ma	459	27	9	423	xia	494	144	22	328
fa	516	62	28	426	zha	494	85	62	347
da	391	17	11	363	cha	447	64	41	337
ta	372	18	24	330	sha	483	99	42	342
na	455	79	36	340	ca	416	51	48	317
la	564	51	131	382	sa	650	94	49	507

以上所講的是語音的聲學特點，作為語音知覺實驗必須要充分注意到這些因素對實驗結果的影響。實驗設計時，要做到心中有數。

㈣語音的統計特性

語音用來區別詞的屬性叫做音位屬性，本身只包含這些屬性的語音，叫音位。音位是由數目有限，可以作用它特性的語音音色的屬性所確定。這種屬性

的數目在各種語音中不同,漢語普通話的聲調,聲母和韻母即是普通話的音位系統。這種聲、韻、調在實際語言中不同出現率的概率分布,就是普通話的統計特性。它隨時代、區域不同而變化。

根據中國科學院聲學所對七十萬個詞的統計結果,這些統計特性(僅供參考)如下:

1. 普通話音位的——概率分布

(1)聲音出現率(%)

b	p	m	f	d	t	n	l	g	k	h	j	q
5.15	0.98	3.74	2.45	1.20	3.53	2.53	5.69	5.50	1.83	4.42	6.98	3.11

x	zh	ch	sh	r	z	c	s
4.86	7.68	2.75	7.66	1.94	3.01	1.15	1.08

(2)韻母出現率

a	o	e	i	u	ü
3.89	0.54	12.38	8.80	7.11	1.80

(3)聲調出現率

第一聲	第二聲	第三聲	第四聲
18.71	19.37	17.51	35.79

2. 普通話音位的二維概率分布

單音節詞	雙音節詞	三音節詞	四音節詞
6.01	74.14	11.99	7.18

普通話語音的統計特性是語音可懂度實驗必須注意考慮的一個因素。

二、語音知覺實驗

㈠清晰度

實驗材料是編製一組無意義音素,讓一組審音者聽記是什麼音,統計其錯誤率。P_錯誤率便是清晰度指標。

㈡語音可懂度

是通訊工程中評價通話系統質量的一個很重要的標準,語音可懂度用對一組有意義的詞句,讓審音人聽記,統計其誤差。聽對 50％者,可懂度為 50％,聽對 75％,可懂度為 75％,語音可懂度是對語音宏觀現象方面的研究,是關

於語音特性的全面分析的一種心理量。

　　1. 研究方法：(1)選聽力正常的受試者參加評價。以正常聽者為常量，以通話系統或通話條件為變量，因此可作為通訊系統或條件質量好壞的指標。在做聽力檢查時，則固定一套測試系統，以聽者為變量進行檢查，這固定系統的標準常以正常人的聽力可懂度50％為聽力參照零點（一般為二十七分貝）。(2)實驗材料，語音可懂度實驗的一項基本工作，是語音測試表的編製。語音有不同的層次，測聽的語音可以是一段連續的話，也可以是一組句子、一些詞等等，一般多採用單音節詞表，因為它計算簡單，並可由它推算句子的可懂度，單音節詞要求具有語音的代表性。一張表中，各種語音出現率要和語音的統計特性一致，這種詞表就叫語音平衡詞表，簡稱 PB 詞表，如果要編等價詞表，還要注意各詞的出現率。

　　2. 語音可懂度的語音強度範圍和可容許的噪聲掩蓋及頻寬。大量的實驗研究證明：語音可懂度的音強從 30 分貝～40 分貝（以 0.0002 微巴為參照），即可聽懂，直到痛閾的強度範圍。正常青年人為二十七分貝。因此一般語音聽力零級就定在這個強度上（50％可懂度稱為接收閾限，語音聽力零級即此時的聲強級）。語音保持一定可懂度所需要的頻寬為 1500 赫茲至 1000 赫茲。輔音對於可懂度比元音密切，但輔音比較弱，易被噪聲掩蔽。當語音強度比噪音強度大一百倍時，噪聲對可懂度沒有影響；當噪音強度與語音強度相等時，可懂度為 50％。實際上，在日常生活中語音低於噪音的強度時，語音仍可聽懂（這就指出了語音知覺的範圍了）。語音可懂度的主觀分析與聲學分析（客觀分析）應當結合起來，使其更科學。

三、語音知覺的聲學線索和語音知覺的範疇性

(一)語音知覺的聲學線索

　　用語圖放音機這類儀器對語音知覺的聲音線索做了大量的研究，尤其是輔音知覺。結果表明：

　　1. 發音部位不同的輔音，如p、t、k，它們相互間區別的聲學線索是它們發噪聲的頻率位置和後面的元音的 F2（第二共振峰）過渡的頻率。b、d、g 之間區別的聲學線索也相似。

　　2. 發音方式不同的輔音，如b、p、m之間區別的聲學線索在於F1（第一共

振峰）特點，切去 b、d、g 的 F1 過渡起始部分，使 b、d、g 分別被聽成了 p、
t、k。鼻輔音 m、n 的相互區別的聲學線索在 F2，而它們和 b、d、g 和 p、t、k
的區別的聲學線索在有表徵鼻腔諧振的 F 的起始線上。上述事實只是輔音知覺
的一個方面。實驗還發現，同一音位若上下環境不同，其聲學線索可以有很大
的變化。

㈡語音知覺的範疇性

語音知覺的範疇性即指當一語音的聲學參量沿著它的整個範圍變動時，不
達到一定數值，聽者的反應都在一個範疇內。例如濁塞音的實驗，當其低於 1.5K
赫茲，大量的反應是 b；在 1.5K 赫茲至 2K 赫茲之間大量反應為 d，超過 2K 赫
茲大量反應為 g。反應由一個範疇到另一個範疇這一點稱為音位界（類似於心
理物理學中的差別閾）。

四、語音知覺的生理機制與語音知覺理論

㈠語音知覺的感受野

1964 年 Fimas 和 Whitefield 發現聽皮層也存在這種對語音作反應的「特徵
覺察器」，即感受野。

㈡大腦半球的專門化成不對稱性

某些證據表明，大腦左半球的一部分專門接收語音或類語聲，而右半球接
受其它噪聲。

㈢語音知覺理論有動覺論和聽覺論

關於語音知覺的生理機制和語音知覺理論，在普通心理學「言語」一章中
都有論述，作為實驗心理學聽覺實驗研究的一個課題加以研究，或對研究結果
進行解釋時有所依據。但必須指出：設計聽覺實驗時，這些理論的指導是不能
忘，而且必須是清楚的。

參考文獻

1. 吳宗濟、林茂燦主編〈1989〉。實驗語音學概要，第一版。北京：高等教育出
版社。
2. 赫葆源等著〈1983〉。實驗心理學。北京：北大出版社。
3. L.L.白瑞納克等著〈1954〉。聲學，第一版。北京：高等教育出版社。

第八章 視感覺實驗

　　視覺是人類獲得外界信息的一個很重要的渠道，據估計，信息總量的百分之七十到八十是通過視覺獲得的，可見視覺在人類認知客觀世界中的重要性。因此，關於視覺的研究受到了各個學科的重視，先是物理學，繼而是生物學、化學、心理學，都對視覺產生很大的興趣。長期以來，由於多個學科學者的努力，關於視覺的研究已積累了很多的資料，取得很多重要成果。有的問題已被無數學者進行了重複的研究，並存在著一些爭論。本章著重討論視感覺問題，關於視知覺問題留待下兩章討論。對於已有定論的一些理論問題，普通心理學已做過總結。本章著重總結一下這方面的方法與技術。對一些視覺現象，僅作為視覺實驗參變量因素處理，因為這些現象在整體的視覺研究中是影響所欲研究問題的參變量因素。另外本章還牽涉到生理學、物理學、化學等方面的知識以及對視覺刺激的物理測試手段。

第一節　視覺刺激

一、視覺的物理刺激

㈠視覺的物理特徵

　　正常情況下，引起視覺的刺激物是光。光是一種物質，是電磁輻射，即電磁波。現代物理學把它當作一種粒子或量子的流。引起人類視覺的電磁波稱為可見光，可見光的波長大約是 380 毫微米（nm 或 mμ）（即紫色）到 780 毫微米（即紅色）。而在特殊的實驗條件下（相對於 562 毫微米閾限能量以上 10^{12}）可達 312.5 毫微米到 1150 毫微米。光波在極其廣泛的電磁波範圍內只占很少一部分。視覺刺激用物理學的名詞描述比用心理學的名詞更為恰當。適宜的不同波長的光波刺激視覺感器官，就引起一定的視覺——顏色感覺：紅、橙、黃、綠、藍、青、紫。而同一個顏色的主觀感覺（例如紅色）在光譜上具有很大的

範圍。如表 8-1 所示：

表 8-1　光譜顏色波長及範圍

顏色	波長區域（mμ）
紫	380～420
藍	420～450
青	450～490
綠	490～560
黃	560～590
橙	590～620
紅	620～780

　　常用的光波波長單位是微米（μ或μm），毫微米（nm 或 mμ）和埃(a)。它們之間的關係是：1 微米＝ 1000 毫微米＝10^4埃（1 毫微米＝10^{-9}公尺，1 微米＝10^{-6}公尺

(二)光源的種類

　　作為人類可見光的自然光源，主要來自太陽，夜視覺的自然光源來自月亮反射的太陽光，它們都是白光。日光看起來是白色或無色，它具有全部接近等能的一個光譜，即它所發出的光對可見光範圍內的所有波長來說，都包含著差不多的能量。但對於一個光量子來說，能量是不相同的，根據愛因斯坦的量子力學公式：E＝HV，E 為一個光量子的能量，H 是這個理論的普朗克常數，V 是特定量子的每秒波動數（即頻率），頻率是波長的倒數。這個公式說明 400 毫微米波長的光量子比 600 毫微米波長的光量子能量大，可用兩個波長比值的倒數表示：即 1.5 ＝ 600/400，意即 400 毫微米波長光量子的能量是 600 毫微米波長光量子波長的 1.5 倍。不同顏色的光是由於在相應顏色部分的能量較高而導致。等能白光中，各波長的光量子能量不同，但由於各波長的光量子數目也不同，故而光譜波長的能量才能基本相等。

　　除了自然光以外，還有不同的人造光源。電光源的種類很多，大體可以分

為兩類：熱輻射光源和各種金屬鹵化物燈，前者又包含白熾燈，氣體放電燈：如汞燈（低壓日光燈，高壓汞燈），鈉燈（低壓、高壓兩種），以及各種金屬鹵化物燈等等。由於各種照明光源的光學特性不同，因此在選擇它們作為視光源時，就要注意這些物理的因素，尤其在顏色視覺的研究中，對於各種光源的光學特徵必須給予認真考慮。

在日常生活中，人們很少遇到單純的光，大多數都是具有一定光帶（即一定的光波頻率寬度）的光。白光就是一種混合光，而各種色光，也是具有一定光帶寬度的光，並不是波長非常單一的光。

(三)單色光

日常生活中很少遇見單色光，但實驗室裡有時必須用單色光源，要想得到單色光可用如下的辦法：(1)用三稜鏡把白光分解，常用的儀器是單色儀，這種辦法比較麻煩；(2)比較方便的方法是用濾光片，簡單的濾光片是用顏色玻璃或透明顏色塑膠片放在光源處，即可得到具有一定光帶的彩色光。近來有製成的單色光濾光片，需要精密地控制波長時，一定要用這種濾光片來提供單色光；(3)應用有色表面。一些顏料能吸收一些光帶，而反射另一些光帶。反射的光帶通常比濾光片的光帶要寬，但也能提供一定光帶的色光。

二、光刺激的物理測量

作為視覺的主要刺激。光的控制和測定是多方面的：有光波長短不同的測量，有強度的測量及其它光學特性的測量（如色表、顯色性）。本部分主要討論光度的測量，有關光色及其它光學特性的測量留待下一章講述。

(一)光源強度的測量

光源在單位時間內發出的光量稱為光通量，以Φ表示。光源在給定方向上單位立體角中發射的光通量定義為光源在該方向上的光強度，又叫做光強，以I表示。在光度學中，採用光強度的單位作為基本單位，光強度的單位是燭光，最早是以某種規格的蠟燭的光強為標準。後來有了電燈，就以某種規格的電燈來代替。但這兩種方法的再現性和穩定性都比較差，因而不夠準確。從1948年起就採用黑體作為標準（初級光度標準的黑體稱為基準器），1960年第十一屆國際權度大會通過燭光是其基本單位之一。

光強度的測量，是利用人眼對光強的感受性相當敏銳的這一特性進行的。

人眼雖對光的感受性非常敏銳，卻不能定量地判斷其強度，但在評定兩個光刺激的強度是否相等時，則相當準確。利用這個特徵，做出了目視光度計，用目視光度計可以測量光源的光強度。

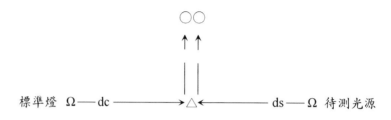

圖 8-1　光強的測量示意圖

調節待測光與光度頭的距離，使之在光度頭視物上與標準光所形成的視物相等，這時待測光的光強度即可測定。公式如下：

$$I_s = I_c \times d_s^2/d_c^2$$

其中，I_c爲標準光的強度，已知d_c爲光度頭到標準光的距離，d_s爲待測光到光度頭的距離。

表 8-2　國產標準光強燈的特性

型號	電壓（伏）	電流（安）	功率（瓦）	光強度（燭光）	色溫
B21	10	0.75	7.5	5	2356
B22	10	1.4	14	10	2356
B23	107	0.45	51.8	35	2356
B24	107	0.54	57.8	35	2356
B25	107	1.38	148	100	2356
B26	107	3.36	360	500	28859
B27	107	6.25	670	1000	28859

資料來源：《電光源原理》，404 頁。

光強度爲一燭光的一個點光源，在單位立體角內所發射的光通量，定義爲一流明（Im）。

(二)光照度測量

在視覺實驗中，對光源強度的測量，不及對所觀察的物體表面的光興趣大。這就要求對光照度進行測量，光照度與發光體的光強度有一定的關係，它是一流明的光通量均勻分布在一平方公尺表面上所產生的光照度，稱為一勒克斯（LX），它也等於光強度為一燭光的光源在半徑為一公尺的球表面上產生的光照度，因此勒克斯又稱為尺・燭光。

表 8-3　一些實際情況下的光照度值（勒克斯）

夜間地面上產生的光照度	3×10^4
滿月在地面上產生的光照度	0.2
工作場必需的光照度	20～1000
晴朗夏日陽光良好的室內光照度	100～500
正午露天地面的光照度	10^5

對光照度的測量，有光度計、照度計。它是用光電池來代替人眼的測光儀器。它可以比較準確地測定觀察物表面光源照射的光之強度，為視覺研究提出了一個客觀物理量測量。

(三)亮度的測量

不是所有落在物體表面上的光都能反射回來，白紙要吸收20％左右的光，而只能反射80％，黑板可以只反射投入光的3％。只有反射出來的光才能落到人眼上，因此，只有照度還不能滿足視覺研究的要求，還必須有一個能測量物體表面反射光多少（物理上稱為亮度）的儀器，這就是亮度計。對於發光體與非發光體，都可以用亮度計測量其反射的亮度。

亮度是指發光光表面的明亮程度。亮度的衡量有各種不同的單位。有的以每單位面積上發出的光通量來表示（如A組）。它們不僅可以描述光源的亮度，而且可以描述非光源表面的亮度，這些單位可以互換。

A 組：使用發光強度單位——燭光（cd），又稱坎德拉。

　1.尼特（nit）：1尼特＝ 1cd/m² （1 燭光/m²）

　2.熙提（sb）：1熙提＝ 1cd/cm²

B 組：使用光通量單位——流明（Im）

　　1.阿波熙提（asb）：1 阿波熙提＝ 1 Im/m²。

　　2.朗伯(L)：1 朗伯＝ 1 Im/cm²。

　　3.毫朗伯（mL）：1 毫朗伯＝10⁻³朗伯。

表 8-4　各種亮度單位的換算關係

單位	nt = cd/m²	sb = cd/cm²	1cd = cd/m²	ft = cd/ft²	mL	ftL	asb Im/m²
1 尼特(nt)＝	1	0.0001	0.000645	0.0929	0.3142	0.2919	3.1416
1 熙提(sb)＝	10000	1	6.452	929	3142	2919	31416
1 燭光＝	1550	0.155	1	144	486.9	452.4	4869
1 尺燭光＝	10.764	0.001076	0.00694	1	3.382	3.1416	33.82
1 毫朗伯＝	3.133	0.0003183	0.002054	0.2957	1	0.929	10
1 尺朗伯＝	3.426	0.0003426	0.002211	0.3183	1.0764	1	10.76
1 阿波熙提＝	0.3183	0.00003183	0.0002054	0.02957	0.1	0.0929	1

資料來源：（電光源原理 27 頁）

㈣物理刺激的表示方法

　　1.視網膜照度

　　視覺實驗中常用視網膜照度表示刺激的物理強度。光線進入眼睛的量與瞳孔面積成正比，用物理亮度尼特和瞳孔面積的乘積表示網膜被刺激的程度。單位爲楚蘭德（treland），楚蘭德＝刺激強度（cd/m²）×瞳孔面積 S（mm²）。楚蘭德表示刺激，可以使進入視網膜的光量進行比較，比直接用物理刺激強度更科學。

　　2.光強度級──分貝（db）

　　眼睛適宜刺激的物理量的光強度範圍很大，通常可達十二個數量級（10^{12}）大約一萬億倍。眼睛所能接受的刺激範圍如此之大，直接用物理量單位表示很不方便，一般用量度級單位（對數）表示。這時光強度級分貝爲：

　　$Ndb = 10lgI/I_0$

　　一般情況下I_0爲10^{-6}cd/m²（尼特）。這個參照光強度相當於暗適應時人眼所能檢測到的最小光強，即視覺的絕對閾限。當然爲研究需要，初始強度也可

由研究者自己規定。

(五)其它的測量

人們觀看物體時，幾乎總借助於反射光，要常用到反射係數。

1. 反射係數＝某表面反射的流明數／入射到該表面的流明數。亮度與照度的關係可用下式表示：

亮度＝反射係數×照度。

除了反射係數外，還要用到透射係數，即各種物質的透光特性。

2. 透光係數(τ)＝某物質透過的流明數／入射該物質的流明數。

3. 密度(d)，其定義為 $d = \lg I/\tau$，I爲強度，τ爲透射係數。物質的密度越大，則透過率越小。

對視覺刺激──可見光的物理強度的測定，是進行視覺研究的有用手段，因此如亮度計、照度計等，應是心理實驗室常備的測量儀器。作爲從事心理實驗的心理學工作者應當具備使用它們的相關知識。

第二節 視覺實驗應注意的各種因素

各種視覺現象經過長期的研究，已有了一些定理，關於這些問題在《普通心理學》課本中都已有較爲詳細的介紹，本節只從視覺實驗應注意的因素這一角度討論這些視覺現象，同時還要介紹一下關於這些心理現象的研究方法。視覺實驗的一些實例，作爲「實驗的」心理學，當然應該把這些視覺現象問題，都作爲自己的研究課題，並通過這些研究進一步探討基本理論問題。

一、明視覺與暗視覺的區別

(一)視覺的主要功能

錐體與棒體細胞執行著不同的視覺功能。錐體視覺又叫明視覺，棒體視覺又叫暗視覺，是視覺的兩重功能。作爲視覺器官的眼睛，解剖學已證明其網膜中含有兩類感覺細胞：錐體細胞和棒體細胞。兩種細胞的功能不同，生理學和病理學的證據都證明了這一點：

1. 棒體細胞比錐體細胞小些，發展水平較低。

2.在中央凹只有錐體細胞，沒有棒體細胞，中央凹的水平方向大約是20°左右，在垂直方向要小些。中央凹以外開始出現棒體細胞，越近邊緣棒體細胞越多，而錐體細胞則越近邊緣越小。

3.在神經聯繫上，每一個錐體與一個神經節細胞相連，通向間腦，而棒體細胞卻是相鄰的數個細胞與一個神經節細胞相連。

4.棒體細胞中含有「視紫紅質」，而錐體細胞中沒有。

5.畫盲動物只有棒體而無錐體細胞。病理證據證明了這一點，夜盲患者缺乏視紫紅質，因而妨礙了暗適應，畫盲患者是全色盲，是錐體沒有得到發展不起作用的結果。

棒體細胞適應很弱的光，亮度在 0.001 尼特下，基本上是棒體細胞發揮作用，錐體細胞基本不起作用，這時只有明暗視覺而沒有色調感覺，對於不同波長的單純色光，只能感到非彩色的明暗。雖然在錐體細胞暗適應閾限以下，如果用錐體與棒體一塊去感覺也會有顏色的感覺，但是很微弱。此時對於精確的形狀也難以辨認。在 1 尼特以上的亮度水平，錐體細胞發揮主要作用，對不同波長產生不同的色調感覺，也能夠辨別出精細的形狀。亮度水平在這二者之間稱爲中間視覺，錐體和棒體細胞共同發揮作用。因此，作爲一個視覺實驗，首先要考慮棒體細胞與錐體細胞的這兩種不同功能，因爲一種顏色感覺的明度、色調和濃度不僅決定於刺激，在很大程度上還依賴於感受器官和它的機能狀態。不同的感受細胞對不同光譜波長的感受性是不同的，而究竟是明視功能還是暗視功能發揮作用，應受到重視。要排除暗視覺作用，就必須把刺激局限在中央凹；要排除明視覺，就要在暗適應後——錐體的閾限以下，並且要盡量用中央凹2°以外的區域觀看。由於兩種感受細胞在網膜上的位置不同，因此還要考慮刺激的網膜部位。

(二)關於明暗視覺的實驗研究實例

1.爲了驗證「中央凹是夜盲」這一假設，實驗時先使眼睛暗適應，這時向中央凹投入一線弱光，用這種方法測得中央凹的閾限很高，用棒體細胞的閾限則很低，即在弱光中棒體細胞能識別，而錐體細胞則不能。具體方法是：爲了使弱光能落到中央凹裡，讓受試者注視一個3°的光環，這時光環的中間恰爲2°，弱光從環中間呈現，就恰好在中央凹2°之內了（J. V. Kries, 1897）。

2.不同光譜明暗感受性的研究。吉布森（K. S. Gibson, 1923）、廷德爾（E.

P. T. Tyndall)、沃爾德（G. Wald, 1945）、格勞福德（B. H. Grauford, 1949）
等人都通過自己的研究證明了明視覺與暗視覺的存在及一些特性。沃爾德等人
以測不同光譜波長感受性的方法（閾限的倒數）得到如圖 8-2 的結果（以相對
感受性的對數為縱坐標，以不同波長為橫坐標），發現了在暗視覺時，感覺最
亮的波長為 500 毫微米處（即藍綠色波長，只是明亮感覺而不是色調），對其
它波長的感受性逐漸降低。而在明視覺時，感受性最高的是 550 毫微米左右波
長的光（黃綠色），其它波長的感受性隨波長的變化而降低。這也就是說，在
同樣功率的輻射下，在不同的光譜部位，表現出不同的明亮程度。

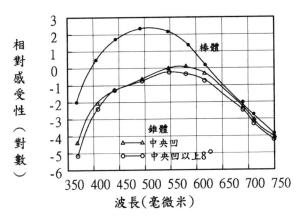

圖 8-2　不同波長的光的相對感受性曲線

　　廷德爾和吉布森（1931）在兩種實驗條件下進行實驗：(1)在光亮的條件下，
要求許多觀察者調節光譜的不同單色光的強度，去匹配一個固定亮度的白光。
(2)在黑暗條件下，調節各波長光的強度使其達到視覺閾限水平，即達到剛可看
到光亮的程度，將實驗結果以相對輻射能量的對數（相對光強度的對數）為縱
坐標，波長為橫坐標作圖（見圖 8-3）：曲線表明在明視覺條件下，不同波長單
色光匹配一定亮度（亮度固定）所需的相對光強在 400nm 處最大，555nm 處最
小，700nm 以上又增至最大。在暗視覺時，400nm 需要很大的輻射能量才能達
到閾限，510nm 處能量最低，到 700nm 處閾限又增至最大。這個實驗清楚地說
明明暗視覺的存在及其不同特點。

　　儘管上述兩個實驗研究資料是不同時期的研究結果，但卻都證明了明暗視
覺的不同功能。

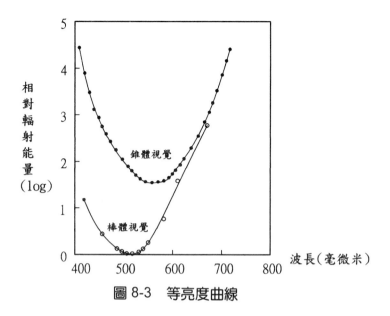

圖 8-3　等亮度曲線

(三)等能光譜感受性的研究

1. 1924 年，國際照明委員會（CIE）採用了吉布森和廷德爾推薦的材料，規定了明視覺的等能光譜相對明亮度曲線，簡稱明視覺曲線 v（λ），這是吉布森和廷德爾根據自己的研究，並參照了七項其它研究者的實驗結果，爲三百多名正常視力的觀察者，在中央凹視覺（2°～3°）視場的平均光譜感受性。

2. 1951 年，CIE 又根據 1945 年沃爾德和 1949 年格勞福德的實驗結果，規定了暗視覺的等能光譜明亮度曲線。簡稱暗視覺曲線v'（λ），這一曲線表示在年齡低於三十歲的觀察者，刺激物離開中央凹50°的棒體細胞的平均光譜感受性（見圖 8-4）。

將上述兩曲線的實驗結果，暗視覺取與507nm亮度感覺相等時各單色光的光通量爲Φλ，507nm 的光通量爲Φλₘ，就得到 v'（λ）＝Φλₘ/Φλ，稱作光譜光效率，即不同的光譜波長等能而亮度感覺不同，或使不同光譜波長的亮度相等亮而需要的光強不同。同樣在明視覺時取λₘ＝ 555nm 與其等亮的各單色光通量爲Φλ，得到v（λ）＝Φλ，得到v（λ）＝Φλₘ/Φλ。這樣，當Φλ爲 507 與 555nm 時，v（λ）與v'（λ）的值爲 1。

相對光譜光效率 v（λ）、v'（λ）如表 8-5 所示：

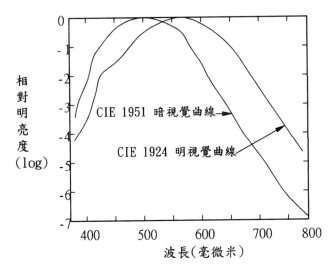

圖 8-4 明視覺暗視覺曲線

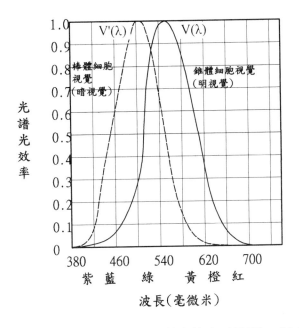

圖 8-5 明視覺與暗視覺的光譜光效率〔簡稱 ∨(λ) 曲線〕

表 8-5　明視覺、暗視覺光譜光效率函數（最大值為 1）

波長 （nm）	明視覺 v（λ）	暗視覺 v'（λ）	波長 （nm）	明視覺 v（λ）	暗視覺 v'（λ）
380	0.00004	0.000589	590	0.757	0.0655
390	0.00012	0.002209	600	0.631	0.03315
400	0.00004	0.00929	610	0.503	0.01593
410	0.0012	0.03484	620	0.381	0.00737
420	0.0040	0.0966	630	0.265	0.003335
430	0.0116	0.1998	640	0.175	0.001497
440	0.023	0.3281	650	0.107	0.000677
450	0.038	0.455	660	0.061	0.0003129
460	0.060	0.567	670	0.032	0.0001480
470	0.091	0.676	680	0.017	0.0000715
480	0.139	0.793	690	0.0082	0.00003533
490	0.208	0.904	700	0.0041	0.00001780
500	0.323	0.982	710	0.0021	0.00000914
510	0.503	0.997	720	0.00105	0.00000478
520	0.710	0.935	730	0.00052	0.000002546
530	0.862	0.811	740	0.00025	0.000001379
540	0.954	0.650	750	0.00012	0.000000760
550	0.995	0.481	760	0.00006	0.000000425
560	0.995	0.3288	770	0.00003	0.0000002413
570	0.952	0.2076	780	0.000015	0.0000001390
580	0.870	0.1212			

資料來源：《色度學》17 頁

根據表 8-5 的數據作圖如下：

上述結果都是在特定的光度條件下，即明視覺一尼特以上的亮度條件（一般爲三尼特），暗視覺爲 0.001 尼特以下的亮度條件獲得的。

明、暗視覺光譜光效率曲線，是光度學計算及光度學儀器特性鑒定的重要依據。有的研究發現非白色人種（埃及人、高加索人、非洲人等）與這條曲線略有出入，而中國科學院心理學研究所一些研究結果證明中國人的光譜光效率函數與 CIE 推薦的光譜光效率函數沒有多大差別（見《心理學報》1979 年 2 期，221 頁）。但研究發現：V（λ）曲線在不同的亮度級水平時並不完全一致，亮度提高，導致對長波區（紅色）的感受性降低，這一點與 CIE V（λ）曲線光譜感受性不變的假設有出入（見《心理學報》1981 年 2 期，186 頁）。

二、明暗適應水平

眼睛存在不同的感受細胞，這兩種感受細胞在網膜的位置不同，其功能也不同，在適應性方面也表現出不同。錐體細胞暗適應較快（7～10 分鐘即停止），暗適應時感受性提高不大，只有光適應的 100～200 倍（S. Hecht, 1921），而棒體細胞的適應過程較慢（約 40～60 分鐘），感受性提高較大，大約是光亮情況下的一百萬倍，強度可變化六個對數單位。一般光適應較快，中央凹的光適應大約在亮光下一分鐘即可完成（W. D. Wright. 1934）。因此，視覺實驗中要注意因刺激呈現方式所形成的適應和破壞適應以致使實驗結果歸於無效的問題，同時也應注意適應的水平不同等一系列因素的影響。

㈠適應時瞳孔的變化

視覺補償光線強度的方法有幾種，其中瞳孔的變化是一個方面，在強光刺激時，瞳孔縮小；在弱光時，瞳孔又變大，一般直徑在 2 mm～8 mm 之間變化，以此來補償光強的變化，提高網膜的感光性能。關於瞳孔適應的速度和範圍的研究材料顯示：存在著很大的個體差異，年齡因素及其它隨機因素都有較大的影響，同一個人不同時間測定的結果也不同。瓦格曼（I. H. Wagman），納贊森（I.M. Nathanson）1942 年和利伏斯（P. Reevers）1918 利用攝影的方法研究得出：瞳孔決定光量的變化只有 10～20 倍（在 100 毫朗伯中等光亮情況下，瞳孔適應遠不能平衡閾限亮度的十個對數單位的變化）。由暗到亮五秒鐘完成，由明到暗大約需三百秒（結果見圖 8-6、8-7）。

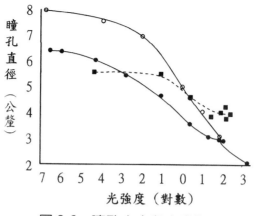

圖 8-6　瞳孔大小與光強的關係

　　空心圓曲線是根據利伏斯的材料製成，代表人眼；實心圓曲線與方框曲線分別代表兔眼及人眼，是六～十隻眼的平均結果。從上圖可知，瞳孔的變化難以補償10^{10}數量級光強的變化。

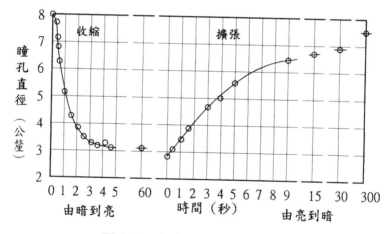

圖 8-7　瞳孔收縮與擴張的進程

　　從圖中可見，瞳孔不是控制光強的，它的一個基本作用可能是限制光線，使光線投射到晶狀體的中央區，瞳孔在一定的光照條件下，盡可能開得小以保持好的景深，它調節自身的大小以維持景深和讓足夠的光線照到視網膜，並使這兩方面保持平衡。

　　瞳孔的大小還似乎監測著神經系統的狀態，瞳孔大往往表示受試者非常激

動，瞳孔的大小會隨情緒而改變，同時，瞳孔擴大的程度也反映人在解決問題
過程中遇到困難的不同程度。

(二)錐體與棒體適應及其實驗方法

　　光適應與暗適應的過程可以用測定刺激閾限的方法研究，測定適應時的閾
限採用極限法漸增系列，而不能使用漸減系列。測定錐閾限時，需要單獨刺激
錐體細胞，而使棒體不能接受刺激，因爲棒體比錐體適應弱光的範圍大得多，
暗適應的測定，有「暗適應儀」可以使用。

1. 棒體的適應

　　讓受試者在亮光下進行光適應後進入暗室，然後立即測定其明度閾限。用
暗適應儀或一個可以變化光亮的乳白色玻璃都可以。每間隔一段時間繼續測
定，就得到閾限隨適應時間逐漸下降的曲線（如圖 8-8 所示）。大約 40～60
分鐘閾限便穩定在一個值上。最初的幾分鐘也包含著錐體的適應，但大部分
時間爲棒體適應。如果只測棒體細胞適應，那就須讓受試者注視一個紅點（紅
點恰落在中央凹處），在視角 2°以外某處呈現一個可調節變化的白光線或其
它光譜的光（450nm 以下除外），也可以只給受試者波長位於 450nm 以下一
個紫光，而不用注視紅光進行直接測定棒體的暗適應，因爲錐體對紫色的感
受性非常低，幾乎接近於零。這種情況下測得的暗適應，就純粹是棒體細胞
的暗適應了。

2. 錐體的適應

　　黑希特（1921）測定錐體的適應是用紅色小十字作爲測量視野，其視野在
2.5°以內，從明暗視覺曲線可知，在錐體細胞感覺閾限時，棒體細胞基本上對
紅光不能感知，因爲對紅光（650nm）以上，暗視覺的光譜光效率遠低於明視
覺。由於棒體細胞對紅光基本上不能感知，因此用紅光測定的結果，被認爲是
錐體細胞的暗適應。黑希特的測驗結果（《實驗心理學》，357 頁）如圖 8-8
所示：

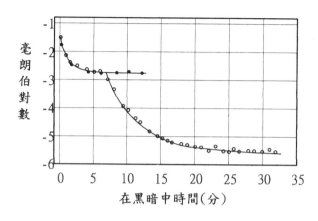

縱軸：毫朗伯對數
橫軸：在黑暗中時間(分)

圖 8-8　暗適應曲線

(二)影響適應的因素

根據實驗研究大約有如下因素可以影響暗適應：

1.適應前照明，照明越強或眼的光適應時間越長，完全暗適應所需要的時間就越長。例如，103 分貝的光適應五分鐘，大約需六小時暗適應方能完成。如果用很亮的閃光燈閃一下，暗適應只需 20～30 分鐘，如果一個大房間用五十瓦白熾燈，則只需幾分鐘就可以了。

2.器質性病變——先天夜盲，暗適應減弱。

3.維生素 A 缺乏，造成夜盲。缺氧及營養因素等可能影響暗適應。

4.年齡因素：個體在二十～三十歲時感受性高（即閾限低），以後有所下降。

5.感官的相互作用：其它感官的影響使視感受性提高或降低的變化。

6.紅色護目鏡的作用：從光譜光效率曲線可知，即使在很亮的環境中，棒體細胞對紅色波長基本上不能感知，戴上紅色護目鏡，相當於使棒體處於暗適應，因而有利於暗視覺。

7.暗適應實驗時實驗光的波長不同，得到不同的暗適應曲線，波長大於680nm 時測到的是錐體細胞的適應，而波長在 450nm 以下時，是測棒體細胞的暗適應，介於這兩個波長之間的各種色光，暗適應曲線不同，如圖 8-9：

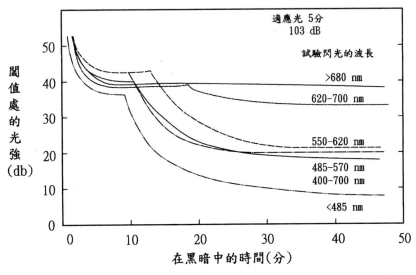

圖 8-9　不同波長光的暗適應曲線

三、刺激的時間與空間因素

　　視覺刺激的時間與空間因素也就是刺激的強度因素。因為視覺有對刺激的空間與時間的累積作用，因此實驗時必須給予很好的控制。

(一)刺激的時間

　　視覺刺激的持續時間與刺激強度是同等重要的因素。光的強度(L)和時間(T)的乘積決定它的效果(C)，這就是所謂的本生—羅斯科定律（Bunsen-Roscoe Law）：$C = I \times T$，這個定律應用到視覺時稍有變化，持續時間 T 不能無限延長，而是有一定的限度，這個限度就是網膜中的化學過程──視紫紅質的分解和合成的回復反應時間，大約是 50～200 毫秒左右。這個時間稱作臨界時間或網膜活動時間（C. H. Graham, R. Margaria, 1935; M. H. Pirenne, 1948），只要刺激的時間在這個時間以下，刺激的效果等於時間與強度的乘積（$C = I \times T$）。如果持續時間超過臨界時間，那麼刺激效果就只與強度(I)有關而與時間無關了。在明度辨別、視敏度測定等方面，只要考慮視覺刺激強度效果時，都會見到上述事實。如果要求穩定的閾限，刺激時間可長於半秒鐘或更長些，也可以控制在很短的時間內（比如 1/25 秒的時間），短時間有優越性，可避免眼球運動，因為眼球運動會使刺激移動到新的網膜位置，使問題複雜化。但時間也不能太

短（比如 10 毫秒），因爲相當短的閃光會出現看起來比稍長些但同樣亮的閃光更亮的現象，稱爲布羅卡－蘇爾茲效應（Broca-Sulzer）。

(二)空間累積

如果光刺激的兩塊面積不同，而刺激的表面亮度相同，那麼所引起的感覺則不同：小面積的沒有大面積表面亮，因爲面積大小不同，視網膜感受細胞接受刺激的多少不同，因而感覺不同。因此，表示視覺刺激的亮度時常用到楚蘭德單位，即 1 楚蘭德＝刺激亮度（cd/m²）×瞳孔面積（mm²）。視覺效果是否等於面積(A)與強度的簡單乘積（K＝I×A 叫瑞科定律），心理學對這一問題還有爭議。

1.中央凹的累積作用：皮艾朗（1929）設計實驗證明，在中央凹內，面積的累積作用公式是：$K = I \times A^m$，m＝0.3，可見在中央凹積累的效果是不完全的。其它實驗研究也證明在中央凹以外靠近邊緣處的 m 值大，累積效果高，m 是一個可變化的量。

2.分散點的累積作用：當兩刺激點在中央凹不超過2°時，累積的作用存在。當距離太遠或太近時，累積效果不明顯。這可用側抑制（鄰近神經元彼此之間互相抑制對方的反應，這是生物感覺神經系統中的基本機能之一）和脫抑制（對側抑制的解除）的機制解釋。在這種情況下，皮艾朗公式也不適用。

(三)視覺閾限的量子理論

現代物理學認爲光是量子形成的，量子是不能再分割的粒子，量子又是很小的能量單位，當把刺激限制在臨界時間以內，又在很小的網膜區域時，那麼決定閾限的主要因素就是光量的總數（I×T×A）。對暗適應來說，這個量是非常小的，只有 5×10^{-10}爾格，大約是 54～148 個量子，其中有一半的量子經過角膜、水晶體、眼內液體吸收和反射掉，其餘的一半約26～70 個也大部分被網膜黑色素吸收，而實際剩下來的只有 5～14 個光量子，這就是暗適應的閾限刺激。完成空間累積的區域大約包括 500 個棒體細胞，大約十個光量子，很少可能一個以上的光量子刺激同一個棒體細胞，這樣看來，一個光量子就可興奮一個棒體細胞，使之產生光化反應，但還不能使人覺察到一個閃光，顯然需要5～14 個棒體細胞內的效果累積起來，才能達到反應的閾限。否則，信號的興奮水平達不到噪音水平以上的一定距離，就不能產生閃光感覺。

四、視覺的後像因素

視覺後像是一種視覺現象，即當光刺激視覺器官時，在眼睛內產生的興奮並不隨著刺激的中止而消失，而是在刺激停止後仍然維持若干時間。

㈠影響後像的因素

後像的時間長短受以下一些因素影響：(1)刺激的強度，強度越大後像越長；(2)視覺越疲勞後像就越長；(3)刺激的網膜部位，中央凹比外周後像時間要長；(4)刺激作用的時間越長，後像延續時間也長。由於視後像的存在，因此在一些視覺實驗中，尤其是兩刺激先後出現而間隔時間又較短時，就要考慮存在後像作用影響的可能。

㈡實驗中克服後像作用的具體方法

1. 在亮度匹配實驗中，一般要求兩個相匹配的光同時出現，但由於眼球從一個視場移動到另一個視場的運動，易造成刺激不同網膜部位，這時儘管匹配的光是連續的，但卻可能感到出現斷續的閃光，如果要求注視兩個視場的交界處，使眼球不動，便可克服這一現象。

2. 在顏色匹配實驗中，後像的作用影響更大。這類實驗要注意克服後像因素的影響，克服的辦法可以是加長刺激的間隔時間（記憶法），也可以是縮短刺激的呈現時間或是減少刺激的強度或是固定眼球使之不動等一系列方法，來控制那些影響後像產生的因素。

五、視覺功能因素

在視覺實驗中，受試者的視覺功能因素是影響實驗結果的一個很重要因素，因而在選擇受試者以及如何控制實驗中的變量，如何解釋實驗結果等方面都要考慮這些因素的影響。

所謂的視覺功能是指個人借助視覺器官，完成一定視覺任務的能力，包括的內容很多，本部分只討論視覺區別對象細節的能力（視敏度）、辨認對比的能力以及時間的視覺敏度（閃爍融合頻率）等視覺功能的常用指標。關於雙眼競爭和融合能力，將專列標題敘述。立體視覺銳度則留待知覺一章論述。

㈠視角及視敏度（視銳度）

1. 視角

對象的大小對眼睛形成的張角叫視角。視角的大小決定視網膜上投影（視網膜像）的大小。視角的大小決定於物體與眼睛的距離，也決定於物體本身的大小。如果物體是一個發光表面，那麼視角的大小就決定網膜上接受光刺激面積的大小。因此，視覺實驗常用視角大小來決定或改變網膜接受刺激的面積，如刺激錐體細胞，視角必須控制在 2°以內，並且要求受試者正視刺激等等。

(1)視角的計算：

①當視角較大時，如圖 8-10 所示：

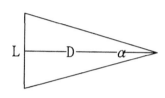

圖 8-10　視角示意圖

tg（α／2）＝L／2／D＝L／2D，查反三角函數得到α／2 後再求α（視角）。

式中 L 為物體長度，D 為物體至晶體結點的長度。

②視角不大時：

可將 L 視為一段弧，D 為半徑，則α＝L／D。

α用弧度表示則為：α＝（360°／2π）×L／D＝57.2978L／D（弧度）。

α若用角度分表示則為：α＝3437.75L／D（分）。

α若用角度秒表示則為：α＝206264.8L／D（秒）。

如果知道視角α與觀察距離 D，即可知道視物的大小 L＝D×α〔或 tg（α／2）×2D〕，同樣，若知道視角與視物的大小，可求出觀察距離 D＝L／α〔或 L／2tg（α／2）〕。

2.視敏度

視敏度又稱視銳、分離閾等，是視覺空間頻率特性的一個方面。所謂視敏度是指分辨空間兩點或兩線分離的能力。最小的分離閾約為 15"～30"，但這個閾值往往隨點的性質而變化。眼睛所能分辨出的兩點之間的距離越小，也就是說視角越小，視敏度越好。

(1)視敏度的計算：

視敏度即通常所說的能力（嚴格地講視敏度只是視力的一種）。我國以前使用的《國際標準視力表》規定：視力(V)為視角(α)的倒數。$V = 1／α$，而α規定為在五公尺遠處觀看視標細節所成的角度。如果所看視力表上的視標細節為1.4544 公釐（整個視標的 1／5）時，視角為 1'，此時的視力規定為 1.0，如果視標細節為 0.9177 公釐，此時視角為 0.631'，視力則為 1.5。正常視力一般為1.0～1.5，最好的視力可達 4.0（即 0.25'＝ 15"視角）。

常用的視標有 E 字型（我國視力表通用型）和 C 型〔國際通用型，又稱蘭多爾環（Landolc C）〕，下面的視標是視力為 0.3 時的視標：

圖 8-11　0.3 視力時視標的大小

1990 年 5 月 1 日起，我國國家標準（GB11533 － 89）推行標準對數視力表（溫州醫學院繆天榮創製），標準對數視力表用 5 分記錄法表示視力的各個等級，0 分表示無光感，1 分表示有光感，3.0 以上不算盲視，5.0 為正常視力。該視力表的特點是 E 或 C 形視標的大小，按幾何級數增減，每隔十行相差十倍。同時視標 E 形中間一橫與上下兩橫同長，不像原來的視標中間短（這種情況測視力所成的視角不是視標全大的 1/5 而是 3/5），這一改進，更符合視力的計算。

圖 8-12　標準對數視力表 4.5（0.3）的視標大小

標準對數視力的計算公式為$V_L = 5 － \log α$，α為視角大小，標準觀察距離為5000 mm，觀察視標的細節為 L（單位mm）。若視細節長度為 1.4544 mm時，所形

成的視角爲 1 分，其標準對數視力爲 5.0，原國際標準視力爲 1.0。兩種視標可以互換，公式爲$V_L = 5 - lg(1/V)$，$(\because V = 1/\alpha)$。如果將觀察距離 D（單位 mm），視標長度 L（單位 mm）視作變量，則標準對數視力 Vl 可用下式表達$V_L = 1.4637 - lgl + lgD$〔$\because V_L = 5 - \log\alpha$，$\alpha = 3437.75\ l/D$，用弧度分表示，故$V_L = 5 - lg(3437.75L/D)$，展開即爲前式〕。根據這一計算，可得到如下對照表：

國際標準視力	0.1	0.125	0.15	0.2	0.25	0.3	0.4
標準對數視力	4.0	4.1	4.2	4.3	4.4	4.5	5.6

國際標準視力	0.5	0.6	0.8	1.0	1.2	1.5	2.0	4.0	5.0
標準對數視力	4.7	4.8	4.8	5.0	5.1	5.2	5.3	5.6	5.7

　　當視力爲 5.0（舊制 1.0）時，視標在視網膜上的成像大約是 4.9 微米（μm），$L = tg\alpha \times 17$（mm）$= 4.9$（μ）；晶體結點至網膜的距離爲 17 mm 或 16.5 mm。在 1 分視角時，網膜像的大小與錐體細胞的直徑相當（2.5～7.5 微米），理論上，當視標的兩個細節單位相距 1 分視角時，便落到視網膜的兩個獨立的感光細胞上，所以能夠將二者區分開。

　　(2)影響視敏度的因素：

　　①物理因素：

　　視力表的圖案性質不同，如形狀和亮度，周圍對比度、視距、光的波長等其它物理刺激條件的變化，即使同一受測者也會得到不同的數據。

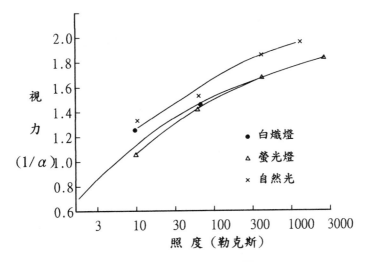

圖 8-13　視敏度隨光源照度而變化曲線

資料來源：《心理學報》1980 年，1 期，46 頁

　　亮度對比是視敏度及其它視覺實驗常用的表示被觀察目標清晰度的指標。用相對百分數表示(C)，C ＝（Bt － Bb）／ Bb × 100 ％，Bt 爲目標亮度，Bb 爲背景亮度。一般情況下目標亮度大而背景亮度小，有時背景亮度大於目標亮度，那 C 就得負值，這就是負數的含義，除此之外沒有其它意義。

　　一般講視敏度與照明光的亮度有如下的關係：V ＝ algI ＋ b，即視敏度與亮度的對數成正比，呈線性關係，其中 a、b 是常數，隨實驗條件而異。這主要指在刺激的中間範圍，如果刺激擴展至兩端，視敏度與照度的關係就不是一條直線而是一條累積的正態曲線（S 形線），下圖就是黑希特在 1934 年重新整理克尼希 1897 年的材料得到的，橫坐標以毫朗伯的對數爲單位：

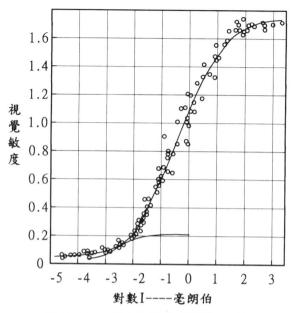

圖 8-14　視敏度隨光強變化的曲線

　　不同色溫的人造光源並不影響視敏度——細節辨認能力，實驗證明在白熾燈、螢光燈、高壓汞燈三種光源照明，光照度相同條件下視敏度沒有顯著差異。

　　對於這條曲線為什麼是這樣的形狀有幾種解釋。一種認為錐體和棒體的感受性呈常態分配的，意即每一錐體和棒體細胞興奮水平不同，因此，當光線加強時，便有越來越多的感受細胞被激活，因而形成一條累積的正態曲線；第二種解釋也是從概率的角度出發，是指光量子擊中感受細胞的分布是正態的，照明越強，擊中的光量子就越多，因而形成一條累積正態分布曲線。這兩種理論所說的因素在決定視敏度的大小上都起著一定的作用。而刺激物的呈現時間，嚴格說來是一種刺激強度的變化，在一定的時間範圍內，視敏度與刺激物呈現時間呈正比，達到某一時間後，視敏度水平呈穩定狀態。有的研究指出：一般在二秒以內即可達到這一水平。

　　②生理因素

　　a. 錐體細胞與棒體細胞的視敏度不同。圖 8-15 是查布尼斯（A. Chapnis, 1949）仿魏太海默（1894）的實驗結果。

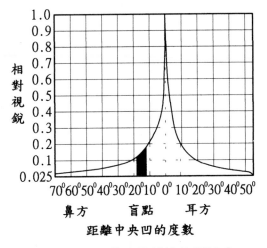

圖 8-15　網膜不同部位的視敏度

　　b. 視感受細胞的數目多少、視網膜適應狀態、信息處理系統的特性、眼球運動、年齡、瞳孔大小、病理因素（指網膜像是否落在中央凹上，近視與遠視）等生理因素不同，都影響視銳的變化。例如：瞳孔直徑爲 3～4 公釐時，視敏度最好，這樣可以平衡因光的衍射作用而使網膜像差最清晰。

　　③心理因素的影響、其它感官的作用、疲勞適應、生理眩光、練習等心理因素都影響視銳的變化。從上面的敘述，可見視力是一個複雜的現象，是由多種因素決定的。

　　(3)有關視敏度的實驗室研究方法：

　　①最小視點法：測定觀察者所能覺察的最小點子的方法所用的材料：一種是黑色背景上很亮的一點，另一種是白色背景上的黑點（可以防止光的散射）。這些點子的直徑可以變化，用這種方法測定視敏度稱爲最小視點法。因爲這只是一種覺察，觀察者只是覺察他們視野中是否存在一個物體。可見這是強度分辨的一種形式。

　　②最小可分法：可分爲解像、定位和認知三種類型。

　　a. 解像：解像力是對一個視覺形狀組成部分之間距離的辨別能力。測量解像力時可給受試者呈現兩個黑點，並確定什麼時候能夠看成是兩個點而不是一個，或用一組柵條，看其間距多寬時能夠分辨出來，最好的眼睛也只能分辨35～49 弧秒寬的線組成的柵條。用黑點子代替白點子可以防止光的擴散。

b. 定位：又稱微差敏度。讓受試者判斷兩條豎線的位置是連續的還是有偏差，剛能分辨的偏差是 2 弧秒，這類兩眼視像的位移主要包含深度辨別。

c. 認知：認知不僅包括明度辨別還包括解像力及定位能力，可看作測量視敏度的綜合步驟。

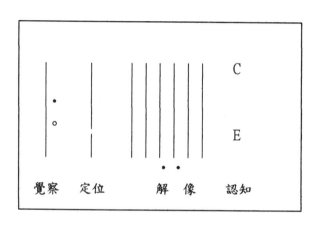

圖 8-16　視敏度實驗的各種視標

㈡閃光與融合

閃光融合頻率是時間的視敏度，是時間分辨力一項很好的指標，閃光融合頻率越高，表示光記錄機制的工作效率越高，它的時間分辨力也就越強，不同受試者不同機能狀態下閃光融合頻率是不同的，它的變異就可能造成某些視覺研究結果的變異性，因而在有關的實驗中必須加以控制。

1. 影響閃光融合頻率的因素

⑴正時相的強度和兩個時相的差異。如果正時相強度大，或兩個時相的差異越大，閃光融合頻率就越大。如果兩個時相強度接近，融合頻率就低。如果暗時相在強度上是零（黑色），則閃光融合頻率與正時相強度的關係是：$n = a\lg I + b$，n 爲爲融合頻率（cff），I 是正時相的強度，a、b 是兩個參數，在一定的實驗條件下是常數，當然隨受試者和時間的不同而變化，這個公式叫費瑞—帕特定律（Ferry-Porte Law）。當然，這個定律也只在中等強度範圍內起作用，這時 cff 最小爲 5 周／秒，最高達 55～60 周／秒。在低強度（主要是棒體細胞起作用）或高強度時不適用。

⑵兩個時相時間比例不同，也會影響融合頻率，時相的時間不同，即作用

時間不同，也與亮度有關。

(3)刺激的面積在一定範圍內，大的比小的融合頻率高。cff與面積A的關係是：

m＝clgA＋d，c、d是兩個參數。

(4)網膜的不同部位，融合的頻率不同。中央凹的cff要高於邊緣部位，這是指把刺激限制在很小的區域時，如果刺激面積增加，結果則是邊緣地區的融合頻率高於中央凹。

(5)其它感官的刺激，年齡、疲勞、缺氧等因素都影響融合頻率。

(6)雙眼間的遷移、波形及波長的不同都影響融合頻率。

以上所講影響閃光融合頻率的諸因素相當複雜地影響一個人的閃光融合頻率。

2.閃光融合頻率的測定方法

(1)有已製成的閃光融合頻率計專供測融合頻率使用。

(2)用混色輪測定閃光融合頻率的具體方法是：在混色圓盤上開一個一定大小的孔，圓盤後面有一個不動的光源，開動馬達，調節轉速。使其達到融合。融合頻率一般採用極限法測定。由閃到不閃，再由不閃到閃。

關於閃光融合後其光面上的實際亮度，可採用如下的方法計算，即正相的和負相的亮度各乘以所占的比例後相加，就得到混合後光表面的亮度。如正時相占1/4其亮度為20尼特，負相占3/4亮度是0，則混合後的表面亮度是1/4 × 20 ＋ 3/4 × 0 ＝ 5尼特，若負相是4尼特則混合後的亮度是：1/4 × 20 ＋ 3/4 × 4 ＝ 8尼特。這種方法在顏色混合中經常使用。閃光融合後所產生的感覺與均勻一致以連續光所產生的感覺是一樣的，這是早已證明的塔爾伯特—柏拉圖定律（Talbet-Plateau Law）。

3.閃光融合頻率的應用

(1)亮度匹配的操作方法即是閃爍亮法或閃爍法，就是根據融合頻率隨正負時相亮度不同而不同的規律提出來的。

顏色混合實驗中，不同顏色混合的頻率為10～30周／秒（依條件而定，見《生理光學》296頁），而亮度上的混合頻率遠遠高於這個頻率，根據這一點，匹配兩個不同的顏色亮度，如果在每秒閃動（或轉動）15～20次的頻率時，顏

色已混合了，但有亮度閃爍現象。這時調節其中的一個顏色的亮度，使其亮度閃光最小或沒有，則二顏色的亮度相等，這個方法在顏色匹配中應用最多，這也是亮度匹配中的一個較好的方法。

　　(2)視生理指標：很多研究證明，隨生理條件及疲勞程度的不同，融合頻率呈現規律的變化。因此才有可能應用融合頻率作為視生理指標。有些研究者在不同照明的視覺作業與眼睛疲勞情況研究中，利用閃光融合頻率作為指標的效果很好，而且發現在低照度作業情況下閃光融合頻率明顯下降。

(二)明度辨別力

　　明度辨別力是視覺功能的一個方面，主要是指明度差別閾限的大小。差別閾限亦稱對比辨認，是視覺功能的主要指標之一，它和絕對閾限一樣，也是研究視覺基本過程的一種有用的指標。

　　明度差別閾限的使用方法及注意問題有：明度差別閾限測定好像很方便，讓受試者看一個圖形視野，視野中間有一條細線將圓形視野分成兩半，讓受試者報告哪一半更亮些或相等。但這裡存在一個如何觀察的問題，如果兩個圓形圖形視野同時照亮，允許受試者反複觀察，進行比較，那就會出現適應和後像等複雜問題，如果兩刺激是先後呈現也有一個適應和後像的問題。正確適當的方法是讓受試者注視視野中心，用一附加閃光照另一半視野，附加閃光每次變化強度，讓受試者報告附加閃光是否與另一半視野相等（C. H. Graham; E. H. Kemp 1938）。

六、雙眼視覺因素

　　在視覺實驗中，單眼和雙眼效果是不同的，即使都是雙眼視覺，因刺激的性質不同而出現雙眼競爭和雙眼融合等現象，這些現象在視覺研究中都應予考慮，以免對實驗結果的解釋造成困難。

(一)雙眼累積效果

　　如果雙眼的優勢差異不大，雙眼的閾限要比單眼的閾限低一些，這說明雙眼的累積效果。如果雙眼優勢差異很大，就不存在這樣的結果。

(二)雙眼競爭

　　兩隻眼睛所給的刺激不相同時，結果是一會兒只看見一個刺激，另一個完全看不見，相繼又看見另一個，而看不見先前那一個，這樣不斷轉換，而這種

轉換越來越快，因此在一部分匹配實驗中就可能出現這一現象而使實驗失敗。

　　雙眼競爭相互轉換的速度及哪一個刺激占優勢等，與下列一些因素有關：刺激強度、視野面積、線條清晰度、主動注意等。兩個視野的內容差別等產生優勢現象。

(三)**雙眼融合**

　　兩眼所看的東西，如顏色、圖形等，融合成一個刺激。對於某些刺激，有的人能夠融合，有的人不能得到融合。

　　雙眼融合與刺激強度，刺激相似性等因素有關。

　　對雙眼融合和雙眼競爭的實驗，實體鏡是一個很好的儀器。

七、側抑制和感受野現象

　　側抑制和感受野現象是視覺系統內普遍存在的一個基本現象，是視覺實驗中必須考慮的因素，它是設計實驗、分析、解釋一些視覺現象所不可少的理論。

(一)**側抑制**

　　所謂側抑制是指相鄰的神經元之間能夠彼此抑制的現象。關於它的機制在視覺生理中有詳細的描述。在視覺心理學實驗中，光照開始和光強度的突然增加會使人感覺較亮，爾後逐漸適應，而側抑制的存在，有提取反差信息的作用，則增強輪廓等現象都可用側抑制加以解釋。

(二)**感受野**

　　在視生理上常稱感受野，而在心理上大都稱為特徵覺察器，這是視覺信號加工系統中普遍存在的一種現象，它是指視覺系統中對某種特定的刺激產生反應的區域，即視覺系統中存在著「專門化」了的感受細胞。例如有的只對平行線有反應，有的只對垂直線有反應，有的對一定角度、圖形有反應，甚至對運動方向、顏色等都有專門的感受細胞，這種現象在視覺系統不同的水平上直到大腦都存在，或者說都有這種對特定刺激反應的分工。心理學上稱為特徵覺察器，諸如對方位、空間頻率、圖像運動和雙眼視差等特徵敏感的覺察器。在視覺實驗中許多方面與這些特徵覺察器有關。這些將在視知覺中分別討論。

　　上述所討論的一些視覺現象，是視覺實驗設計及實驗中的一些影響實驗結果的變量因素，同時又是視覺實驗的內容。但並不是每個視覺方面的實驗，都要對這些因素作全面的考察，而是要考慮有關的一些因素。

參考文獻

1. 中山醫學院物理教研室光學小組著〈1964〉。照度、對比、視距對用兩種視力表檢查視力的影響，中華眼科雜誌，1 卷 2 期。

2. 日本光學討論會應用物理學會編〈1982〉。生理光學。北京：科學出版社。

3. 荊其誠、焦淑蘭著〈1966〉。中小學普通教室天然光、白熾燈和螢光燈課桌面照度的研究，心理學報，2 期。

4. 荊其誠等著〈1983〉。色學度。北京：科學出版社。

5. 張國棟、任小珍著〈1964〉。自然光、螢光燈和白熾燈在不同照度下對學生視覺功能影響的研究，中華衛生雜誌，9 卷，4 期。

6. 曹日昌等譯〈1965〉，R. S. Woodworth 等著。實驗心理學。北京：科學出版社。

7. 喻柏林、焦淑蘭著〈1979〉。照度變化對視覺辨認的影響，心理學報，3 期 319 頁。

8. 喻柏林、焦淑蘭著〈1980〉。不同光源對視覺辨認的影響，心理學報，1 期，46 頁。

9. 復旦大學電光源實驗室編〈1980〉。電光源原理。上海：科技出版社。

10. 焦淑蘭、喻柏林著〈1979〉。視場亮度變化對視覺對比感受性的影響，心理學報，1 期。

11. 赫葆源、張厚粲、陳舒永著〈1983〉。實驗心理學。北京：大學出版社。

第九章　顏色視覺實驗

我們周圍的世界，五彩繽紛，給人以美的享受。人類能看到各種顏色，是視覺器官長期進化的結果。顏色視覺的研究具有很大的實踐意義。很多種工作都需要顏色視覺，如在染織、印刷工業中，人們必須進行色度的選擇；交通運輸業中，用各種顏色信號指揮車船的行駛；煉鋼工人依靠鋼水的顏色辨別冶煉的程度；醫生在很多時候對病人察言觀色藉以診斷病情⋯⋯等。配合協調的顏色給人以愉快和振奮的感覺。

本章簡要介紹一下關於顏色視覺研究的一些實驗方法及應注意的問題。關於顏色的物理測定只能簡要提及，這方面的專門知識見《色度學》（荊其誠等著）一書。

第一節　光與顏色

自然界中物體的顏色千變萬化，人們所以能夠看到各種物體的顏色，是因為有發光體的光線照射物體，而人眼又能將光的輻射能量轉變成視覺信號，又由於各種物體反射（或發射），吸收光線的成分不同，因而便產生顏色視覺。

本節主要討論光與顏色方面的一些特性及其相互關係。這裡所講的很多因素都是實驗中的變量因素，或作為自變量加以操縱，或作為無關變量加以控制，是顏色視覺心理實驗設計所必須了解的內容。

一、可見波光與顏色

不同波長的光波，即波長在 380 毫微米～780 毫微米的光波刺激人眼時（能量足夠大），才能引起紅橙黃綠青藍紫等種種顏色感覺。在實驗室條件下，將光強顯著增強，人們也可以感覺到 1150 毫微米（紅外部分）和 312 毫微米（紫外部分）的光波。不同光源的光譜不同，對顏色視覺的影響很大，因此在顏色視覺的實驗中，尤其是一些定量實驗，對光源的要求是嚴格的。產生可見光波

的光源有以下幾種類型：

(一)太陽光

太陽光是一種混合光，其中一部分包括上面所述的不同波長的單色光波。由於這些光波同時作用於人眼，因而感覺它是白光。在日常生活中，進入人眼的各種波長的光量比例不同，因而呈現不同的顏色。太陽光是非常重要的光源，有人說太陽是顏色的母親，這說明太陽對於顏色的重要性。太陽這個發光體本身所發出的光基本不變，但由於照射的角度（地球上某一部位）和空氣透射率的變化而使人感到太陽的光量在變化，顏色也不相同。由於太陽光顏色的不同，就影響到人們對某一物體顏色感覺的變化。因此，在顏色視覺實驗中，必須注意到光源因素對顏色感覺的影響。對於光源的顏色，物理學上用色溫來表示。人們用黑體加熱到不同溫度所發出的不同光色來表達一個光源的顏色，稱作光源的顏色溫度，簡稱色溫。K 表示黑體的絕對溫度，所謂黑體是指在輻射作用下既不反射也不透射而能把落在它上面的輻射全部吸收的物體，當一個黑體被加熱時，其表面按單位面積輻射的光譜功率大小及其分布，完全決定於它的溫度。

日光光源一天中色溫變化情況如下（平均值）：

日出時的陽光	1850K
日出半小時後的陽光	2380K
日出一小時後的陽光	3500K
日出 1.5 小時後的陽光	4000K
日出 2 小時後的陽光	4400K
中午直射的陽光	5300K～5500K
下午三時半的陽光	5000K
下午四時半的陽光	4750K

(二)各種電光源

各種電光源的最大光譜輻射功率部位不同，即各波長的組成比例不同，因此，它直接影響顏色感覺。很明顯地，在綠燈下所看見的藍色為深綠色與紫黑色，而在鈉燈下為黑色。在鎢絲白熾燈下，顏色很少失真。光源的色溫不同，即光源中的紅光和藍光成分不同，最大光源輻射功率部位不同，對人們正確辨別物體的顏色有很大影響。「燈下不觀色」就是光對顏色視覺的影響這一規律

的總結。一塊白布，在紅光下呈紅色，在藍光下呈藍色。光源顏色（色溫）不同對顏色辨別影響的一些研究結果如下：

表 9-1　不同光對物體顏色的影響

日光下物體的顏色	照明顏色			
	紅	天藍	綠	黃
白	淡紅	淡藍	綠	淡黃
黑	紅黑	藍黑	綠黑	橙黑
紅	燦紅	深藍紅	黃紅	亮紅
淡藍	紅藍	亮藍	綠藍	淡紅藍
深藍	深紅紫	燦藍	深綠	淡紅紫
黃	紅橙	深紅棕	淡綠黃	燦淡橙
棕	棕紅	藍棕	橄欖棕	棕橙
綠	橄欖綠	綠藍	亮綠	黃綠

在一般的顏色感覺實驗中，光源條件要保持恆定，如果是對顏色進行測量和標定，色度學上要使用幾種標準光源（光源是指能發光的物理輻射體，如燈、太陽）：A（色溫 2856K）、B（色溫 4874K）、C（色溫 6774K）、D（色溫 6504K）稱爲標準照明體。照明體是指特定的光源功率分布，這一光譜功率分布不須由一個光源直接提供，也不一定能用光源實現（關於光源照明體及其特性見《色度學》217～246頁）。

綜上所述，可見作爲顏色實驗及對實驗結果的解釋，首先要考慮到對光源因素的控制如何，有沒有無關變量因素的混入。

二、顏色的特性

㈠自然物體的顏色

自然物體的顏色有光源色（即發光體的發光顏色）和表面色的區別。關於光源色，上面略已提及，那是由於光線直接照射到人眼而引起的顏色視覺。表面色指不發光的物體受到光線的照射時所呈現的顏色。它的顏色是由光線在物體上所被反射和吸收的情況決定的，同時又受光源條件的影響。一面紅旗在太

陽光的照射下，它主要吸收紅光以外的其它各種色光，更多地反射紅光，紅光輻射到人眼感光細胞，引起興奮傳至大腦時，便產生紅色的感覺。其它顏色感覺也類似。當看見一塊黑絨布，感覺到它是黑色，是因為它吸收了大部分光線而反射出來很少（5%～10%）的緣故。一張白紙是由於它反射了陽光的 80%－90%，故而引起白色感覺。

顏色分為兩大類，即彩色與非彩色。非彩色包括白、灰、黑，即白色、黑色以及位於二者之間各種不同的灰色，彩色有紅橙黃綠青藍紫及位於各色中間不同的混合色。一般所說的顏色主要指表面色。

㈡顏色的三個向度

顏色具有色調、明度、飽和度三個特性。

1. 明度

它與作用於物體表面的光線反射係數有關，在照射光強度相等的條件下，表面的反射係數越大，這個物體表面明度也越大。對於反射係數相同的物體照明光強不同，明度也不同。除此之外，影響明度感覺的因素還有眼睛的適應水平，對比、雙眼累積等，這些將在第二節中討論。

2. 色調

主要由物體表面反射的光線中哪種波長占優勢決定，即在一定的光源照射下，由這個物體所反射的光譜能量的比例決定。一個物體所反射的最大能量的波長單位，就是該物體的主波長，可以利用主波長來表示物體色的色調。不同波長的光產生不同的顏色視覺，但是自然界中很少見到由單純波長引起的彩色感覺。一般來說，物體所反射的光波是有一定範圍的，只不過某一波長的成分比例較大，能量較大罷了，這個主波長就決定了該物體的色調。就這是說自然界中沒有什麼「純」的顏色。不同波長的光波決定不同的顏色，但不能說相同色調的顏色都是由同一波長所決定，這個逆定理不存在。同一色調的顏色可以用不同的單色來匹配。

色調主要決定於主波長，但有些色調也受光強的影響。同一單色光波在不同的光強下顏色發生變化，總的規律是這樣的：光譜上除了三點：572nm（黃）、503nm（綠）、 478nm（藍）是不變的顏色以外，其它顏色在光強度增加時都略向紅色和藍色變化。例如 660nm 的紅色，當視網膜照度〔稱為楚蘭德，楚蘭德＝刺激亮度（cd/m²）×瞳孔面積 S（mm²）〕由 2000 楚蘭德減低到

100 楚蘭德時，就必須減少波長 34nm 才能保持原來的色調，同樣，525nm 綠光在相同條件下，則須增加 21nm 才能保持不變。顏色隨光強而變化的這種現象叫貝楚德—朴爾克效應（Bezold-Brücke effect）。

這一問題明確地顯示出：在測定不同波長的明度差別閾限時，在改變刺激強度的同時，還必須考慮改變刺激的波長，只有 572、503、478nm 處除外，否則就要出現自變量混淆的現象，使實驗歸於失敗。

圖 9-1 是各種波長的恆定顏色線，每一條線的顏色在視覺上表現為同樣的色調。只有 572nm（黃）、503nm（綠）、478nm（藍）三點近似直線。

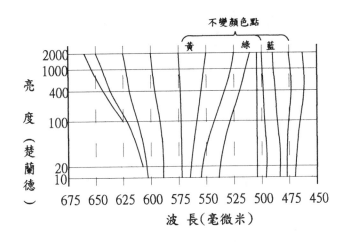

圖 9-1　不同波長的恆定顏色線

影響色調因素除上述之外還有網膜區域的不同，它也會使色調發生變化。

3. 飽和度

顏色的飽和度是指一個顏色的鮮明程度，即與某顏色明度相同的灰色相差別的程度，差別越大飽和度就越大。如果彩色的飽和度越高，這個物體的顏色就越深，深紅、深綠、深藍……等在物體反射光的組成中，白光越少，它的彩色飽和度就越大，在顏色中加入白色或灰色越多，飽和度也就越小。色度學上一般用刺激純度來表示某一光譜色被白色沖淡後所具有的飽和度。

4. 顏色立體

任何顏色都具有上述三種特徵，因此要描述一個顏色，必須從三個特徵進行說明。一個顏色三度空間紡錘體可以很好地表示顏色的明度、色調和飽和度

三個特性。垂直軸代表黑白明度變化，中間是各種過渡的灰色；圓周是色調的變化，同一圓周上各顏色的明度相同；圓周至圓心代表飽和度的變化，與中軸的垂直距高越短，飽和度越小。

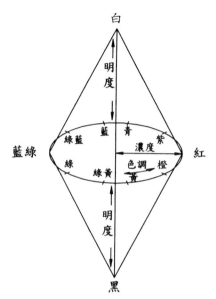

圖 9-2　顏色三度空間紡錘體

　　從圖上可見到紡錘體中間（即中等明度）顏色飽和度較大。紅綠藍三原色幾乎可以混合成各種顏色，但飽和度卻不夠大（任何圓周上兩點連線都遠高圓周）。

　　這個顏色紡錘體只是一個理想化了的示意圖，有助於理解顏色三特性的相互關係。在真實的顏色關係中，飽和度最大的黃色並不在中等明度的地方，而是在靠近白色明度較高的地方，飽和度最大的藍色在靠近黑色飽和度較低的地方。因而，紡錘體最大圓周面是傾斜的，且各種色調的飽和色離開垂直軸的距離也不一樣。可見每一個橫切面也不是圓形，因此，真實顏色立體並不是規則的紡錘體，而是一個不大規則的類紡錘體。

三、顏色視覺理論

　　顏色視覺理論主要有兩大類，它們是從兩個比較古老的理論發展出來的。一個是楊—黑姆霍茲的三色學說和黑靈（E. Hering）的對立（又稱頡頏）顏色

學說。現代顏色視覺理論已有了很大發展，但這兩個學說仍然占主導地位。

㈠楊—黑姆霍茲的三色說

　　根據紅綠藍三原色可以產生各種色調和灰色的顏色混合的事實和規律，提出：在視覺系統中存在著光譜敏感度彼此不同的機制，即視網膜上存在三種不同的錐體細胞，它們分別對紅光、綠光和藍光最敏感，這些感受器引起的興奮過程的相互作用，便產生各種不同的顏色感覺。如紅光照射到視網膜上，紅色感受器興奮最大，綠色感受器興奮較小，而藍色感受器興奮更小，這樣就產生紅色感覺。當紅光與綠光同時作用於視網膜，紅色感受器與綠色感受器興奮最大，因而就產生黃色感覺。如果三個感受器都處在同樣興奮水平時，便產生白色感覺。這個學說假設存在三種光敏色素，這一假設近二十年來都已被電生理研究及其它新技術所證明，視網膜上確實存在著紅敏、綠敏、藍敏三種不同的錐體細胞。三色理論可以很好地解釋顏色混合現象及顏色後像，但對於色盲現象卻難以解釋：例如紅綠色盲能看見黃色，而按三色說，黃是由紅綠混合而成的，因此紅綠色盲應該看不見黃色，這很矛盾。另外，這個學說對顏色在神經通路中如何傳遞和編碼也沒有清楚的說明。

㈡黑靈的對立說（又稱四色說）

　　黑靈的學說是與黑姆霍茲的三色說相對立的。黑靈認為：自然界物體的顏色可以定出四種基色。所謂基色是沒有別的色混雜的純粹色，即紅、黃、綠、藍這四種色。所有顏色可以由這四種顏色混合產生，但是除了紅與黃或藍、綠與黃或藍、黃與紅或綠、藍與紅或綠混合之外，其它混合是不可能的。基於這個基本的心理物理現象，黑靈假設：

　　1.視覺系統中有三種感受器，即紅—綠、黃—藍、白—黑。

　　2.在各感受器（或稱機制）中引起頡頏的反應，哪一方反應大，即成為最終的反應，例如，光刺激引起白黑色素分解，產生「白」的感覺；無光刺激使白黑色素合成，產生「黑」的感覺；紅光刺激使紅綠色素分解，產生「紅」的感覺；綠光刺激使紅綠色素合成產生綠色感覺，黃藍色素也是如此：黃色刺激引起色素分解，藍色刺激引起色素合成。三種視素的對立過程的組合產生各種顏色感覺和各種顏色混合現象。

　　近代電生理研究確實發現，在光的神經傳導通路中，存在著這種頡頏反應。黑靈的學說能夠解釋紅綠色盲產生黃色感覺的現象，但對於三原色能產生光譜

一切顏色這一現象卻不能給予很好的解釋。

口視覺理論的現代發展──階段說

這種假設認爲：楊─黑姆霍茲和黑靈的理論，都有一些現代生理學方面的研究成果支持，都是正確的。因爲，三色說主要反映了感受器方面的機制，即顏色視覺過程的第一階段，而對立說主要反映了興奮傳導通路的機制，是顏色視覺過程的第二階段。二者是從不同的角度闡述了顏色視覺理論。產生顏色視覺機制的最後階段，發生在大腦皮層的視覺中樞，在這裡產生各種顏色感覺。顏色視覺的這種階段學說把似乎把對立的古老理論統一了。這些都僅僅是假設，尚欠大量的實驗來證明（詳見《色度學》60～70 頁、《生理光學》276 ～ 293 頁）。

第二節　各種顏色視覺現象

顏色視覺的各種現象經常作爲顏色視覺實驗的實驗變量或操縱變化或測定或進行控制，同時，也是心理實驗所欲研究的問題。因此，對顏色視覺的研究及其設計都必須予以了解。具體論述如下：

一、視網膜的顏色區及不同觀察視場

具有正常顏色視覺的人，視網膜的顏色區不同。因爲錐體細胞從中央凹向邊緣逐漸減少，因此對顏色的分辨能力逐漸減弱。各種不同顏色的網膜區大小不同：綠色最小，紅色較大，黃色和藍色最大（黃色上下範圍大，藍色在水平方向的範圍大些）。這就是說，如果用某一色光刺激其顏色區以外的網膜部位時，不能產生顏色感覺而只有明暗感覺（見圖 9-3）。

對視網膜更進一步的研究顯示：即使在中央凹範圍內，對不同顏色也有不同的感受性，在中央凹 15 分視角的很小區域內，對紅色感受性最高，但喪失對藍、黃色感受性，即在這個很小的面積內，人眼成爲藍─黃色盲，而只能看到紅和綠的各種部分混合色，因此，經常用紅綠色作爲信號標誌。如果觀察面積再縮小，對紅色、綠色的辨認也會發生困難，而只看到明暗的感覺。因爲平時眼睛經常在振動，因此觀察很遠處的信號燈時，才不會產生失真現象。否則極易出現信號顏色相混的現象。

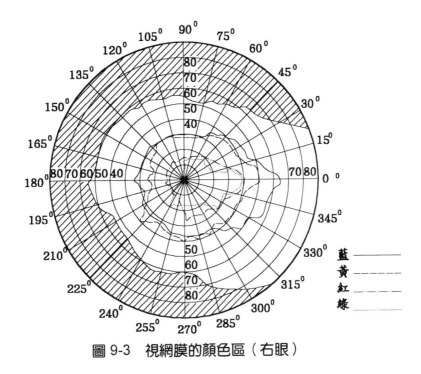

圖9-3　視網膜的顏色區（右眼）

　　從上述可見，隨著視角的縮小，不同的顏色產生不同感覺上的變化，因此在顏色視覺實驗中要經常注意到這個因素。

　　當匹配顏色視場大於 4°時，除錐體細胞外還有棒體細胞參與。錐體細胞中有紅、綠、藍三種色素，稱為三色匹配。棒體細胞是專司黑白亮度，因此稱四色匹配，而且一般認為棒體細胞對錐體細胞匹配起抑制作用，因此在顏色匹配實驗中常因視場大小不同而得到不同的實驗結果。

　　另外，視網膜中央部位被一層黃色素覆蓋著。黃色素能降低眼睛對光譜短波端（藍色）的感受性，而使顏色感覺發生變化。黃色素在中央凹的密度最大，到網膜邊緣顯著降低，這也能造成觀察小面積顏色與大面積顏色的差異。在實驗中，高亮度視場條件下，當觀察大於 4°視場的顏色時，在視線正中會看到一個略帶紅色的圓斑，叫做麥克斯韋（Maxwell）圓斑。大約4°左右，因人而異。因此，在顏色視覺實驗中觀察小視場（2°）與觀察大視場（4°）顏色會得出不同的結果。同時，在觀察大視場顏色時，要求觀察者看顏色的總面積而不只注意中央凹部位的麥克斯韋圓斑。每個人中央凹的黃色素不同，不同種族人的黃色素密度也不同。年齡增加水晶體變黃，不同年齡的人顏色感受性亦不同，但總

的來說這一影響是較小的。

綜上所述，網膜顏色區及視場大小對於設計實驗有很大的參考意義。

二、顏色辨別

正常人眼在一定光亮條件下，能辨別可見光譜 380～780nm 之間的各種顏色，它們從長波端向短波端的順序是：紅（700nm）、橙（620nm）、黃（580nm）、綠（510nm）、青（490～450nm）、藍（470nm）、紫（420nm）。每一種顏色都有一定的波長範圍，上面所列的數字，只是一個大概的約數。對於光譜的不同波長，人的分辨能力也不同，即顏色差別閾限的大小隨光波的不同而異（見圖9-4）。在光譜的某些部位，只要改變波長 1nm，人眼便能看出顏色差別，多數部位須改變 1～2nm 才能看出其變化。

人眼所能辨別出來的色調，在最大飽和度的顏色中大約是一百八十種。因為顏色具有三種特性，除了色調之外，還有飽和度和明度的分辨。據很多實驗研究發現，對飽和度分辨的等級數目介於四種（黃色）與二十五種（紅色）之間，平均為十種。對於明度的分辨其約數約為六百種，如果將這三個數連乘起來，180×10×600 ＝ 1080000 種，但實際上人眼能分辨的顏色約一萬種或幾萬種，例如艾姆司（A. Ames, 1921）研究的結果是一萬三千種。

三、顏色對比與顏色適應

㈠對比

在視場中，相鄰區域不同顏色的相互影響叫顏色對比。即一種顏色並不是在任何條件下看起來都是一樣的，它還受其它一些條件的影響，如對比影響。對比按時間分有相繼對比與同時對比，相繼對比就是後像。一小塊灰色在白色背景上顯得較暗，在黑色背景上顯得較淡（這是亮度對比），在黃色背景上顯得較藍，在綠色背景上帶紫等等，這些都是同時對比。當注視綠色燈罩較久後，再把眼光移向白紙，則紙開始並不是白色，而是淡紅色，這是繼時對比（《顏色視覺》75～84頁）。

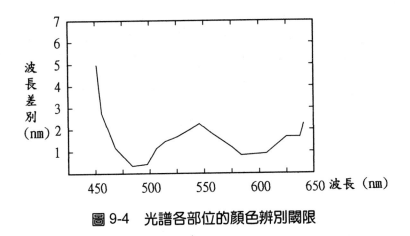

圖9-4　光譜各部位的顏色辨別閾限

　　顏色對比有三種：(1)亮度對比：同一種顏色放在不同背景上感覺的亮度是不同的。在暗背景上顯得較亮，在亮背景上顯得較暗。(2)色調對比：同一顏色放在不同背景上感覺的色調是不同的。例如：同一綠色，貼在黃色背景上就帶藍色，貼在藍色背景上就帶黃色，這種有色目標與背景之間的對比，通常都是從背景中誘導出補色來，因此有色的目標帶有背景補色的成分。(3)飽和度對比：同一顏色在亮度相同的灰背景上顯得飽和度高些，而在同一顏色背景上顯得低些。

　　在顏色視覺實驗中，尤其是匹配實驗中，顏色對比現象是特別需要注意的一個因素。而一般的顏色視覺實驗，卻應在一次研究中前後保持一致，不可變更實驗條件，造成對比上的變化，從而使研究的問題摻進新的無關變量的影響。

（二）*顏色適應*

　　在顏色刺激作用下所造成的對該顏色的感受性發生變化，叫做顏色適應。如在太陽下觀察物體的顏色，而後突然改在白熾燈下觀察物體的顏色，開始時，室內的物體都帶有白熾燈的黃色，當適應一段時間以後，室內照明趨向白色，而對物體的顏色感覺，也恢復到日光下物體原來的顏色。對某一顏色光適應後，再觀察另一顏色時，後者會發生變化而帶有適應光的補色成分。適應紅光後再看黃光，開始的瞬間黃光就變成綠光了（紅色補色為青色，青加黃為綠色），顏色適應的這種後效，又叫做負後綠。由於存在顏色適應的現象，在顏色實驗中，如果是在兩種光源下觀看顏色，就必須考慮前一光源對視覺顏色適應的影響。如果在某一光源下觀看顏色時，周圍環境中還有其它顏色光，也要考慮到

周圍光的顏色適應的影響。

四、色覺異常

色盲和色弱是一種顏色視覺的異常現象，它反映了受試者之間的一種差異，因此在顏色視覺實驗中，必須注意受試者的選擇，一般要選擇標準觀察者，即色覺正常的受試者。在色度學中雖然理想的觀察者難以確定，但顏色視覺正常的多個受試者的平均結果就可視為標準觀察者。

(一)*色盲的種類*

1. 色弱

雖然可分辨光譜上的主要顏色，但感受性很低，在顏色刺激強度加大時，才能與正常人的顏色感覺一樣。患有色弱的人雖然有三色視覺，但在進行顏色匹配實驗時，與正常人在利用光譜的紅色和綠色的比例不同，因而又細分為甲型（需要更多的紅色，即紅色弱）、乙型（需要更多的綠色，即綠色弱，都是匹配黃色）。

2. 部分色盲

常見者為紅綠色盲，他們不能區分紅色和綠色，把光譜上的紅橙黃綠看成黃色，而把青藍部分看成藍色，即只有黃藍感覺。紅綠色盲又分為兩類：甲型與乙型。

紫色盲又稱丙型色盲，這種色盲者光譜的紫端縮短，把整個光譜看成紅色和綠色，即黃綠、藍紫不分，紫和橙紅不分。

3. 全色盲

完全喪失色調分辨能力。

(二)*色盲的檢查*

色盲病患者的檢查，無論對實踐還是對顏色感覺的生理機制的研究都是非常有意義的。那些對顏色分辨力要求很高的專業，如司機、工藝美術、印刷、印染等專業都要求專業人員不應是色盲患者。檢查色盲者專門研製得比較好的有測驗圖（I. Stilling ＆ S. lshihara）及布拉金的「彩色圖」等色盲測驗圖。除此之外還可用色覺反常測驗鏡（W. A. Nagel）等，具體運用請見《顏色視覺》85～104頁。

第三節　顏色混合與標定

　　前面已經敘述過，色調決定於波長，除了強度和邊緣視覺的因素外，每種波長都產生特定的色調。這是千真萬確的，但其逆定理卻不存在，即每種特定的色調並不是唯一地由一種波長決定，它還可以由產生不同波長的光波按一定的比例混合而得到。事實上，人們所看到的絕大多數顏色都是混合光產生的，純粹的顏色光，除了實驗室之外很少見到。由於人眼不是一個非常精細的感覺器官，對於光譜相同的光線能產生相同的顏色感覺，對於光譜不同的波長光線的混合光，在某種條件下，也能引起人的相同感覺。例如波長 570nm 是一種黃光，若將波長 650nm（紅光）和波長 530nm（綠光）按一定比例混合在一起共同作用於人眼時，也能引起黃色感覺，這種黃色感覺與單純光波（570nm）所引起的黃色感覺是一樣的。這種現象叫做同色異譜現象。

　　顏色混合和匹配是顏色視覺研究中一項很重要的內容，取得了重要的成果。這些成果對於顏色視覺的深入研究，對於生產實踐等都是非常有意義的。研究如何對顏色進行測量的色度學，就建立在顏色混合與匹配實驗的基礎上。下面從幾個方面介紹顏色混合的一些特點和規律：

一、相加混色與相減混色

㈠相加混色

　　是指色光的混合，光譜中色光的混合是一種相加混色。相加混色的最佳三原色為紅、綠、藍。三原色是指這三個顏色中的任一個顏色不能由其它兩種顏色混合產生。在這三種顏色中，紅、藍分布在光譜的兩端，綠色在光譜的中間。這三種光線按一定比例混合在一起，便可得到白色。全部光譜色都可以由這三種顏色按不同的比例混合產生。這是相加混色的重要特點。

　　　紅色＋綠色＝黃色
　　　紅色＋藍色＝紫色
　　　藍色＋綠色＝青色
　　　紅色＋綠色＋藍色＝白色（三色的比例合適）

黃＋青＝白＝藍＋綠＋紅

青＋紫＝白＝藍＋綠＋紅

黃＋紫＝白＝紅＋綠＋藍

　　由三原色紅、綠、藍相加混色的關係可用一個任意彩色三角形及顏色圖表示：

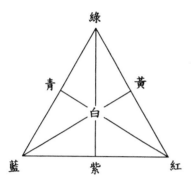 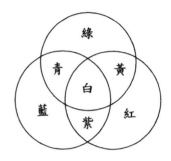

圖 9-5　加法混色圖

　　顏色三角形中，藍─黃、紅─青、綠─紫，各對顏色按不同的比例混合產生白色和灰色，因此這三對顏色為互補色。

　　相加混色混合光的亮度是各混合的顏色的亮度之和，這是相加混色法的又一個特點。

　　㈡*相減混色*

　　是染料的混合，日常生活中常見的表面色，如顏料、油漆等各不同顏色混合得出的顏色與上面所講的色光的混合是不一樣的。例如混合黃色和藍色顏料得到綠色，而混合黃光和藍光比例合適可得到白色，比例不同可以得到不同（飽和度）的藍色和黃色，而絕不會得到綠色。

　　減色法的最佳三原色是黃、青、紫（恰好是加法三原色的補色）。而對於減色法的三原色，有些人由於不知道它與相加混色的區別，因此常用錯誤的顏色命名。如紫─紅（品紅）、青─藍，因而變為紅、黃、藍，這就造成與加法三原色紅、綠、藍的混淆。

　　減色法混合是由於三原色吸收光與反射光的不同而混合為不同的顏色：

黃色＝白色光－藍色光＝紅色光＋綠色光
紫色＝白色光－綠色光＝紅色光＋藍色光
青色＝白色光－紅色光＝綠色光＋藍色光

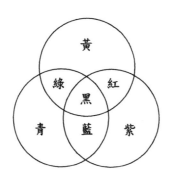

圖 9-6　減法混色圖

　　同樣是黃、青、紫三種顏色，卻是由自然光照到顏料後，吸收了光譜中的某些成分，而反射其餘的部分後得到。這與光混合即加色法得到的三種顏色不同。但二者也存在一定的關係，即所看到的黃色顏料，是因爲白光照射後吸收了藍光而反射了紅光和綠光，紅光和綠光混合作用於人眼便產生黃色感覺。同樣，青色是吸收紅光而反射藍光與綠光所致，紫色是吸收了綠光而反射紅光與藍光所致。兩種顏料的混合，比兩種光的混合複雜。它的顏色決定於二顏料分別吸收一部分光線後所餘下的光的混合。例如，黃色與青色混合，是黃顏料吸收了藍色光以下波長的光（包括紫色）只反射紅光和綠光，這種色光又被青色顏料吸收了紅光，那麼所餘下的只有綠光了，因而黃色顏料＋青色顏料＝綠色顏料就是這個道理。同理，黃色＋紫色＝紅色，即白光－藍光（包括紫）－綠光（包括青黃）＝紅紫色＋青色＝藍色，即白光－綠光（包括青黃）－紅光＝藍黃色＋紫色＋青色＝黑色，即白光－藍（包括紫）－綠（包括黃青）－紅＝黑，上述這種關係可用圖 9-6 表示。

　　從上述可見，無論是加色法還是減色法，從光的吸收和反射來看，它們的規律是相同的。二者的不同之處除上面所講的之外，還有加色法中混合後所產生的顏色其明度是增加的，等於各投射光明度的總和，而在減色法中混合後得出的顏色其明度則是減少的（因光的光譜成分幾次被吸收）。

二、顏色混合定律

顏色混合定律主要是光的混合，是加法混合。

1854 年格拉斯曼（H. Grassmann）總結了顏色混合實驗的結果，將顏色混合現象歸納為下述的定律，稱為顏色混合定律：

1. 人的視覺能分辨顏色的三種變化——明度、色調和飽和度。

2. 在由兩個成分組成的混合色中，如果一個成分的比例連續變化，混合色的外貌也在連續發生變化，由這一定律又導出兩個定律：

(1)補色律：每一種顏色都有一個相應的補色，如果某一顏色與其補色以適當的比例混合，便產生白色或灰色，如果按其它比例混合，便產生近似比重較大者的顏色成分的非飽和色。

(2)中間定律：任何兩個非補色相混合，便產生中間顏色，其色調決定於兩顏色的相對數量，其飽和度決定於二者在色調順序上的遠近情況。

3. 顏色外貌相同的光，不管它們的光譜成分是否一樣，在顏色混合中具有相同的效果，換言之，凡是在視覺上相同的顏色都是等效的，這一定律導出代替律：相似色混合後仍相似，若顏色 A ＝顏色 B，顏色 C ＝顏色 D，那麼：

$$A + C = B + D$$

代替律說明了，只要在感覺上顏色是相似的，便可以相互代替，所得的視覺效果相同，設 A ＋ B ＝ C，如果設有 B，而 X ＋ Y ＝ B，那麼 A ＋（X ＋ Y）＝ C，這個由代替而產生的混合色在視覺上具有相同的效果。

根據代替律，可以用顏色混合方法來產生或代替各種所需要的顏色，顏色混合的代替律是一條非常重要的定律，現代色度學就是建立在這一定律的基礎上。

4. 混合色的總亮度等於組成混合色的各顏色光亮度的總和。這一定律叫做亮度相加定律。

顏色混合定律是顏色視覺實驗中獲得混合色所必須依據的定律。

三、混合顏色刺激的方法

這裡所討論的只是顏色光的混合，而不是顏料的混合。關於顏料的混合，

除前一部分討論的外，具體方法請見《色度學》第八章。

　　顏色混合實驗中大量採用顏色匹配，是把兩個顏色調節到視覺上相同或相等的方法。顏色混合實驗就是把一種波長的光加到另一種不同波長的光上去，即從光譜上取兩種顏色（三種或多種），把它們重疊投射到白色的幕上去，或投射到網膜的同一部位上（或非常鄰近的部位），都可以得到顏色混合的效果。

(一)色輪混合

　　爲了表徵的目的和有些定量性質的工作，普通的色盤也就夠用了。即用兩個或兩個以上不同顏色的紙盤，每個紙盤剪開一個到圓心的裂口，將各顏色紙盤交叉放在一起。當色輪的轉速超過閃光融合頻率，就可得到一個穩定的混合色（這時不但顏色混合，而且亮度也混合了）。混合色在色調和明度方面的特點是按色紙盤上各種顏色的比例而居於中間，用這種方法混合顏色，存在的問題是：(1)難以定量分析，如明度方面。例如黃藍混合，各顏色都顯示一半，結果得到的明度只是每種顏色明度之和的一半。但對各種顏色的明度難以定量分析。(2)有光帶出現，使混合色總不飽和。因爲每一種顏色紙很難達到所反射光波的寬度一樣，所以出現這種現象。例如，混合紅色和綠色得到一種灰黃色。

　　用色輪做匹配實驗時，要用紅、綠、藍、黑四種色紙盤才行。調節紅、綠、藍色盤的比例混合後產生各種色調，黑色紙盤的大小是調節明度用的。如果將被匹配的顏色放在轉盤的中心，把四色扇面放在轉盤的外周，調節三顏色的比例（黑色大小隨之而變化），使外周的混合色與中心的混合色看起來相同，這就實現了匹配。用這種方法混合，有時得不到匹配色（當待匹配的顏色是飽和色時），那就要將其中一種色紙加到待匹配色中去才行。如圖9-7 所示。

　　色轉盤混合中，三種顏色刺激先後作用到視網膜的同一部位，當第一個顏色刺激在視網膜上的後效尚未消失之前，第二個顏色刺激已發生作用，當第二個顏色刺激的後效尚未消失之前，第三個顏色刺激又發生作用，由於這三色刺激的快速作用，在人的視覺上就產生混合色。如果對色調、飽和度等的要求不太嚴格，色盤混合所顯示的現象是遵守顏色混合定律的。唯一的例外，是明度居於各顏色亮度的中間，而不是總和。

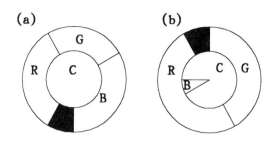

圖 9-7 顏色轉盤匹配實驗

(二)色光混合

比較精密的顏色混合和匹配，用混合顏色光實現。用一定手段如濾光片、單色儀等獲得單純的色光，使色光照射到一個白色屏幕上，光線經過屏幕而達到混合（如用積分球內壁漫反射更好）。調節三原色光的強度比例（用光楔），便產生與另一匹配的顏色相同的混合色。實驗證明：改變紅、綠、藍三原色的不同比例，可以獲得所有的光譜色。這包括關掉其中的一個原色光而調節餘下的兩種光的比例。如關掉藍色光便可產生紅、橙、黃、綠一系列顏色，關掉綠色光可產生紅、紫、藍各色，關掉紅色光可產生綠、青、藍各色。將三原色的比例調節適當可得到白光。為了確定某一單色光的補色，根據黑姆霍茲等多人。的研究結果如圖 9-8 所示。國際照明委員會還推薦了根據互補色圖計算補色的經驗方程：

$$(\lambda_1 - 565.52)\ (497.78 - \lambda_2) = 223.02$$

式中 λ_1、λ_2 為互補的光波波長（nm）。

除了 497.78 – 565.52 這一段外，其它任何顏色都可以根據上圖或上面的經驗公式找出它的補色。色光混合的優點是可以對顏色混合作定量分析。

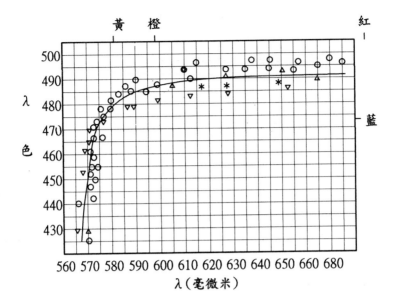

成對的補色

（以波長表示）

紅 660 毫微米和藍—綠 497 毫微米

橙 610　　　和綠—藍 492

黃 585　　　和藍 485

黃—綠 570　和青 430

圖 9-8　互補色圖

顏色混合與顏色匹配實驗操作方面需要明瞭以下問題：

　1.產生混合色不一定必須紅、綠、藍三原色，其它三種顏色也可以混合光譜中的所有色（只要三個顏色中任何一個顏色不可能由其餘的兩個顏色混合而成，這都稱爲三原色）。但實驗證明：用紅、綠、藍三原色產生其它色最方便，所以這種三原色爲最優的三原色。

　2.三原色組成的顏色與待匹配的顏色外貌相同，光譜可能非常不一致。如連續光譜的白色與三原色混合的白光，雖然對其感覺上相同，都是「白光」，但光譜組成卻十分不同，這稱作「同色異譜」，受光源條件影響很大。

　3.色光匹配實驗，對照明與觀察方向有一定的要求：垂直方向照明、45°方向觀察；或 45°方向照明、垂直方向觀察；或漫反射照明（積分球面漫反射），照明和觀察方向的不同會影響定量分析時所應用的公式及計算。同時色光匹配

實驗要求背景無彩色。

四、色度坐標和色度圖

(一)顏色相加原理

根據格拉斯曼顏色混合的代替律可推知,如果兩個顏色中,第一個顏色可以用三原色光數量R_1、G_1、B_1匹配出來,第二個顏色光可用R_2、G_2、B_2匹配出來,那麼,該二色光之混合色的三原色的光數量可用各自三原色數量之和表示,這個規律就稱作顏色相加原理。即:

$$R = R_1 + R_2$$
$$G = G_1 + G_2$$
$$B = B_1 + B_2$$

R、G、B 為混合三原色的光數量,R_1、G_1、B_1是第一顏色光的三原色的光數量,色度學上稱為三刺激值。同樣,R_2、G_2、B_2為第二顏色光的三刺激值。

可見加法原理可用如下的話來表達:混合色的三刺激值為各組成色的三刺激值之和。顏色相加原理不僅適用於兩個顏色光的相加,而且可以發展到許多顏色光的相加。

對一個具有連續光譜的光源,光譜波長的每個變化($\triangle\lambda$)都可用特定的三原色進行匹配,也都可得到一個三刺激值R_1、G_1、B_1,$\triangle\lambda$變化是無窮的,那麼這個光源光譜色的三刺激值就可用下式表達:

$$R = \Sigma R_i\ (\lambda_i)\ \triangle\lambda$$
$$G = \Sigma G_i\ (\lambda_i)\ \triangle\lambda$$
$$B = \Sigma B_i\ (\lambda_i)\ \triangle\lambda$$

上式表明,一個任意光源的三刺激值等於匹配該光源各波長光譜色的三刺激值各自之和。對同一個光源的光譜,用特定的三原色匹配每個波長光譜所需的三刺激值比例是不同的。但對任何光源來說,匹配同一波長光譜色所需要之三刺激值的比例卻是固定的,只不過因光源光譜功率不同,匹配同一光譜色時,

各不同光源都有一個不同的加權數，即應對固定的三刺激值乘以不同的權數。

(二)*顏色方程*

　　根據上面的敘述，無論是顏色轉盤的匹配，還是顏色光的匹配，都可用一個數學形式加以描述：以（C）代表被匹配的顏色，以（R）、（G）、（B）代表三原色紅、綠、藍，又以R、G、B代表三原色紅、綠、藍的光數量（三刺激值），數學描述式如下：

　　（C）＝ R（R）＋ G（G）＋ B（B）

　　「＝」代表匹配，即視覺上相等

　　如果被匹配的顏色C很飽和，那麼用紅、綠、藍三原色可能實現不了匹配，在這種情況下，就要把少量的三原色之一加到被匹配的顏色（C）上去，那麼方程式就寫成：

　　　（C）＝ R（R）＋ G（G）－ B（B）

　　或（C）＋ B（B）＝ R（R）＋ G（G）

　　這裡假設把 B（B）加到待匹配色（C）上去，當然也可以是其它原色。方程式出現減號的意義即如此。例如，對光譜的黃單色光，就不能用三原色光的混合獲得滿意的匹配，這時只用紅光與綠光相混合（因兩色混合不能達到飽和），並把少量的藍色加到單純的黃色之中使之飽和度降低，這樣才可獲得匹配色。

(三)*色度坐標與色度圖*

　　對顏色進行度量時，不直接用三原色的光數量R、G、B（三刺激值）表示顏色，而是用三原色各自在R＋G＋B總量中的相對比例表示顏色，這個三原色各自在三刺激值總量中的比例叫做色度坐標，用 r、g、b 表示。某一顏色的色度坐標為：

$$r = \frac{R}{R + G + B}$$

$$g = \frac{G}{R + G + B}$$

$$b = \frac{B}{R + G + B}$$

令 r＋g＋b＝1，b＝1－r－g 因而可以只用 r、g 表示一個顏色。

當用（R）、（G）、（B）三原色匹配等能白光時，其白色的單位方程：

W＝r_w（R）＋g_w（G）＋b_w（B）

r_w、g_w、b_w 所用的數值與所用的三原色單位（R）、（G）、（B）的大小有關，有了使三原色單位適應顏色計量上均衡性要求，規定將（R）、（G）、（B）的單位加以調整，使等能白光的坐標完全相等，即 r_w＝g_w＝b_w＝$\frac{1}{3}$（見《物理》11 卷，1982 年 4 月）。

在顏色匹配實驗中，人們常用某一特定的白光（如日光色白光、或 A、B、C 三種光源白光）作為標準，另外選擇三個特定波長的紅、綠、藍三原色光進行混合，直到三原色光以適當比例匹配標準白光。但這時三原色的亮度值不相等（1：4.5907：0.0601）但卻將其每一單色光的亮度值作為一個單位（光單位、光數量單位）看待，三者的比例定為 1：1：1 的等量關係。即為了匹配標準白光，將三原色的數量 R、G、B 視作相等。則 R＝G＝B，那麼這個標準白光的三刺激值都為 1，而其總量為 3，其色度坐標則為：

$$r = \frac{1}{1 + 1 + 1} = 0.33 \ ; 同理：g = 0.33，b = 0.33$$

因此，這個標準白光的顏色方程：（W）＝ 0.33（R）＋ 0.33（G）＋ 0.33（B）（只考慮色度而不考慮亮度）

標定一個顏色只用語言文字是遠遠不夠的，色度學上標定一個顏色，除了上面所講的色度坐標之外，還可以在色度圖（色品圖）上用色度坐標標定出它的位置。麥克斯韋（J. C. Maxwell）首先提出用一個三角形色度圖表示顏色，所以這一色度圖叫做麥克斯韋顏色三角形。該色度圖是一個垂直三角形的平面坐標圖，如圖 9-9：

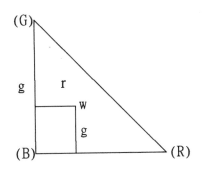

圖 9-9　麥克斯韋顏色三角形及色度坐標

　　三角形的三個頂點分別代表紅（R）、綠（G）、藍（B），即在匹配實驗中所用的三原色（波長一定，也可因實驗者不同而異。其三刺激值都為一個光量單位），色度坐標 r 和 g 分別代表著 R、G 在 R＋G＋B 總量中的比例。在三角形色度圖上沒有 b 坐標，因為 r＋g＋b＝1，b＝1－（r＋g），因此，只給出兩個坐標 r、g 就夠了。由三原色光等量相加產生的標準白光（W）的色度坐標為 r＝0.33，g＝0.33，對於該三原色所混合的任何顏色都落在三角形之內，其色度坐標為 r、g。這是一個規範化的色度坐標，國際上採用它作為標準色度圖。

第四節　顏色的測量和標定系統

　　物體的顏色既決定於外界的物理刺激，又決定於人眼的視覺特徵。顏色的測量和標定應符合人眼的觀察結果，為了標定顏色，首先必須研究人眼的顏色視覺特徵。然而，不同觀察者的顏色視覺特徵是有一定差異的，這就要根據具有正常顏色視覺的許多觀察者的顏色視覺實驗，確定一組為匹配等能光譜色所必需的三原色數據，即「標準觀察者光譜三刺激值」，以此代表人眼的平均顏色視覺特徵，用於色度計算及標定顏色。對於顏色坐標和色度圖──標定顏色的有效系統，國際照相委員會已確定了一些標準，但對於顏色的標定，必將隨著視覺研究的深入，進一步得到完善和發展。

一、CIE 標準表色系統

(一) 1931CIE—RGB 表色系統

1931 年國際照明委員會（簡稱CIE）根據萊特（1928～1929）和吉爾德（J. Guild, 1931）在 2°視場匹配光譜色的實驗結果規定三原色爲：

紅光（R）波長爲 700nm

綠光（G）波長爲 546.1nm

藍光（B）波長爲 435.8nm

因爲 700 毫微米是可見光光譜紅色末端，546.1 和 435.8 是兩個較爲明顯的汞亮線譜，三者都比較容易精確產生。用上述三原色匹配等能光譜的各種顏色，並將三原色的單位調整到相等數量相加，並匹配出等能白光（E 光源 5700K）在亮度相同的情況下，分別將萊特十名受試者的結果，吉爾德七名受試者的實驗結果轉換，調整滿足上述的規定，採用平均結果，定出匹配等能光譜色$\bar{r}$、$\bar{g}$、$\bar{b}$光譜三刺激值，即匹配每一等能光譜色所需的平均的（R）（G）（B）三原色的比例（或稱三原色的數量），故用$\bar{r}$、$\bar{g}$、$\bar{b}$表示。爲匹配波長λ的等能光譜色（C_λ）的顏色方程爲：（C_λ）＝$\bar{r}$（R）＋$\bar{g}$（G）＋$\bar{b}$（B），式中光譜三刺激值$\bar{r}$、$\bar{g}$、$\bar{b}$之一可能是負值，因此方程式可能寫爲下式：

$$(C_\lambda) = \bar{r}(R) + \bar{g}(G) - \bar{b}(B)。$$

表 9-2 所列的$\bar{r}$、$\bar{g}$、$\bar{b}$三刺激值稱作「1931 CIE—RGB系統標準色度標準觀察者光譜三刺激值」，簡稱「1931 CIE—RGB 系統標準觀察者」。根據表 9-2 的結果繪製圖 9-10。

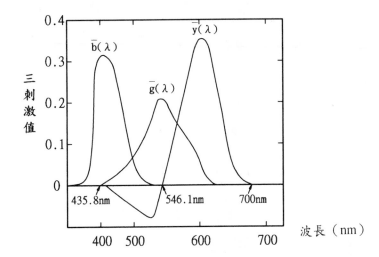

圖 9-10　1931CIE—RGB 系統標準色度觀察者光源三刺激值曲線

表 9-2　1931CIE—RGB 系統標準色度觀察者光譜三刺激值

波長	$\bar{r}_\lambda$	$\bar{g}_\lambda$	$\bar{b}_\lambda$	波長	$\bar{r}_\lambda$	$\bar{g}_\lambda$	$\bar{b}_\lambda$
380	0.00003	-0.00001	0.00177	580	0.24526	0.13610	-0.00108
385	0.00005	-0.00002	0.00189	585	0.27989	0.11686	-0.00093
390	0.00010	-0.00004	0.00359	590	0.30928	0.09754	-0.00079
395	0.00017	-0.00007	0.00647	595	0.33184	0.07909	-0.00063
400	0.00030	-0.00014	0.01214	600	0.34429	0.06246	-0.00040
405	0.00047	-0.00022	0.01969	605	0.34756	0.04776	-0.00038
410	0.00084	-0.00041	0.03707	610	0.33971	0.03557	-0.00030
415	0.00139	-0.00070	0.06637	615	0.32265	0.02583	-0.00022
420	0.00211	-0.00110	0.11541	620	0.29708	0.01828	-0.00015
425	0.00266	-0.00143	0.18575	625	0.26348	0.01253	-0.00011
430	0.00218	-0.00119	0.24769	630	0.22677	0.00833	-0.00008
435	0.00036	-0.00021	0.29012	635	0.19233	0.00537	-0.00005
440	-0.00261	0.00149	0.31228	640	0.15968	0.00334	-0.00003
445	-0.00673	0.00379	0.31860	645	0.12905	0.00199	-0.00002
450	-0.01213	0.00678	0.31670	650	0.10167	0.00116	-0.00001
455	-0.01874	0.01046	0.31166	655	0.07857	0.00066	-0.00001
460	-0.02608	0.01485	0.29821	660	0.05932	0.00037	0.00000
465	-0.03324	0.07977	0.27295	665	0.04366	0.00021	0.00000
470	-0.03933	0.02538	0.22991	670	0.03149	0.00011	0.00000
475	-0.04471	0.03183	0.18592	675	0.22994	0.00006	0.00000
480	-0.04939	0.03914	0.14494	680	0.01687	0.00003	0.00000
485	-0.05364	0.04713	0.10968	685	0.01187	0.00001	0.00000
490	-0.05814	0.05689	0.08257	690	0.00819	0.00000	0.00000
495	-0.06414	0.06948	0.06246	695	0.00572	0.00000	0.00000
500	-0.07173	0.08536	0.04776	700	0.00410	0.00000	0.00000
505	-0.08120	0.10593	0.03688	705	0.00291	0.00000	0.00000
510	-0.08901	0.12860	0.02698	710	0.00210	0.00000	0.00000
515	-0.09356	0.15262	0.01842	715	0.00148	0.00000	0.00000
520	-0.09264	0.17468	0.01221	720	0.00105	0.00000	0.00000
525	-0.08473	0.19113	0.00830	725	0.00074	0.00000	0.00000
530	-0.07101	0.20317	0.00549	730	0.00052	0.00000	0.00000
535	-0.05316	0.21083	0.00320	735	0.00036	0.00000	0.00000
540	-0.03152	0.21466	0.00146	740	0.00025	0.00000	0.00000
545	-0.00613	0.21487	0.00023	745	0.00017	0.00000	0.00000
550	0.02279	0.21178	-0.00058	750	0.00012	0.00000	0.00000
555	0.05514	0.20588	-0.00105	755	0.00008	0.00000	0.00000
565	0.09060	0.19702	-0.00130	760	0.00006	0.00000	0.00000
570	0.16768	0.17087	-0.00138	765	0.00004	0.00000	0.00000
575	0.20715	0.15429	-0.00123	770	0.00003	0.00000	0.00000
				775	0.00001	0.00000	0.00000
				780	0.00000	0.00000	0.00000

　　1931 CIE—RGB 系統標準觀察者，其光譜三刺激值與光譜色度坐標的關係
式爲：

$$r = \frac{\bar{r}}{\bar{r} + \bar{g} + \bar{b}} , g = \frac{\bar{g}}{\bar{r} + \bar{g} + \bar{b}} , b = \frac{\bar{b}}{\bar{r} + \bar{g} + \bar{b}}$$

　　根據 1931 CIE—RGB 系統標準觀察者光譜三刺激值所繪製的色度圖如圖
9-11：

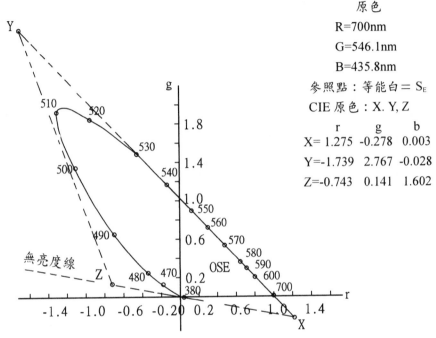

原色
R=700nm
G=546.1nm
B=435.8nm
參照點：等能白＝S_E
CIE 原色：X. Y, Z

	r	g	b
X=	1.275	-0.278	0.003
Y=	-1.739	2.767	-0.028
Z=	-0.743	0.141	1.602

圖 9-11　1931 CIE-RGB 系統色度圖及（R）（G）（B）向（X）（Y）（Z）的轉換

　　色度圖中偏馬蹄形曲線是光譜軌跡，即光譜色各波長光的坐標軌跡，應注
意光譜軌跡很大一部分的 r 坐標都是負值，即是說匹配這一部分光譜時，顏色
方程中，紅色加到光譜色一方才能與一定數量的（G）及（B）混合相匹配。

　　1931 CIE—RGB 系統規定：用等量的（R）、（G）、（B）匹配等能白光
（等能白光指太陽光），經實驗和計算確定（R）、（G）、（B）三原色的亮
度比是 1：4.5907：0.0601，輻亮度比是 72.0962：1.3791：1.000。

　　等能是指使某白光的三原色能量相等但光亮不同，所謂等量是指所有光譜

色三刺激值相等，即$\Sigma R_{\lambda} \triangle \lambda = \Sigma G_{\lambda} \triangle \lambda = \Sigma B_{\lambda} \triangle \lambda$。

(二) 1931 CIE—XYZ 系統

1931 CIE—RGB系統的$\bar{r}$、$\bar{g}$、$\bar{b}$光譜三刺激值是從實驗中得出來的，本來可以用於色度學計算，標定顏色，但是由於用來標定光譜色的原色有時出現負值，計算起來很不方便，又不易理解，因此1931 CIE討論推薦一個新的國際通用的顏色標定系統——1931 CIE—XYZ系統。

1.爲了避免色度坐標和色度圖出現負值，即光譜三刺激值出現負值，採用三個虛設的三原色 X、Y、Z，使所有的光譜都落在三角形 XYZ 之內，即光譜軌跡都在△XYZ之內，（X）代表紅原色，（Y）代表綠原色，（Z）代表藍原色。這樣，由於所有的光譜色都落在三原色三角形之內，因而其色度坐標和光譜三刺激值都爲正值了。

2.因爲在 RGB 系統中光譜軌跡540～700nm一般是一條直線，而且這段線上兩個顏色相混合，可以得到兩色之間各種光譜色，要求新的 XYZ 三角形 XY 邊應與這一段直線重合，另外，YZ 邊要與光譜軌跡短波部分的一點（503nm）相切，這樣規定是爲了使計算方便，因爲能將所有的光譜色包括在其內的三角形可以有無數個，上述規定可使光譜軌跡內的所有眞實顏色在 XYZ 三角形內占據大部分空間。

3.規定（X）和（Z）的亮度爲0，XZ線爲無亮度線，無亮度線上各點只代表色度而無亮度，但 Y 既代表亮度也代表色度。當 X＝Y＝Z 時，仍能代表等能白光。

根據上述規定條件及 RGB 系統中的亮度比 1：4.5907：0.0601，可以推出 XYZ 系統的三個原色，（X）（Y）（Z）在 RGB 系統中的坐標是：

	r	g	b
X	1.2750	-0.2778	0.0028
Y	-1.7392	2.7671	-0.0279
Z	-0.7431	0.1409	1.6022

XYZ 系統與 RGB 系統色度坐標的轉換有一定的數學關係，光譜三刺激值 $\bar{x}$、$\bar{y}$、$\bar{z}$與$\bar{r}$、$\bar{g}$、$\bar{b}$也有一定的轉換關係（見《色度學》76～77 頁）。經計算，

其結果如表 9-3 所示。

　　1931 CIE—XYZ系統中，用於匹配等能光譜色（X）、（Y）、（Z）三原色數量，叫做「CIE 1931 標準色度觀察者光譜三刺激值」，簡稱「1931 標準觀察者」三刺激值（因爲X、Y、Z是虛設的，故這三刺激值只能是理論上的推導，而在實際上不可能實現，故稱x̄、ȳ、z̄爲標準觀察者），三刺激值x̄、ȳ、z̄中的ȳλ與明視覺光譜光效率函數一致（見表 8-6）。將光譜三刺激值畫圖表示如下：

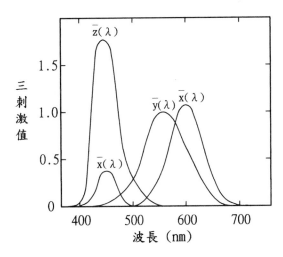

圖 9-12　CIE 1931 標準色度觀察者光譜三刺激值

　　CIE 1931 標準色度觀察者光譜三刺激值x̄、ȳ、z̄曲線分別代表匹配各等能光譜色所需的紅綠藍，即虛設（X）、（Y）、（Z）三原色的量。圖中x̄、ȳ、z̄各曲線所包含的面積相等。

表 9-3 CIE 1931 標準色度觀察者光譜三刺激值

波長	$\bar{x}_\lambda$	$\bar{y}_\lambda$	$\bar{z}_\lambda$	波長	$\bar{x}_\lambda$	$\bar{y}_\lambda$	$\bar{z}_\lambda$
380	0.0014	0.0000	0.0065	580	0.9163	0.8700	0.0017
385	0.0022	0.0001	0.0105	585	0.9786	0.8163	0.0024
390	0.0042	0.0001	0.0201	590	0.0263	0.7570	0.0011
395	0.0076	0.0002	0.0362	595	1.0567	0.6949	0.0010
400	0.0143	0.0004	0.0079	600	1.0622	0.6310	0.0008
405	0.0232	0.0006	0.1102	605	1.0456	0.5668	0.0006
410	0.0435	0.0012	0.2074	610	1.0026	0.5030	0.0003
415	0.0776	0.0022	0.3713	615	0.9384	0.4412	0.0002
420	0.1344	0.0040	0.6456	620	0.8544	0.3810	0.0002
425	0.2148	0.0073	1.0391	625	0.7514	0.3210	0.0001
430	0.2839	0.0116	1.3856	630	0.6424	0.2650	0.0000
435	0.3285	0.0168	1.6230	635	0.5419	0.2170	0.0000
440	0.3483	0.0230	1.7471	640	0.4479	0.1750	0.0000
445	0.3481	0.0298	1.7826	645	0.3608	0.1382	0.0000
450	0.3362	0.0380	1.7721	650	0.2835	0.1070	0.0000
455	0.3187	0.0480	1.7441	655	0.2187	0.0816	0.0000
460	0.2908	0.0600	1.6692	660	0.1649	0.0610	0.0000
465	0.2511	0.0739	1.5281	665	0.1212	0.0446	0.0000
470	0.1954	0.0910	1.2876	670	0.0874	0.0320	0.0000
475	0.1421	0.1126	1.0419	675	0.0636	0.0232	0.0000
480	0.0956	0.1390	0.8130	680	0.0468	0.0170	0.0000
485	0.0580	0.1693	0.6162	685	0.0329	0.0119	0.0000
490	0.0320	0.2080	0.4652	690	0.0227	0.0082	0.0000
495	0.0147	0.2586	0.3533	695	0.0158	0.0057	0.0000
500	0.0049	0.3230	0.2720	700	0.0114	0.0041	0.0000
505	0.0024	0.4073	0.2123	705	0.0081	0.0029	0.0000
510	0.0093	0.5030	0.1582	710	0.0058	0.0021	0.0000
515	0.0291	0.6082	0.1117	715	0.0041	0.0015	0.0000
520	0.0633	0.7100	0.0782	720	0.0029	0.0010	0.0000
525	0.1096	0.7932	0.0573	725	0.0020	0.0007	0.0000
530	0.1655	0.8620	0.0422	730	0.0014	0.0005	0.0000
535	0.2257	0.9149	0.0298	735	0.0010	0.0004	0.0000
540	0.2904	0.9540	0.0203	740	0.0007	0.0002	0.0000
545	0.3597	0.9803	0.0134	745	0.0005	0.0002	0.0000
550	0.4334	0.9950	0.0087	750	0.0005	0.0002	0.0000
555	0.5121	1.0000	0.0057	755	0.0003	0.0001	0.0000
560	0.5945	0.9950	0.0039	760	0.0002	0.0001	0.0000
565	0.6784	0.9786	0.0027	765	0.0001	0.0000	0.0000
570	0.7621	0.9520	0.0021	770	0.0001	0.0000	0.0000
575	0.8425	0.9154	0.0018	775	0.0001	0.0000	0.0000
580	0.9163	0.8700	0.0017	780	0.0000	0.0000	0.0000
				總和	21.3714	21.3711	21.3715

表 9-4　CIE 1931 色度圖光譜軌跡色度坐標

波長	$\overline{x}_\lambda$	$\overline{y}_\lambda$	$\overline{z}_\lambda$	波長	$\overline{x}_\lambda$	$\overline{y}_\lambda$	$\overline{z}_\lambda$
380	0.1741	0.0050	0.8209	580	0.5125	0.4866	0.0009
385	0.1740	0.0050	0.8210	585	0.5448	0.4544	0.0008
390	0.1738	0.0049	0.8213	590	0.5752	0.4242	0.0006
395	0.1736	0.0049	0.8215	595	0.6029	0.3965	0.0006
400	0.1733	0.0048	0.8219	600	0.6270	0.3725	0.0005
405	0.1730	0.0048	0.8222	605	0.6482	0.3514	0.0004
410	0.1726	0.0048	0.8226	610	0.6658	0.3340	0.0002
415	0.1721	0.0048	0.8231	615	0.6801	0.3197	0.0002
420	0.1714	0.0051	0.8235	620	0.6915	0.3083	0.0002
425	0.1703	0.0058	0.8239	625	0.7006	0.2993	0.0001
430	0.1689	0.0069	0.8242	630	0.7079	0.2920	0.0001
435	0.1669	0.0086	0.8245	635	0.7140	0.2859	0.0001
440	0.1644	0.0109	0.8247	640	0.7190	0.2809	0.0001
445	0.1611	0.0138	0.8251	645	0.7230	0.2770	0.0000
450	0.1566	0.0177	0.8257	650	0.7260	0.2740	0.0000
455	0.1510	0.0227	0.8263	655	0.7283	0.2717	0.0000
460	0.1440	0.0297	0.8263	660	0.7300	0.2700	0.0000
465	0.1355	0.0399	0.8246	665	0.7311	0.2689	0.0000
470	0.1241	0.0578	0.8181	670	0.7320	0.2680	0.0000
475	0.1096	0.0968	0.8036	675	0.0727	0.2673	0.0000
480	0.0913	0.1327	0.7760	680	0.7334	0.2666	0.0000
485	0.0687	0.2007	0.7306	685	0.7340	0.2660	0.0000
490	0.0454	0.2950	0.6596	690	0.7344	0.2656	0.0000
495	0.0235	0.4127	0.5638	695	0.7346	0.2654	0.0000
500	0.0082	0.5384	0.4534	700	0.7347	0.6553	0.0000
505	0.0039	0.6548	0.3413	705	0.7347	0.2653	0.0000
510	0.0139	0.7502	0.2359	710	0.7347	0.2653	0.0000
515	0.0389	0.8120	0.1491	715	0.7347	0.2653	0.0000
520	0.0743	0.8338	0.0919	720	0.7347	0.2653	0.0000
525	0.1142	0.8262	0.0596	725	0.7347	0.2653	0.0000
530	0.1547	0.8089	0.0394	730	0.7347	0.2653	0.0000
535	0.1929	0.7816	0.0255	735	0.7347	0.2653	0.0000
540	0.2296	0.7543	0.0161	740	0.7347	0.2653	0.0000
545	0.2658	0.7243	0.0099	745	0.7347	0.2653	0.0000
550	0.3016	0.6923	0.0061	750	0.7347	0.2653	0.0000
555	0.3373	0.6589	0.0038	755	0.7347	0.2653	0.0000
560	0.3731	0.6245	0.0024	760	0.7347	0.2653	0.0000
565	0.4087	0.5896	0.0017	765	0.7347	0.2653	0.0000
570	0.4441	0.5547	0.0012	770	0.7347	0.2653	0.0000
575	0.4788	0.5202	0.0010	775	0.7347	0.2653	0.0000
580	0.5125	0.4866	0.0009	780	0.7347	0.2653	0.0000

　　爲了使用方便，將圖 9-11 所示XYZ三角形轉換成麥克斯韋直角三角形，即成爲目前通用的 CIE 1931 色度圖。在這個色度圖中仍保持 RGB 系統的基本性質和關係。

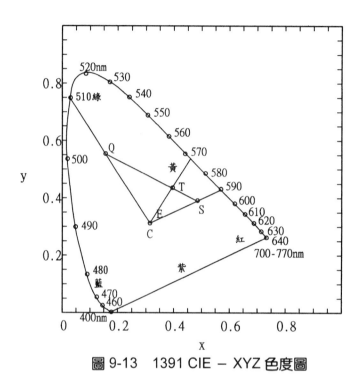

圖 9-13　1391 CIE－XYZ 色度圖

　　1391 CIE－XYZ系統是色度學實際應用工具，幾乎關於顏色的一切測量、標準及其它方面的延伸都從此出發。因而也是顏色視覺研究的有用工具。

　　CIE 1931 色度圖中，凡是光譜軌跡上及其連接兩端所圍成的馬蹄形內的各種顏色，都是物理上能實際實現的，而三原色坐標在軌跡之外，是不能實現的，因此說是虛設的或假想的。

　　光譜軌跡曲線連接 400nm 到 700nm 的直線是光譜上所沒有的由紅到紫的顏色，這一直線外的顏色也是物理上不能實現的。

　　光譜軌跡的短波端緊靠 Y＝0 這條線，這意味著雖然短波刺激能引起標準觀察者的反應，即在普通條件下能產生藍紫色感覺，但 380～420nm 波長輻通量在視覺上只有很低的亮度。

　　顏色三角形的中心（因是等腰直角三角形，重心與中心重合），E 是等能

白光，其坐標爲：x＝y＝z＝0.333

　　C點是CIE標準光源C（相當於中午陽光的光色6774K）。因光源不同，C不全恰在E點而是接近E。任何顏色在色度圖上都占有一確定位置。例如Q、S兩個顏色，在C光源下，Q的色度坐標x＝0.16，y＝0.55，S的色度坐標x＝0.50，y＝0.38，由C通過Q作一直線至光譜軌跡，在511.3nm處Q的主波長即爲511.3nm，此處光譜軌跡的顏色相當於Q的色調（綠色）。某一點離開C點（或E點）接近光譜軌跡的程度，表明它的純度，相當於飽和度。顏色越靠近C（或E）越不純，越靠近光譜軌跡越純。S點的主波長與純度，也應同上理解。色度圖還可以推算出由兩種顏色混合所得出的中間色。如Q與S相加，得出Q到S直線的各種過渡色，其色調由該線上任一點與C（或E）的連線交光譜軌跡上的某一點來決定色調的主波長，如圖中T點。光譜軌跡近似凸形和直線，而無凹形的，因此，任意兩種顏色混合，必落在光譜軌跡之內，而不可能落到光譜軌跡之外。

　　CIE 1931色度圖上，光譜軌跡還表現出如下的視覺特點：

　　1. 靠近波長末端700～780nm的色度坐標都是x＝0.7347，y＝0.2653，z＝0，色度圖上只用一點來表示。也就是說，只要將700～780nm這一段的任何兩種顏色調整到亮度相同，兩種顏色在人眼看來都是一樣的。

　　2. 光譜軌跡540～700nm這一段，其色度坐標是x＋y＝1，而z＝0，這就是說，在這一段光譜範圍內任何光譜色（飽和色）都通過540nm和700nm二波長的光波，以一定的比例相混合而產生。

　　3. 波長380～540nm這一段是曲線，這就是說，在此範圍內的任一對光線的混合不能產生飽和色，二混合色波長距離越大，產生的混合色越靠近C（或E），其飽和度就越低。

　　4. 過C（或E）點的直線交光譜軌跡上兩點，其光譜色爲互補色。但在494～570nm這一段任一點，過C（或E）的直線只交於光譜色兩端的連線上，不是光譜色而是混合色，因此沒有補色。

　　由上述可見，1931 CIE色度圖準確地表示了顏色視覺的基本規律，以及顏色混合的一般規律，因此，這個色度圖也可以叫做混色圖。

　　CIE 1931 XYZ系統只是適應觀察者視場在1～4°之間的顏色標定。根據顏色視覺研究，當觀察顏色的視場小於2°時，辨別顏色差異的能力較低，當觀察

視場從 2°增大到 10°時，顏色匹配的程度也隨之提高，但視場再進一步增大，則顏色匹配程度的提高就不再大了。

㈢ *CIE 1964 補充色度學系統*

CIE 1931 標準觀察者的材料適用於 2°視場中央視覺觀察條件（適應範圍1°～4°）。在觀察視場 2°範圍時，主要是中央凹錐體細胞起作用。對極小面積的顏色點的觀察，CIE 1931 標準觀察者的材料不再有效，對大於 4°的觀察面積，因有棒體細胞參與，CIE 1931 標準觀察者的材料也不太適用，而大於 4°視場的觀察條件是大量的。因此，1964 年 CIE 推薦了一個適應觀察視場 10°的標準觀察者材料，稱為「CIE 1964 標準觀察者材料」。同時，規定了相應的色度圖。這一表色系統稱為「CIE 1964 補充色度系統」。

CIE 1964補充色度系統是根據斯泰爾斯和白奇（W. S. Stiles & J. M. Burch, 1959）和斯伯林斯卡婭（N. I. Speranskaya, 1959）的兩項研究確定的。將他們的研究都轉換到三原色的波長：645.2nm、526.3nm、444.4nm。賈德對這兩項研究結果進行加權處理後，得出 1964 CIE － RGB 系統補充標準色度觀察者光譜三刺激值$\bar{r}_\lambda$、$\bar{g}_\lambda$、$\bar{b}_\lambda$。如圖 9-14 所示：

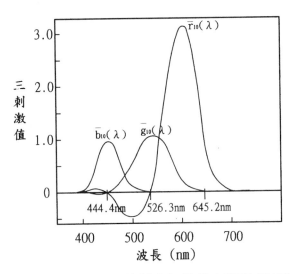

圖 9-14　1964 CIE － RGB 系統補充標準色度觀察者光譜三刺激值

後又通過上面所講的 RGB 系統向 XYZ 系統進行坐標轉換的同樣方法，轉換成新的 1964 CIE － XYZ 系統 10°視場補觀察者光譜三刺激值，及補充色度圖

光譜軌跡的色度坐標（見《色度學》85-87頁）。其三刺激值與色度圖見圖9-15、
9-16所示：

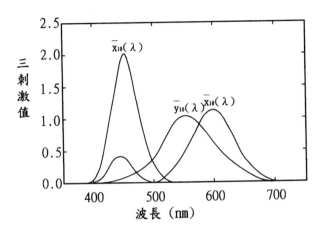

圖 9-15　CIE 1964 補充標準色度觀察者光譜三刺激值

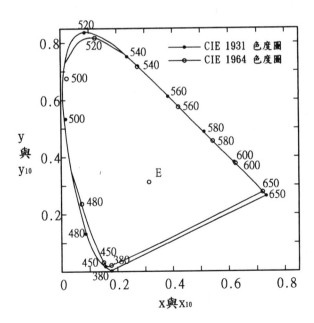

圖 9-16　CIE 1931（2°視場）與 CIE 1964（10°）視場色度圖比較

　　從圖可看到：1931光譜軌跡略大於1964光譜軌跡；相同波長光譜色在光譜
軌跡上相差較大，只有E光源點在色度圖上重合。

㈣標準表色系統的新進展──*CIE 1960 均勻顏色空間與 CIE 1964 均勻顏色空間*

1. CIE 1960 均勻顏色空間──CIE 1960 UCS 表色系

在 CIE XYZ 色度圖上，每一點都代表某一確定的顏色，這個顏色的位置由一定比例的紅、綠、藍三原色相加混合來確定。每種顏色在色度圖上只是一個點，但對於一個人的視覺來說，當這些顏色的坐標位置變化很小時，人仍感覺到原來的顏色。因而對視覺來說，每個顏色在色度圖上是一個範圍而不是一個點，即三原色紅綠藍三個光數量在一定的範圍內變化，色度坐標隨之變化，但顏色感覺並不變化，這個同一顏色感覺的範圍稱作顏色的寬容量。心理學上稱作最小可覺差，不過這個最小可覺差是三維的，且這個寬容量的大小還與光譜有關，麥克亞當（D. L. Macadam）在 CIE 色度圖的不同位置上選了二十五個顏色點，確定某顏色辨別的最小可覺差，結果如圖 9-17。

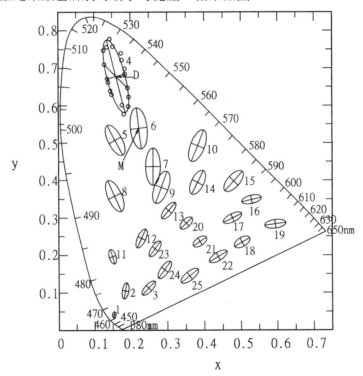

圖 9-17　麥克亞當的顏色橢圓形寬容量範圍

從上圖可見，在色度圖的不同位置上，顏色寬容量不一樣，如藍顏色部分

寬容量最小，綠色部分最大。也就是說在色度圖藍色部分同樣空間內，人眼能分辨較多種類的藍色，而在綠色部分同樣空間內只能分辨少數綠色。對藍色可辨別的最小距離與綠色可分辨的最大距離之比可達二十分之一。依能辨別的顏色數量來計算，藍色端的密度大於綠色端的密度大約爲三百至四百倍。上述可見，1931 CIE 色度圖從視覺角度看是不均勻的，即色度圖相等空間並不反映相等的視覺效果。因此，在考慮不同顏色空間關係時，它常會給人造成錯誤的印象：似乎圖上兩個顏色的距離是對感覺差異的度量，實際並非如此，此種錯誤會給顏色再現帶來很多困難，爲了克服 CIE 1931 色度圖的缺點，使每一顏色寬容量都變爲大小相等的圓形，這樣使色度圖上空間就視覺而言是均勻的。故 CIE 1960 年根據麥克亞當的工作，製定了 1960 均勻色度標尺圖，簡稱 CIE 1960 UCS。CIE 1960 UCS 圖的橫坐標爲 U、縱坐標爲 V。與 CIE 1931 XYZ 系統的色度坐標有如下關係式：

$$U = \frac{2x}{1.5 - x + 6y}, V = \frac{3y}{1.5 - x + 6y}$$

$$或 \quad U = \frac{4x}{3 - 2x + 12y}, V = \frac{6y}{3 - 2x + 12y}$$

或用三刺激值表示，則爲：

$$U = \frac{4x}{x + 15y + 3z}, V = \frac{6y}{x + 15y + 3z}$$

式中的三刺激值依視場大小不同，選不同的值。視場小於 $4°$，用 CIE 1931 標準觀察者三刺激值，大於 $4°$ 視場用 CIE 1964 補充標準色度標準觀察者三刺激值計算。

2. CIE 1964 均勻顏色空間

CIE 1960 USC 圖雖然解決了 CIE 1931 色度圖的不均勻性，有很多優點。但它沒有明度坐標，所以在給出 U、V 坐標時還須註明亮度值（y），應用起來很不方便。因此，1964 年 CIE 將 1960USC 兩維空間圖進行擴充，包括亮度因素在內的三維均勻空間圖。稱爲 CIE 1964 均勻顏色空間表色系。用明度指數 W*，色度指數 U*V* 坐標系統表示。

其 $W^* = 25y^{\frac{1}{3}} - 17 \ (1 < Y < 100)$

U* = 13W* （U － U₀）

V* = 13W* （V － V₀）

式中 U、V 見 1960 均勻顏色空間，U₀、V₀是光源的色度坐標。

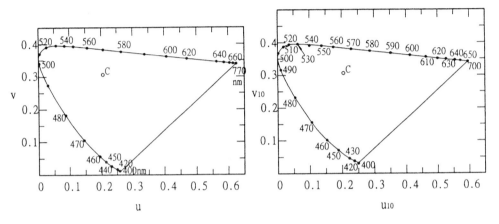

圖 9-18　CIE 1960 UCS 圖　　**圖 9-19　CIE 1960 大視場 UCS 圖**

經過這樣的修訂後，就克服了 CIE 1931 xyz 色度圖一個嚴重的缺點：圖上不同部分的相等間隔並不相對應於人眼所感覺到的相同的顏色差別。這樣，CIE 1964 均勻空間表色系統的 U-V 色度圖上不同部分的相等間隔，人眼所引起的感覺差別基本上也相等了。因而從圖上兩點的相對距離，可以直觀地看出兩種顏色的差異情況，並便於與另兩個顏色點的距離作比較。

除 1964 均勻顏色空間以外，CIE 1976 年又推薦 CIE 1976 L*U*V*空間及 1976 L*a*b*空間，兩個色差公式。這二者使用的單位制不同，都與 x-y 色度圖有關係：

$$U^* = \frac{4x}{x + 15y + 3z} , \ V^* = \frac{9y}{x + 15y + 3z}$$

$$U^* = \frac{4X_0}{x_0 + 15y_0 + 3Z_0} , \ V^* = \frac{6y_0}{x_0 + 15y_0 + 3Z_0} , \ 光源為 D_{65}。$$

以上所講，只是簡略說明 CIE 關於當前標定顏色的一些標準系統以及與這些標定系統有關的顏色視覺方面的一些問題。限於篇幅，不能詳細介紹，如有需要可參考《色度學》中的有關部分（124～129 頁）。

二、顏色的測量和色度計算

(一)三刺激值的測量和色度坐標的計算

　　1. 一個物體的顏色可由它的三刺激值來表示，由三刺激值的計算：

$$X = K_m \int \phi_\lambda \, \bar{x}_\lambda d\lambda$$
$$Y = K_m \int \phi_\lambda \, \bar{y}_\lambda d\lambda$$
$$G = K_m \int \phi_\lambda \, \bar{z}_\lambda d\lambda$$

　　式中 $\bar{x}_\lambda$、$\bar{y}_\lambda$、$\bar{z}_\lambda$ 爲 CIE 所規定的三刺激值有表可查，爲已知。餘下待測量的是顏色刺激函數 ϕ_λ，如果是白發光體則 $\phi_\lambda = S_\lambda$，是透射物體則 $\phi_\lambda = S_\lambda T_\lambda$，是反射體則 $\phi_\lambda = S_\lambda \beta_\lambda$，或 $\phi_\lambda = S_\lambda P_\lambda$，$K_m$ 爲已知：

$$K_z = \frac{100}{S_\lambda \bar{y}_{2\,(\lambda)} \Delta\lambda} \quad K_{10} = \frac{100}{S_\lambda \bar{y}_{10\,(\lambda)} \Delta\lambda}$$

　　如果是標準光源這些數都有製好的表可查，不是標準光源，則要用光譜光度測色儀器測量上述各參數，根據測量光源的光譜能量分布求三刺激值的方法比較複雜，故省略（詳見《色度學》9 頁，其原理是利用具有對特定光譜靈敏度的光電積分元件組裝而成，故稱光電積分測色儀。

　　2. 儀器測量：

　　使用光電積分測色儀器是一種較爲方便的方法。它是可以直接測量光源色和物體色三刺激值或色度坐標的儀器。它包括「光電色度計」和色差計兩種。

(二)主波長與純度

　　1. 主波長的計算有兩種：作圖法與計算法。

　　主波長大致相當於所觀察顏色的色調，如果已知樣品的色度坐標 XYZ 及參照光源的色度坐標 x、y，就可以通過這兩種方法求出樣品的主波長。

　　(1)作圖法：

　　在 CIE 色度圖上分別標出樣品與參照光源的色度點，參照光源色度點可能爲 A、B、C 三種。連續兩點作一直線，並從樣品色度點向外延長與光譜軌跡相交，這一相交點的光譜軌跡波長就是樣品的主波長，如圖 9-20。

　　M、C 分別爲樣品和 CIE 光源 C 的色度點，連接 CM，延長線交光譜軌跡
於 519.4nm 處，樣品 M 的主波長就是 519.4nm，是綠色，這就是 M 的色調。並
不是所有的樣品都有主波長，在光譜軌跡兩端與光源色度點所形成的三角形之
內（紫色區）的樣品就沒有主波長，如 N 點。這時一般用補色波長表示，即將
NC 延長交於側光譜軌跡上波長 495.7nm 處，加一負號或 C 表示，寫作-495.7 或
495.7C。

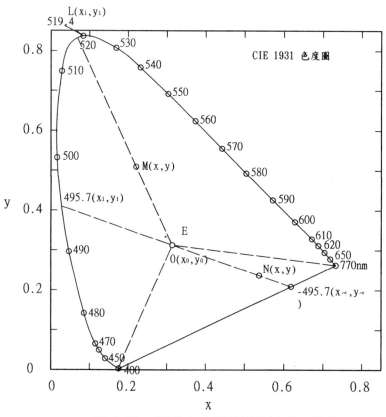

圖 9-20　顏色主波長與補色波長的確定

(2)計算法：

　　根據色度圖上連接樣品點與參照光源點的直線斜率，查表（已有製成的不
同光源的斜率表）讀出斜率與光譜軌跡的交點值，定出主波長（詳見《色度學》
370～383 頁）。

　　2.純度

　　樣品的顏色接近同一主波長光譜色的程度表明該樣品顏色的純度，純度表示同一主波長的光譜色被白光沖洗後所具有的飽和度，有兩種表示：

　　(1)興奮純度：在 x-y 色度圖上，樣品色度點到參照光源色度點的距離，與樣品主波長線（即光源參照點經樣品色度點到光譜軌跡點的線）的比例。

　　計算興奮純度的公式如下：

$$P_e = \frac{CM}{CL} = \frac{x - x_0}{x_\lambda - x_0} \quad x \text{、} y \text{爲樣品色度點坐標}$$

$$P_e = \frac{CM}{CL} = \frac{y - y_0}{y_\lambda - y_0} \quad x_\lambda \text{、} y_\lambda \text{爲光譜軌跡點坐標點}$$

$$x_0 \text{、} y_0 \text{爲光源參照點坐標}$$

　　當主波長線平行於色度圖的 x 軸時，也就是y_λ y_0值相接近時，用 x 式。當主波長線垂直色度圖 x 軸時，也就是x_λ x_0值相接近時，用 y 式。

　　(2)亮度純度：

　　當顏色的純度用亮度來表示時，稱作亮度純度，也同樣表示樣品顏色接近同一主波長的程度，即飽和度，公式如下：

$$P_e = \frac{y_\lambda}{y} = \frac{x - x_0}{x_\lambda - x_0} \quad x \text{、} y \text{爲樣品色度點坐標}$$

$$P_e = \frac{y_\lambda}{y} = \frac{y - y_0}{y_\lambda - y_0} \quad x_\lambda \text{、} y_\lambda \text{爲光譜軌跡點坐標點}$$

$$x_0 \text{、} y_0 \text{爲光源參照點坐標}$$

　　同興奮純度差不多，只是多乘了y_λ/y。

　　用主波長和純度表示顏色，比只用色度坐標標定顏色的優點在於給人以具體的印象，且更能表明一個顏色的色調和飽和度。

　　下面的例子是在 C 光源$x_0 = 0.3101$，$y_0 = 0.3163$ 照明下的兩個樣品C_1與C_2。

樣品	色度坐標 x　　y	主波長	興奮純度
C_1	0.546　0.386	594nm	82%
C_2	0.526　0.392	592nm	78%

根據色度坐標，連接 C 光源與樣品點C_1，延長線交光譜軌跡 594nm 處，即樣品點的主波長爲 594nm，查其色度坐標爲：

$y_\lambda = 0.40176$，$x_\lambda = 0.59760$。

代入 X 式計算$P_e = \dfrac{0.546 - 0.3101}{0.5976 - 0.3101} = 0.82$，亮度純度爲 0.853。

用 Y 式計算$P_e = \dfrac{0.386 - 0.3163}{0.40176 - 0.3163} = 0.8156$

二式計算結果不同，比較時只用一式即可。同理得C_2的主波長爲 592nm，其坐標爲：$x_\lambda = 0.58665$，$y_\lambda = 0.41276$計算其興奮純度X式爲 0.78，亮度純度爲 0.821。

這裡須說明一個問題：主波長相當於日常生活中所觀察顏色的色調，但是恆定主波長線的顏色並不對應於恆定的顏色知覺；同樣，顏色的純度也是大致與日常生活中所知覺的顏色飽和度相當，但並不完全相同。等純度並不對應於等飽和度（見圖9-21）。

上面所講的主波長與純度的計算，對於兩種不同顏色的混合色也適用，只不過要先計算出混合色的色度坐標（見《色度學》107～111 頁），然後再按上述所講的方法計算出主波長與純度。

三、色標測色法

又稱孟塞爾（Munsell）表色系統。這種表色系統與上面所講的各表色系統有一定的區別和聯繫。它是用顏色立體模型表示表面色的一種方法，它用一個三維空間的類似球體模型把各表面色的三種基本特性：色調、明度、飽和度全部表示出來。在立體模型中的每一部位各代表一種特定顏色，並有一定的標號。這是從心理學角度根據顏色視覺的特點所制定的顏色分類和標定系統。孟塞爾顏色立體的中央軸代表無彩色系列中性色的明度等級，白色在頂部，黑色在底部，稱爲孟塞爾明度值，分成由 0～10 共十一個在感覺上等距的等級。離開中央軸的水平距離代表飽和度的變化，孟塞爾表色系統中稱爲彩度。彩度也分爲許多在視覺上相等的等級，中央軸上的彩度爲 0，離開中央軸越遠彩度值越大。各種顏色的彩度等級數是不同的，同一顏色不同明度級上的彩度等級數也不相同。個別最飽和顏色的彩度可達十個等級。各種主要色調及中間色調的等級都

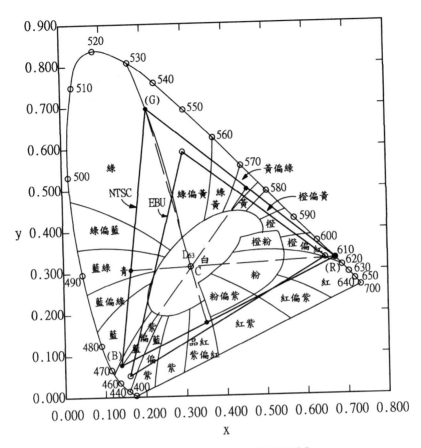

圖 9-21 x-y 色度圖顏色區域

定為5，每種色調給出2.5、5.0、7.5、10.0四個色調等級。這樣便可對任一顏色進行標定，並給予一定的標號，寫作：$\dfrac{HV}{C} = \dfrac{色調明度值}{彩度}$。一個理想的顏色立方體應該是在任何方向、任何位置上，各顏色樣品之間相同距離上視覺的差異也相等。孟塞爾顏色標定系統也沒有完全實現這一點，經過幾次修訂，在視覺上更接近等距了。

孟塞爾顏色系統中，通過顏色立體模型的顏色分類方法，用紙片製成許多標準顏色樣品匯編成冊，幾經修訂，並能對每一色樣都可給出相應的CIE 1931色度系統的色度坐標。這就是說孟塞爾表色系統（修訂後的表色系統）可與CIE 1931色度學系統相互轉換，是測定表面顏色的一種較好的工具。具體要求是：要用 CIE 規定的照明條件和觀測條件，光線從樣品表面法線的45°方向照射孟

塞爾標準樣品和待測樣品，觀測方向要求垂直方向。光源用間接和人工日光，北半球一般在室內北面窗口的自然光下進行匹配，找出在色調、明度和彩度上與待測樣品相同的孟塞爾色樣，從而給出待測樣品的孟塞爾標號（詳見《色度學》第六章）。

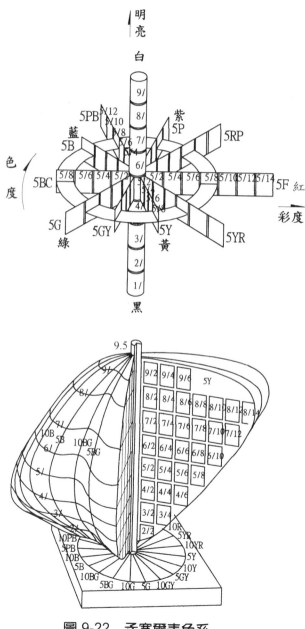

圖 9-22　孟塞爾表色系

第五節　顏色知覺

　　客觀物體的顏色是隨著照度不同而變化的，但是當知覺一個物體的顏色時，則始終保持對象的顏色不變。紅旗在陽光下是紅色，在昏暗的傍晚仍被知覺爲紅色。

一、客觀顏色的知覺問題

(一)照度因素

　　一個物體的客觀顏色在反射率一定的情況下隨照度而變化。在知覺一個物體的顏色時，物體本身的顏色不變，而外界的照度卻隨時都在變化，在開闊的空地上的物體被無顏色的光照射，在晴天的陰影內的物體則是被藍光照射（天空透過藍色），夏日密林中的光帶藍色，白熾燈下的光帶黃色，發光體本身光強的變化，觀察者的距離、角度都影響照射到物體表面照度的變化，當人們在知覺這些物體的顏色時，首先知覺的是照度的變化，這樣才使物體本身的顏色保持不變，這就是所謂的顏色常性。寫字的白紙在黑暗中仍是白的（儘管反射很小的光），煤塊在陽光下仍然是黑的（儘管它比在黑暗情況下的白紙反射的光要強得多）。

　　如果完全按照度的變化來知覺顏色，那麼某一物體的顏色則始終在變化，很多的實驗證明，如果將照度變化的線索加以隱蔽，便得到上述結果。

(二)反射率因素

　　一個物體有選擇或無選擇地反射無色的光波，就決定物體是彩色的還是非彩色的，這一事實在前幾節已有討論，表面顏色是物質的某種物理特徵，就是吸收照射光的一部分，而反射其餘的部分。在照度一定的情況下，對白色的知覺是與反射率成一定函數關係（但不一定是直線性）。如果完全按反射率等知覺顏色，即不管在什麼情況下，顏色都是不變的，但事實也不是如此，在昏暗中看不同彩色的旗，卻經常知覺錯誤。在不同照度下，同一種灰色的反射度是一定的，但卻知覺灰的程度不同。

　　爲知覺物體的顏色，觀察者需要先知覺刺激照度的變化，以及與相應照度變化而引起反射率的變化的線索。就是說是在這個彩色與其周圍的關係中去看

某一獨特彩色，並把周圍作為照度的線索。同時還要根據記憶中的顏色進行判斷，正確知覺客觀顏色。

(三)「客觀顏色」是什麼？

平常所說的物體顏色，仔細劃分還可分出不同的色彩形式，這就是所謂的客觀顏色。

1. 廣闊色

又稱膜面色，典型的例子就是藍色的天空，天空的顏色好像是那遙遠的表面所固有的，但是天空並不一定像一個表面那樣顯示出來——好像在不確定的距離中的藍色廣闊物，因而稱為廣闊色。

在客觀顏色實驗中，獲得廣闊色的方法是通過一個孔幕或光屏觀察，廣闊色或又稱為竇孔顏色。廣闊色具有面的感覺而柔和厚重，還具有能夠透入的感覺。

2. 表面色

是不透明物體表面的顏色，表面色的特徵是物體的位置明確、表面堅硬，具有接觸的感覺，觀察者可以從各種方向和位置觀看。

二、顏色常性的測量

(一)布倫斯維克、邵勒斯比率

布倫斯維克（E. Brunswik, 1929）創造出一個簡單的方法以描述趨向於客觀顏色、大小等知覺的接近程度，即常性係數的計算公式。當受試者在不同照度下匹配所見的兩種灰色時，他的反應常居於兩極端的中間，一種極端是完全依照刺激的照度變化來判斷，另一種極端是完全依照反射率作出反應。如果完全依照度反應，常性為 0；如果完全依照反射率作出反應，則常性為 100%，事實上，一般的反應都屬中間。這裡所說的照度變化是受試者能夠知覺到的。屬於正常照度條件下的客觀顏色知覺。

1. 布倫斯維克比率 $= (R - S) / (A - S)$

R 為受試者用作配對樣品的反射率（百分數），即所知覺的顏色。S 為刺激配對的反射率，即完全按照度變化之刺激物的反射率。A 為被匹配的那個對象的實際反射率。

例如，實驗中被匹配的灰色具有 40% 的反射率（已知），將其放在十燭光

的照度下作為標準，另外要求受試者在五十燭光的照度下選擇不同反射率的樣品，使之與 10 燭光下的 40% 反射率的對象相匹配，如果完全按照度進行選擇，應該選 8% 反射率的樣品（S），因為照度變化五倍（50：10），反射率也相應變化五倍，而實際上受試者選擇了一個具有 24% 反射率的樣品（R），如果受試者完全依反射率來選擇而不參照照度的變化，他應該選一個 40% 的反射率（A）的樣品，即被匹配對象的實際反射率。將上述的數據代入布倫斯維克比率，得到：$\dfrac{24-8}{40-8} = 50\%$ 常性。

2. 邵勒斯比率 ＝（lgR － lgS）／（lgA － lgs）

因為主觀的照度與物理照度的對數相應，以及其它原因，邵勒斯（R. H. Thouless, 1931）比率表示常性的大小，它有時產生比較好的結果（在明度方面），但也不經常是這樣（如在大小常性方面）。根據邵勒斯比率，上例的常性為：（lg24 － lg8）／（lg40 － lg8）＝ 68%。

(二)常性實驗的一些方法

計算常性係數，須了解照度的變化情況，及對匹配對象、被匹配樣品的反射率的情況。當然有編製得很好的孟塞爾表色系，可告訴反射率的情況，同時也有現代儀器可測量照度及反射率的變化。但在傳統的常性實驗中，卻採用如下一些測量常性的方法：

1. 用減光屏或孔幕觀察，這樣可掩蔽照度變化的一切參照線索，因此所觀察的兩個不同照度下的匹配結果，就可認為是完全排除常性的反射率的變化，即計算常性係數需要的（S）值，反射率一般用色輪中黑白的比率來表示。如：卡次（A. Katz, 1930）把一個色輪置於亮光中，另一色輪置於陰影中，從而改變照度。實際裝置如圖 9-23 所示。

微暗室中的混色輪反射率是 100%（白色），通過孔幕觀察亮光中的混色輪（也是白色）並使之與陰影中的相匹配。然後移去孔幕，再匹配一次，這是正常照度條件下（沒有掩蔽照度線索情況下）的匹配，其結果如下表所示：

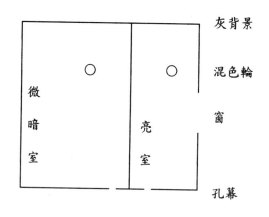

圖 9-23 作為陰影實驗的布置

	第一個受試者	第二個受試者	
通過孔幕匹配	1.2%白色	2.3%白色	S
直接匹配	32.2	27.1	R
布倫斯維克比率	0.31	0.26	A = 100%
邵勒斯比率	0.74	0.65	

2.使用有色鏡、煙燻鏡或節光器減少照度：

事先對有色鏡和煙燻鏡的減光有所測量，從而可了解照度的變化，使用節光器缺口的大小（面積的改變）比例，當轉速在光融合頻率以上時，可使原來的照度減少相應的比例，從而可達到計算照度的目的。例如卡次的實驗結果：

使節光器缺口的比例為	$\frac{1}{4}$	$\frac{1}{12}$	$\frac{1}{36}$	$\frac{1}{120}$
通過節光器所收到的部分照度（原來照度的比率）S	0.25	0.083	0.028	0.004
用來配對的混色輪混合中的部分白色 R	0.33	0.28	0.24	0.23
布倫斯維克比率 A = 1	0.107	0.215	0.218	0.224
邵勒斯比率	0.2	0.481	0.602	0.696

3.照度透視，根據距光源的不同距離，計算出不同位置的照度，因為表面照度與它和光源間距離的平方為反比例。

4.改變表面的入射角也可以計算照度的變化。

三、麥考勒（McCollough）效應

麥考勒效應是指受測圖形條紋方向決定的顏色互補效應，是一種隨方向而變的顏色後效。

麥考勒效應是視覺後效研究中的新進展，麥考勒1965年報導了圖形知覺實驗的一個有趣的後效現象，由於對它的解釋能夠為視覺系統具有特殊「通路」的理論提供證據，因此受到重視，目前這方面的實驗研究已有了很大的發展，但人們仍習慣地稱這一類效應為麥考勒效應。

麥考勒當初的實驗是：讓受試者注視一會兒紅色背景的縱方向的黑白相間的條紋，然後再注視綠色濾光片的橫方向黑白相間的條紋，如此輪換，過幾分鐘產生適應後，再呈現一個複合刺激（一半橫向、一半縱向的黑白相間條紋），這時，受試者報告說圖片上所有白色豎條被看成是綠色，而白色橫條被看成紫紅色，這是一種顏色適應現象，其後像是適應色的補色，這種顏色的互補效應又受測驗圖形的條紋方向所決定。因此說這是一種隨方向而變的顏色後效。

對於這種顏色互補效應的解釋，麥考勒提出一個簡單的神經生理學假說：腦內對豎條紋和紅色發生反應的細胞，在刺激呈現一段時間後，已經產生了適應和疲勞，以後當一個白背景的黑色條紋呈現，那些沒有適應的細胞即對綠色和藍色發生反應的細胞，就成為神經反應的主要成分，因而在白色背景上的豎條紋看起來就略帶藍綠色；同樣的論據可以解釋適應綠色背景的橫條後，再看白背景的橫條，其背景就略帶紫紅色，同樣在橙、藍色的背景上也出現類似的顏色後效現象。

1976年，J. G. May與Green等進行了另一些實驗，他們用作觀察圖形（適應圖形）的是紅色水平棋盤和綠色的菱形棋盤，如圖9-25所示。

看完觀察圖形後，再看測驗圖形，結果觀察者報告取向0°與90°的條紋呈紅色，取向45°與135°的條紋呈綠色，這表示測驗圖形與適應圖形的條紋取向一致，後效應的顏色也一致。這一結果與麥考勒關於顏色後效應的推論是矛盾的（按麥考勒推論垂直條紋應是藍綠色，傾斜條紋應是紫紅色），J. G. May 與

Green 作如下的解釋：顏色互補後效隸屬於圖形的傅立葉主要分量的取向，紅背景的黑紅頻率為 45° 與 135°，而圖形朝向是水平方向，綠背景觀察圖形傅立葉主要的取向是水平和垂直方向（0° 與 90°），圖形朝向是 45° 與 135°，而不是圖形本身的朝向，這從另一個角度說明了人的視覺信息加工是以空間頻率分析這一方式進行的。

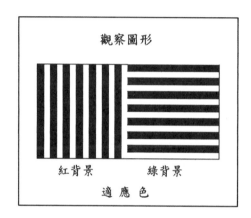 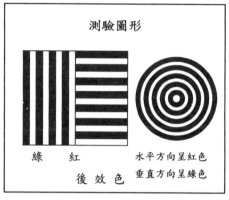

圖 9-24 麥考勒效應的演示圖例

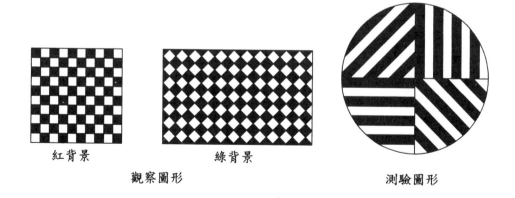

圖 9-25 May 與 Green 等的後效實驗圖形

由麥考勒的最初發現已經引出了一個很大的研究領域。例如，給受試者呈現兩種都是水平的格子，其中一個是綠色的，並向上運動，另一個是紅色的向

下運動，結果在測驗中發現：若黑白格向上運動時呈紫紅色，向下運動時顯藍綠色（Hepler, 1968）。這是一種隨運動而變化的顏色後效。此外，利用擴張和收縮的螺旋圖形作刺激，即可演示出隨運動而變化的顏色效應，也可以演示出隨顏色而變化的運動後效（Faryeau, 1972）。

　　總之，麥考勒效應是發生在視覺刺激的不同特性之間的一種後效現象，如方向、顏色和運動等，它們的產生對於了解視覺機制，證明各種視覺特性在視覺系統中存在不同通路有主要影響，是當前知覺心理學研究中的主要課題之一。

參考文獻

1. 荊其誠等著〈1983〉。色度學。北京：科學出版社。
2. 復旦大學電光源實驗室編〈1980〉。電光源原理。上海科技出版社。
3. 焦淑蘭等著〈1985〉。顏色測量基礎。北京：科學出版社。
4. （蘇）C.B.克拉甫科夫著〈1964〉。顏色視覺。北京：科學出版社。
5. （美）R.S.武德沃斯等著，曹日昌等譯〈1965〉。實驗心理學。北京：科學出版社

第十章 形狀知覺：圖形識別實驗

　　知覺是對事物的各種屬性，各個部分及其相互關係的、綜合的及整體的反映，它與感覺只是對外界事物的個別屬性的反映有很大的區別。這就決定：知覺的發生必須依賴於過去的知覺和經驗，受人各種特點的制約，是多種分析器聯合活動及人腦的複雜分析綜合活動的產物，同時也決定詞在人類知覺中必然起著重要作用。這也就決定知覺實驗中各種變量的複雜性。

第一節　知覺研究的複雜性

一、知覺研究中變量的複雜性

　　知覺的性質決定引起知覺的當前事物（刺激物）必然是複合刺激，對這一複合刺激的反映不是單一而是多維的，既不是一種反應器活動，也不是只引起當前一種簡單的神經興奮，而是多種反應器的聯合活動，及前一系列暫時神經聯繫共同活動等，經過大腦的複雜分析、綜合，對當前的事物作出關於其各個部分和屬性的整體反應，這是一種複雜的反應。這也就決定了知覺研究中各種變量的複雜性，很難用單獨的物理量表示刺激，也很難用一些簡單的反應指標表示其反應，因此在知覺研究中，對其各種知覺現象的解釋就顯得更重要了。而如何解釋，就要涉及到一些理論和假設，因此，有關這方面的內容就占據了相當大的篇章，而心理物理的測定，就相對地減少了。

　　知覺按不同的分類標誌，可分為不同類型的知覺。例如，按知覺所反映事物的特性可分為：時間知覺、空間知覺和運動知覺，按知覺起主導作用的分析器來劃分，可分為：視知覺、聽知覺和觸知覺等等。

　　本章和下一章主要討論視知覺問題，即關於視野中物體的空間特徵：如形狀、大小、距離和方向，這些特徵通常顯得和亮度、顏色一樣，能直接被人看到，但是它們與網膜所接受的刺激整體之間，並沒有直接聯繫，人們也很難分

辨出產生這種認知經驗的視覺神經結構。長期以來，心理學家們大都應用發生簡單的感覺之後的某種精細加工來解釋對形狀的認識，因此一般不說形狀感覺而說成形狀知覺。

二、形狀知覺的理論

形狀知覺的早期理論是由馮特和鐵欽納爲代表的構造主義提出的，根據構造主義的看法，人們具有一個各種獨立的視覺感受器所組成的鑲嵌物，即每一種視覺感受器對刺激的反應只是產生簡單的基本感覺，如亮度、色調；但當多種感覺與過去經驗中所保持的其它感覺（記憶表象）發生聯繫時，就能反映一些更複雜的物體特性，如光滑、形狀等，成爲比較複雜的知覺經驗了。例如看到一個圓形，是由於視覺模式引起了過去的眼球繞著它的輪廓轉動時所產生的動覺記憶，和用手觸摸圓形物體時，本體所獲得的關於彎曲的感覺記憶等，這就是說，構造主義把知覺看成是感覺因素的簡單組合，而知覺又可分解爲各種感覺。

二十世紀初，以魏太海墨、考夫卡和苛勒爲代表的格式塔學派與構造主義相對立，提出「整體多於各部分的總和」，即人並不是把各種感覺元素加以組合形成知覺，而是直接對一個完形（即格式塔）發生反應。看到了客體與腦中所發生的反應之間有對應性（同型性），這種關於腦功能的說法，過去一般被認爲是錯誤的，但現在隨著神經生理學的發展，已經有了不少認爲神經系統是對圖形而不是對刺激元素進行反應的實驗證明（如 Hubel 和 Wteset 所做的工作）。

二十世紀中期興起的認知心理學理論，提出知覺不單純是客觀世界的鏡像，而是含著對客體的解釋，知覺不可能只單純從刺激方向描述。他們認爲知覺是在直接作用於人的感覺信息基礎上，進行推理而產生的，它的內容比感覺基礎遠爲豐富。圖 10-1 是一個不可能圖形，它演示出人們總是有一個對客體作出說明的傾向，當該圖中將客體感知爲二齒或三齒叉的各種假設失敗時，就造成「不可能」的知覺經驗。這說明過去的經驗或暫時聯繫，在知覺中的作用，產生了「不可能」的知覺，否則，就必然是當前的刺激是什麼就知覺爲什麼。

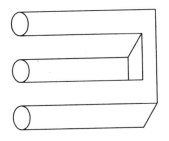

圖 10-1　不可能圖形

　　形狀知覺的大量實驗研究，從不同的理論出發，有著不同的解釋，在進行這方面的研究過程中，要力求用辯證唯物論關於心物關係的正確理論為指導，且不可簡單地追隨於人後，而陷於各種形而上學的泥淖中。

第二節　輪廓、圖形與背景

　　形狀知覺的實驗中，大都是研究知覺的動態過程，分析影響形狀知覺的主要因素。為便於準確地觀察，所用的圖形多是二維的，並且呈現在受試者面前的平面上，在分析這個知覺現象時，主要以視覺為主。但是須指出的，在分析時絕不可忽視其它分析器的聯合作用。本節所討論的形狀知覺的幾個問題只是對形狀知覺的現象學分析。這幾個方面是形狀知覺研究的著眼點。

一、輪廓

　　輪廓是形狀知覺中最基本的概念，在知覺一個形狀前，一定先有輪廓，視覺形狀就是在由視野上把一個可見的輪廓與其它部分隔開的一塊面積。如果視野中的兩部分光亮不同，則一個不同亮度的輪廓，把視野分成具有不同形狀的區域，如果兩部分視野明度相同，而只是色調不同，這種與之相應的光波波長上的差別一般不引起清晰的形狀知覺（視不同色調的搭配情況而不同）。再者，如果一個區域的亮度逐漸下降，直到接近另一個區的亮度，這時輪廓模糊，二者的形狀也不確定。因此可以說形狀知覺要求亮度不同的區域之間有一個線條分明的輪廓。

㈠什麼是輪廓

　　輪廓是形狀的外界線，它是由明度或色彩級差的比較突然的變化所引起的。穩定的級差在任何地方都不構成輪廓，這就是說，一個明度或彩度變化的加速度低於知覺輪廓的閾限時，圖形便消失，可見輪廓賦圖形以形狀。早在 1865 年馬赫（E. Mach）指出，明度或彩度梯度的比較突然的變化，屬於邊界對比現象，而對比加強了輪廓，使物體的外形線比它們在網膜映像更加清晰，對這種現象，現在可以用側抑制的理論來加以解釋，突出邊框、增強反差，這被認為是側抑制網絡的最主要功能之一。

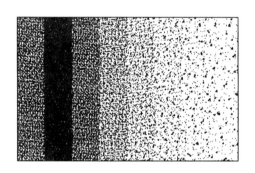

圖 10-2　灰度不同的色塊在相鄰處反差明顯

　　上圖的每一條是不同程度的灰色條紋，明度由白到黑按梯級變化，而在兩個相鄰灰條之間的接觸部位，靠近較淺的一側顯得更白些而靠近較黑的一側則顯得更黑些，因此形成明顯的輪廓。雖然輪廓對於形狀非常重要，但是輪廓不等於形狀。當視野的兩個部分被輪廓分開時，這兩部分雖然有同一輪廓，卻可以形成很不同的形狀。例如，從一張圖板上挖去一小塊，雖然這一小塊與留在圖板上的孔有相同的輪廓，但看起來二者的形狀不同。加立（Galli）和霍海默（Hochheimer）在 1934 年的實驗證明了這個問題，他們將一塊長方形黑紙板，沿不規則的曲線切分為二，分別黏在白色卡片紙上，用速示器呈現，結果發現，很少有人認為二者是同一輪廓，包括主試者本人在內。

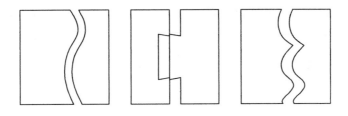

圖 10-3　形狀與輪廓

(Galli & Hochheimer)

當你留心圖形的形狀時，一般是凝視圖形中的某一部分，但當注意輪廓時，好像眼睛環繞輪廓移動（**E. Rubin**），但從眼球運動攝影知道，人的眼睛並不按此規律移動。

（二）*主觀輪廓*

上面所述，輪廓主要是在明度和彩色梯度比較突然變化時引起外周因素變化而產生的，但在沒有明度差別的情況下，一定條件時，中樞因素也加強並完善著輪廓，這稱之爲主觀輪廓，圖 10-4 是一個經典性主觀輪廓：

圖 10-4　主觀輪廓

(F. S Schumann，1904)

圖中人們可看到，在兩個半圓形之間，有一個具有左右兩側輪廓完整的白色柱形，即在客觀上一致的白色部分之間，填補了一些主觀的輪廓，這個輪廓完全是中樞因素作用的結果，它是網膜像的中樞附加物。

主觀輪廓也稱爲錯覺輪廓，近年來在理論上和實踐上，引起心理學家很大的興趣，最有名的圖例是凱尼查（Kaniza, 1950）提出的三角形主觀輪廓（見圖

10-5），圖中外側的三個扇形之間，可以看到一個弱的輪廓，由它圍成的三角形看起來比明度相等的背景顯得更亮一些，也可以說它像一個三角形平面，位於另外一個三角形的前面。用三個點子代替三個圓形扇面，也可得到相同的效果。主觀輪廓所構成的形狀，具有圖形的特點。

圖 10-5　主觀輪廓
(Kaniza, 1950)

　　關於主觀輪廓的形成，很多學者認爲它是在一定感覺信息的基礎上進行知覺假設的結果（格雷戈和哈利斯，1974；凱尼查，1976）。凱尼查指出，視野中某種不完整因素的出現，仍是主觀輪廓形成的必要條件，它們有一種完整起來、轉變成簡單、穩定的正規圓形的傾向，這種知覺傾向稱爲趨合，從而使人們作出某種假設，產生了主觀輪廓的知覺，可見大腦的分析綜合活動和過去的經驗在知覺中的作用，圖 10-5 中的三個扇形盤和三個角在某種意義上都不完整，大多數人把它們看成一個蓋在三個黑色圓盤上面的一個三角形，和一個被壓在下面的三角形，顯然這種知覺組織在簡單、穩定和正規性方面占優勢，而爲了使這種知覺組織更符合現實（過去的知覺經驗），中央的白三角形被看成是壓在另一個三角形之上的一個不透明的三角形。又由於三角形一定有邊界，視覺系統就提供了必要的輪廓。因此輪廓乃是知覺到一個平面所造成的結果。是一定條件的網膜像的中樞附加物。是視覺系統要把某些圖形要素加以完整化的傾向所引起的，是外周與中樞共同活動，相互作用的結果。

（三）*輪廓掩蔽與加強*

　　1. 輪廓掩蔽

　　是指知覺中一個刺激所處狀態可以因另外一個刺激的影響而不被知覺的現

象，是對輪廓進行更深入分析時發現的一種現象。威爾納（H. Werner, 1935）對同一網膜區域連續、迅速地呈現兩個圖形：一個黑方塊和一個與黑方塊同樣大小的四周被黑框環繞的白方塊。

圖 10-6　圖形掩蔽

　　若先呈現黑方塊20毫秒，間歇150毫秒（這時為灰色背景），繼之再呈現帶黑框的白方塊20毫秒，再間歇300毫秒，則黑方塊完全未被看到。若先呈現白色方塊，後呈現黑色方塊則兩個方形都看得到。用深灰色做背景，用白方塊和帶白框的黑方塊（黑白對調），也出現同樣的結果，即有框的方形消除無框的方形，這是因為無框方形自身尚未及時建立之前，已被相反的有框方形的梯度抑制了，因為有框方形的雙重輪廓太強，所以當它先呈現時，不致被消除掉。這種掩蔽現象，在分別刺激兩眼時也可獲得，可見這種現象不僅在網膜內發生，而且在外周以上的系統中也可發生。傅萊（C. A. Fry）和巴特雷（S. H. Bartley, 1935）用測定閾限方法研究輪廓，結果是一個輪廓對鄰近平行的輪廓發揮著抑制的影響，而對接近直角的輪廓則起強化作用。埃里克森（Erikson）和他的同事們（1963、1964）的研究發現，這種掩蔽現象一般發生在相近的或同質的輪廓之間，有時也發生在不相近的輪廓圖形間。可以同時呈現，或一個跟隨另一個，中間有一段時間間隔，兩網像可以重疊也可落在網膜的不同部位上，它們大都可以用對比加以說明。上述的事實說明，輪廓掩蔽的研究，對於研究輪廓的知覺過程，和輪廓在形狀知覺中所起的作用（輪廓掩蔽，圖形就看不到），是很有意義的。例如，輪廓掩蔽可以用來確定人類視覺的覺察器對空間頻率的選擇性，圖10-7是空間頻率（在光學信息加工中，最基本的亮度分布是正弦分布，即亮度呈黑白條紋分布，通常把正弦條紋的一黑一白稱作線對。空間單位長度上線對的數目，定義為空間頻率，一般以線對數／公釐或周／每度

視角表示）不同的柵條圖。圖10-7中：a的頻率是b的兩倍（細一個倍頻程），c的頻率是 b 的 $\frac{1}{2}$（粗一個倍頻程）。這時要求觀察者在能看清 b 柵條的距離上，任意注視a或c（注視中間圓圈）二～三分鐘，然後再看b，這時仍然可以很清楚地看到b，就是說 a、c 二柵條圖形對 b 無掩蔽現象，因未頻率相差一個倍頻程。

這時注視a 二～三分鐘後再看b，b就被掩蔽，如果注視c 二～三分鐘後，再看 b 卻不出現這種現象。當兩個柵條的方向相同時，一個柵條就可極大地掩蔽另一個，可是當掩蔽和目標柵條方向相差 20°或 20°以上時，掩蔽效應就下降到一半的強度。這說明視覺系統中存在不同的方位覺察器。根據上面的敘述，可見用掩蔽的方法同樣可以確定方位和空間頻率的選擇性。而空間頻率和方位，屬於皮層描述外界空間的基本特徵要素。

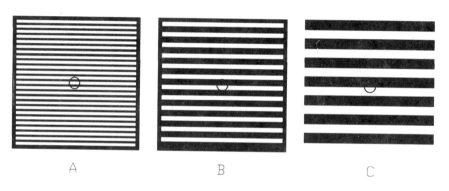

圖 10-7　不同空間頻率柵條的掩蔽

如果圖形改爲空間頻率相同：

2. 輪廓加強

又稱作知覺成長。是指知覺中一個刺激所處狀態，可以因另外一個刺激的影響而使知覺增加的現象，與輪廓掩蔽相反。當兩個刺激相同或相似時，對視覺系統的效應產生累積作用而出現這一現象。如圖 10-9 爲無意義音節「VOH」的兩個相似圖形：

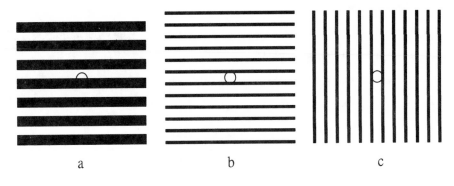

圖 10-8　柵條的掩蔽（圖中圓圈為注視點）

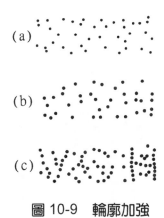

圖 10-9　輪廓加強

　　A 為點圖，B 也為點圖，二者分別呈現，都不能被知覺為特定的圖形，如果二者以間隔 100 毫秒或更少的時間間隔相繼呈現，則其兩個刺激圖形重疊在一起，便知覺為特定圖形「ＶＯＨ」。實驗結果顯示，認知容易化的程度，與兩個點圖呈現的時間間隔為函數關係，隨著時間間隔的增大，輪廓加強現象減弱。

二、圖形與背景

　　圖形與背景是研究形狀知覺的一個重要方面，研究圖形與背景之間的關係，區分圖形和背景，是理解形狀知覺的基礎。

(一)圖形與背景的區別

　　魯賓（1915～1921）最早將圖形與背景加以區分，成爲理解形狀知覺的基礎。他指出圖形與背景的區別在於：

　　1.圖形有形狀而背景則相對地沒有形狀，如果背景有形狀也是因爲其它成形線的作用而不是與圖形分開的輪廓線的作用。

　　2.背景好像是在圖形背後連續伸展而不受到中斷。

　　3.圖形有物體的特徵，背景像是未成形的原料。

　　4.圖形經常呈現在前，背景在後（愛因斯坦否認這一點）。

　　5.圖形比較動人，更傾向於有一定意義。

　　見圖 10-10，a 一會兒看成花瓶，一會兒看成側面的人頭形狀，二者是交變的，當看成花瓶時，背景沒有形狀，同樣地，當看成兩個側面頭像時，白色爲背景也看不出形狀來。b 也是一樣，當將黑色看成圖形，則右側白色爲背景，相反則黑色爲背景，背景都無形狀。

圖 10-10　圖形與背景

　　魯賓的實驗研究還發現：

　　6.圖形的持續。即一個圖形無意義時，其背景也可以視作圖形，這時圖形可以視做背景。在前後的不同實驗中，在前一次要求被看作圖形的部分第二次基本上都被看作是圖形，而很少被看成是背景。即是說有一種這樣的趨勢：視野中相同的圖形—背景結構，從這次呈現帶到另一次呈現。

　　7.當視野中的圖形和背景互相轉換時，同一個視野不能被認出（即同一張

圖）。可見所認識的不是刺激的累積（整個視野的刺激），而只是對圖形進行
反應，是知覺的反應。

㈡形成圖形與背景的重要因素

　　知覺很少只有單個圖形背景，典型的模式是幾個圖形有一個共同的背景，
一些單個的圖形還傾向於被知覺爲聚集在一起的不同組合。因此，圖形與背景
的問題又稱知覺的組織或知覺單元。這個問題是形狀知覺研究中的重要問題，
最早在 1923 年，格式塔學派的先驅魏太海默開始用點子圖和各種線條，研究點
子如何構成可認識的圖形，並試圖確定出影響兩塊面積中哪一個是形成圖形或
背景的決定因素。後來許多學者在這方面進行了大量的研究，已發現的決定因
素歸納起來有如下幾種，這些因素又稱爲知覺單元。即一些單個的圖形傾向於
被知覺爲集聚在一起的不同組合。

　　1. 接近組合

　　彼此緊密接近的刺激物比相隔較遠的刺激物有較大的組合傾向，接近可能
是空間的，也可能是時間的。空間位置相近的點子容易合成一組，構成輪廓。

　　如圖 10-11：

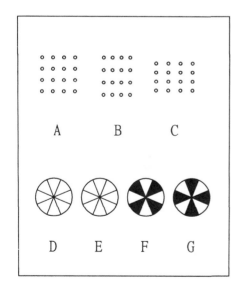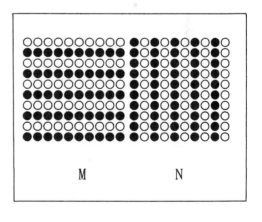

圖 10-11　影響圖形構成的決定因素之一──接近

　　圖中 A 點的橫豎距離相等，B 組橫行接近易看成橫行，C 組豎行接近組成

豎列，對於封閉的圖形，其面積比較小的更傾向於看成圖形，如 D、E。

2.相同或相似組合

在亮度和顏色方面相同或相似的點子，以及形狀方面相同或相似的圖形傾向於合成一組，構成一個圖形。「共同命運」的點子，即相同方向活動的點子，容易被看成是一組，可以理解為它們具有運動方面的相似性（見上圖 10-11 F、G、M、N）。

3.良好圖形的組合

視野中被看成圖形的部分，一般可以說出意義，它通常是同一刺激所顯示的各種組合中最有意義的圖形，所以又稱「良好圖形」原則。如圖 10-12 一般都看成重疊的方形和圓形而不是兩個不完整的圖形。

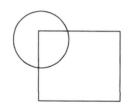

圖 10-12　良好圖形原則

構成良好圖形的具體因素主要有以下幾方面：

⑴組合封閉：有封閉輪廓的面積比由不完全的或具有開口的輪廓所圍成的面積更容易構成圖形。

⑵好的連續：在某些方面遵循一定的方向。

⑶對稱：一塊面積的對稱性越強，越易於被看成圖形（見圖 10-13）。

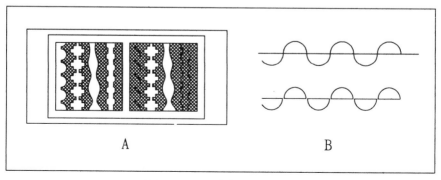

圖 10-13　良好圖形原則

　　A 圖中左側白色部分對稱，所以易被看成白色圖形，而右側對稱的是黑色部分，因此，黑色部分被看成有意義的圖形具有沿同一方向運動的連續性，易被看成圖形。

　　當良好圖形原則上與上述討論的幾種組合原則相矛盾時，一般以良好圖形為主，例如下圖：│　│　　│　│　│　│　│　　　　│　〔　〕〔　〕〔　〕都是七條線，前七條線按接近原則分為四組，後七條線由於加上了短線，按良好圖形原則分為三組中括號，儘管兩個括號間相距較遠。

　　良好圖形原則在偽裝工作中受到廣泛注意，例如，利用不同顏色的不規則形狀，組成良好圖形，破壞物體的原有圖樣，是經常使用的軍事偽裝方法。

　　根據考佛爾曼（H. Kophermann, 1930）研究證明，有些幾何投影易被看成三度，有些易被看成兩度。如果投影圖是良好、簡單而又對稱，則易被看成兩度，否則易被看成三度，但是也有例外，如六角星經常被看成立體的（見圖10-14）。

　　上述影響圖形形成的決定因素主要與刺激物本身特性有關。雖然良好圖形的性質在某些程度上受主觀因素的影響，但個別差異不大。對這些圖形與背景形成因素，穆薩梯（C. C. Mussatti, 1931）曾概括為同質律。空間的同質——就是接近，品質的同質——就是相似，關於運動變動的同質——就是共同命運，關於方向的同質——就是良好圖形。下面所要講的定勢和過去經驗因素是現實與過去準備之間的同質。

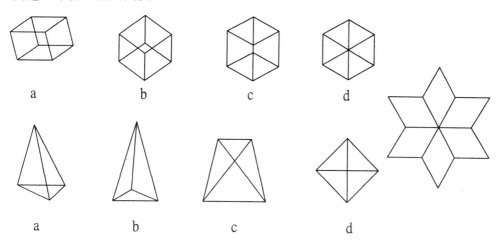

圖 10-14　三度空間圖形

4.定勢和過去經驗

是以個人的主觀條件為轉移的，可稱為圖形組織的非刺激性因素。人們總是首先知覺過去學習過的或熟悉的圖形，這是個人過去經驗的影響。定勢即對於當前心理活動的傾向性。魏太海默把定勢分為兩種：主觀的和客觀的。主觀定勢，使觀察者自己能夠在刺激圖形組織原則不明顯時起作用，任意地從一組對象中看到各種不同的分組，如圖 10-15，可以看見少女和老太婆，依定勢不同而異。有時如果某種定勢很強，甚至可以看到與圖形的組織原則相反的不同組合。

圖 10-15　雙關圖

客觀定勢指知覺方向由圖形的客觀組織特徵決定。如圖 10-16 的圖形變化持續性特徵，上面點子間隔有寬有窄，按接近性原則看成三組，圖下面的點子距離接近或相等，但仍然看成三組，這是由上面點子的特性所引起的客觀定勢影響的結果。如古漢語中本無句讀——如果受試者有了這方面的經驗，便可以斷句，這是經驗的作用。魏太海默指出，對於簡單圖形的知覺，過去經驗的影響是有一定限制的，只有在它與刺激性因素無矛盾時才起作用。

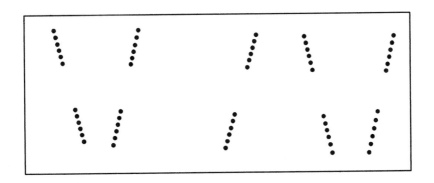

圖 10-16　客觀定勢

如果經驗與當前的刺激二者發生矛盾，一般仍然按照客觀刺激的特徵決定知覺結果。如圖 10-17：

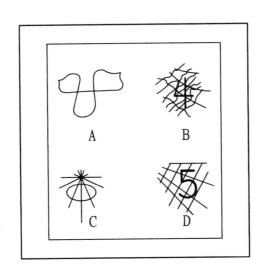

圖 10-17　圖形隱蔽

圖中 4 和 5 兩個數目字，再 B 與 D 圖中很容易被辨認，而在 A 和 C 中都被隱蔽，就是能夠認出 4 與 5 兩個數字，也不完全是出於對它們的認知經驗，而仍然是由刺激性的「良好圖形」因素所決定。

圖 10-18　圖形隱蔽

在「熟悉性、經驗」與良好圖形的因素相互矛盾時，一般是後者爲主。戈特沙特（Gottschalat, 1920、1929）曾利用簡單圖形作過如下巧妙的實驗：以圖形構成的組織規律爲一方，以經驗（練習和熟悉性）爲一方，進行兩種因素相對抗的研究。他給受試者呈現簡單圖形，如上圖 A（六角形）五百次以上，然後再呈現隱含著該圖形的複雜圖形，結果受試者並不能很容易地看出原有圖形 A，這就是說，組織的內在規律勝過了學習的經驗。

關於這一點，威特金（H. A. Witkin）等人關於認知方式的研究說明了：組織內在規律勝過學習經驗這一點，依不同的受試者而異，存在個體差異類型，它並不是一成不變的規律。這一結論，現代還有很多學者持反對態度。穆爾（M. G. Moore, 1930）、施瓦茲（Schwartz, 1961）認爲，根據上述的實驗事實，就由此得出結論說，各種圖形組織規律是固有的，根本不受學習的影響，這是不可靠的。引起掩蔽作用的圖形雖然從實驗設計的意義上講，不是熟悉的，但是其中起作用的部分，仍然是高度熟悉的單位（有線、角等等），這就是說「圖形中的刺激因素」也是知覺學習的結果。另外知覺者的需要、情緒、態度和價值觀也經常影響知覺的組織，這些方面越強烈，則主觀越強烈，如以美好的心情開始一天的生活，這一天知覺到的情景都是愉快的，否則就大不一樣。

㈡知覺組織中的變化

知覺不是簡單一成不變的，儘管刺激物或刺激都沒有變化，但知覺卻經常發生變化。有些知覺的變化好像自發地發生，有時則隨著知覺者主觀態度的改變、注意轉移而發生變化。知覺組織變化的速度依賴於圖形的特殊性質，長時間觀察，逆轉的速度加快。知覺組織中「自發的」起伏，在某種程度上由知覺

者主動控制，在許多情況下亦可由改變注視點而迫使這種起伏產生。內克爾（Necker）立方體、薛羅德（Schröder）樓梯，就是一個典型的例子。當視點在上面時，內克爾立方體被看到頂面的立方體，當視點在下面時，被看到底面的立方體。薛羅德樓梯，一會看到正常的樓梯，一會看到倒懸的樓梯。

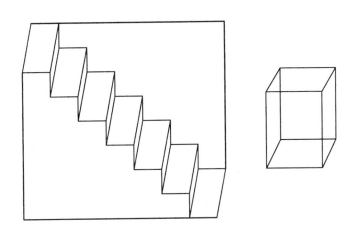

圖 10-19　知覺組織的變化

第三節　圖形的識別

上一節只解決了在兩個形狀具有共同輪廓時，其中哪一個易被看作圖形的問題。但是易看成什麼圖形，以及如何識別圖形的問題，未涉及，關於這個問題，本節將予以討論。

圖形識別或模式再認問題從六〇年代以後有了一些研究，但是與同形狀知覺的其它部分相比，仍然是很不完善、很不充分的。所謂圖形的識別就是了解決定圖形的物理因素，並採用一定的方法進行測定等有關問題。

一、圖形識別閾限

㈠減弱刺激強度的方法

在測量圖形識別閾限實驗中，「刺激強度」是自變量。雖然改變刺激強度的途徑各種各樣，但通常都是通過減弱刺激的方法去考察形狀知覺中的變化。具體的減弱視覺刺激的方法，如：⑴使用邊緣視覺；⑵減低照明強度；⑶縮短

刺激呈現的時間；(4)移去刺激使用的圖形而以圖形的記憶痕跡爲基礎等。

㈡研究圖形識別閾限的方法及反應變量

　　1.形狀的語言描述

　　一般是作爲圖形識別的反應變量，同時也可作爲圖形識別的一種研究方法，因爲：

　　(1)受試者描述一個形狀時所用言語的長度不同，也是對刺激量大小的測量，葛蘭澤爾（M. Glanzer）提出，人們是通過「內部言語表達」，對刺激形狀進行編碼和記憶的。因此，不同形狀刺激在可識別性方面的差別，就可用「內容言語表達」來加以說明。一般情況下，人在描述某一形狀時所使用的言語越長，識別它的準確性就越少。實驗證明，用這種方法去預測圖形識別的正確性，比用信息測量方法收到更好的效果。此外，言語長度還可以用於那些難以使用、或不能使用信息測量的複雜圖形。這是用言語做爲反應變量的優點方面。但是很顯然地，受試者對圖形進行言語反應的定勢，在這裡是一個重要的決定因素。因此，就遇到這樣一個問題，言語反應對刺激的測量是否是一個適宜的、獨立的變量？

　　(2)言語描述是形狀知覺的一種主要反應形式

　　即在知覺到某一形狀之後，叫出形狀的名稱，如正方形、三角形等。對於沒有恰當名稱的形狀，人們一般常用較接近形狀的名稱再加一點修正，如帶角的、彎曲的……等等來描述。這方面研究所遇到的問題是，一種刺激得來的實驗結果，不能推廣到另一種刺激。

　　對形狀進行言語描述，不僅能反映圖形本身，而且能反映圖形與邊框的（背景的）相互關係。如下圖所示：a中圖形爲正方形；b中爲菱形；c中又被看成方形。

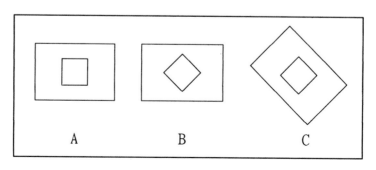

圖 10-20　空間框架對形狀的影響

這說明任何知覺到的形狀都是一個與框架處於一定關係之中的形狀。

2. 對形狀知覺的反應

還可以用一些其它方面的物理因素來加以描述，如阿特涅耶夫（1957）認為90%可以用邊數、對稱、角的變化，周長的平方與面積的比率 P，$\frac{P^2}{A}$（P ＝周長，A ＝面積）等因素的一個加權組合來說明。有趣的是斯坦生（Stenson, 1966）的實驗研究指出，$\frac{P^2}{A}$ 是形狀複雜判斷的一個重要的物理因素。

3. 速示器實驗是基本的實驗方法

實驗中用速示器呈現刺激，是把刺激呈現控制在很短的時間之內。一般是在受試者來不及做眼球轉動，或是在刺激呈現時，來不及作出反應的非常短的時距之內，大約是 100 毫秒左右。在刺激呈現後，讓受試者說出他所看到的內容，然後逐漸增加刺激強度，直到能正確地說出他所看到的圖形名稱或樣式為止。對於實驗材料沒有嚴格限制，近些年來除了幾何圖形之外，使用字詞、數字、字母等作為刺激材料進行研究的也很多。

應用速示器的實驗研究中，發現知覺過程有如下特點：視覺信息具有持續性，即在刺激呈現終止後的很短時間內，受試者可以照指示對刺激作出報告，這就是尼賽爾（1967）提出的瞬時形象，即物理刺激終止後，受試者仍然能夠對於一組刺激排列中的任何一部分，按實驗者的要求去進行描述。這就是說，這種「瞬時形象」仍在以某種方式起作用。但須指出：視覺信息的這個持續時間和刺激的呈現時間的總和——視刺激作用時間遠比受試者的口頭報告（即受試者對刺激的編碼）短。實驗研究指出：受試者對刺激進行編碼的順序不是固定的，他首先是對被要求作出報告的東西進行編碼，然後才對刺激中那些沒有被特別問到的特徵進行反應。刺激中未被編碼的瞬時記憶部分則很快消褪、不起作用，這樣看來速示器實驗的基本特點就在於強迫受試者首先對被要求的內容進行編碼，然後再以記憶為基礎去完成應做的反應。而這時刺激已不存在，因而它不能進行核對，或在某些細節方面進行擴展。這裡就存在一個問題：在速示器實驗中，受試者實際上是經常對刺激的記憶進行描述。因此我們要確定哪些是感覺受納現象，哪些是記憶現象是很困難。的從上面的敘述還可看到，速示器方法所得到的圖形識別閾限，還受以下兩方面因素影響：

(1)受試者準備去進行編碼的反應；(2)受試者準備去反應的順序。

　　前一個問題已有充分的實驗證明，如對熟悉的形狀或字詞閾限低，對於第一個問題也有實驗證明，例如習慣於從左向右閱讀的人，其視野中左側的閾限也低。如要求判斷兩個圖形是否相同時（不管是否熟悉或方位是否相同），因準備的編碼相同，結果閾限也沒有大的差別，可見這個差別不是感受性的差別，而是由於受試者準備及進行編碼的反應不同造成的，這些問題給用速示器方法所得結果的解釋帶來一些困難，因此要予以認眞考慮。

4.信息論的研究方法

　　主要用於對圖形「良好性」的客觀測量，這是對刺激進行定量分析的一種方法。一個良好圖形的痕跡，比一個不良圖形的痕跡更爲穩定，作爲一個不良圖形的痕跡或者向良好圖形方向發展，或者很快消失掉。這就是說，相同的圖形構成規律，在形狀記憶中比在形狀知覺中顯示得更強。同一個不良圖形，當其向良好圖形轉化時，痕跡穩定、易於記憶。而沒有向良好的圖形轉化時，雖然都一樣被知覺，但很快就消失掉，可以設想，當使用各種減弱刺激的方法移去刺激時，也會把刺激的一些特殊性質（偶然的或不重要的特性）移去。這樣就可以從識別圖形的難易程度上找出該圖形的構成規律。就可構成對形狀「良好性」的客觀測量。

　　商農（Shannon, 1948）、加德納（Gardner, 1970）、加納（Garner, 1962、1966）等人應用信息論對形狀知覺的數量化研究取得了很大進展。研究指出，良好圖形乃是多餘圖形（多餘性是信息論的重要概念，是指在任何情況下過剩信息的數量，所指過剩信息即確定而充分的信息，過剩信息越多，該圖形就越良好，越有意義而又確定）。因爲它的整體很容易從部分預測出來，而不良圖形不能從它的部分預測出整體來，再者，良好圖形與不良圖形比較，它只有較少的替換圖形，因此更加單一，也更加確定，構成規律使良好圖形易於識別。如圓形和方形是最爲良好的圖形，這是因爲幾何學排列順序使圖形減少了各部分的相對獨立性和不確定性。

　　加納（1962～1966）等人用信息論的另一種研究方法指出，在每一個圖形的組織結構不變的情況下，通過改變其呈現方向（下上倒置或左右翻轉）都可得到幾種交換圖形。一個圖形的良好性越強，可變換的圖形就越減少，而良好性越差，其可交換圖形就越多，因此說良好性與其可交換的圖形數目成反比關係。

　　例如圖10-21所示：5個點子排列在3×3個格子中，可能有一百二十六種可能：

$$C_9^5 = \frac{9 \times 8 \times 7 \times 6 \times 5}{5 \times 4 \times 3 \times 2 \times 1} = 126$$

可以將這些圖形歸成小組，如圖所示：

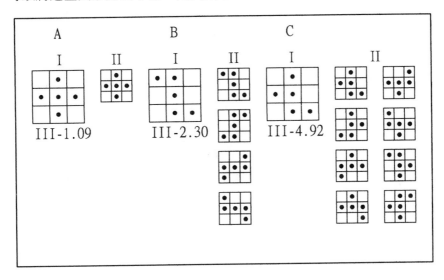

圖 10-21　刺激圖形良好性的評定示例

　　A 組是 1，B 組是 4，C 組是 8，每組可變換圖形越少，良好性就越強。用信息論對刺激的難易程度可以提供比較清晰的測量，這是一種嘗試。但卻不能確定圖形構成規律的工作。因為，第一，信息論是進行測量刺激的信息工作，不同研究者設計了不同的圖形類型，它們與圖形構成問題的研究和日常生活經驗中所遇到的刺激很少有共同之處。第二，在圖形識別實驗中，受試者真正使用了多少刺激的顯示，其確定還是個困難問題。例如，受試者確定一組刺激的字母中是 T 還是 I，他可以只看頂端的小橫道而不看其它。與此相似，當受試者可以從圖形中一部分預測另一部分時，也不能保證受試者使用最經濟的編碼方法。總之，在任何給定的圖形刺激中，起作用的知覺元素到底是什麼，這個問題必然是信息論測量中的困難工作，因此在圖形識別研究中，上述所講的經典研究方法仍然是形狀知覺研究的一個很重要的方法。

二、圖形識別的過程分析

　　構造主義是用兩種不同成分來解釋圖形識別，這兩種成分即基本的感覺要素和以過去經驗爲基礎的聯想。格式塔學派則把整個形狀，指具有某種內在組織力量的整體，作爲反應的單元。1949 年，黑布（Hebb）提出：介乎兩個極端之間的一種折衷的解釋，認知學派加以補充完善，認爲一個是如何對感覺信息加以分析，分析出基本的形狀特徵，另一個是關於意義和期望，如何對分析進行控制和影響，這是一種綜合性的分析，即在頭腦中有一個整合的略圖，基本的形狀特徵也就是作爲元素的基本形狀，它的範圍大小有一定限制，並且是屬於感覺性質的，而綜合分析，即整合的略圖，再範圍上可以大於當時網像上的內容，並且較少感覺的性質，而有更多的概念性。這就是認知學派關於知覺理論的模式，現在看來是較爲合理的。下面較詳細地討論認知學派關於圖形識別過程（即知覺過程）的分析。

㈠基本特徵分析

　　認爲圖形知覺是由構成圖形的基本元素：直線、曲線、邊、角等特徵及其不同組合而產生的。實驗證明，在很不相同的圖形之間，能夠覺察到它們具有相似的特徵，如圖 10-22：

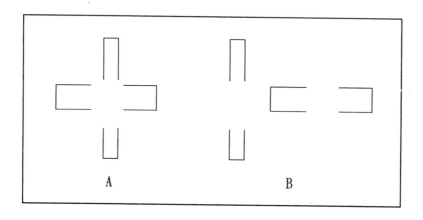

圖 10-22　不同圖形，具有相同因素

　　圖中 A、B 部分有著相同的邊角，只是安放的位置不同。可見作爲圖形的基本元素特徵，只不過是直線、曲線、邊、角，而作爲一個圖形，只是這些基

本特徵的不同組合。

　　1.這些作為元素的基本形狀特徵是如何形成的呢？

　　黑布提出了一個影響很大的理論：他認為這些知覺單元是感知學習的結果。他指出：周圍世界是有組織的，有些刺激模式是反複經常地出現，這樣在腦的聯合皮質中就發展了神經的組合，叫做「細胞團」。這個理論假定：這些神經組合中的每一個，只對某種經常出現的模式敏感，它們是反應活動的基本單元。關於這個基本假定近年來已為感受野的研究結果所支持。休倍爾和威塞爾（1959）進行了一系列關於感受野的研究，發現皮質細胞的反應具有選擇性，這些細胞根據感受野的性質可分這三種：

　　⑴對明亮或黑暗的線條或明暗區域之間的邊緣發生反應，對一定的細胞來說，這些線條或邊界必須指向一定的方向和位於視野的一定區域。覺察邊緣的簡單細胞也對適當方向的運動發生反應。

　　⑵複雜細胞，它與簡單細胞相似，也是對線條或邊緣反應。

　　⑶高度複雜的細胞只是對兩個線條所組成的角發生反應。複雜細胞接受來自大量的簡單細胞的輸入。高度複雜細胞接受複雜細胞的輸入，這說明皮質中的細胞能夠對視覺輸入的信息，作出比較抽象概括的反應。感受野的大量實驗，為人腦中具有特徵分析器提供了有力的證明。此外，賽庫勒（Sekuler, 1967）曾對運動的適應效應進行了研究，也證明特徵覺察器的存在。實驗中讓受試者注視一個運動著的目標一段時間之後，再看向同一方向運動的新目標時，亮度閾限比原來有所提高，而看向相反方向的運動目標時，則閾限就比較低了。這個結果指出，對於向適應方向運動發生反應的神經細胞變得不夠敏感，而對於向相反方向運動的發生反應的細胞，則相對地變得更加敏感了。它們認為不同神經細胞粗細對不同速度也是起不同反應的。

　　2.基本形狀特徵如何組合呢？

　　這一問題可以由「穩定網像」實驗加以說明。所謂穩定網像實驗，就是當人穩定不動地注視一個圖形時，這個圖形就會變得看不清楚和消失掉。通過這個圖形的瓦解而逐步消失的過程就會顯示出它各部分之間的連接。

　　黑布等人（1960、1961）研究了一些圖形，以穩定網像方式被觀察時它們的分解方式。結果發現，各部分並不是隨機地分解，其中看到和看不到的形狀都是有一定意義的部分。如圖 10-23「HB」中有一部分被保留下來，一定是有

意義的幾個部分（H、B、3、4）之一。

圖 10-23　穩定網像的分解

穩定網像的分解同改變刺激強度所得到的圖形分解，有類似之處。從而反過來可以推測各基本特徵是如何組合的了。

關於穩定網像的實驗在自然情況下卻不大出現，人們比較能夠穩定地注視物體而不體驗到它的消失，這是由於眼球以每秒 150 赫茲振幅約 2 分（弧度）的震顫的緣故。

(二)綜合性分析

上面所講的基本特徵分析只是模式再認中的一部分工作，在圖形知覺時不僅僅是分析這些特徵，而是由其意義和期望對知覺分析進行控制和影響，這樣，它可以使基本特徵某些方面更清晰。這便是綜合分析，例如圖 10-24：

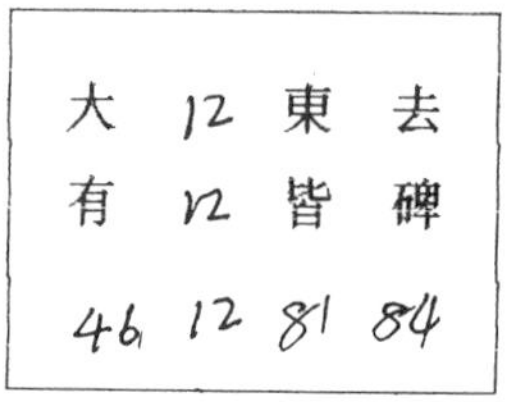

大　12　東　去
有　12　皆　碑
46　12　81　84

圖 10-24　知覺的綜合分析

同一個江字，在不同的模式中卻被知覺為不同的特徵，這就超出了從某種東西所真實得到的感覺信息。人們在確定它應該是什麼模式時，使用了意義，意義補充了缺少的或意義模糊的特徵，它受人們的期望和經驗的影響。信息加工模型為解釋意義對知覺的影響，通常要研究這種綜合分析的程序，即首先形成一個關於模式的一般概念或綜合，然後用這種綜合去指導對特徵的分析，最後，特徵分析又可能對綜合作出修正，當感覺的刺激與相應的內在心理概念或

心理模式相匹配時，便能識別圖形。

三、空間頻率分析

六十年代後期至今，引用了光學中空間頻率分析的方法，對視覺系統進行了大量的研究工作。對圖形識別成功地使用了傅氏分析。

人在視知覺中感到圖像是連續的，運動是融合的。但是，人類視覺系統分析傳輸，加工處理的圖像信息卻不是連續的，而是離散的。顯然，視系統是把圖像分解爲離散圖像的組合，即將任何複雜圖形分解爲正弦波的複合，這就是傅立葉分析。傅立葉分析是一種諧波分析。人和動物的視覺系統，可看作光學系統與神經系統的複雜結合，它們所處理的信息與光學系統加工的信息基本上一樣，這是光電轉換的過程，將信息編碼爲脈衝發放的密度形式，主要是空間的亮度分布。而亮度分布是正弦曲線的形式，通常把正弦條紋一黑一白的變化稱爲線對。空間單位長度上線對的數目，定義爲空間頻率。一般以線對／公釐（或周／每度視角）表示。大量的實驗研究證明：

1. 人的視覺系統中存在著若干個獨立的空間頻率通道，每一個通道都是一個窄帶濾波器，它們之間的頻率之差不會超過一個倍頻率，每一個通道有它自己的閾值和對比敏感性。這就是說，視覺系統對空間頻率有檢測能力。即區分空間頻率的能力。

2. 大腦具有對分別呈現於兩眼的圖形按傅立葉分析進行綜合的能力。因此，在一定條件下，可以把大腦看作是近似於一個頻率分析器。

威斯坦（Weisstein）和比薩哈（Bisaha）於 1972 年指出，空間頻率分析器不是對於某種大小、形狀和方向的刺激發生反應，而是對於包含著一定空間頻率的信息產生反應（該部分詳見 1980 年 1 月的《生物化學與生物物理進展》及其所提供的參考文獻，以及《生理光學》等有關文章）。

第四節 錯覺和後效

視錯覺和圖形後效的研究是形狀知覺研究的一個方面，它對於了解知覺的過程和理論，可以提供線索和方法。因此它引起心理學家們的注意和興趣，同時，錯知覺研究對實踐也非常有用。

一、錯知覺

(一)幾何圖形錯覺的種類

　　錯覺是對客觀事物不正確的反應，在視錯覺中最主要的是幾何圖形錯覺，當人們把注意限制在線條圖形的某一個簡單方面，如它的長度、彎曲度、面積或方向時，有時感知的結果不與刺激模式相對應，這些特殊的事例稱作幾何錯覺，幾何錯覺的種類很多，依不同的分類標誌，可分為不同的類別，如依錯覺的幾何特點分，可分為：(1)長度錯覺；(2)大小錯覺；(3)方向錯覺。如依測驗成分受背景成分影響的方式劃分，可分為：(1)同化錯覺，即圖形中測驗成分的知覺大小是朝著有關背景成分的方向歪曲，當背景成分大時，測驗成分也顯大，背景成分小時，測驗成分看起來也顯小，如繆勒－萊爾（Müller-Lyer）錯覺；(2)對比錯覺，即測驗成分的知覺大小朝著背景成分的相反方向變化，Ebbinghaus錯覺是典型的代表。

Oppel 錯覺（橫──豎錯覺）

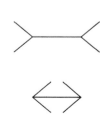

Müller-Lyer 錯覺

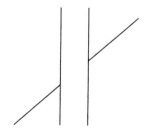

Poggendopff 錯覺

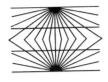

Wundt 錯覺

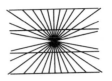

Hering 錯覺

Zollner 錯覺

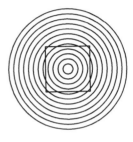

Ehrenstein 錯覺

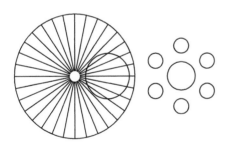

Orbison 錯覺

Ebbinghaus 錯覺

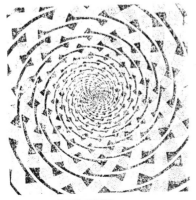

螺旋錯覺

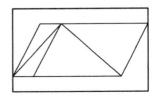

Sunder 錯覺

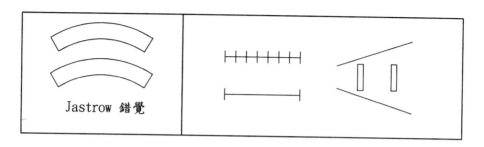

Ponzo 錯覺（充滿空間錯覺）

圖 10-25　部分錯覺圖形

㈡幾種主要的錯覺學說

　　1.眼球運動說

　　是假設錯覺由眼球沿直線運動造成的。通常橫向運動比縱向運動容易，因此易把橫向看短而對縱向高估。這是早期關於錯覺的解釋，缺乏科學根據，曾有實驗證明（Pritchard, 1958）當圖像固定時，幾何圖形錯覺仍然存在，藩菽也用實驗證明眼動說的不可信，他用「⊥」圖形及「└」圖形分別測試（水平線長度為 8、20、50、100、200mm）結果如下：

表 10-1

圖形⊥	水平線長度（mm）				
	8	20	50	100	200
垂直線平均長度	6.8	17.2	43.2	91.7	182.6
與水平線相差數	1.2	2.7	6.8	8.3	17.4
相差百分比	15	13.5	13.6	8.3	8.4

表 10-2

圖形 ㄴ	水平線長度（mm）				
	8	20	50	100	200
垂直線平均長度	7.2	19.3	48.4	99.4	197.6
與水平線相差數	0.8	0.7	1.6	0.6	2.4
相　差　百　分　比	10	3.5	3.2	0.6	1.2

　　從結果看出，隨著圖形水平線的增長，對兩個圖形的錯覺都有減少的趨勢，而不是增加。這與眼動說相矛盾，因為距離越大，眼球運動距離越長，錯覺也應該增加，但實驗結果卻完全不是這樣。當線段為 8mm 時，距離很短，眼球幾乎不動，但錯覺量卻較大，這說明錯覺發生與圖形本身的結構有關而與眼動關係不大。如果用速示器呈現錯覺圖形，在 200 毫秒以下（眼動時間）同樣會產生錯覺。這也說明錯覺的原因不是由於眼球的運動。

　　2.感情移入說

　　利普斯（Lipps, 1897）主張即使觀看相當簡單的圖形，觀察者也是帶情緒進行反應，豎線暗示費力，水平線伸展，所以豎線顯長，繆勒—萊爾圖形一部分暗示擴展，另一部分受到限制，因此前者顯者。

　　3.場的因素

　　根據格式塔理論，錯覺只不過是整個場對於其中一部分發生作用的結果。奧畢森（Orbison, 1979）假設視野各線段之間有吸引作用，而這個吸引力，將和另一種強制力（它使線段固定在網膜定位上）相衝突，這兩種力量相互作用就產生一種錯覺，如馮特（Wundt）和黑靈（Hering）錯覺，一般銳角傾向看起來顯得比較大，而鈍角看起來則顯得較小。

　　4.透視畫法理論（常性誤用說）

　　Day（1972）、Gregory（1973）先後提出。線條圖形容易暗示三度空間，由此推論，線條的表面長度要受空間透視的影響，如繆勒—萊爾假說＞—＜易看成四腳朝觀察者的長凳，顯得較長，＜—＞是四腳背向觀察者的長凳，顯得較短。其它的很多錯覺也有相似的情形。

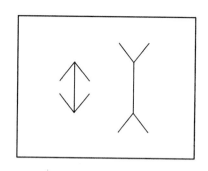

5.對比混合説

　　判斷圖形時，單獨對角和線進行分析是困難的，一般都把圖形看成一個整體，例如繆勒—萊爾圖形，因此，就可能是對面積進行反應。在某種意義上，錯覺的產生，來自不能很好地把圖形中的測驗成分從背景中「分化」出來。利用同化錯覺進行對比的研究，得出了有助於認知性解釋的結果，有些研究指出，同化性的繆勒-萊爾錯覺是隨生理發展而減小（《心理學報》1964年，3期，222頁）並且其錯覺量與認知方式的以整體性爲特徵（場依存性）及以分析爲特徵（場獨立性）有顯著的正相關（《心理學報》1984年，1期，35頁）。黑姆霍茲曾用對比解釋很多種幾何圖形錯覺。

6.錯覺的層級理論

　　錯覺的層級理論是用系統論的觀點對錯覺進行分析，從視覺系統的不同水平（光學成分、網膜、皮層成分和認知成分）進行層級分析，認爲視錯覺是視系統正常加工和處理外界圖像信息的結果。例如，繆勒—萊爾錯覺，首先其圖形信息通過晶體、玻璃體刺激視網膜感光細胞，在這一過程中，由於光學系統的不完善，而出現球面像差，使圖形的兩端出現一定程度的模糊，這一信息再通過視神經傳入大腦的相應區域，由於感受閾限有一定範圍，使圖形形狀進一步模糊，因此就出現錯覺。

　　上述所講的幾種主要錯覺理論，都各自解釋了一部分幾何錯覺現象，而不能對所有的幾何錯覺進行解釋，這說明，這些理論所根據的事實只是圖形知覺過程中的個別方面，而沒有考慮到知覺的全部過程。

　　錯覺是舊有的，已經確立了的，作爲感知過程基礎的暫時神經聯繫，在新的不尋常的情況下的失效（或稱紊亂），由於牢固的神經聯繫——個體經驗中的暫時神經聯繫，或已經通過種族遺傳的固定聯繫——某種刺激條件產生了確

定的感知效果，而這個效果即與當前的刺激條件發生矛盾，結果便產生以一種信息爲主要矛盾方面（一定的信息加工模式），而使另一種信息發生畸變，這樣就產生錯誤的感知效果。

㈢在各種不同條件下對形狀錯覺的測量

　　測量各種不同條件下錯覺的大小，主要用心理物理方法，如平均差誤法、調整法和恆定刺激法，使用平均差誤法時，給受試者一個可以調整的圖形，並要求進行調整，例如繆勒—萊爾圖形，以一個固定的圖形作爲標準刺激，調節另一個圖形線段的長短，使之與作爲標準的那一部分相等。恆定刺激法也是保持一個圖形的線段作爲標準，另外一個圖形的線段選定幾種不同長度，作爲變異刺激，與標準圖形對偶出現，要求受試者進行比較，報告是長於、等於還是短於標準刺激。

㈣對錯覺進行定量研究的優點

　　1. 可以暴露細小的錯覺；

　　2. 爲理論解釋提供確切的事實；

　　3. 可以具體分析產生錯覺的刺激條件，如芬格（Finger）和斯佩特（Spelt, 1947）證明：T 形豎直錯覺是受二等分水平線的效應所影響的，如果以 L 形代替 T 形，錯覺便明顯地減少，海曼斯（G. Heymans, 1896）對繆勒—萊爾圖形，進行了較爲深入地研究，當斜邊長爲線長的 $\frac{1}{4}$ 時，錯覺量與二線夾角的餘弦成比例，當夾角爲 90° 時，錯覺等於零，夾角大於零而又非常小時，錯覺最大。易卜生（G. Ipsen, 1926）測量桑德爾（F. Sunder）圖形錯覺，發現它的錯覺量很大，強烈的程度超過了繆勒—萊爾圖形錯覺，並且，這個錯覺擴展到兩個平行四邊形的底邊及角都不相等。

㈤影響錯覺的非刺激性因素

　　錯覺量的大小，除刺激條件的各種因素之外，還存在一些非刺激性的因素，即觀察者的態度及練習因素等。

　　1. 觀察者的態度

　　爲了揭示錯覺中樞因素，本努西（V. Benussi, 1904）設計繆勒—萊爾錯覺實驗，告訴受試者在一種情況中用整體感知的態度去觀察，另一種情況下用部分—隔離的態度去觀察，同時，用改變客觀條件的方法，使需要的線條容易隔

離或難於隔離，從而減少或增加錯覺。但整體化的態度經過練習後，克服了不利的客觀條件，其實驗結果如下：

表 10-3　不同觀察態度對錯覺的影響

主要線條	白	白	深灰
斜線條	白	深灰	白
背景	黑	黑	黑
整體態度下錯覺	4.95	2.20	7.66
部分─隔離態度下錯覺	1.02	-0.5	3.20

註：V. Bennssi, 1904

　　這個結果是一個受試者二十～三十次測定結果的平均，已與其它受試者的結果對證，是可靠的、這個結果明顯說明，觀察者的態度是影響錯覺的一個非刺激因素。

　　後來本努西（1912）又設計一個繆勒─萊爾錯覺實驗，將受試者觀察態度和連續呈現相聯合。一系列圖形迅速變換、連續呈現。如果受試者採取嚴格地注意線條，把交叉點僅看成一個樞軸，則交叉點不動，受試者若把注意指向整個圖形的變動狀態，則此中間點似乎沿垂直線上下滑動（錯覺是交叉點向角裡邊移動），圖解如下：

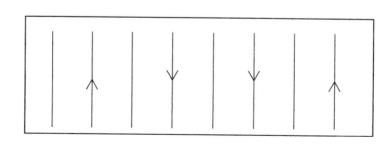

　　通過本努西和其它許多學者的研究，說明典型幾何錯覺是形狀知覺的附帶情況，它們是由圖形的整個印象產生的，在一個圖形某些部分表面、大小和方

向上的錯誤。這些錯覺不僅在實驗室的特殊圖形中產生，它在無數的花樣或圖案中都會發生。

　　2.練習因素

　　練習可以減少錯覺，翟德（1902～1905）對練習效果做過系統的研究，受試者只簡單地觀看圖形，而不將錯誤告訴他，每次都把儀器調整到主觀上相等，錯覺逐漸減少可以等於零，每天二十五次共六百次（二十四天），實驗結果見圖 10-26：

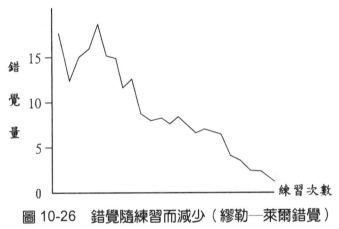

圖 10-26　錯覺隨練習而減少（繆勒—萊爾錯覺）

　　這種練習實驗在繆勒—萊爾錯覺、波根道夫（Poggendopff）錯覺、茲納爾（Zollner）錯覺都重複過，練習因素的作用是很明顯的，但是這種練習效果，只對圖形的原來位置有效，如果圖形左右對調，錯覺又返回原來的強度，並且對有些受試者強度更大了，但對其它人再稍加練習，這種錯覺便能克服，如果離得稍遠一些，作為整體來看，即使原來的圖形，錯覺也會重行恢復。

　　在這些實驗中，既沒有對受試者的正確判斷給予強化，也沒有對錯誤加以校正，如何因練習因素而使錯誤減少呢，其解釋有多種，其中一種認為受試者逐漸採取分析的態度學會使注意限制在主要線段上等等。

二、圖形後效

　　圖形後效現象最早由維爾霍夫（Verhoeffo, 1925）發現，吉布森（1933）對它進行了深入的研究。所謂後效，是刺激作用於有機體一定時間後所產生的一種效應。後效的種類很多，有視覺、動覺、聽覺等等，圖形後效是指圖形作用

於視覺之後所產生的一種現象。圖形後效的研究，對於進一步研究形狀知覺過程是很有意義的，同時，對圖形後效的測量又可作為研究視覺過程的一種方法。如圖形後效對於特徵覺察的研究，就提供了很好的行為方面的方法。

(一)圖形後效及影響因素

吉布森曾把一條彎曲的線放在垂直的位置，讓受試者穩定地察看五～十分鐘。在看一段時間之後，這條彎曲的線似乎變得直了一些，這時再給他看一條垂直線，卻感到是一條彎曲的線了，彎曲的方向恰與當初察看的那條曲線相反，這種現象被稱為圖形後效，吉布森稱之為適應或負後效。實驗結果發現，原有曲線在察看時所失去的彎曲度，與隨後被察看的直線所現出的彎曲度方向相反，數量相等。吉布森之後，曾有不少人對圖形後效進行了各種研究，其中最主要的有苛勒與瓦拉赫（Wallach）（1944），他們的一個典型實驗如圖 10-27 所示。

當受試者注視察看圖形 I 的中間×號部位一定時間之後（如四十秒），再看測驗圖形 T 的中間×的部位，這時就發現測驗圖形左側的兩個方形的距離加大，而右側兩個方形間的距離縮小，這種測驗圖形 T 看起來在空間位置上移開的現象，是圖形後效最明顯的表現，稱為位移效應或位移規律。同樣的位移現象（效應）在深度視覺中也被觀察到（Kohler & Emery, 1947）。

後來苛勒和瓦拉赫等人又進一步研究影響後效（位移大小）的距離因素和時間因素。苛勒和瓦拉赫的研究指出：只有當察看圖形和測驗圖形二者的距離在一定範圍之內時起作用，並且在這個範圍之內的某個距離上位移達到最大值。日本心理學家佐加良和小山等於五十年代在這方面進行了大量的研究工作。他們的實驗定以圓形圖形（實例見圖 10-29D），用變換觀察圖形 I 大小的方法測量了測驗圖形 T 的位移加大或縮小的數值，結果是：(1)當 I 環大於隨後出現的 T 環時，T 環縮小了，I 環小於 T 環時，T 環加大了。這與位移規律一致；(1)當 I 環與 T 環相等時，也出現了 T 環縮小的情況，這點與位移規律不符；(3)測驗圖形縮小的情況比加大的情況顯出更大的位移量；(4)距離是一個起作用的因素，無論加大或縮小的情況下都有一個產生最大位移效應的適宜點，結果如圖 10-28 所示：

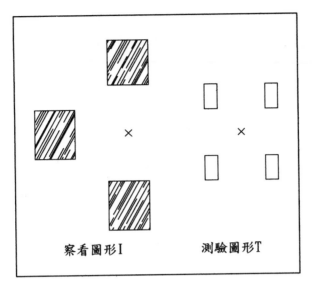

圖 10-27　圖形後效中位移效應演示圖

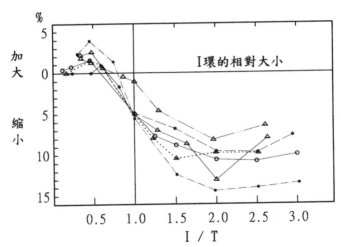

圖 10-28　圖形後效隨察看圖形與測驗圖形的大小比例而變化

　　從上圖可見：加大的最大值出現在 $\frac{I}{T} = 0.5$ 時，縮小的最大值出現在 $\frac{I}{T} =$ 2 時，不論 T 環實際大小，這個規律都適用。這說明距離是個起作用的因素。這個距離不是絕對距離的大小，而是 I 與 T 的相對距離即二者之間的比例。

　　時間因素也是影響位移大小的一個因素，佐加良等人的研究結果指出：對

於引起位移效應來說，在察看觀察圖形五秒後，開始有少量位移，約六十秒後達到最大值。在產生位移效應後，初期位移效應最大，以後逐步減少，持續九十秒以後，位移效應為零，關於圖形後效的時間因素尚待進一步研究，才能找出一般的規律來。

圖形後效可以通過各種方式得到表現，如圖 10-29 所示：

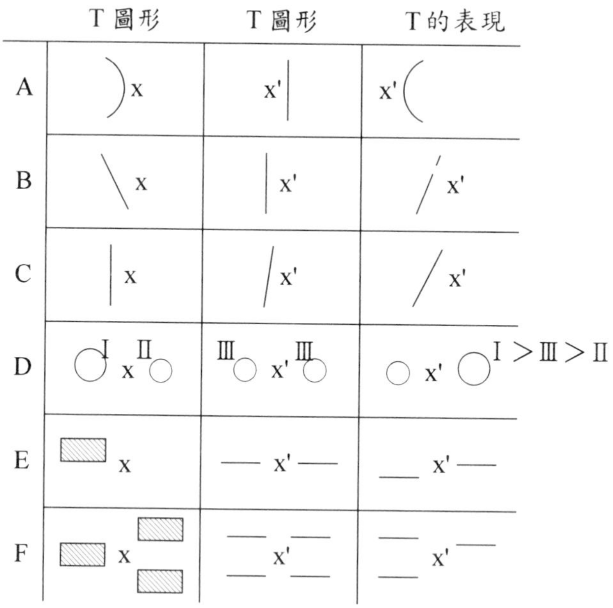

圖 10-29　圖形後效的幾種表現

圖形後效不僅侷限於視覺，在動覺範圍內也有發現，例如用手沿彎曲的邊緣滑行若干次以後，改為沿直線邊滑行，受試者會感到直線邊緣是彎曲的。

(二)*關於後效的解釋*

1.關於圖形後效產生的機制

苛勒和瓦拉赫（1944）從電場理論出發，提出飽和理論。其意義是：圖形後效是由皮層細胞的電活動發生變化引起的。即當網膜一定部位的神經衝動達到視皮質的一定區域時，就在這些皮層細胞中產生一個直流電場，在圖形輪廓內部與圖形外部形成一個電位差，而且這種極化現象達到飽和狀態，所以當後來的 T 圖形的刺激再落到這個皮層區的時候，由於相應部位的電場已經飽和，

因此它所產生的電活動就被迫遠離 I 圖形輪廓的位置，因此使測驗圖形變大或變小。這個理論假設知覺現象與腦中的場是同形態的。這個理論曾受到許多人批評（Lashcay、周杲良等人）：

(1)大腦皮層解剖學的排列與飽和理論不符合。因爲介乎大腦左右兩半球之間的視區分區之間有很多裂可使電流擴散到奇異的方向上去。

(2)這個理論沒有解釋大腦皮層的視場是怎樣引起運動反應的模式。

(3)用金鉑片或金針插入枕葉後使電流短路，以便破壞確定的完形，發現圖形視覺並不消失。

飽和理論不能解釋所有的圖形後效現象，因而不能說飽和理論是一個成功的理論。

2.統計學說理論

這個理論是奧斯古德和黑伊爾（Heyer）（1952）提出的，他們認爲：I 圖形刺激使皮質部位產生一定的興奮分布（I_a），分布的最高峰相當於 I 圖形的部位，當 I 圖形被撤走時，興奮水平下降（I_b），這時再呈現 T 圖形，由 T 圖形所產生的興奮分布（T_a）和 I 圖形所遺留下來的興奮分布（I_b）的相互作用，造成了一個新的興奮分布的最高峰 T'，這就相當於位移的後效部位，對於這種統計理論至今還缺乏足夠的實驗依據〔《實驗心理學》，第三版（英文版），472頁〕。

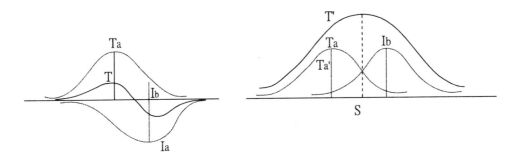

圖 10-30　奧斯古德和黑伊爾的統計學說示意圖

從以上的討論可見視錯覺和圖形後效的研究，對於知覺實質的探討是非常有意義的，這方面雖然做了很多工作，但距離解釋這些問題還相差甚遠，須做進一步的大量工作，才會幫助我們把知覺的研究向前推進。

參考文獻

*1.*曹日昌等譯，（美）R.S.武德沃斯等著〈1965〉。實驗心理學，第二版。北京：
科學出版社。

*2.*孫曄等譯，（美）P. H. 林賽等著〈1987〉年。人類信息加工。科學出版社。

*3.*心理學報，1964 年 3 期，222 頁；1984 年 1 期，35 頁。

*4.*心理科學通訊，1984 年 3 期，14～22 頁。

*5.*外國心理學，1983 年 1 期。

*6.*生物化學與生物物理進展，1980 年 2 期，24 頁。

*7.*H. Schlosberg et al.〈1972〉. *Experimental Psychology (3Rd)*. New York：Rinne-
nant and Winston.

第十一章 深度與運動知覺實驗

　　人眼的網膜本是一個二維空間的表面，但卻能看出一個三維的視空間。這就是說，眼睛在只有高和寬的二維視像的基礎上，能看出深度。空間視覺是視覺的基本機能之一，而這種視覺機能比其它視覺機能更難於理解。圖 11-1 清楚地顯示了這個問題。

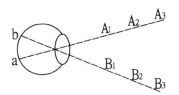

圖 11-1　不同的點都落在視網膜同一點上

　　從兩個不同的方向 A、B 來的光落在視網膜的兩個不同區域，人眼可以分辨；但是從同一方向所來的光A_1、A_2、A_3或B_1、B_2、B_3都落在網膜的同一區域，人眼也可以分辨。人是怎麼知覺這三個光點的距離不同呢？這就是本章所要討論的問題之一。

第一節　深度知覺線索

一、深度知覺實驗的一般問題

　　人在空間視覺中，依靠很多客觀條件和機體內部條件來判斷物體的空間位置。這些條件都稱為深度線索。如單眼和雙眼的視覺生理機制，一些外界的物理因素，以及個體的經驗因素，在空間知覺中都起重要作用。這些深度線索，在視覺性深度知覺的實驗室研究中大都作為自變量（S 變量）來加以控制和操縱，因為影響深度知覺的線索很多，除所欲研究的某個線索之外，其餘的線索

一般都作爲無關變量加以控制，這種控制都需要一定的實驗技巧和特製的儀器（具體見以下各節）。作爲控制變量，除上述之外，還有一些○變量，如過去的經驗效果，學習的長期效果及「心理定勢」的短暫效果，另外受試者視覺功能是否正常，雙眼視覺是否正常等，都是深度知覺實驗必須考慮的○變量因素。

　　反應變量，主要有口頭報告或實驗中特別規定的反應。如讓受試者估計刺激客體距離他自己有多遠，或調整一個距離，使之與刺激客體的距離相等（平均差誤法）或他必須判斷兩個客體中哪一個離他較遠、較近或相等（極限法和恆定刺激法），幼兒實驗有「視崖」（玻璃板下呈現出深度梯級）看小孩是否敢爬。動物實驗中可利用一些運動反應，如對一定寬度溝裂的跳躍等等。關於動物和幼兒深度實驗，還需要努力研究出更好的反應變量指標。

二、深度知覺線索

(一)非視覺性線索

1. 調節——聚焦

　　人在知覺一個物體的時候，要使物體在視網膜上的成像清晰，就要調節水晶體的屈光度，使成像恰落在視網膜上，水晶體的調節是通過睫狀肌的舒張和收縮實現的，看遠處的物體時睫狀肌舒張；看近處的物體時睫狀肌收縮。這樣，睫狀肌收縮、舒張的程度會因物體的遠近而不同，這個動覺信號傳到腦，就成爲知覺客體距離的指標了。

　　調節線索在深度知覺中作用的大小，只有在排除其餘線索作用的情況下才能研究，從馮特以來（1862）許多實驗都證明調節對於深度知覺只起很小的作用。視覺對於調節的緊張性變化的感受性很低，眼睛的調節只在十公尺的範圍內起作用，對於遠距離的物體，調節作用便失效了。

　　關於這一類實驗，最早是馮特的線實驗，是通過一根細管（人工瞳孔）用單眼或雙眼觀察一條很細的線（使這條線在一定距離做一定變化，而不使其產生粗細變化的感覺爲限度），房間的照度均匀，受試者通過細管觀察除見到沒有上下端的直線和背景之外，別無他物。他認爲這樣做是排除了其餘一切深度線索，他的這個實驗於 1892 年由黑靈的學生希萊布蘭德（F. Hillebrand）提出質疑，他認爲：(1)單眼也存在輻合；(2)受試者可以凝視背景形成雙像，雙像張開的程度也提供深度線索等等。希萊布蘭德之後，布爾敦（B. Bourdon,

1902）、巴培特（J. Bappert, 1922）、彼得（Peter, 1915）等人用直線、圓盤和光點等做過很多實驗。彼得在受試者前面呈現兩個圓盤，圓盤的大小可以改變（使它對受試者所形成的視角不變），發現調節的差別閾限在 130cm 和 170cm 之間時，屈光度爲 0.6（$\frac{1}{1.3} - \frac{1}{0.7}$），調節的機能是不甚精確的，只在幾公尺的距離內起作用。巴培特（1922）、希萊布蘭德都有相似的研究結果。

眼睛的調節作用主要靠網膜上視像的清晰度。一般來說，距離變化了，如果不調節水晶體，視像就不清晰，但造成視象模糊的原因除距離因素之外，還有眼睛的散光、水晶體的色像差使視像周圍有色環、球面像差使視像模糊。視像的模糊都會引起眼睛的調節，因此，可見眼睛的調節作用爲深度線索是非常有限的。

2.輻合

又稱輻輳，是指雙眼視軸輻合，這很類似於幾何學中的三角測量，這是另一種深度的非視覺線索，因爲雙眼看東西時，都要將凝視點的光落在雙眼的中央凹內，這樣，當客體遠近不同時，雙眼輻合角的大小就改變，而改變輻合角的大小是靠眼球的六條肌肉（內、外、上、下直肌及上、下斜肌）的協同活動，這些肌肉的動覺信號傳到大腦，就成爲一種深度的線索。根據研究，輻合線索只在幾十公尺的距離內起作用，觀察太遠的物體時，視軸接近平行，對估計距離就不起作用了。

圖 11-2 表明視軸的輻合角度及其與注視物體之間距離的關係。假定 P 是物體，L與R代表左眼與右眼的位置，且間距一般以 65mm 計算，在視軸向 P 點輻合時，左眼向內側

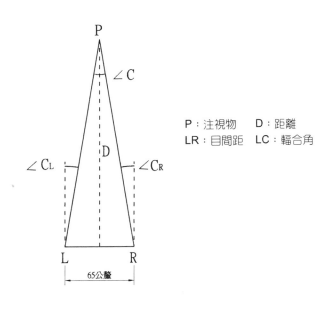

P：注視物　　D：距離
LR：目間距　LC：輻合角

圖 11-2　雙眼視軸的輻合

轉動的角度為∠C_L，右眼向內側轉動的角度是∠C_R，兩個角度的總和等於輻合角的總值，並且與 C 相等。用 D 代表給定的距離，用三角公式：

$$\tan\frac{C}{2} = \frac{\angle C_R}{D}$$

就可通過查反三角函數表得到 C 的大小，當視角很小時用弧度表示：

$$\angle C = \frac{65}{D} \times 206265 = \frac{13407225}{D} 秒$$

（因為 1 弧度 = 57.3° = 57.3×60×60 = 206265 角度秒）D 用公釐表示。

研究輻合線索在深度知覺中的作用，一切其它的視覺線索必須排除掉或至少是相等的。實體鏡具有改變輻合而不改變其它線索的效用，因此是研究輻合時常用的儀器。惠斯登（C. Wheatstone, 1952）、翟德（Judd, 1897）以及後來很多人的研究結果都證明輻合只在近客體的知覺中起作用。

最簡單的實驗是「郵票實驗」，用兩張相同的郵票，相距大約 6.5 公分（相當於目間距）並排放好，這時你凝視鉛筆尖，並讓筆尖位於兩張郵票的中間，由遠至近，這時雙眼的輻合加大，兩張郵票就被看成是一張郵票了，這重疊的郵票看起來有時近些，有時遠些，當看起來近些時，顯然輻合是線索；當看起來遠些時，顯見地大小為占優勢的線索了。即知覺的兩張郵票隨角度變化而大小不 同，這時又依據大小判斷說明。

實體鏡實驗

實體鏡是由惠斯登於 1838 年為研究視軸輻合的作用而發明的一種儀器，原理是將從不同角度繪製的類似人的左、右眼分別看到的景象的兩張圖畫放在左邊與右邊，通過兩個斜放的平面鏡觀察這些圖畫，由於每隻眼睛前面的鏡像使圖畫出現在前面，就好像真有一個客體在那個距離上一樣，產生一個很好的三度效果，成像示意圖如圖 11-3。

布留斯特（D. Brewster, 1856）又獨立地發明了三稜鏡式實體鏡（見圖 11-4）。後來又有很多實體鏡，如：紅、藍實體鏡，偏振片實體鏡等等（詳見《實驗心理學》第二版中譯本，446～448 頁），在輻合實驗中被應用。

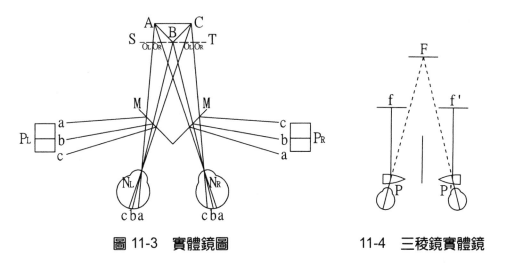

圖 11-3　實體鏡圖　　　　11-4　三稜鏡實體鏡

　　實體鏡被認為是一種只改變輻合，而不改變其它深度線索的儀器，橫向移動兩個畫面，加大輻合將使畫中的客體看起來近些，另外還有一個附帶的效果，即通過實體鏡所顯現的客體近時，因圖像大小本身不變，因此給人以客體變小了的感覺，如果減小輻合，顯見地客體變遠了，但像還是那麼大，又附帶給人以實體變大的感覺；因此，有的受試者卻是以客體的大小來知覺遠近。

　　自惠斯登（1852）以後，很多人對輻合在深度知覺中的作用進行過研究，布爾敦證明僅借助輻合在完全黑暗中能判斷出一個光點是在 1 公尺還是 1.3 公尺距離，當對象在 10 公尺的時候輻合角變化 7 角分，仍可以發現距離的變化。史文遜（H. A. Swenson, 1932）用新式的反射式實體鏡（使輻合、調節、而且像的大小都可以變化的一種研究用的實體鏡）獲得了關於輻合作用的結果。當調節與輻合一致時，受試者的知覺結果與輻合距離是一致的，當調節距離與輻合距離不一致時，實驗結果在二者之間。

　　格瑞特（V. W. Grant, 1942）等人也獲得了類似的結果。布雷辛（W. B. Blegthing, 1957）利用偏振光原理控制複合的研究中，同時也獲得了大小與距離判斷明確的結果。從這些研究看來在影響大小─距離知覺的眼肌運動中雙眼輻合這一因素占有主導地位，是在較近的距離範圍內，一般為 30 公尺左右。

　　方蕙秋、荊其誠（1963、1964）利用偏光鏡原理，設計一套儀器，在實驗中刺激物的大小不變，距離也不變，受試者用雙眼觀察，如圖 11-5 所示：

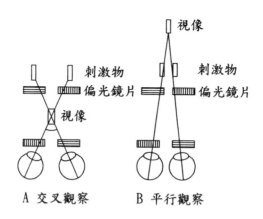

圖 11-5　偏光鏡片裝置示意圖

　　兩種不同的觀察方法，一個視像在前，一個視像在後，雙眼的輻合角不同。他們的實驗結果顯示：雖然刺激物的實際距離固定不變，但隨輻合角的變化，受試者對刺激物的距離知覺和大小知覺都發生相應的變化，表現爲輻合角度越大，知覺距離越近，同時視像變小。並且距離知覺隨輻合角度的改變而變化的趨勢，十分接近按輻合的計算值所預測的距離。在排除其它線索而保留輻合的條件下，人依靠輻合能相當準確地判斷在一定範圍內的刺激物距離，實驗表明在 30m 以上直至 45m 的距離判斷中，輻合仍起一定的作用。

　　1964 年方蕓秋又進一步研究了不同目間距（56～60mm、61～65mm、66～70mm）的人的距離判斷能力，目間距較大，距離判斷較爲準確，特別是對 35～45 公尺距離的判斷，大目間距受試者明顯地優於小目間距受試者，這些結果除了證明輻合在空間知覺中的作用外，還驗證了前面關於輻合角度 $C = \dfrac{a}{D}$（a 爲目間距）的幾何學理論的預測。

　　但是對於輻合在空間知覺中的作用問題，也存在著不同的看法。高吉爾（Gogel, 1961、1962）在一些研究中根據 10 公尺以內的實驗結果提出，輻合不是判斷距離的重要因素，里查德（Richuts, 1971）的研究認爲，輻合對距離知覺的影響存在個體差異：大多數受試者的距離知覺都受到輻合變化的影響，即輻合角度增大、知覺距離變近，這些受試者稱作「V」類型，但也有少數受試者的距離知覺不隨輻合的變化而改變，這類少數受試者稱作「R」

類型。

(二)物理條件

通過經驗和學習，刺激物本身的物理條件在一定條件下也可以成爲深度和距離的線索，在人們的空間知覺中起重要作用。

1. 熟悉的物體大小：根據經驗就可推知物體的距離。

2. 物體的遮擋：近處的物體遮擋遠處的物體，因此被遮擋的物體顯遠，結果造成一種假像，例如：將一張排Q的一角剪掉，好像是另一張牌K遮擋似的，儘管剪角 Q 在前，K 在後，而卻被知覺 K 在前（只是變小了）。

3. 光亮與陰影的分布：光亮顯近，陰影顯遠，這是習慣於光源在上方的緣故，但在逆光的條件下，情形恰相反。這與光源的分布關係密切。

4. 顏色分布：遠處物體呈藍色，近處物體呈黃色或紅色，因此形成聯想，認爲紅色的東西是在更近的地方，遠處的顏色輕淡，近處的顏色濃重……等等。

5. 空氣透視：近處物體輪廓清晰，遠處物體不清楚。

6. 線條透視：指空間對象在一個平面上的投影，近處視角大，遠處視角小。結構級差也是線條透視之一種。近處視角大，顯得稀疏；遠處視角小，顯得密集，這是密度級差，這種結構級差形成了距離知覺的線索。

7. 運動視差：遠處和近處的物體在視野中的運動方向是不一致的。

近處的向相反方向移動，而遠處向相同方向移動，這也成爲一種深度線索，這是由視角的相對變化引起的一種相對運動，與注視點在何處有關。所謂的遠近，是指近於或遠於注視點而言。

(三)雙眼視覺線索

雙眼視覺線索是深度知覺中的主要線索，雙眼視覺對於非常精確的深度視覺是不可缺少的，爲了實現雙眼深度視覺，兩隻眼睛在視力和機能上基本一樣健全，同時兩隻眼睛必須能夠正常地協同活動，這樣，在雙眼視覺中，每隻眼睛的網膜上形成一個獨立的視像，以神經衝動的形式分別地傳遞到大腦的視覺皮層區，以一種尚不清楚的方式結合起來，產生一個單一的具有深度感的視覺映像。下面具體分析雙眼視覺的一些問題。

1. 雙眼視野範圍

雙眼視野範圍要比單眼視野範圍大些，其中一個區域是兩眼重合的部分，

沒有重合的部分叫顳側新月,這一部分相當於網膜最靠鼻側部分,該視野中的物體是另一隻眼睛所看不到的,雙眼視覺可以使視野中的局部缺陷得到彌補。

2.雙眼的視覺方向──中央眼的方向

人雖長兩隻眼睛,但並不把外界對象看成是雙的,為能使雙眼視野中的對象看成是單一的,兩隻眼睛必須進行輻合,使客體的網像落在雙眼的中央凹處及其它相應點上,因而在看外界物體時,物體的映像是單一的,好像是被一隻眼睛看到。從主觀感覺的角度來看,兩隻眼睛可以看作一個單一器官,人們用理論上假想的眼睛來代表這個器官,稱作中央眼。它好像位於兩眼中間鼻梁上面,這個假想的中央眼,是處理空間知覺問題時有用的概念,我們在對物體進行空間定向的時候,我們的視覺方向既不是右眼也不是左眼決定的,而好像中央眼的正前方所見到的。如圖 11-6 所示:

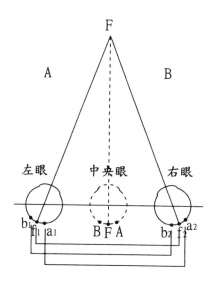

圖 11-6　中央眼

這時,兩隻眼睛的網膜上每一對相應點都有共同的視覺方向,上圖中的 F 在正前方,作用在兩眼的中央凹f_1和f_2被假想重疊以後,它的定位是中央眼的中央凹 F 上,它的方向是在中央眼的中央,對應點a_1、a_2的視覺方向是 A。b_1和b_2的視覺方向是 B。這裡所說的對應點是指雙眼視覺中,兩個網膜上,在感受刺激的時候產生同一視覺方向的那些視覺單元,這就是兩個網膜的對應點。如圖

所示，a_1a_2是對應點，b_1b_2是對應點，f_1f_2是對應點。

　　黑靈舉出一個簡單的實驗來證明中央眼的作用，在觀察者前面立一塊玻璃，閉上右眼用左眼看一個物體（如樹），這時在玻璃上點一個黑點，使黑點位於正前方，然後再閉上左眼，用右眼通過黑點觀察一個物體為煙筒。當雙眼凝視玻璃上的黑點時，將會看到在正前方遠處的樹和煙筒都在黑點的後面合在一起了，樹和煙筒都在兩個眼睛的中央凹成像，好像是由中央眼所看見到的。根據中央眼的原理，所看到的是相同的正前方的視覺方向，並且由於黑點是在頭部正中央，所以覺得樹、煙筒、黑點都在正前方，而實際上前二者是在兩側。可見雙眼的視覺方向是假想的中央眼的視覺方向。

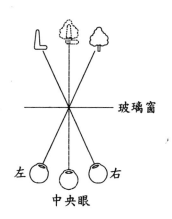

圖 11-7　黑靈的視覺方向實驗

　　雙眼視覺的主觀方向是由中央眼決定的，作用在網膜上任何一對相應點的刺激物的實際位置可能與主觀視覺方向不一致。例如圖 11-8A，用雙眼注視客觀點 F，另外兩個客觀點A_L和A_R也在視野之中，用屏幕使左眼只看到A_L，右眼只看A_R，這時便會看到A_L與A_R都在一個方向上，即圖中箭頭所指的方向，並且一個在前，一個在後。而實際上A_LA_R是在前後不同位置上的一左一右。

　　圖 11-8B 所示注視點在 F，客觀點B_L與B_R都被看成在 B 方向的一前一後，而二點實際上不在同一方向，只因二點的刺激不落在網膜的對應點上，因而引起是同一方向的主觀感覺。上述事實可從另外的角度說明網膜對應點的存在，同時也說明網膜對應點的共同興奮，引起共同的視覺方向。

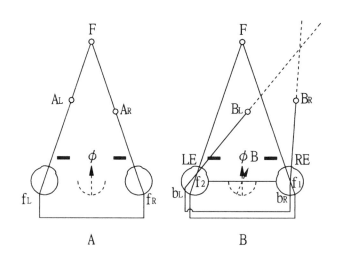

圖 11-8　客觀刺激物位置與主觀視覺方向的不一致

3.視野單像區

又稱對應點的外投域。這是繆勒和維葉斯（Vieth）提出的一個非常重要的概念。當人們的兩隻眼睛注視某一客體的時候，這個客體便處在兩隻眼睛的結點與網膜點（受刺激點）連線的延長線上，而這時兩眼網膜點（受刺激點）恰為對應點，這樣便產生了一個單一客體的視覺，好像是由一個中央眼所見到的，如果這時使雙眼的輻合角度不變（即雙眼注視某一客體不動），那些被知覺為單一視覺（即在網膜成單像而不是雙像）的各點軌跡，在空間形成一個通過兩眼結點的圓周；也就是說，輻合角一定的時候，處於這個圓周上的各個物體，各被看成是單一個（而不是雙的），且這些物體被知覺在一個平面上，這個圓周就叫做視野單像區。

圖 11-9 中假設注視點 Q，Q 分別落在兩眼的中央凹上，這時眼睛注視 Q 不動（輻合角一定），P、R 兩點都分別落在兩眼的相應點上，因而被知覺為一個 P 和一個 R；而且還知覺 P、Q、R 在一個平面上，R、P、Q 及過雙眼結點的圓周上各點，都產生同樣的知覺。這是從理論和幾何學上關於視野單像區的解釋，而在具體實驗中發現，實際上並不完全如此，視野單像區隨輻合角（即注視點的距離）大小不同而不同，並不都是一圓周。

根據奧格爾（K. N. Ogle, 1950）的研究，受試者知覺為視野單像區的前方平面，並不與維葉斯－繆勒理論上的視野單像區為圓周形相符，它的形狀隨觀

察距離而變，在近距離是凹形，在遠距離是凸形（相對受試者而言），中等距
離上卻是一個平面。

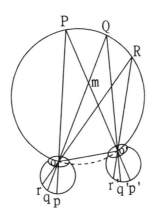

圖 11-9　視野單像區

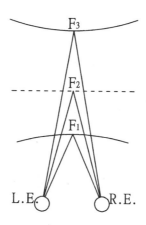

圖 11-10　奧格爾經驗的視野單像區

　　下圖是奧格爾的實驗結果（實線、縱坐標放大一倍）與維葉斯－繆勒的理
論結果（虛線）的比較。

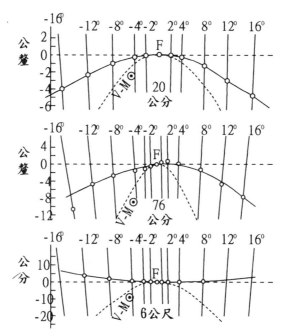

圖 11-11　不同觀察距離的視覺前方水平平面

4.複視

　　當注視一個客體的時候，如果有另外的客體不在視野單像區上，那麼這後一個客體就不是兩個網膜相應點起作用，結果便出現複視，即被看成雙像。如果注視點在近處，遠處的物體被看成雙像，這時右眼的像在右側，左眼的像在左側，這種複視叫交叉複視（見圖 11-12B）。如果注視點在遠處，那麼近處的物體就被看成雙像。這樣產生的複視叫做非交叉複視（見圖 11-12A）。

　　由於注視的客體與非注視（即形成雙像）的客體距離不同。所形成的雙像差也不同。這樣由於注視點的變化而形成雙像差的不同，就提供了知覺兩個客體的距離線索。

　　1958 年潘諾（Panumarea）的研究發現，雙眼視覺中產生單一視像時，刺激並不一定落在網膜絕對的對應點上，只要刺激落在網膜對應點周圍，就能夠形成單像。這個能構成單像的很小範圍叫潘諾區，潘諾區的大小是不相等的隨網膜的位置不同而不同，在中央凹小於五角度分，在離中央凹十度（水平方向）時潘諾區可達十度，費舍爾（F. P. Fisher）總結如下規律：距離網膜中央越遠

潘諾區越大，超出了視角以外，潘諾區的直徑約爲視角的 3%。

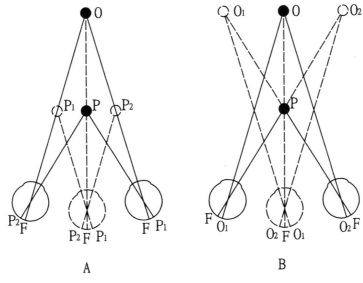

圖 11-12　交叉與非交叉複視

　　潘諾區的研究在雙眼空間視覺中具有重要意義。可以通過實體鏡用兩眼分別觀察兩個不同的圖形表明潘諾區的存在。如果左右兩眼觀察的圖形相同或近似時，我們看到的是一個單像而不是雙像，爲了產生這個視像的融合，兩個圖形的差別不能太大，否則就會出現雙像，產生雙眼競爭或雙眼重疊現象，圖形輪廓相同而內部結構不同也會出現上述現象，這都說明潘諾區的存在，如圖 11-13 所示：

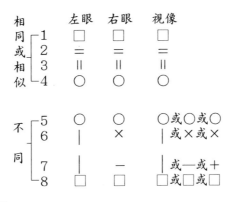

圖 11-13　潘諾區演示圖形

5.雙眼視差

當注視一個平面物體時，這個物體基本上落在兩眼的視野單像區上面，該物體的網膜各刺激點都落在相應區部位上，若將兩眼網膜重疊起來，兩個視像基本吻合，這時所引起的是平面物體的知覺（如圖 11-14A 所示）。

觀察一個立體客體時，由於兩隻眼睛相距大約 65mm，所以兩隻眼是從不同角度來看這個物體的。左右眼所接受的刺激不同，客體各點在網膜上興奮的不是相應點。若以兩眼的中央凹為中心，兩眼的視像各向相反的方向偏斜，即都偏鼻側。空間上是立體的對像造成兩眼視覺上的差異，兩眼不相應部位的視覺刺激，以神經興奮的形式傳到大腦就產生立體知覺（圖 11-14B）。

A　單面物體刺激兩眼網膜的相應部位　B 立體物體刺激兩眼網膜的非相應部位

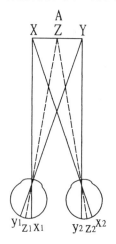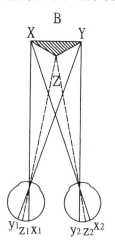

圖 11-14　雙眼視差示意圖

在用雙眼觀察遠近不同的物體時，也是由於視差的原理才產生深度知覺。可以用視覺單像區和潘諾區這兩個概念來說明深度知覺問題。

以圖 11-15 為例，當人的眼睛注視 P 點，則 P 點落在兩隻眼睛的中央凹上（P_1P_2），這時，B 點的視像落在兩眼的非單像區上（b_1b_2），產生視差。假設 b_1b_2 的視差分別落在潘諾區內，沒有產生雙像的條件，所以 B 看起來是單一的，這時便產生深度知覺。把 B 知覺為近於 P，同理，假設 R 點也落在潘諾區內，也被知覺為一點。由於 b_1 和 b_2、r_1 和 r_2 不是落在單像區上，所以 b_1b_2、r_1r_2 沒有落在

網膜的對應點上，而是一個離中央凹較近（b_1r_2）（即離對應點較近），而另一個距中央凹較遠（也離對應點較遠）。從上圖可以看到，一個近於或遠於注視點的對象，刺激在網膜的非相應點上，其中一個網膜的刺激點離中央凹較近（b_1、r_2），另一個離中央凹較遠（b_2、r_1）。如果距離中央凹較遠的刺激點在網膜的鼻側（r_2），便產生遠於注視點的知覺；如果距離中央凹較遠的刺激點在網膜上的顳側（b_2），便產生近於注視點的知覺。

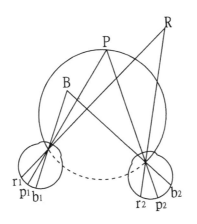

圖 11-15　不同距離的雙眼視覺

在深度知覺中，兩眼視差可以是橫向也可以是縱向的。在正常的身體姿勢條件下，一個網膜上的視像與另一個網膜上的視像差別，一般都是在水平方向上向邊側位移的，這叫做橫向像差。橫向像差對於雙眼空間視覺很重要。深度知覺都是由橫向像差產生的。兩個網膜的上下方向的像差叫做縱向像差。縱向像差在生活中很少出現，而且也不敏感。實驗證明了這一點。如用三稜鏡產生橫向像差，受試者便產生深度印象。若將橫向像差改成同樣範圍的縱向像差時，這種深度印象便消失了（Heine、Tschermak、Erisman et al.）。

第二節　深度知覺的準確性

深度知覺的準確性，又稱實體敏感性、實體感受性、立體敏度等等。它是對於深度線索的敏感程度的綜合測定。即一個物體在空間中究竟移動多遠的距

離，才能被知覺到深度的變化呢？這就是深度知覺的準確性問題。

一、關於深度知覺準確性的測定

(一)三針實驗

在雙眼視覺中，多少的深度差異才能夠被感知到呢？即給予一個標準距離

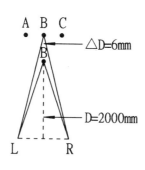

圖 11-16 三針實驗

D，被感知到深度變化的△D應該是多少？這種基本的實驗是由黑姆霍茲（1866）設計的，如圖 11-16所示，便是有名的三針實驗。

A、B、C 三點代表一個安放於桌面上的三根針，受試者只能看到垂直的平面上，受試者用雙眼在一定距離 D 處調節 B 針，使其感到與 A、C 二針在一個平面上。這時，B 與 A、C 的距離就是△D。據此就可以計算出產生深度知覺變化的像差角（輻合角）是多少了。

根據布爾敦（1902）的研究，一個受試者在 2 公尺的距離上觀看，△D 為 6 公釐，計算其像差角為：

$$\angle D - \angle (D + \triangle D)$$
$$\angle D = \frac{13407225}{2000} = 6703.6 （秒）$$
$$\angle (D + \triangle D) = \frac{13407225}{2006} = 6683.6 （秒）$$
$$\angle D - \angle (D + \triangle D) = 20 （秒）$$

可見深度知覺的準確性是相當靈敏的，黑姆霍茲的實驗證明像差閾限小於 60 角度秒。這可能是由於受試者之間存在著個體差異造成的。

(二)霍瓦—多爾曼（Howard-Dolman）深度知覺實驗

1919 年由霍瓦設計的深度知覺測量儀，代替三針實驗。儀器中有一根黑色標準棒（與標準棒相同）放在不同的位置，讓受試者在 6 公尺處調節（平均差

誤法），原來，霍瓦用恆定刺激法，取 75%點作爲閾限，共 106 名受試者，其
結果是較好的。14 個受試者像差角閾限大約是 2 弧秒（△D ＝ 5.5mm），比較
差的 24 個受試者的閾限是 10～130 弧秒（△D ＝ 360mm）。其餘受試者的結果
位於二者之間。另外實驗得出，單眼觀察的閾限是 235 公釐，雙眼閾限是 14.4
公釐。這個結果也說明網像的大小是深度知覺的線索。因爲棒的移前移後會造
成網像的大小變化，而單眼主要依靠這個線索，對深度進行判斷，除此之外還
有輻合。因此，如果想排除網像大小線索的話，被觀察的棒要盡量細些，只要
受試者能看見就行。1934 年伍德本（L. S. Woodburne）用光的細縫代替棒。而
光的細縫可隨距離變化，使網膜像始終保持恆定。實驗結果也證明深度知覺的
閾限大約是 2.12 弧秒。

二、影響實體敏感性的因素

(一)光度效果

　　實驗證明：深度知覺的準確性隨照度的增加而進一步提高。圖 11-17 是矛
勒和洛埃（C. C. Mueller & V. V. Llogd, 1948）的研究結果。

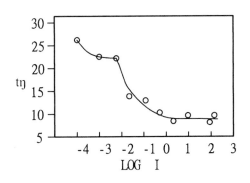

圖 11-17　深度誤差隨照度的對數變化曲線

(二)標準參照物與變異刺激（可調的棒）之間的橫向距離

　　這兩個物體之間的距離大小不同，深度知覺的準確性大小也不同。距離越
大，深度知覺的誤差就越大。這一點用上一節講的視野單像區可以得到說明。
因爲單像區是圓周形。

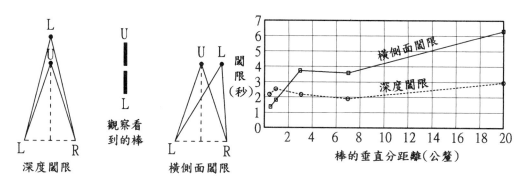

深度閾限　　觀察看到的棒　　橫側面閾限

閾限（秒）

橫側面閾限

深度閾限

棒的垂直分距離（公釐）

圖 11-18　橫向與縱向深度敏感性比較

(三)*單眼和雙眼因素*

　　單眼的深度知覺準確性很差，雙眼則很好。因為雙眼有更多的深度線索（輻合、像差……等）可以參照，而單眼線索卻很少（輻合及像差線索不起作用）的緣故。

(四)*縱向深度與橫側面深度敏感性不同*

　　如果被比較的兩個棒是上下排列，則其深度敏感性優於兩個棒是橫向排列的（見圖 11-18）。

第三節　大小與距離知覺

　　大小與距離之間的關係是很複雜的。我們把具體事物的物理大小稱為客體的大小（A）。把我們所知覺的大小稱作顯見的大小或知覺的大小（B）。把實際物體在網膜上的光學像的大小稱作網膜像的大小（a 或 s）。客體的大小可以用物理量尺去度量，網膜像的大小是按光學原理變化，可用 $a = \dfrac{A}{D}$ 這一公式來計算，如果客體 A 大小不變，a 的大小隨距離 D 成反比例關係。

　　在日常生活中，人們能夠比較正確地反映不同距離上客體的實際大小，說是比較正確，是指不完全正確，也就是說，所知覺的某客體的大小，既不完全與物體的實際大小相等，也不與實際物體在網膜上的投影相對應，而是介乎二者之間。例如，一人身高 1.7 公尺，這是他的物理大小，如果他距離觀察者 1 公尺及 5 公尺處，按視角計算，網膜像縮小到 $\dfrac{1}{5}$，假若知覺的大小與網膜像相應，

則這個人應被知覺爲 0.34 公尺，但實際情形遠非如此。事實上，觀察者知覺到這個人的身高可能是 1.6 公尺左右。也可能是 1.7 公尺。據研究，在近距離時，一般知覺的大小與客體的大小基本一致。知覺的大小與客體的大小相等這一現象稱作恆常性，即完全常性。如果客體與觀察者的距離很遠，大小知覺恆常性的效應就會降低。

在正常視覺條件下，客體一般是在熟悉的環境中被知覺的，也就是在客體周圍有各種熟悉的物體提示著客體的實際距離及其大小，因此有助於保持知覺的恆常性。如果這些對客體的距離起提示作用的線索被減少，以致完全被掩蔽，甚至提供錯誤的暗示，那麼，客體知覺的恆常性就降低，甚至發生錯誤判斷，就會使對客體知覺的大小發生變化。這是由於對物體觸摸的動覺經驗，物體在網膜上的視像大小的信息與距離的信息在長期實踐中形成了聯繫，因此在以後的知覺中，當辨認出某一熟悉物體以後，便有可能根據物的網像及它的距離估計出它的實際大小。同樣，如果知道了物體的實際大小，也能夠估計出它的距離。如果熟悉物體的大小被歪曲，在掩蔽其它深度線索的情況下，對距離的判斷也會發生錯誤。基於這種原因，$a = \dfrac{A}{D}$ 這個歐幾里德定律就作爲表示大小知覺恆常性的基本公式。已知 a、D，判斷 A 的大小。已知 a、A，判斷 D 之遠近。這時公式中的 a 代表知覺的大小而不是網膜像的大小。

一、大小知覺

㈠知覺的大小依賴於深度線索

上面的敘述中提到，知覺的大小並不和客體的大小一樣，也不與網膜像相對應，而是介乎二者之間。知覺大小的這一變化是由深度線索決定的。下面以霍威（A. N. Holway）和波林（1941）關於大小知覺常性實驗爲例說明這個問題。這個實驗是讓受試者站在 L 型走廊的拐彎處。在一條走廊距受試者 10 呎遠的地方放一個光盤（用幻燈投射在磨砂玻璃上），作爲比較刺激，並且這個光盤的直徑可以調節。在另一條走廊裡，在不同的距離上（10～120 呎遠）呈現類似的圓盤作爲標準刺激，不管它放在什麼位置上，始終使圓盤保持 1° 視角（見圖 11-19）。受試者的任務是調節比較圓盤的大小，使它看起來和標準圓盤一樣大。

實驗條件 1 是在走廊內提供了關於距離 D 及大小 a 的線索，如門、窗、在

走廊中堆一些雜物等。分別用單眼和雙眼觀察，實驗結果顯示有很好的常性。見圖11-20中的1、2兩條線。

　　實驗條件2是掩蔽深度線索，其中一種是通過觀察孔用單眼觀察，這樣可排除一部分深度線索。但由於走廊內門窗光線的微弱變化仍可提供少量的深度線索。另一種情況是，將走廊門窗都用黑布遮上，這樣可以有效地排除深度線索。這時用單眼觀察標準刺激，然後調節變異刺激，使之與標準刺激相等。條件2的兩種情況下大小常性明顯降低，在完全排除深度線索時，知覺的大小幾乎與網膜像的大小相對應。實際結果見圖11-20中的3、4兩條線。

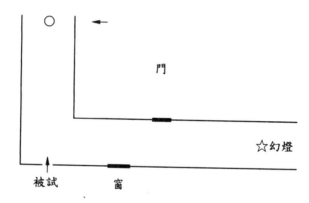

圖 11-19　大小常性實驗示意圖

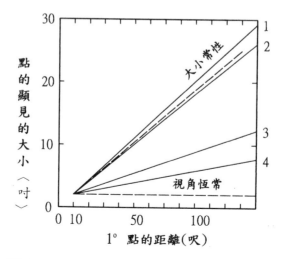

圖 11-20　幾種不同情況的大小常性變化

（霍威和波林，1941）

　　這個實驗結果清楚地說明了知覺的大小依賴於深度線索，這裡包括實際的大小，不管是熟悉的還是不熟悉的對象若在熟悉的環境中，都能提供若干深度線索。在客體大小不爲受試者所熟悉，且又沒有提供客體大小的參照或深度線索受到掩蔽的情況下，知覺的大小幾乎是以網膜的大小爲依據的。

(二)*知覺的大小受感知到的距離的影響*

　　知覺的大小，與其說受物體與觀察者之間的實際距離的影響，毋寧說受感知到的距離的影響。物體的實際距離是物理量，而感知的距離則是心理量，我們在進行深度判斷時，主要依靠的是心理量的距離。當然心理量與物理量有一定關係，吉林斯基（A. S. Gilinsky, 1951）關於主觀距離與物理距離的量表如圖 11-21 所示：

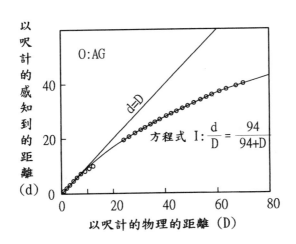

圖 11-21　距離的心理量表

　　該實驗很簡單，讓受試者站在 80 呎的空曠地一端，指示主試者以 1 呎的間隔作標誌，結果就是上面的曲線所表示的。

　　另外的空野實驗證明，當客體在不太遠的距離時，上面所講的知覺大小介於實際物體大小與網膜像之間。但距離較遠時，往往產生對客體大小的高估。如吉布森（1950）的實驗所證明的。該實驗是在半里遠（805 公尺）場地中不同距離上調節一些椿柱（從 15～90 吋，受試者事先不知道其長度），使之與標準刺激的大小尺寸一樣，結果如下：

表 11-1

標準刺激的距離（碼）	14	224	784
受試者調節比較刺激的高度平均數（吋）	71.9	75.8	75.9
標準差	1.8	7.8	9.8

在 784 碼遠處，這時候這些樁柱僅僅可以看見，但判斷的大小同有縮減的現象，而實際上卻表現出超常性的傾向（高估）。

這些結果很清楚地顯示，若有了對距離的適當線索，人們能夠十分準確地判斷大小，並且這個知覺大小的過程很複雜。

㈡知覺的大小受輻合角大小的影響

許多心理學家研究過輻合對大小知覺的影響，並一致認為，在刺激物大小固定的情況下，輻合角越大，知覺的大小就越小，而這時的距離被知覺為越近。赫曼斯（Hevmans, 1954）和布雷辛（1957）所用實驗方法是：在刺激物大小和距離不變的條件下，只改變輻合角度。海諾曼和納赫麥斯（E. G. Heinemann & J. Nachmiss, 1959）的實驗方法是：在不同的距離上呈現視角等大的刺激物。這時輻合隨刺激物的距離變化，而網膜像卻保持不變。我國方薈秋和荊其誠（1963）利用偏光鏡原理，在保持物體大小和距離都不變的條件下，只人為地控制輻合角的變化等等，都得出了相同的結果。

他們指出，在刺激物的客觀大小和距離固定時，網膜大小相同，刺激物的知覺大小隨輻合角度的改變而變化，即輻合角度小，物體的知覺大小就越大，反之則越小。並且實驗結果還指出，在知覺大小基本上按 $a = \dfrac{A}{D}$ 的規律變化時，A 和 D 的比例變化並不一致，A 的變化慢於 D 的變化，即刺激物的知覺大小，處於它的實際大小和按輻合角度的計算值之間。見表 11-2（標準刺激為 45 公釐）：

表 11-2　各種輻合角度下對刺激物大小的判斷

輻合角度	0°	10°	15°	31.5°	47°	63°
平均值（mm）	62.32	58.61	54.70	46.10	37.05	32.75
標準差（mm）	9.47	8.84	5.25	2.43	3.87	5.13
計算大小（mm）	無窮大	145.8	90	45	29.9	22.5

註：標準刺激物＝45mm

資料來源：《心理學報》1963 年第 4 期

上表結果用圖表示如下：

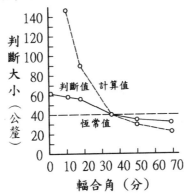

圖 11-22　各種輻合角度下對刺激物大小的判斷

　　荊其誠、方蕓秋（1964）對於輻合在大小知覺恆常性中的作用問題，利用偏光鏡原理進行了進一步的研究，結果指出：⑴在刺激物實際大小和距離不變的條件下，只改變輻合角度的觀察中，當輻合距離大於實際距離時，知覺大小比刺激物的實際大小要大，當輻合距離小於刺激物的實際距離時，知覺大小則比刺激物的實際大小要小。並且輻合距離越大，這種差別也越大。即輻合對大小知覺的影響有明顯的規律性。⑵在輻合不變的情況下，大小知覺的恆常性受到破壞，即刺激物的知覺大小隨著距離移近，按照網膜視像的增大率而增加。並且在將自然觀察、輻合不變的觀察、只改變輻合角的觀察，三種條件加以比較時，自然觀察的曲線處於其它兩條曲線的中間。⑶單眼受試者的實驗結果是：

知覺大小的變化趨勢基本上符合網膜視像的變化規律。這接近於正常人輻合不變條件下所得曲線。由此可認為，在此實驗條件下，單眼受試者沒有知覺常性。

㈣哀墨特（E. Emmert）定律

前面談到了網像大小與客體大小的幾何學關係。$a = \dfrac{A}{D}$，同時也指出了這個公式適用於知覺的大小和距離的關係。這個公式從表面上看似乎說一個客體越遠，它的網像就越小，這是在 A 一定的情況下。1881 年哀墨特指出，事實上，對於像的判斷的大小，是與距離成正比的。這就是說，把已知客體所形成的網像如果投射得更遠一些的話，實際上看起來要大一些。這就是哀墨特定律。這一定律很容易用實驗來驗證：注視 1 公尺遠的一個在灰色背景上的 10×10 平方公分的白紙塊，然後把黑色後像投射到不同距離的白色背景上，如果投射距離仍是 1 公尺，那麼黑色後像仍為 10×10 平方公分。如果投射距離是 2 公尺、3 公尺、4 公尺、5 公尺，則後像大小將分別為 20×20 ＝平方公分、30×30 平方公分、40×40 平方公分、50×50 平方公分。在上述情況下，網膜視像的大小固定不變，後像大小隨距離 D 成正比的變化，即按視角規律變化的。這就告訴我們：假若使刺激物在網膜形成的視像不變，近處的物體被知覺小，而遠處的物體則被知覺大。

㈤大小常性的測量

將知覺大小的常性用數量化的方式表示，可用一個比率把知覺大小偏離視角大小的程度計算出來。有兩種常用的方法：

1. 布倫斯維克比率（Brunswik Ratio, BR）

$$BR = \frac{R - S}{A - S}$$

R為被知覺的大小（即反應），A為客體大小，同時用恆常性大小表示（實際上二者是相等的）。S是按視角計算的大小（相對變異刺激的距離計算）。

這個比率常介於0～1之間。0表示完全沒常性，即常性大小是按視角規律變化的（R ＝ S），1表示完全常性，即知覺大小與客體大小相等（R ＝ A）。在一定情況下，若R ＞ A，則比率值大於1，稱為超常性。

例如，上面講的一人在1公尺處身高1.7公尺，由1公尺移到5公尺，其知覺大小為1.5公尺，布倫斯維克比率為：

$$BR = \frac{(1.5 - 0.34)}{(1.7 - 0.34)} = 0.85 \text{，}\left(S = \frac{17}{5} = 0.34\right)$$

即是說，大小知覺的恆常性保持了 85%。

2. 邵勒斯比率（Thouless Ratio，TR）

$$TR = \frac{1gR - 1gS}{1gA - 1gS}$$

公式中字母的含義同布倫斯維克比率，只是取對數值。這個公式在大小常性計算中不大應用，而在亮度常性中應用較多。

二、大小對距離判斷的影響

伊特爾遜（W. H. Ittelson, 1951）研究了熟悉對象的大小對深度判斷的影響。實驗方法是，在屏幕後 7.5 英呎處先後呈現三個標準刺激物，受試者用單眼通過窺視孔進行觀察（為的是排除其它深度線索），讓受試者調節另一個比較刺激物的距離，使它看起來與標準刺激一樣遠。標準刺激物是三張大小不同的撲克牌，一張是正常大小，一張加倍，另一張減半。由於受試者在生活中熟悉撲克牌的大小，在排除其它深度且按照推論（哀墨特定律），如果受試者根據網膜像大小進行判斷距離，即根據 $a = \frac{A}{D}$ 式判斷距離，$D = \frac{A}{a}$，那麼，在 A 固定的情況下，減半大小的撲克牌將被看成雙倍距離，加倍大小的撲克牌將被看成一半距離。五名受試者的結果如下表，實驗結果與預測的距離相當吻合。

表 11-3

撲克牌大小	預計距離	判斷距離
正常	7.5 呎	7.5 呎
一半大小	7.5 呎	15 呎
兩倍大小	3.8 呎	4.6 呎

彭瑞祥、方藯秋、荊其誠研究了在野外條件下刺激大小對距離判斷的影響。（《心理學報》1963 年第 1 期，31～40 頁）。結果發現，當目標物的大小隨距離按幾何透視原理變化時（視角不變，客體越來越大），受試者的距離判斷出現高估現象，如果目標物體大小不變或按一定比例遞減時（都使視角變小），對距離的判斷出現低估現象。1964 年，彭瑞祥、林仲賢又在實驗室條件下重複過這一實驗（《心理學報》1964 年第 1 期，9～17 頁），也證明了這一結論。可見，目標物的大小對距離判斷的準確性存在著一定的函數關係。

總之，以上的實驗都說明，大小知覺在一定程度上影響著距離知覺，距離知覺也影響著大小知覺。在空間知覺中，這二者是相互依存的兩個變量。

第四節　視運動知覺

當物體改變空間位置，而人們又能夠覺察到這種變化時，就產生了關於該物體運動的知覺。但產生運動知覺的情況卻不僅僅如此。有時，在某種情況下，雖然沒有同一物體實際的空間位移，也能產生物體的運動知覺。為了區分這兩種性質不同的運動知覺，稱前者為真動知覺，後者為似動知覺。

一、真動知覺

當一個物體改變空間位置，為了使視像清晰，人的雙眼必須追隨物體而運動，稱為追蹤眼動。如不這樣，視像就必然要模糊不清，而實際上人的眼睛常隨著運動的物體進行流利的掃動。當眼睛靜止而影像在網膜上移動時，人也會知覺到運動。同樣，當眼睛和網膜像不動，而身體其它部位運動，以及背景與物體的相對運動等等都能引起真正運動的知覺（情況見表 11-4）在這種運動知覺中，都有一種引起知覺的真正活動的刺激物。

產生真動知覺的條件有以下幾方面：

(一)*物體的運動速度*

引起真動知覺的刺激物在空間位移的速度是產生真動知覺的基本條件。物體運動過慢或過快都不能引起運動知覺；過慢，其變化的位移不能覺察；過快，則看不清物體的形像。產生運動知覺的上限約 600 公釐／秒，下限是 0.6 公釐／秒。如果背景上有其它可供比較的不動物體，閾限還可降低。

(二)*觀察者與物體的距離*

物體的同樣運動速度，近處移動的視角大，遠處視角小。因此，近處物體的運動易產生運動知覺，而遠處物體以同樣的速度移動卻不易知覺到運動。

(三)*學習與經驗等主觀條件*

因爲運動知覺不是先天的，是在日常生活中逐漸發展起來的，因此，運動知覺受年齡因素、學習與經驗等主觀條件的影響。

表 11-4

物體	網像	頭、眼	知覺
動	變	無	動
動	不變	動	動
靜	動	動	無

二、似真運動

又稱似動，是指在一定條件下，刺激物本身沒有活動，而我們卻知覺它在運動的這種現象叫似眞運動，如電影屏幕上各種形像實際上並不活動，是似眞活動而實際上不是眞運動。這種現象是 1833 年由普拉托（Platean）製造動景器後才被認識到，因此，似眞運動又叫動景運動。動景器的進一步改良，最後發展成爲電影。

(一)*似動的種類*

似動的種類決定於刺激的因素和中樞因素。(1)當兩個刺激完全相同時，可能看到沿直線或曲線方向滑行運動（K. R. Hall, A. E. Earle & T. G. Grookes, 1952）。(2)當橫線跟隨斜線的時候，就可看到順時針或逆時針運動。(3)先呈現等腰三角形二等腰△時，再在低一點的位置上呈現與前一次方向相反的等腰時，則可看到等腰三角形以底邊爲軸翻轉的三度空間運動（S. W. Fernberger,1934）等等，似眞運動的種類是很多的。似眞運動是一種直接的知覺而不是一種推理。實驗證明，似動與眞動就同一受試者來說是一樣清楚的（G. M. Stratton, 1911;

H. R. Desilva, 1929）。

㈡似動的客觀條件和各種影響因素

似動現象自二十世紀初進入實驗室的研究以來，關於產生似動的客觀條件以及各種影響因素的研究是最多的。但這些研究多限於各種具體實驗條件，還沒有廣泛地概括成普遍的規律。歸納起來，影響似動產生的條件有如下幾方面，這些方面可作爲似動實驗的自變量因素加以操縱，除去所欲研究的自變量之外，餘者應作爲無關變量，在實驗中要給予控制。

1.客觀條件方面

兩個刺激的空間距離、時間距離、相似程度及刺激強度等都是似動產生的客觀條件因素。科爾鐵（A. Korte, 1915）研究了這個最明顯的刺激因素，發現了造成似動的困難因素，又稱作科爾鐵定律：

⑴兩次顯示的時距短。

⑵兩個位置之間的空間距離長。

⑶照明度低。

這就是說，兩個刺激明度很小、時距很短、間隔很大的時候，就較難看成似動。考爾賓（H. H. Corbn, 1940）的實驗研究顯示，受試者在 10 呎的地方看相隔 2～12 吋遠的兩條線，四個人的平均結果如下：

空距（吋）	2	4	6	8	10	12
時距（毫秒）	104	114	129	146	157	173

這個實驗中，對象是交替出現的，因此受試者看到的是擺動式的前後運動。

另外，刺激因素相似或不相似的程度影響似動的產生，兩個交替的形象越不相似，就越難看到是一個單獨的形像在運動。

2.主觀條件方面

主要是受試者變量即〇變量的影響。至少可以指出有以下幾方面：練習因素、個人經驗、定勢（暗示）以及個體差異。

克利（Kelly, 1925）發現四百個以前沒經歷過實驗室似動現象的學生，在不告訴他將看見什麼，只叫他注意看時，結果只有一半的人報告產生似動，而

當告訴他將看到什麼以後，就增加到 90%的人有似動的知覺。有些受試者在頭幾次看不出似動，而練習幾次後就看出似動（Desilva et al, 1926）。定勢或態度影響似動的效果很明顯，當採取隨便的態度時，就會出現似動，當採取認眞的分析態度時，就可能看到連續像而不是似動。

除了上述的因素外，對象的意義、對象與背景的關係等等都影響似動的產生。上述影響似動因素都是 S、O 因素，至於 R 變量，一般是受試者的口頭報告，即受試者對連續、運動或同時性的知覺報告。正確的報告是連續的，不正確的報告是同時或運動。這裡講的是與事實的關係，但知覺的結果有時卻不是這樣。

(三)似動理論

上面談的是運動知覺產生的外部條件，這些外部條件是如何轉化爲運動知覺呢？從把似動納入實驗室的研究時候起，就有各式各樣的解釋。

1. 眼動說

很多人喜歡用雙眼從起點移動到終點而引起的眼動解釋似眞運動知覺，在1929 年，吉爾福（J. P. Guilford）和黑爾森（H. Helson）在進行雙眼攝影時發現，眼動與似動的報告之間沒有主要關係。

2. 腦場說

厄克斯奈（1875）指出，起點與終點之間網膜地帶實際上受到刺激，因而通過這個地帶的眞實運動感覺便產生出來了。但刺激分別作用於兩隻眼睛也有這種似動現象發生，這與上面的假設相矛盾。1929 年魏太海默提出刺激作用區在皮層而不在網膜上的假設，第一個刺激所引起的皮層興奮會擴散出去，並被第二個刺激的興奮所吸引，皮質上興奮的移動像一條紋形成了運動知覺。但這一假說難於解釋爲什麼動物的皮層被切除後，仍存在動景效應（K. U. Smith, 1940）。後又提出把這種速視整合爲似眞運動的過程發生在腦的皮質下部。這些理論很難完美地解釋似動知覺的發生。

1950 年，克拉甫科夫（C. B. Klafkof）提出眼動、網膜上物體映像後像等來說明運動知覺的產生。他說：「對發生運動的印象簡單而自然的解釋是：物體再網膜上映像不斷地改變，刺激了網膜上不同點。然而他又認爲此現象是受複雜得多的條件制約的。至於似動知覺的產生過程，似乎可以用刺激的後作用來解釋：當第二個刺激出現時，第一個刺激所引起的興奮還以後像的形式存在

著，並與第二個刺激所引起的興奮聯繫起來而形成了一個物體的運動印象。」
但他又認為並非如此，因為有這樣的實驗事實，當第二個刺激出現的時距比第
一個刺激出現的後像時間長時，仍然有似動知覺發生。

　　綜上所述，關於運動知覺的過程尚處假設階段，還很不完善，因此今後的
研究任務是相當繁重的。

三、視運動後像

　　在某種情況下，可以觀察到運動後像，如觀察某一運動物體一段時間之後
將視線轉移到另外不動的物體上，則感到這不動的物體動起來了。「瀑布錯覺」
就是一例。當注視瀑布一段時間以後，再看岸邊的樹木，好像在向上運動。如
果看混色輪上以一定速度轉動的螺旋形後，再看不動的牆壁（白色），就感到
有與螺旋方向相反的閃光，這都是後像。對於這些問題，至今還沒有具說服力
的解釋，仍有待於進一步的探討。現在可能的解釋是：視區其中一部分已經順
應於連續運動，當外在運動停止時，這種順應作用還沒有解除，或運動覺察器
的興奮產生負後像等。

參考文獻

1. 距離、觀察姿勢對大小知覺的影響，心理學報，1963 年，1 期，21 頁。

2. 荊其誠等著〈1963〉。目標物大小影響距離判斷的實驗研究，心理學報，1 期，
　 31 頁。

3. 雙眼輻合對大小、距離的影響，心理學報，1963 年，4 期，251 頁。

4. 輻合在大小知覺恆常性中的作用，心理學報，1963 年，4 期，260 頁。

5. 赫葆源等著〈1983〉。實驗心理學。北京：北京大學出版社。

6. （美）R.S.武德沃斯等著，曹日昌等譯〈1965〉。實驗心理學，第二版。北京：
　 科學出版社。

第十二章　學習與記憶實驗

　　學習與記憶實驗的領域非常廣泛，它包括人類學習和動物學習，也包括語言學習和動作學習。學習和記憶的實驗研究在理論上對於探討認識過程及其活動的規律性，特別是記憶和思維的機制方面有重要的意義。在實踐上，對於教育、訓練以及被認爲是再教育的心理治療（行爲矯正）及電子計算機模擬技術方面，更具重大意義。

　　由於學習與記憶研究的重要性，及其有大量的實驗課題可供研究，因此，學習和記憶的實驗研究就成爲心理實驗中最活躍而又最富成效的領域之一，近年來積累了大量的資料，並提出了一些新的實驗研究方法。

　　學習不是一個獨立的心理過程，它離不開心理過程的活動，尤其是記憶活動。對學習的測驗就是記憶。人類的學習，特別是語言學習的實驗與記憶實驗是密切相聯繫的，彼此有很多共同之處，本章主要討論人類的學習實驗，並將學習與記憶聯繫在一起進行，而且主要只介紹實驗設計、實驗方法、各種變量的控制技術等有關實驗程序方面的問題。而對於有關學習、記憶的理論與爭論問題不作討論。

第一節　學習實驗的一般問題

一、學習的概念及其研究的歷史變革

　　什麼是學習？學習有廣義與狹義之分。廣義的學習泛指人們日常生活及工作中的各種學習活動。狹義的學習是指潛在的新行爲模式在機體和外部條件相互作用中的形成過程。用一句通俗的話來說：「學習是由於練習條件而造成的行爲上相對持久的變化」，這一變化有內隱的，也有外顯的，學習過程不能直接觀察，是在機體內部進行的。在一定的條件下，只能從行爲的變化、解決問題等形式上的表現去推論。或與其它個體的相互比較中發現。這裡所說的「相

對持久變化」是區別於行爲上的瞬間變化和自發復原的變化。例如暗適應和圖形後效即屬於此類變化，而不是相對持久的變化。「練習條件」是爲區別於其它條件，如年齡、疾病等身體條件和情緒條件，而引起的行爲上的變化，以及由於個體的成熟過程或藥物後效引起的行爲模式的變化。

二、學習實驗研究的歷史及理論背景

(一)用實驗的方法研究學習問題

　　用實驗的方法研究學習問題首推艾賓浩斯（Ebbinghaus），他用控制學習作業，控制學習條件、記錄、測量學習作業的方式，研究了人類記憶，並於 1885 年發表了《論記憶》，打破了當時哲學和心理學界普遍認爲對學習、記憶、思維等不能用實驗方法進行研究的觀點，令人信服地完成了所謂「不可能」的工作。他早期的工作是證明英國經驗主義哲學家們提出的學說：學習的組成是在臨近出現的概念間建立聯想的聯想主義，他精心地控制著聯想形成的條件，持續時間以及聯想得以再現的方式。他創制了沒有先前聯想意義的無意義音節，並用它作爲刺激，以自己爲受試者，背誦了幾千個不同音節數的無意義音節表，研究了：(1)音節長度對記憶的影響；(2)材料的意義性對記憶的影響；(3)記憶保持的時間及對遺忘的影響；(4)用重學的方法，計算節省的百分數對記憶印象消失進行客觀的定量測量等等。艾賓浩斯創用了客觀的方法測量記憶，詳盡地說明初學程度和所需時間，令人信服地表明聯想過程可用自然科學的方法加以研究，打破了高級心理過程不能進行實驗研究的神話，對學習和記憶的實驗研究做出了巨大貢獻。

(二)內省心理學家（Introspectionists）

　　內省心理學家試圖通過內部觀察來研究心理，他們受艾賓浩斯用實驗的方法研究學習和記憶的影響，但在實驗中堅持用內省的方法，這一方法也可系統地進行分析和分類，還可以提出一些理論解釋這些觀察資料，但有時，對同一問題的觀察，可能出現不同的觀察者（受試者）所報告的情況不同，主觀觀察結果出現不一致的情況，多於客觀觀察方法的結果。其中內省主義者對於意象思維（以鐵欽納爲代表）和無意象思維的爭論，就是由於兩種對思維是否有意象的觀察結果不同而引發的，也可能二者都是對的，是由於觀察者不同的頭腦類型而產生的內觀察結果不同。但這種爭論，使實驗心理學放棄了內省的主觀

觀察法,而開始注視行為觀察了。

(三)桑代克(*Thorndike*)和巴甫洛夫

他們在本世紀初開始帶頭研究動物的學習。1898 年,桑代克發表一本描述動物學習的專著,詳細介紹了嘗試錯誤學習的動物迷津試驗,這種學習通常稱之為「工具性條件反射」或「工具性學習」。1902 年,巴甫洛夫所做有關狗的條件反射實驗,揭示了當條件刺激(CS)伴隨無條件刺激(US)出現一定次數後,條件刺激便可以引起無條件反射(分泌唾液)。巴甫洛夫從生理學的角度出發,採用客觀觀察,既測量了條件刺激,又測量條件刺激引起的行為,他的工作有力地說明不涉及心理,完全可以揭露有關聯想過程的基本事實,揭示基本的學習規律,巴甫洛夫的客觀方法不僅可用於對狗的研究,也可用於一切有機體包括人類的心理學問題。

(四)華生

從 1913 年起華生在他的幾篇文章和幾部著作中極力主張,心理學不是研究心理活動的科學,而應該成為一門關於行為的科學,倡導心理學應該向行為主義方向轉變,他認為巴甫洛夫的研究工作為其論點提供了充分的證據。主觀觀察法是隱蔽進行而且不可靠,客觀觀察是建立在外顯行為的觀察基礎上。心理學應該建立刺激—反應(S-R)律,主張全盤否定意識、觀念、情感、思維以及意志的概念,強調學習是行為產生的原因,倡導環境決定論,動物的學習和人類的學習性質基本上是相同的等等。

(五)格式塔心理學家

主要有魏太海默、苛勒和考夫卡,他們於 1910、1924、1929 年分別提出格式塔心理學,他們有關猿的行為研究,頓悟學習的認知理論,白鼠的迷津學習等研究是很有影響力的。他們承認主觀觀察,認為聯想就是組織,記憶是知覺的繼續,記憶痕跡與產生記憶痕跡的知覺經驗具有相同形式,從而記憶痕跡遵從同樣的空間組織法則(相似、接近、良好、形狀、良好連續等等),而時間組織法則和空間組織法則基本上相同,也遵循相似、接近、良好連續等法則。它的理論屬於認知主義系統。

(六)托爾曼認知主義動物學習理論

托爾曼於 1932 年出版《動物和人類的目的性行為》一書,他認為學習是一種信念或期望,動物的行為是有目的性的,托爾曼的老鼠可預料行為的後果。

他假設學習的基本單位是一種期望，期望把兩個刺激（亦即信號和結果）聯繫起來，這就使得托爾曼的學習理論與 S-R 聯結大不相同。

㈦斯金納和赫爾

斯金納於 1938 年發表《生物的行爲》一書，提出操作性條件反射，這種學習與條件反射學習不同，是先有一些特定反應後，才能獲得獎勵，而這些受試者的特定反應都是自發產生的，一般需要測量的反應速度。他所倡導的是描述行爲主義，主張心理學只研究外顯行爲及產生行爲的條件，即一系列輸入（實驗控制）對輸出（行爲）的法則，把機體當做「黑箱子」。他是帶頭倡導把實驗室的發現用於解決「現實世界」問題的研究學習和記憶的心理學家。

赫爾是新行爲主義的代表，1943 年他發表《行爲原理》一書，他想用發生在動物神經系統內的刺激與反應間假設過程來說明動物行爲，提出習慣強度，內驅力、抑制等內部刺激條件，對動物的行爲進行解釋或預測。赫爾學說中提出的這些東西都是客觀存在的，它們組成動物行爲原因鏈條中的一環，它們受實驗者控制的自變量所影響，並且相互作用，影響動物的行爲。

㈧信息加工心理學家

用計算機模擬和改革的認知主義心理學，特別要改革人類記憶。他們把人類大腦視作一台計算機，是一信息處理裝置。計算機與人類大腦或思維之間的類似，大幅度地改變了心理學理論的性質。信息處理理論有多種形式，但有一些共同的特點：⑴全有或全無儲存，視學習和遺忘爲全有或全無的過程，而不是看作隨時間和實踐逐步變化的過程；⑵命題和表象，計算機模擬指出：大腦可以把全部信息用命題表象或符號串的形式儲存起來，還能模擬表象的形式儲存某些信息；⑶多元記憶儲存裝置，模擬假設人類記憶存在感覺儲存器、短時儲存器（容量少）和長時儲存器（容量大）；⑷系統處理、計算機模擬認爲大腦是一種連續處理裝置，在心理過程的反應時實驗中得以證明；⑸硬件與軟件，在大腦的結構中，大腦的容量視作硬件，大腦對信息加工的策略可視作軟件（Atkinson & Shiffrin, 1968）等等。關於系列學習的計算機模擬（Feigenbaum & Simon, 1964）是關於人類學習的最早的信息處理理論之一；辨別網絡理論是刺激相似對成對聯想學習的理論（Simon & Feigenbaum, 1964）；記憶掃描理論（sternberg, 1966），一直認爲記憶掃描是一種徹底的連續過程（1975），不只這一種解釋，這一理論借用了計算機模擬理論中的連續處理和「全或無」儲存

的概念。

　　綜上所述，有關學習與記憶的研究，是在兩種理論背景下，認知主義（哲學的）與行為主義（生理學的）彼此消長，相互補充地向前發展。基本情況可圖示如下，縱坐標為時間，橫坐標表示研究興趣的程度。

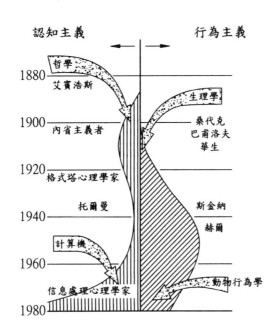

圖 12-1　記憶研究的歷史變革

　　圖中的行為主義與動物行為學，二者有區別又有聯繫，行為主義者拋棄本能的概念，認為它不科學，而歐洲一部分動物學家研究動物天生習慣產生的行為，並用本能的術語解釋動物遺傳決定的行為特徵（K. V. Frish, K. Lorenz & N. Tinbergen）。動物行為學家反對行為主義在嚴格的人工情景下對動物行為的研究，而主張在自然狀態下觀察動物的行為。而行為主義嘲笑動物行為學家拙劣的控制實驗的不科學。但是動物行為學對動物遺傳行為的研究，印刻現象及動物的特殊行為（小鴨知小雞等孵出之後很快學會跟隨牠們母親走的現象，又稱印記），洛倫茲等指出印刻與一般聯想學習的不同特點，如印刻只發生在生活初期的極短時間，不需獎勵品及其關鍵期等等，他們極力用經典性與操作性條件反射理論來解釋這些學習行為，因此為行為主義注入新的學習研究內容。

　　了解有關學習記憶的研究歷史及理論背景，對現在的研究設計、理論解釋等都會有幫助。

第二節　學習實驗簡介

　　學習實驗的種類很多，實驗研究的成果也十分豐富，要把它們分門別類是很困難的。因為不同的實驗研究並不一定揭示學習的不同屬性。下面只從不同的研究方面、研究對象的不同及研究方法的不同等，擇要描述一些典型的或歷史上起過作用的一部分實驗。

一、條件性學習實驗

　　條件性學習又稱條件反射，這類實驗對學習的研究起了很大作用，揭示了學習活動的一些基本規律，這些實驗都是在行為主義思想指導下，對實驗進行設計、對結果進行解釋。研究是按刺激—反應（S-R）的模式進行，強調的是聯結的形成，主要考察反應是如何獲得的，以及反應如何與刺激建立聯繫。因早期實驗的對象主要是動物，因此又稱動物學習實驗。有以下典型實驗：

㈠經典條件反射實驗

　　由巴甫洛夫最早提出，主要實驗對象是狗，實驗中食物屬於無條件刺激物，狗在進食或看到食物時所分泌的唾液是反應，在呈現食物之前先呈現燈光或鈴聲，這稱之為條件刺激，在條件刺激相繼或同時伴隨無條件刺激一定次數以後，當條件刺激單獨出現時，狗也同樣分泌唾液，這就形成了條件反射，即對信號（條件刺激）進行了學習。這類經典性條件反射實驗中，作為條件刺激的種類、數量、強度、相似性、持續的時間、條件刺激與無條件刺激之間的時間間隔等，都可作為自變量，由研究者操縱變化，而狗分泌的唾液滴數或容積，以及分泌唾液的潛伏期都可作為反應變量。除上述唾液分泌之外，腦電圖（EEG）變化、血管收縮、膝跳、嘔吐、眨眼反射和呼吸變化也可作為反應變量；另外，當條件刺激出現後，無條件刺激的有、無出現，或出現的次數比例或出現的強度大小等，也可以作為自變量。作為控制變量，則是除作為條件刺激以外其它環境變量因素，以及實驗對象的機體因素，都須嚴格控制，否則會使自變量混淆。經典條件反射研究了條件反射的建立—聯結的各種條件，分化、泛化、抑制、

去抑制、條件刺激的保持等有關學習問題。

(二)操作性條件反射

桑代克稱之爲工具性條件反射或工具性學習，這是由於動物爲得到某些期望的結果或獎勵所習得的行爲是工具性的，它與經典性條件反射實驗不同之處，是工具性條件反射中的「強化物」，只有在動物先做出一個適當的反應後才呈現，而經典性條件反射實驗中強化物的呈現並不依賴動物是否做出反應。斯金納提出的操作性條件反射，在理論上與工具性條件反射並沒有差別，都是在動物作出反應後得到獎賞。不同之處是：操作性條件反射是在斯金納箱中進行，動物可以隨時進行反應，隨時得到獎勵，這一切是自動的，動物的反應可以自動記錄，可以測量其反應速度，而工具性條件反射可以反複試驗學習情境的反應種類。工具性條件反射實驗中，所用的迷津類型有多種：複雜迷津、T 型迷津、直道（簡單）迷津。迷津有起點箱（有門）迷道、終點箱（有門、箱內有獎勵品），迷道可以是一條通路，也可以有很多死巷，這不同的學習情境下，可反複試驗動物的反應情況。自變量是各種不同的學習情境，也可以是不同的操作開門的地點和方式，也可爲在動物得到獎勵之前各種聲音、顏色、明暗、形狀等刺激的變化，或獎勵的差異（強度、種類反應變量是穿過迷津的速度或錯誤的次數。操作性條件反射實驗中，強化的間隔順序，刺激的種類（按不同的鍵，有不同的刺激出現），如聲音不同（波長或頻率、音強、音色等）燈光強度不同、光譜不同（如顏色不同），或圖形形狀不同，得到的獎勵品的強度差別，或是否得到獎勵等等，都可作爲自變量因素。而動物的反應按鍵的速度或正確率作爲反應變量。研究動物對不同刺激的辨別稱爲褪色（Fading）問題。逃避與迴避學習問題、強化的概念問題、強化的數量與延緩、強化的時間安排及行爲塑造等很多學習方面的問題，都可通過操作性條件反射（含工具性條件反射）的實驗程序予以解決。

(三)反饋學習實驗

生物反饋是學習控制、調節自己身體機能（心跳、血壓等內臟活動和腦活動）的一種方法。一般情況下人們對自身某些內臟活動是不能隨意控制的，即不能有意識地調節它們的活動。因此，學習研究的早期，只用經典的條件反射方法研究自主神經系統的條件反應。後來用操作性條件反射實驗程序取得了公認的成果。米勒（**N. E. Miller, 1967**）用獎賞的辦法（刺激腦的愉快中樞）使

被箭毒排除了任何隨意肌反應的動物的心率和腸收縮發生預期的變化，心率快時受獎賞，快心率就增加，慢心率就減少，而腸活動不變。當腸收縮受獎賞時，腸收縮活動就增加，當腸舒張受獎賞時，腸收縮就減少，這時的心率快慢維持不變。這說明沒有任何隨意肌爲中介，內臟活動能形成操作性（工具性）條件反射，同樣地，人通過反饋可以學會控制內臟反應、皮膚電反應、腦電變化。即當人們默想某件事時，或使心率加快，或使血壓降低，皆可用儀器顯示出來，或使自身感覺舒服，再反饋去認識該聽想事件，如此反複訓練就會建立使心率加快、血壓降低等操作性條件反射。反饋實驗中，還可借助表象來實現控制自身的機能。魯瑞阿（Luria, 1968）報告隨意加速心率的例子：一個有非常生動表像的人，當他想像他正在追趕火車時，他的心率從每分鐘 70～72 次增加到80～96次，最後高達100次，有人想像一隻耳朵受灼熱，另一隻耳朵受寒風吹，結果會使兩隻耳朵的溫度有差別。1972 年有人曾讓經過自我催眠的受試者想像一隻手在冰中，另一隻手在熱水中，結果兩隻手溫度差可達 4°；後來又有人利用表相控制血壓、心跳的試驗：讓受試者想像自己的手發熱、變重，之後再想像手發冷、變輕，這樣交替訓練，結果是前一訓練使心率減慢、血壓降低，後一訓練則相反。

這些學習隨意控制自己身體機能實驗中，可以用如下方式增進隨意控制，亦即生物反饋實驗中的自變量因素：(1)身體的內部有反應時給予強化（將內部狀態告訴他），讓他通過生物反饋來認知內部狀態；(2)實驗者用指導語或強化物啟發受試者去完成隨意控制的某一反應；(3)用身體內部的反應作爲要分辨的刺激物，直接訓練受試者尋找適宜的反應。

(四)程序教學實驗

操作性條件反射作用的原理用於課堂教學，形成一種教學方法，叫做程序教學。斯金納認爲，在實驗中對動物學習研究所發現的條件作用的一些原理可用於改進教學。實驗的基本程序是把所要教給學生的一些信息，以一系列框面的形式呈現給學生，每個框面都包含有信息的一個新項目，並提出一個問題讓學生回答（先有一個反應），學生寫完答案後，給學生一個正確答案，以供學生核對（獎懲），然後再提出一個新框面，如此循環。學生就一步一步往前學，逐漸進入學習更爲困難的材料，學生每走一步都可得到即時強化。這種教學方式用計算機來控制，是計算機輔助教學的一種。這一類實驗中，不同的問題形

式所構成的新項目、學習情境、正確答案的出現形式、時間間隔等，以及受試者的不同情況，都可作爲自變量加以操縱控制，而學習成果作爲反應變量。除此以外，其它一切影響因素都作爲無關變量應予以控制。

(五)行為塑造及行為矯正實驗

1.逐步強化法

在訓練動物作複雜活動，或人類受試者學習某些複雜問題，或矯正某些不良行爲或某些心理疾病時，想一下子就得到符合標準要求的動作或行爲，如果一定要等到複雜動作完滿實現後，才予以強化，這樣做會使所要求的動作或行爲永遠出現不了，也永遠得不到強化。爲解決這一問題可用斯金納設計的漸進法。以所要求的複雜動作或行爲爲最終目標，按照這個目標對所要求的複雜動作或行爲劃分不同的階段，巧妙地對強化進行安排，即只要出現動作或行爲是朝著最終目標的方向所要求的，就予以強化。直到達到最終目標的動作或行爲出現。例如訓練一隻鴿子去啄卡片上的一個白點，開始時鴿子在籠中亂轉，當它轉到卡片方向時，即給予食物強化，經過幾次強化後，鴿子總朝向卡片方向。下一步要求鴿子走向卡片才給予強化，再一步要求啄卡片才強化，最後要求啄白點時才給予強化，通過這樣按階段有步驟地強化某些接近動作，就可建立起非常複雜的行爲模式。

這種漸進法或逐步強化法，也可應用於人類行爲的矯正，例如一個患部分癱瘓症的女孩，護士不領她走路時她就癱在地上，現在想用逐漸強化的方法重新教她走路，且能走到餐廳。這種行爲從來沒有發生過，因此不能直接對它強化。爲達到這一目的，就先強化別的行爲，因此，要先選定一個強化的起點。當兩把椅子相距一步遠時，小女孩可以從一把椅子走到另一把椅子上，所以就把這個行爲作爲強化的起點，然後把椅子之間的距離逐步拉長，一直逐步進行強化，直到最後，兩把椅子之間的距離可以到餐廳一樣長。當然這一訓練是逐步進行的，各階段的強化也不是一次完成，而是須經過多次，這期間可能出現反複，可先給強化予以鼓勵，或再分步進行。

逐步強化的方法，除了明確所要求的行爲，選好起點和逐步強化外，也要注意別在無意中誤用。選擇的起點或各階段的方向遠離最終目標就可能產生誤用。例如一個小孩摔倒了，他大聲哭叫，引起大人的關照、安慰，甚至小題大作；由於這種強化，這個孩子就有可能故意摔倒大哭大鬧。兒童的很多不良行

爲，都是由於逐步強化的操作性條件反射誤用造成的。

2.消退

通過消退可以消除一些不符合要求的反應。所謂消退是通過反複地不給予強化來減少反應的強度。消退與強化並用更爲有效。有關這一類實驗在兒童的教育與培養中是經常用到的。

3.系統脫敏感作用

這是消退治療的一種形式。有些人無緣無故地害怕某些刺激或情景（如死亡、生病、打針、吃藥、社會交往……等），而患有恐懼症。脫敏的方法就是消除這些恐懼症的方法。假設這些恐懼是由經典條件反射造成的，引起害怕的刺激可看作條件刺激，它們過去曾與引起害怕的無條件刺激結合過，條件刺激所引起的害怕經驗是一種條件恐怖，因此，可以通過多次只呈現條件刺激，不呈現無條件刺激（引起害怕的條件）來清除這種條件恐懼。這種消退的程序就是系統脫敏感作用的基礎。

二、認知性學習實驗

條件作用的學習，強調的是聯結的形成，即刺激與反應之間建立聯結。這一原理對於解釋和預測某些行爲是重要的。但是有些行爲特別是人類的學習，用條件性學習卻難於解釋。認知主義心理學家認爲考慮複雜的學習問題，應注意認知過程的作用，即知覺、記憶和思維等信息加工過程，也就是應注意個體如何獲取信息，作出計劃和解決問題。他們提出學習者在記憶中形成一種認知結構，這種認知結構會產生維護和組織在學習情境中所發生的各種事件信息的作用，認爲學習不能簡單地歸納爲刺激—反應問題，而是認知過程的產物。典型的實驗有以下幾種：

(一)頓悟學習

由格式塔心理學家苛勒提出的黑猩猩用短棍勾取長棍，再用長棍勾取食物的實驗，以及黑猩猩用疊木箱摘取放在天花板的香蕉實驗，這類實驗說明了格式塔心理學家關於學習的觀點，黑猩猩能解決某些複雜的問題，似乎是通過「頓悟」抓住了問題的內部關係，也就是說解決問題不是像工具性條件反射實驗所揭示的是靠嘗試錯誤，而是靠領悟了在解決問題中有重要意義的事物內部關係。何以得到如上的結論，是看到猩猩在用短棍取不到食物，或直接跳躍搆不到放

在天花板的香蕉之後，有較長時間的停頓，仔細地觀察周圍的環境和可利用的物件，經過一段時間之後，便產生頓悟行為。這一類實驗中，問題情境的複雜程度，可作為自變量，而對所設立問題的解決與否，或解決設立問題的概率（或正確率、錯誤率）作為反應變量。

(二)認知地圖實驗

托爾曼認為學習是一種信念（belief）或期望（expectancy）。他研究了白鼠走一種複雜迷宮問題，他認為白鼠走迷宮，學習的不是左轉或右轉的序列，而是在它的腦中形成一種認知地圖，一種關於迷宮的心理地圖，如果一條熟悉的路被堵塞，則白鼠就會根據認知地圖所展現的空間關係採用另一條路線到達目標。說明這一理論的位置學習（place learning）實驗，分甲乙兩組白鼠，甲組白鼠從S_1出發向右轉到達食物點F_1，若從S_2出發也向右轉到達食物點F_2，反複試驗多次。乙組白鼠則從起點S_1出發向右轉到達食物點F_1，若從S_2出發則向左轉到達食物點F_2，F 是固定的，實驗結果表明乙組白鼠的學習速度比甲組快，這一事實認為白鼠的學習主要是認識達到目標的符號及其意義，即獲得位置的認知圖，不是獲得一套特殊（向右或向左）的動作反應（見圖 12-2）。迂迴實驗（見圖 12-3）也是證明位置學習優越性的實驗，這一實驗所用的迷宮有三條通向食物的途徑，途徑 1 最短，途徑 2 次之，途徑 3 最長，實驗時先讓白鼠熟悉三條通向食物的途徑，一般情況下，白鼠選擇較短的途徑通向食物。當途徑 1被堵塞時（阻塞甲），白鼠就在途徑 2 與 3 中選擇較短的途徑 2；如果途徑 2 亦被堵塞（阻塞乙），白鼠只好走途徑 3 了；迷宮實驗中當堵塞甲時，白鼠從甲點退回，改走途徑 2；當堵塞 2 點時，白鼠退回，不走途徑 2 而走途徑 3（大多數白鼠是這樣），好像白鼠頭腦中有一個迷宮情景地圖，更明確其間的空間關係，可見其學習不是對平時訓練的途徑順序的習慣行為，而是對迷宮的空間關係進行學習。

托爾曼的另一個證明認知結構學習的實驗是潛伏實驗。有三組白鼠走迷宮，第一組白鼠到達迷宮終點後給食物獎勵，稱獎勵組；第二組白鼠在到達迷宮終點時不給獎勵，稱無獎勵組；第三組白鼠在到達迷宮終點時，前十天不給獎勵，第十一天後給獎勵，稱中途獎勵組。結果發現，第三組白鼠在第十二天後到達迷宮終點的錯誤次數少於獎勵組，更少於不獎勵組（見圖 12-4）。

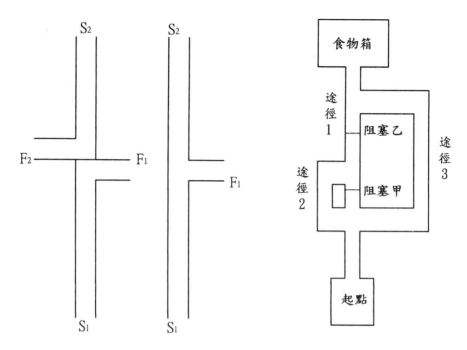

圖 12-2　位置學習實驗示意圖　　　圖 12-3　迂迴實驗示意圖

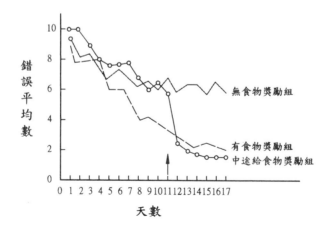

圖 12-4　三組不同獎勵方式的白鼠迷宮實驗結果

　　為什麼中途獎勵組的平均錯誤在得到食物強化後，明顯少於獎勵組？托爾曼認為，該組白鼠在頭幾天沒有強化，在對迷宮的情景進行探索，同樣進行了學習，形成了迷宮認知地圖，當後來給予食物強化後，這認知地圖使其成績趕

上來，他的結論為學習不是由於強化而獲得動作反應的範型，而是形成一種認知結構，這種認知結構的發展在沒有強化的情況下也可以進行。

上述的幾個實驗中，迷宮的情景及有無獎勵等都作為自變量，而走迷宮的錯誤次數等則作為反應變量。

(三)*人類的迷宮學習實驗*

人類的迷宮學習是人類動作學習的一部分，它主要用於研究只利用動覺與觸覺獲得信息的情況下，如何學會空間定向。所用的迷宮有大型的身體迷宮、槽形的小棒迷宮，和凸起的手指迷宮等等，迷宮的種類和通道的形式有各式各樣，但研究設計是共同的：要求受試者在排除視覺的條件下，學會從起點進入迷宮，通過許多叉路，順利地找到出口。在每個叉路口都設置了一個死巷，進入死巷就計一次錯誤。從起點到終點連續三次不進入死巷，就算學會。

根據學習中受試者進入死巷的次數，分析受試者掌握迷宮各部位的空間關係順序，受試者的個體差異、學習策略（動覺的、視覺表像、語言思維）等。根據所研究的認知學習的理論問題，而設計具體的研究程序。

三、文字學習

文字學習又稱言語學習。文字學習實驗中的學習材料是文字材料。有字、詞、句子、數字、號碼、外文字、詞、句子等，除此之外還有無意義音節、幾何圖形、無意義圖形等等。文字學習的材料，對於所有的受試者而言，其聯想效果應該相同或相近，因此，一般應考慮字的使用頻率，詞的使用頻率，甚至有的實驗還應控制聯想率。在有些學習實驗中（視研究的問題而定），最好使用無意義音節，這樣才能準確地揭示文字學習的規律。無意義音節由艾賓浩斯首創，是由三個輔音或兩個輔音中間夾一個元音所組成，嚴格說來無意義音節有些也是有聯想值的，只不是普遍聯想值較低罷了。在學習實驗中，對文字材料包括圖形材料聯想值的控制是設計實驗時必須首先想到的問題，也是難度較大的一個問題。

有關文字學習實驗的方法以及研究的有關學習問題很多，現分述如下：

(一)*系列學習*

在日常生活中屬於系列學習的內容很多，需要學會事物之間的順序關係，如：電話號碼、背詩詞文章、歷史事件……等系列學習是研究建立事物間順序

關係的學習實驗方法。學習材料一般為七至十幾個項目的單子，實驗時以一定的速度（通常每個項目呈現二秒鐘）按固定的順序一個一個地呈現，要求受試者依次記住每個項目在順序中所占的位置。從第二遍開始用提示法進行學習，即先呈現一個「×」號，然後讓受試者說出字表的第一項，然後再出現第一項具體內容（一是為核對，二是為提示下一個項目），依此類推，直到受試者能夠三次正確地再現字表項目，就算學會。統計各受試者所學的遍數、統計各項目的正確率等，以分析系列學習的一些規律。

(二)對偶學習

對偶學習是學習的基本方式，許多複雜的學習如概念形成、解決問題等都在它的基礎上進行。日常生活中把兩件事物配對進行學習的方式很多，如漢語與外語的學習，人名與人的臉型的配對學習等。對偶學習是研究這種配對學習的實驗方法，所用材料一般為七、八對左右，每對項目呈現一定時間（一般為二秒），間隔一定時間（一般為三秒）再呈現下一對項目，依此，呈現全部的項目，從第二遍開始，先呈現一對項目中的一個詞（作為刺激詞），然後讓受試者回憶該對項目中的另一個詞（作為反應詞），不管受試者是否正確，緊接著呈現反應詞，依此，呈現各對項目，每遍實驗中各對項目的呈現順序是不同的，這是為控制各對項目之間避免建立聯繫。統計各受試者學習差異、檢查遺忘、學習深度等等都可用此方法。

(三)學習遷移

先前的學習影響後來學習的現象，叫做學習的遷移。遷移的效果有兩種，先前的學習對後來的學習產生促進作用，叫正遷移；先前的學習對後來的學習產生阻礙作用，叫負遷移。

學習遷移實驗中常用一些符號表示設計所用的材料：A、B、C 代表不同的刺激系列；X、Y、Z 代表不同的反應系列，用 AX 代表一套特定的對偶學習材料，用 (AX)'代表一套學習材料的刺激與反應和上一套學習材料用的刺激反應相同，但每個刺激與反應的聯繫改變了；AX$_1$代表一套與學習材料的刺激與上二套用的刺激相同，但反應不相同，X$_1$與 X 為有關或相似的材料。例如先學習的材料是 AX，後學的材料有五種不同的情況：⑴刺激與反應都不相同，表示為 BY；⑵刺激相同、反應不同，表示為 AY；⑶刺激不同、反應相同，表示為 BX；⑷刺激相同、反應相似，表示為AX$_1$；⑸刺激與反應都相同，但二者的聯繫改變

了，表示爲（AX）'。用表 12-1 的簡單圖形和詞的聯繫說明如下：

表 12-1　遷移實驗的各種學習材料說明

AX	☆—美麗　□—冬天　△—愉快	先學材料
BY	○—花貓　✕—帽子　※—書桌	與 AX 刺激不同，反應不同
AY	☆—花貓　□—帽子　△—書桌	與 AX 刺激相同，反應不同
BX	○—美麗　✕—冬天　※—愉快	與 AX 刺激不同，反應相同
AXᵣ	☆—漂亮　□—寒冷　△—高興	與 AX 刺激相同，反應近似
（AX）'	☆—愉快　□—美麗　△—冬天	與 AX 刺激與反應都相同，但二者的聯繫改變了

　　學習遷移的實驗設計有各式各樣，這根據研究遷移的不同特質而設計，歸納起來大約有如下兩種形式：相繼練習法和前後測驗法。

　　1. 相繼練習法

　　一般爲實驗組、控制組（又稱對照組），隨機取樣、隨機分組的方法，這是最常用的一般形式。

方案之一

	先學	後學
實驗組	AX	AY
控制組		AY

　　用 t 檢驗方法檢驗兩組受試者在學習 AY，達到學會標準時所用學習遍數上有無顯著差異，若差異顯著，說明學習 AX 有遷移的現象存在，學習組 AY 大於控制組 AY 爲正遷移，反之爲負遷移。此種設計方案，雖然能研究遷移現象是否存在，但不能準確回答這種遷移是由學習 AX 內容的遷移（特殊遷移），還是學習 AX 的方法或經驗方面的遷移（非特殊遷移）。

方案之二

	先學	後學
實驗組	AX	AY
控制組	BZ	AY

　　此種設計方案都有先學，但讓其內容或方法上有一個方面相同，另一個方面不同，這樣可將這方面的作用分離開。AX 與 BZ 在學習方法方面相同（例如都是對偶學習）。AY 與 BZ 不相似，也不矛盾，可假設特殊遷移為 0。所謂特殊遷移是指對特定學習內容的影響，非特殊遷移則是指對一般性的與特定學習內容沒有直接關係之因素的影響。一般指學習方法、經驗等則屬非特殊遷移。上述設計中方法相同，BZ 與 AY 又無關係，故若兩組之 AY 有差異，則可歸於特殊學習方法方面的遷移了。若上面的設計材料改為相似，用 AX_i 代替 BZ，而學習方法不同，這時 AY 之相差，則可歸結為方法之遷移效果不同了。

方案之三

	先學	後學
實驗組₁	AX	BY
控制組		
實驗組₂	BY	AY

　　方案之三的實驗採用析因與區組混合設計，採用相關樣本析因設計的方差分析可以分析出先後學習、不同材料各自的差異（遷移作用），以及先後學習與不同材料之間的交互作用。統計分析格式如下：

學習順序		先學	後學
材	AX	實驗組 1	實驗組 2
料	BY	實驗組 2	實驗組 1

2. 前後測驗法

	前測	學習	後測
實驗組	AX	BY	BX
控制組	BX	—	BX

　　這種前後測驗法，一般是用於動作遷移實驗的一種常用設計，例如 BX 為雙手協調器調節的錯誤次數，先測定左手的錯誤次數，實驗組用左手練習，控制組沒有，再測右手的調節，記錄其錯誤次數。學習遷移，也可用此種設計。對於這種設計方案，實驗結果的統計分析視分組情況，若分組爲非隨機的，則用共變數變異數分析；若分組用隨機取樣，隨機分組的方法，則可用 t 檢驗，只考查後測 BX 的差異，亦可用後測 BX 減去前測 BX 之差的 D 值進行假設檢驗。當然，這種隨機組用共變數（協方差）分析，也是很理想的。

　　遷移值強度的測量。遷移效果除有正負之分外，還有強度之差異，一般常以達到學會的標準（一般爲連續三次不發生錯誤）所用的學習遍數爲指標，用下式計算：

$$遷移效果 = \frac{後學\,E - 先學\,E}{先學\,E} - \frac{後學\,C - 先學\,C}{先學\,C} \times 100$$

E 代表實驗組，C 代表控制組

　　若結果大於零則爲正遷移，等於零則爲無遷移，小於零則爲負遷移。如果實驗組、控制組完全相等，則可只採用後學次數計算，這稱之爲節省法。

$$遷移效果 = \frac{控制組後學次數 - 實驗組後學次數}{控制組後學次數} \times 100$$

㈣前攝作用與倒攝作用的實驗

前攝作用是指以前學過的材料，對後來學習材料保持的影響，倒攝作用是指後來學習的材料對先前學習材料的影響。影響有兩種：不良的和有利的；不良的稱爲抑制，有利的稱爲助長。前攝作用與學習遷移不同，前攝作用是指對保持的影響，而遷移是指對形成新的聯繫的影響。反映到測量指標上，遷移是用達到學會（按一定標準）某一標準時所用的學習材料的遍數，而前攝作用是用達到學習某一標準後，再學的遍數或保持的情況爲指標。

1. 研究設計

前攝與倒攝實驗研究設計有實驗組控制組法。倒攝作用的設計如下：

實驗組	學習材料 A　學習材料 B　再學材料 A
控制組	學習材料 A　————　　再學材料 A

如果實驗組、控制組是隨機取樣、隨機分組，則只檢驗兩組再學材料 A 所需學習次數的差異，就可了解學習材料 B 是否存在倒攝作用了，若兩組非隨機分組，則應該用共變數分析方法進行統計分析。控制組沒學材料 B 的空閒時間內，必須嚴格控制，即不能從事一切有利或不利於學習材料 A 之活動。

若研究前攝作用，只將對材料 B 的學習放在學習材料 A 之前即可。

實驗組	學習材料 B　學習設計 A　再學材料 A
控制組	————　　學習材料 A　再學材料 A

對其作用的統計分析方法，與倒攝抑制作用相同。

2. 前攝、倒攝作用大小的測量

對前攝與倒攝作用大小的測量，都是以再學材料 A 的遍數爲指標，用下式計算其作用大小分數。

$$前、倒攝作用大小 = \frac{控制組再學 A 的遍數 - 實驗組再學 A 的遍數}{控制組再學習的遍數}$$

若結果大於零為抑制作用，等於零為無作用，小於零為助長作用。

㈤影響學習效果因素的實驗研究

在任何一種學習實驗中，都要注意控制這些影響學習實驗的因素，實驗研究證明有以下一些因素：

1.材料的意義性

材料越有意義學得越快。

2.材料的鮮明性

印象鮮明，學得快、記得牢。

3.材料的系列位置效應

含首因效應與近因效應，每個項目被學會的快慢與它在整個系列中的位置有關，系列開頭的項目學習效果最好，稱首因效應，系列位置結尾部分的學習效果次之，稱近因效應。系列位置中間偏後部分的項目學習效果最差。研究系列位置作用的實驗常用提示法，這種方法既可保證對每個項目呈現時間固定不變，又可了解每次學習各個項目所達到的水平。

4.材料的難易程度

容易的材料，開始學得較快，而後變慢；較難的材料開頭學習困難，進步較小，而後進步較大。

5.學習方法

死記硬背的材料學習效果不好。而通過聯想，有意識地將材料加以組合，會提高學習效果，因此有些材料要注意控制這些因素。

整體學習與分段學習，視不同學習材料，受試者可能採用不同的策略，實驗中都應予以了解和控制。

6.受試者因素

動機、疲勞等受試者因素是影響學習效果的一個重要因素，視不同的學習材料和受試者不同的個體情況而定，實驗中必須給予充分地注意。

第三節　學習實驗設計程序及學習進程的描述

一、學習實驗設計程序

㈠學習實驗中各種變量的標識

學習實驗是很複雜的實驗。在學習實驗設計之始，首先要標識實驗中的各種變量。這些變量包括：學習實驗中的自變量、反應變量，以及各種無關變量。要想使學習實驗有效且又可靠地說明或驗證某一理論問題，必須能夠縝密地控制各種無關變量。清楚地標明自變量，恰當地選用反應變量的測量指標。

1.學習實驗中的自變量

學習實驗中的自變量有各式各樣。從第二節所述的學習實驗簡介可知，不同的學習理論體系其自變量的種類也不同，因此，在標明、選擇、操縱、變化自變量之前，必須首先對自己所要研究的問題，從理論上予以定位，然後選擇、標明自變量。總括起來，不管各種學習理論的特殊要求是什麼，學習實驗中，各種自變量大致包括如下一些內容：

⑴學習材料方面

有言語材料與非言語材料兩類，言語學習材料中，學習材料的內容其意義性與鮮明性、文字材料的難易度、長度、熟悉度、中文還是外文、學習材料中各項目的系列位置等等。非言語材料有實物、圖形、動作等，實物與圖形有意義與無意義兩類，迷宮、打字拍電報、鏡畫、投球、打靶等是研究動作學習實驗常用的材料，這些學習材料作爲自變量，可由研究者根據需要確定。但上述所列很多自變量內容，是屬於同一材料的不同屬性特徵，如意義性、鮮明性、難易度、長度等，在一項研究中，這些屬性特徵不可能同時作爲自變量因素，有時只能選其中一、二種特徵作爲自變量因素，其餘的都作爲控制變量因素須加以控制，在控制文字材料的意義性方面，艾賓浩斯所創用的無意義音節是一種很好的嘗試，儘管有的研究指出（T. A. Glaze, 1928），無意義音節也有不同的聯想值，但與一般文字學習材料相比，是小多了，也便於控制了。

⑵學習材料的呈現方法方面

學習實驗中自變量的因素有很多，除材料外，材料的呈現方式也是自變量

的一種，因爲不同的呈現方式，對學習的效果影響是不同的。一般情況下，學習材料的呈現方式不同，使用的反應變量的指標也不同。不同的呈現方式所要求的材料特點也不同，有時各種不同的呈現方式的學習效果不能直接比較。這些都要在學習實驗設計中予以充分注意。具體的學習材料呈現方法有以下幾種：

①全部呈現法：將全部學習材料在一定時間內一次性呈現給受試者學習。要求學習達到某一標準而不限定學習時間。受試者如何學習十分自由，這種方式對研究不同受試者及同一學習材料，或同一受試者學習不同材料之學習上的差異，是一種可取的方法。但這種方法不能控制受試者分配給各部分實驗材料的學習時間，也不能反映出學習的進程，更不能控制受試者的學習方式。例如，受試者對所達到標準的掌握程度會不相同，有人很冒昧地說，他已學習得夠標準了，如果嘗試檢查一遍，發現他並沒有達到標準，這一次算不算作一次學習呢？在一次性呈現法的學習中，有的受試者對學習材料已大部分掌握，而對其中一部分掌握起來卻很困難，這個學習進程就很難分析。這種方法的優點是可適用於各種學習材料。

②提示法或預料法：這種方法是把所學的材料按系列將項目等速依次呈現，因此又稱系列呈現法。在第一遍學習時，受試者的任務是學習每一系列呈現的項目，在第二遍學習時，受試者則將所呈現的項目與它相連的前一個項目核對，看自己是否說對了，之後再預示與這一項目相連的下一個項目是什麼，依此類推，再學完所有的項目，故這種方法稱爲提示法（用所呈現的項目提示下一個項目），或預料法（根據所呈現的項目，預料下一個該出現的項目是什麼）。核對和預料都要在一個項目呈現和下一個項目呈現之前這一時間間隔內完成，一般用時 2～3 秒鐘左右，如此這般，學習所有的項目，直至受試者對材料的學習達到一定標準（例如連續三次無錯誤），應用這種呈現學習材料的方法，可用記憶鼓、計算機編程呈現，或呈現時間、間隔時間可以調節的投影儀或幻燈、電影放映機等等，達到對呈現時間與間隔時間嚴格控制，並能自動操作。應用這種方法可以獲得幾項指標：達到標準所需要的時間數、學習遍數，達到標準前總的錯誤次數和每一次學習的錯誤數，每個項目學習的錯誤數，根據每次的學習成績，可以給出對整個學習材料的學習曲線，探索每個項目的學習進程、系列位置效應等等。

③聯合對偶法：這種方法是將學習材料中的項目成對組織，每對項目一起

呈現,這樣將整個所要學習的材料,一對一對依次呈現。在第二遍學習時,可以按提示法,先呈現一對項目中的一個,讓受試者預料下一個,然後再呈現下一個,可以呈現一對項目,讓受試者預料下一對項目。如此,呈現所有成對的項目。爲避免受試者對各對項目之間形成聯繫,各對項目呈現順序要隨機化。

④記憶廣度法:這種方法適用於研究在學習材料一次呈現後受試者能學習多少個項目數這類學習問題。所用的學習材料一般爲數字、無意義音節、字母、圖形等。具體方法是準備多套(不少於三套)不同數目(一般爲三~十二個左右)的數字、字母、圖形、無意義音節的字表,字表的長度要超過受試者的記憶廣度,因爲受試者有時能回憶較長的字表,而不能回憶較短的字表,對於長度相同的字表,有時能正確回憶,有時又不能正確回憶,在這種情況下,用平均記憶廣度法。具體做法是,每種長度的字表有三個,能正確記憶兩個,那麼這個長度記 $\frac{2}{3}$;其它字表也有三個,但只能記憶一個,則得 $\frac{1}{3}$;將二者之和加到完全能記憶的那個字表上去,例如能記住六位數字的字表,因此基數爲六,七位數字的能記憶二個,得 $\frac{2}{3}$;八位數字的字表能記住一個,得 $\frac{1}{3}$,其平均記憶廣度爲:$6 + \frac{2}{3} + \frac{1}{3} = 7$。

(3)學習方法方面

學習的方法不同,其學習效果不同。這些方法可作爲自變量操縱變化,研究其對學習的效果。同時這些方法或策略,在一般的學習實驗中,應作爲控制變量予以嚴格控制。這些方法有:

①機械學習與意義學習:有的受試者在學習中,善於利用聯想,將無意義的學習材料,賦予一定的意義進行學習,提高學習效果。

②整體學習與分段學習:其學習效果視不同學習材料而定,但有的受試者不善於變化,影響學習效果;有的受試者則恰相反,學習效果明顯較好。有的研究遇到這種情況,而這些又不是所欲研究的問題,例如遷移實驗中,若遇到這類問題,對學習材料的遷移作用,就難於解釋。

③學習程度——低度學習與過度學習:所謂低度學習是指對學習材料的學習僅達到一次背誦的標準;而過度學習是指達到一次背誦之後,仍繼續學習,過度學習的學習效果遠優於低度學習,因此,對學習材料達到一定標準——即

對學習材料達到無錯誤記憶的程度要予以嚴格控制。

④學習時間分配：學習材料不同的時間分配，其學習效果是不同的，因爲這裡有遺忘、恢復等問題。這要視研究的具體問題而定。

(4)受試者方面

受試者的身體狀況、動機因素等都影響學習效果。學習中是否有反饋，其學習效果是不同的，受試者知道自己的學習結果對改變動機、提高學習效果有重要影響。另外，每個受試者完成工作的傾向，會影響學習效果，勒溫（Kartlevien, 1935）的研究提供了很多例證。蔡戈尼克（B. Zeigannik）效應是指未完成的工作優勢記憶現象，也是動機影響學習效果的證明。除動機、疲勞之外，受試者的恐懼、滿足、抑制會降低學習效果，除此，還有一些其它誘因，內驅力等等都會影響學習效果。這些受試者因素，在學習實驗中都應予以控制。

(5)時間間隔方面

在條件性學習中，信號刺激呈現後的時間間隔也可作爲自變量。在人類有關的學習實驗中，時間問題也可作爲自變量因素。

2.學習實驗中的反應變量

學習實驗中的反應變量，也是種類繁多的，條件反射實驗中，動物唾液的分泌滴數或容積、獲取食物的時間、學習材料達到某一標準的學習遍數、迷宮學習的錯誤次數、學習遍數、學習項目掌握的正確率、學習進程曲線（作爲高次反應量），每條學習曲線作爲反應變量可以考慮收集以下幾方面的數值：收益大小——首次與末次的數量、收益速度、曲線斜率、達到某一標準的嘗試數目等等。

3.學習實驗中的無關變量

從自變量的描述中可知，自變量的種類很多，在一個學習實驗中，只能選擇一兩個因素各取幾個不同的水平進行研究，那麼餘下所有的自變量因素都應作爲無關變量，應予以嚴格控制，否則會使學習實驗歸於失敗。

(二)*學習實驗的目的和設計*

學習實驗也要依據研究目的來進行設計，實驗目的不是劃一的，因此，實驗設計也應不同。實驗中如何確定自變量、反應變量及無關變量，都要依實驗目的而定。學習實驗大約有三種類型：探索型、函數型以及驗證假設型。在實

驗中假設可能被實驗結果所支持，可能被否決，可能不回答任何問題，也可能因為受試者的數目過少而失敗。為了驗證假設，需要精心地設計實驗，根據實驗結果反複修正設計，特別注意控制各種無關變量。實驗中對於受試者的取樣，一般應遵循統計學要求的隨機取樣、隨機分組，用統計方法對結果進行分析。

二、學習進程的描述——學習曲線

用圖示法描繪在一段連續的學習時間內行為變化的曲線，稱作學習曲線。它給人以簡明清晰之感，對於因學習而引起行為上的變化與時間因素的關係，可一目了然，這是整理分析數據的一種經濟、有效的方法，也是科學領域中常用的方法，學習曲線還能作為學習實驗中的一種高次反應變量。

(一)*學習曲線的繪製方法*

  1. 個體學習曲線

個體學習曲線的繪製很簡單，基本步驟是以每次的學習結果與學習次數（或時間）相對作圖。這裡首先要規定表示學習效果的指標，即因變量的測量單位，常用的指標有正確反應的次數或百分數，錯誤反應的次數或百分數，反應時間以及單位時間內工作量等等，它們作為學習曲線的縱坐標。橫坐標是練習次數或時間等表示自變量的各種指標。如圖 12-5 所示。該圖是引自桑代克（1898）的一個實驗材料，一隻貓在一個迷津上作二十四次嘗試，記下每次嘗試的時間。以橫坐標表示嘗試數，以縱坐標表示每次嘗試的時間。這是早期的學習曲線常用的方法，但由於實驗條件沒有得到很好的控制，在數據上出現較大的波動，不易顯出變化的趨勢，這種情況下，一種方法是採用鄰近的幾次結果平均（可用中數）的辦法畫曲線，雖然喪失細節，但可修勻曲線，發展趨勢表現得較為明顯。另一種方法是繪製累積的學習曲線，即將實驗時間內受試者行為變化累積起來，它的優點可以從曲線上直接讀出行為變化的速度，可使每次行為上參差不齊的情況不太明顯，從而突出了變化的規律，還可從曲線斜率所表現的學習速度上，看出變化的進程。如將圖 12-5 的結果用累積曲線的形式表示。則如圖 12-6 所示。

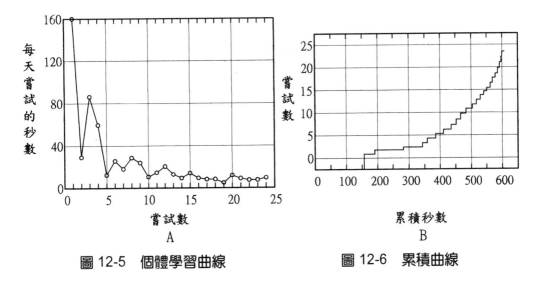

圖 12-5　**個體學習曲線**　　　　圖 12-6　**累積曲線**

　　圖 12-5 與圖 12-6 外貌雖不相同，但卻反映的是同一事實，在圖 12-6 中各次嘗試時間參差的情況看不清楚了。但學習趨勢卻依然明顯。從曲線的斜率上可以看出：⑴幾次嘗試得分數相等，累積曲線斜率一定；⑵如果成績下降，累積曲線的增長速度減低；⑶成績提高，累積曲線斜率增大；⑷累積曲線不會下降，即使受試者停止反應，曲線也只能變平而已。

　　2. 集體學習曲線

　　繪製集體的學習曲線步驟與個體學習曲線相同，不同之點是用平均的行為變化，即每次學習成績的平均數（或中數）。

　　⑴傳統的學習曲線

　　是將不同受試者各次學習的成績取平均。傳統的學習曲線方法是在各個受試者的練習次數相同，各受試者在各次學習成績變異不太大的情況下經常採用的方法。有時為了更好地反映群體的學習進程，當每一次嘗試的個別分數變異較大時，經常用時間對數，或錯誤的對數，或用中數代替平均數。

　　⑵梅爾頓學習曲線

　　在出現零個錯誤或100%的正確時，用上述傳統的學習曲線方法就不能很好地表現集體的學習進程，因為100%可能出於天花板效應的作用，當用很少的次數學會學習內容時，不能從百分數上表示出來。學習實驗中，受試者的個體差異總是存在的。比如，掌握同樣的十二個無意義音節，有的受試者練習七次就

可以了，而有的受試者卻要十四次之多，如果按上述辦法繪製集體的學習曲線，就很難反映實際的學習進程情況。在這種情況下，常用梅爾頓（A. W. Melton, 1936～1941）等人介紹的方法：不計算各次練習成績的平均數，而是計算達到每個標準所用的平均練習數，這種曲線又稱作梅爾頓平均學習曲線，可見梅爾頓曲線適合個體差異明顯的學習情境之集體學習曲線的繪製方法。

下表是A、B、C三個受試者，分別學習掌握十二張照片上的人的名字的實驗結果：

表 12-2

成績	1	2	3	4	5	6	7	8	9	10	11	12	13	14	（次數）
受 A	3	5	6	8	11	10	12								
試 B	2	3	5	7	6	9	9	10	11	11	12				
者 C	1	2	3	4	5	5	8	7	9	8	10	10	11	12	
平均	2	3	3	4	7	6	3	7	8	9	7	?	?	?	

用上表的結果，若按前面講的傳統學習曲線方法，求每次各受試者的學習成績平均的方法，就不能很好地反映群體的學習情況，若用梅爾頓的方法，可將表 12-2 改為表 12-3 和圖 12-7 的形式：

表 12-3

標準	對各標準的嘗試數			對各標準平均嘗試數
	A	B	C	
12	7	11	14	10.7
11	5	9	13	9.0
10	5	8	11	8.0
9	5	6	9	6.7
8	4	6	9	5.7
7	4	4	7	5.0
6	3	4	7	4.7
5	2	3	5	3.3
4	2	3	4	3.0
3	1	2	3	2.0
2	1	1	2	1.3
1	1	1	1	1.0

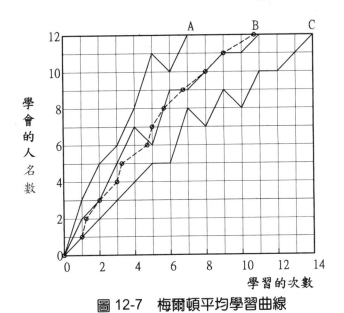

圖 12-7　梅爾頓平均學習曲線

(3)文生學習曲線

　　文生學習曲線也是集體的學習曲線，是動物學習研究中一個較老的平均學習曲線繪製方法，首先是由文生（B. B. Wincent, 1912）建議使用的。後來雖然在細節上不少人作了一些修改，至今仍沿用此名稱。

　　文生學習曲線適合不同受試者、不同學習內容、所要掌握的標準不同、各受試者達到標準的次數也不同的情況下繪製學習曲線。遇到上述情況如何繪製一條平均的學習曲線，顯然地，採取簡單得分平均的方法不行，這時就將各受試者的得分及練習次數都轉化成相對數——百分數才能進行。文生曲線的縱坐標是以成績的百分數為圖尺，橫坐標是以次數的百分數為圖尺作圖。

　　下面是假想的兩個白鼠A、B學習迷津的結果，A有二十個錯誤應該消除，用了十一次就達到消除所有的錯誤。B有三十三個錯誤應該消除，B用了十七次達到全部消除錯誤，結果及數據轉換如下：

表 12-4

受試者 A 的結果					受試者 B 的結果				
嘗試次數	嘗試次數百分數	錯誤次數	錯誤次數百分數	正確次數百分數	嘗試次數	嘗試次數百分數	錯誤次數	錯誤次數百分數	正確次數百分數
0	0	20	100	0	0	0	33	100	0
1	9	18	90	10	1	6	23	69	31
2	18	15	75	25	2	12	18	54	46
3	27	12	60	40	3	18	16	48	52
4	36	10	50	50	4	24	13	39	61
5	45	10	50	50	5	29	11	33	67
6	55	8	40	60	6	35	8	24	76
7	64	5	25	75	7	41	10	30	70
8	73	4	20	80	8	47	7	21	79
9	82	2	10	90	9	53	8	24	76
10	91	1	5	95	10	59	5	15	85
11	100	0	0	100	11	65	2	6	94
					12	71	4	12	88
					13	76	1	3	97
					14	82	2	6	94
					15	88	1	3	97
					16	94	1	3	97
					17	100	0	0	100

依據上表數據作圖如下：

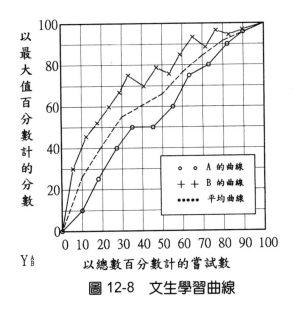

圖 12-8　文生學習曲線

X	10	20	30	40	50	60	70	80	90	100
Y_A	12	28	43	50	68	78	87	94	100	
Y_B	41	55	68	71	78	86	90	95	97	100
Y_{AB}	26	41	55	60	66	77	84	91	95	100

　　當各受試者的嘗試次數的百分數和成績分數的百分數計算出來之後，就可畫各受試者的學習曲線，再把橫坐標分為十等分（或再多些），求出各受試者在橫坐標每一點上的縱坐標值，再把各受試者縱坐標的值平均，即可得到文生曲線的每一點。當然，如果需要，也可用內插法計算，代替作圖法。

(二)學習曲線的基本形式

　1.上升或下降的形式

　　上面所講的學習曲線繪製，只是其中典型的幾種方法。每個研究者可用不同的方法繪製學習曲線。因而曲線的形狀可以有不同的差別。只要學習曲線的橫坐標用以表示：練習等自變量的度量——嘗試次數、練習時間等等；縱坐標標誌成績等因變量的某些單位，如每分鐘打字字數、中靶次數、正確反應的百分數等等，則曲線是上升的，如圖 12-7、12-8。

　　如果縱坐標用錯誤反應的數目（包括百分數），或完成單位工作所需要的

時間，則曲線的形式是下降的，例如圖 12-5。

2.表現學習進展速度不同的三種形式

這裡主要討論上升形式的學習曲線所表現的學習進展速度的不同情況。

一條完整的學習曲線是 S 型，先是正加速的初始期，繼之是一個穩定的收益期，而其後則以負加速結尾，好像趨於極限似的。這種形式的學習曲線表示受試者從眞實的零開始，即受試者對於所學的材料毫無經驗可利用，因此，開始進步得很慢，爾後隨練習的增加，成績上升很快，這就是所說的穩定收益期。當成績達到一定的水平之後，進步速度減慢，直至進步非常之小，好像接近最後的水平，這一段曲線呈負加速形式（見圖 12-9、圖 12-10）。

(1)負加速形式：受試者從第一次嘗試本身便快速上升。以後慢下來，雖然每次都有進步，但進步的加速度一次比一次小，出現一種負加速的初始期。這說明受試者對學習材料有一定的經驗可以利用或原來已有了一定的學習基礎。一般來說，學習任何事物多少總有一些經驗可以利用，因此，負加速曲線出現的可能性較大（見圖 12-7、12-8）。

(2)正加速形式：顯示受試者在學習的初始期進步很慢。但每次比前一次有進步，而且進步的加速度是增加的，曲線呈正加速形式，說明受試者對學習材料毫無經驗可用（或已有的經驗起干擾的作用）。受試者是從眞實零開始的（見圖 12-9）。

正加速形式和負加速形式曲線，不是一條完整的學習曲線。它只反映學習進展中某一段的情況。一條完整的學習曲線是 S 型曲線，一般它是由許多受試者的結果修勻後得到的。

a 正常　　　　b 負加速　　　　c 正加速

圖 12-9　上升曲線的三種學習速度不同的形式示意圖

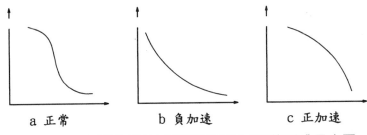

a 正常　　　b 負加速　　　c 正加速

圖 12-10　　下降曲線的三種學習速度不同的形式示意圖

(三)學習曲線的極限問題

大多數學習曲線，在結尾期顯得比較平緩，似乎不再有所進展，因此有人認為，這裡已到了最後的練習水平或極限。實驗證明，這種極限只是相對的，這只在學習方法、學習動機恆定不變時，它才是一種最後的練習水平或極限。這只在上述的特定條件下成立。如果受試者改進了學習方法，或者增加了學習的新動機因素（誘因），那麼一條新的學習曲線便在原來的學習曲線的基礎上開始升高了。

在學習進程達到最後練習水平之前，經常出現一段較為平緩的階段，好像沒有什麼進步（甚至有一點退步），這個時期叫高原期，也稱高原現象。高原一般是學習複雜技藝時，在學習方法（或自動）保持恆定時出現的現象，如果學習方法或動機變化，高原即被突破。例如學習打字，開始以字母為單位，練習一段之後，出現高原，當以單詞為單位時又進步很快。因此，高原只能被看作是以某種方式，完成某一任務時的練習極限，如果條件改變，成績即可提高，曲線又會上升。高原也可能導因於任務中有一種困難的因素在阻礙進步，如果能克服掉這些困難，曲線仍可繼續提高。

上述有關學習曲線極限問題的討論，可以提示一個問題，即應用學習曲線描述學習進程時，應特別控制學習方法問題。如果學習方法不能很好地控制，僅據學習曲線對學習問題作全面描述，可能不公正。只憑一條學習曲線不能告訴我們，受試者是用什麼方法、怎樣地去進行學習。這一點在設計學習實驗時，要予以注意。

參考文獻

1. 林仲賢等著〈1987〉。實驗心理學。北京科學出版社。

2. 孫曄等譯〈1987〉，P. H. 林賽、D. A.諾爾曼著。人類信息加工。北京：科學出版社。

3. 赫葆源等著〈1983〉。實驗心理學。北京：北京大學出版社。

4. 韓進之等譯，道格拉斯 & L. 欣茨曼著〈1987〉。學習與記憶心理學。瀋陽：遼寧科學技術出版社。

第十三章　常用心理實驗儀器的操作和應用

　　本書只介紹一部分常用的心理實驗儀器的操作和應用，而且隨著科技的進步，心理實驗儀器也不斷改進，因此所介紹的心理實驗儀器只是其中最基本的。這些儀器對培養學生的實作能力、及對經典實驗的了解，以及一些心理現象的直觀認識很必要。實驗時儀器的選用要根據心理學教學的需要而定。儀器種類如下：

1. 長度與面積估計器
2. 閃光融合頻率儀
3. 變速色輪
4. 明度辨別儀
5. 視野計
6. 暗適應儀
7. 照度計與亮度計
8. 大小常性估計器
9. 繆勒錯覺儀
10. 深度知覺儀
11. 棒框儀
12. 動景盤與似動儀
13. 聲級計
14. 示波器
15. 聽力計與聽覺實驗儀
16. 音籠
17. 反應時測定儀
18. 電子節拍器
19. 動作穩定測量器
20. 手指靈活性測試儀
21. 動覺方位辨別儀
22. 敲擊板
23. 兩點閾量規
24. 數字鏡畫儀
25. 雙手調節器
26. 注意集中能力測定儀
27. 劃銷測驗儀
28. 注意分配實驗儀
29. 速示器
30. 記憶儀
31. 觸棒迷宮
32. 學習遷移記憶廣度儀
33. 時間知覺測量儀

一、長度與面積估計器

　　長度和面積估計器可供視覺估計長度和面積準確性，也可用來製作長度和

面積的心理比例量表。

(一)長度和面積估計器的構造

由兩個支架支撐的長方形板,板的前面有一塊同樣長度的玻璃,每個支架由兩個圓餅組成;在長方形板與玻璃板之間有一個空隙,用於插入觀察圖片,長方形板由兩個可移動的套子罩在上面,每個蓋子的長度為長方形板的一半;在長方形板背面有一個刻度,每個套子的背面各有一個指示器,受試者調整的線段或面積的結果可從刻度上讀出;畫在紙片上的線條或幾何圖形在紙上的中部由一段空白隔開,實際每個紙片上有兩個線條或幾何圖形。

(二)長度和面積估計器的使用法

將畫有兩條水平線的紙片插入長方形板的槽裡,移動左邊的蓋子使之離開長方形板中心一定距離,具有某種長度的線條(標準刺激),就呈現出來了。要求受試者通過移動右邊的蓋子,調整右邊線條的長度(比較刺激)使之與左邊線條的長度匹配,匹配好的線條長度值可由後面的刻度上讀出,其與標準刺激長度之差就是受試者的長度估計誤差。標準刺激和比較刺激的位置可以互相調換。

用三角形、長方形或其它幾何圖形代替線條,便可研究視覺的面積估計。

若製作長度或面積的比例量表,則可調整比較刺激為標準刺激的幾分之一或幾倍。

應用實驗示例

用平均差誤法測定長度估計差別閾限。

□目的□

通過測定長度差別閾限學習如何使用平均差誤法,測量差別閾限。

□程序□

1. 用長度和面積估計器呈現白背景上的黑色線條,分左右兩半。左右分別用一個活動套子蓋住,背面有公釐為單位的刻度。主試者移動一個套子使該邊的直線露出八公分作為標準刺激,用同法使另一邊的直線露出一個明顯短於或長於標準刺激的長度作為變異刺激,受試者借助於移動套子調節變異刺激,直到他認為與標準刺激長度相等為止。主試者記下受試者調好的

長度。

2. 安排實驗順序時要注意控制：

　2.1 動作誤差：在全部實驗中應有一半的次數所呈現的變異刺激長於標準
　　　刺激（套子向「內」移動簡稱「內」）；另一半次數呈現的變異刺激
　　　短於標準刺激（套子向「外」移動簡稱「外」）。

　2.2 空間誤差：在全部實驗中應有一半的次數在中線的左邊呈現變異刺激，
　　　簡稱「左」；另一半次數在中線的右邊呈現變異刺激，簡稱「右」。
　　　上述呈現變異刺激的辦法可組合爲「左外」、「左內」、「右外」、
　　　「右內」四種方式。

　2.3 順序誤差：實驗按下列順序進行：

$$\begin{array}{cccccccc} (1) & (2) & (3) & (4) & (5) & (6) & (7) & (8) \\ 右 & 右 & 左 & 左 & 左 & 左 & 右 & 右 \\ 內 & 外 & 外 & 內 & 內 & 外 & 外 & 內 \end{array}$$

　　　按上述順序做五輪休息二分鐘，共做兩個循環，計八十次。實驗過程中，
　　　主試者不要告訴受試者調整出來的結果，也不要有任何有關的暗示。

3. 換受試者再按上述程序進行實驗。

4. 受試者取樣根據研究問題的需要確定。

□結果□

1. 計算每個受試者長度估計的平均誤差：$AE = \dfrac{X-St}{n}$，即長度差別閾限（X
   爲每次測定所得數據，St 爲標準刺激的長度，n 是測定的總次數）。

2. 檢驗不同受試者的平均誤差（差別閾限）有無顯著性。

□討論□

1. 比較受試者的長度差別閾限。

2. 平均差誤法特有的誤差是什麼？本實驗過程中是如何控制的？

3. 實驗中還有哪些變量沒有得到很好的控制而影響了實驗結果？

二、閃光融合頻率儀

　　閃光融合頻率儀又稱亮點閃爍儀。該儀器可以測量閃光融合頻率（CFF），
確定辨別閃光能力水平（空間視敏度），還可以檢驗閃光的顏色、強度、亮黑

比及背景光強度變化對閃光融合臨界頻率的影響，也可以作爲研究視覺疲勞、神經和肌體疲勞、缺氧症、藥物效應、覺醒狀態和觀察者某些個體差異的生理機能指標。

(一)*閃光融合頻率儀的構造*

    1.受試者觀察部分：有觀察孔，改變亮點顏色的旋鈕和調節亮點閃爍頻率的電位器。

    2.主試者操作部分：主要由能發生每秒五～六十次亮暗的震盪頻率的點路組成。面板上有三只數碼管顯示發光二級管的亮暗頻率、亮黑比旋鈕、光強變化旋鈕、選色（一般顏色分紅、黃、綠三種）旋鈕和背景光亮度旋鈕。

(二)*閃光融合頻率儀的操作*

    將儀器放置於實驗桌上，接插好主試者操作部分與受試者暗箱之間的連線，接通電源（該儀器有不同的電源種類：低壓直流、高壓交流）。改變亮點顏色時，需要選色旋鈕和亮度旋鈕同時調節，使不同顏色的亮度一致；閃爍頻率可由受試者或主試者調節。當受試者從看到（看不到）閃爍到看不到（或看到）閃爍時，應立即停止轉動調節頻率的電位器。並向主試者報告「不閃了」或「閃了」。主試者記錄這時數字顯示的頻率數值。

應用實驗示例

    閃光融合頻率的測定。

□目的□

    通過測定閃光融合頻率，學習使用階梯法測定感覺閾限。

□程序□

1. 準備工作：

  1.1 將亮點閃爍儀放置好並接通電源，預熱一分鐘，將背景光調到$\frac{1}{16}$，亮黑比調至 1：1，亮點選擇爲紅色。

  1.2 受試者端坐在暗箱旁，眼睛緊貼觀察孔，暗適應三分鐘。在正式實驗前要求所有受試者在一定亮度環境中適應十分鐘。

  1.3 熟悉實驗條件，主試者調整頻率旋鈕慢慢轉動，每轉動一個刻度（約

1HZ），讓受試者報告亮點是否閃動，按漸增系列和漸減系列各練習做一次，粗略估計出所定梯級爲1Hz，讓受試者掌握「閃」或「不閃」的標準。

1.4 擬好指導語：「請注意看紅色亮點，當亮點閃動時就報告『閃』，當你感覺不到時，就報告『不閃』。」

1.5 主試者畫好記錄表，選定起始強度爲13Hz，實驗次數爲三十次。

1.6 實驗從13Hz處開始，開始時受試者報告看不見，在圖上記「0」，主試者以相差1Hz的刺激強度遞增到18Hz時，受試者若看見了，主試者在圖上記一個「×」，然後把刺激強度減少，減到16Hz時，受試者報告看不見，又把刺激強度遞增，增到17Hz時受試者才看到，按此程序繼續下去，直到試完三十次爲止。

2. 正式實驗：

2.1 受試者眼睛緊貼觀察孔暗適應三分鐘後開始，主試者按事先排好的順序呈現刺激，反複強調指導語，受試者每次報告「閃」、「不閃」的標準前後要一致。

2.2 連續測試十次時，受試者可以閉目休息三分鐘左右，當主試者報告「開始」後再注視紅色亮點。

2.3 每個受試者測定三十次後，可換另一個受試者重複實驗。

2.4 實驗過程中不讓受試者知道實驗結果，主試者亦不能有任何暗示。

□結果□

1. 統計每個人的閃光融合頻率。

2. 統計全體或不同樣本的閃光融合頻率並進行統計分析。

3. 檢查一下練習誤差或疲勞誤差是否顯著。

4. 計算並統計每個受試者的常誤，編製次數分配表，繪製次數分配圖，考驗其是否符合常態分配。

□討論□

1. 實驗的自變量、因變量是什麼？

2. 無關變量有哪些？在實驗過程中是如何控制？設計是否正確無誤？

3. 此法與極限法相比有何異同？

三、變速色輪

變速色輪又稱混色輪，可供多種心理實驗使用：如顏色混合、彩色對比、亮度匹配、螺旋後效、馬赫帶現象、似動現象、閃爍臨界頻率的測定。本儀器的優點在於不僅可以改變轉速，而且可以讀出它每分鐘轉速是多少。

㈠變速色輪結構

儀器由色輪主體（微型電機）和變速箱兩部分組成。後者是爲控制電機轉速用的。色輪主體包括：帶有托板的支桿固定在三腳架上，一個直流電機裝在托板上，一個刻度盤用螺母與電機軸固定在一起，可用以測量大小色盤的角度，刻度盤直徑的兩端靠近圓周的地方各開一個窗口，對著窗口有一聚光燈固定在托板的下面，供演示似動現象。

㈡變速色輪的操作方法

將控制箱接通交流電源，將電機上的線接到控制箱上，按下電源開關，指示燈亮。將面板上粗調旋鈕撥至所需的轉速位置，按下啓動開關，色輪盤即按指定速度運轉。再將細調旋鈕調整轉速，使色輪盤上出現預期的效果。

1. 演示似動現象

首先在色盤上裝上黑白各半的紙盤，將似動圓盤裝在橫桿上，再將似動紙板固定在似動圓盤的長槽處，調整色輪的轉速直至見到「招手」的似動現象爲止。

2. 閃光融合實驗

將聚光燈開亮，調節面板上的亮度旋鈕，使之達到合適的明度，開動電機，調節其轉速直至閃光融合爲止。

應用實驗示例

A. 顏色混合實驗

□目的□

測定顏色混合及其規律。

□程序□

1. 補色律：凡兩種顏色以適當的比例混合產生白色或灰色是爲互補色。在色

盤上混合紫色與綠色，調整比例，如太紅則減紅，太綠則減綠，這時彩色很不飽和，至增減得出灰色為止。然後以黑白紙放於輪上，調整黑白比例，使內外兩圈看起來的灰色相等為止，記下彩色和黑色的度數。由於色輪上所用的色紙反光情況不同，混合出的顏色多不飽和。為此，如覺得混合色太亮時，加一點黑、太暗時加一點白。同樣方法混合出黃與藍、橙與綠藍、紫與綠直至與匹配的灰色調看起來一樣為止，並記下度數。

2. 中間色律：混合兩種非補色便產生一種新的介於它們之間的中間色，在色盤上混合紅與黃、綠與藍、紅與藍，記下所得的中間色的色調及飽和度的差異。

3. 代替律：每種被混合的顏色可以由其它顏色混合結果而獲得。例如：顏色 A＋顏色 B＝顏色 C，（X＋Y）＝顏色 B，則顏色 A＋（X＋Y）＝顏色 C。現將紅與黃混合得出橙色（紅＋黃＝橙），和紅與綠混合得出的黃色（紅＋綠＝黃），進行相互代替，即用紅＋綠＝黃代替紅＋黃＝橙中的黃色，看是否仍得橙色。將每項結果寫成如下配色公式：a 色＋b 色＝c 白＋d 黑，式中 a、b、c、d 為混色得出的度數。

B. 演示螺旋後效實驗

選用螺旋紋紙片，轉速應為：90 － 150 周／分之間。

C. 演示馬赫現象實驗

選用馬赫現象圖片，經色輪高速旋轉，即可看到圖片上的亮線及黑線。

四、明度辨別儀

明度辨別儀主要可用於測量人眼對不同顏色明暗的辨別能力，及人眼的明度差別閾限。

㈠明度辨別儀的構造

用一特殊設備發出亮度均勻的兩個圓形光表面，並且亮度可無級調節，同時給出亮度指標。

㈡明度辨別儀的操作

接通電源、檢查指示燈、亮度顯示字碼工作是否正常，預熱五分鐘。插好

事先選好的濾色片,將控制開關調到「背面」。調整儀器背面一邊的旋鈕,使其亮度的顯示字碼到事先確定的水平,作爲標準刺激。將控制開關調到「前面」。告訴受試者,讓其調整儀器正面另一邊的旋鈕,當自己感覺其亮度和標準刺激相同時即停止,並讓其先試調一次,告之其結果,以掌握好「相等」的標準。

應用實驗示例

明度差別閾限的測定。

□目的□

學習使用明度辨別儀,用極限法測定明度差別閾限。

□程序□

1. 安排好刺激呈現的順序:

⑴標準刺激位置:左右右左;

⑵標準刺激強度:100LX,變異刺激每次由暗到亮,讓受試者調節,以防適應。

2. 受試者端坐儀器前面 40 公分,兩眼平視目標,用一手調節變異刺激的亮度使之與標準刺激相等,由主試者記錄結果。

3. 受試者取樣可根據研究的需要確定。

□結果□

1. 各次結果與標準刺激的差的平均數,即爲所示的差別閾限。

2. 統計分析不同樣本明度差別閾限的差異情形。

□討論□

儀器作爲操縱自變量變化的手段,是否符合控制自變量的要求。

五、視野計

視野計是一種用於測定眼睛在不動的瞬間所能看到的空間範圍的儀器。利用視野計可檢查被測者的視野大小及視野範圍內不同顏色的區域。即確定各種彩色視野的範圍(主要顏色有紅、藍、綠三色)。視野計同時可以測定視野範圍內盲點的位置,視野計不僅是心理測量的儀器,在醫學上的運用也極爲廣泛,

它對診斷眼科疾病和腦腫瘤有一定的作用。

㈠視野計的構造

　　有一個半圓形弧軌，以弧的頂點爲圓心作一百八十度旋轉，旋轉角度由刻度盤上顯示，有一套光學系統提供紅、藍、綠、黃、白五種顏色的光點，可改變光點的亮度，使光點在弧軌上移動一百八十度，並能即時記錄光點移動的角度、檢查目間距大小的系統等。

㈡視野計的操作

　　將視野計放置水平位置，受試者坐在儀器前眼睛恰好對準觀察孔。旋轉儀器背後的旋鈕，使光點片在半圓形弧軌上移動。受試者通過觀察孔，用左眼注視前方半弧正中的白光點，視線不可移動。當光點由外向內或由內向外移動時，要求受試者一旦發現視野中彩色光點或白光點出現或消失就報告。主試者將光點刺激的位置記錄在視野圖紙上，或記下當時的角度。

```
應用實驗示例
```

　　彩色視野及盲點的測定。

□目的□

　　測定各種彩色視野的範圍以及盲點的位置，學習使用視野計。

□程序□

1. 準備工作：

　1.1 準備好視野圖紙、彩色鉛筆（紅、黃、藍、綠）、單眼罩。把視野圖紙放在視野計上相應的地方，學習在圖紙上作記錄的方法。視野計記錄時與受試者反應的左右、上下方位相反。

　1.2 受試者用右眼罩把右眼遮起來（只測左眼），把下巴放在支架上，調好距離。眼睛與支架靠近後，保持頭部位置不變。受試者用左眼注視正前方的白光點。要求受試者發現視野中彩色出現或消失就報告，受試者視線要始終注視視野弧正中的白點，要求只用眼睛的餘光去看彩色光點是否出現或消失。

　1.3 測定過程中，視野弧的位置分別可爲 90°、45°、135°和 180°等不同角度。

2. 正式實驗：

2.1 主試者將視野計弧軌放在水平位置上，把一個紅色刺激點投在弧軌右邊靠近注視點處，主試者將紅色刺激由內慢慢向外移動，直到受試者看不到紅色為止，把這時紅色刺激的所在位置記下來，然後主試者再把紅色刺激從最外側向注視點移動到受試者剛剛看到紅色為止，記下刺激所在位置的角度，取兩次的平均數，在視野圖紙上畫點。還有一點應注意，當進行右邊實驗時，紅色刺激由內向外或由外向內，會出現紅色突然消失和再現的現象，紅色突然消失和再現的位置就是盲點的位置，將盲點位置也記錄在圖紙上。

2.2 再把視野弧軌放在下列位置測定紅色視野的範圍：90°、45°、135°（與180°）以及其它不同角度。

2.3 按上述測紅色視野的程序分別測定黃、綠、藍、白各色的視野範圍。

2.4 每個顏色做完一種角度後休息 2'，注意每次休息後頭部的位置要前後不變。

□結果□

把各彩色視野範圍和盲點位置畫在一個圖紙上。

□討論□

1. 各種彩色視野大小次序如何排列？盲點在視野及視網上的位置及大小。

2. 彩色在視野消失前有何變化？

3. 彩色視野是否固定不變？它依哪些條件而變化？

六、暗適應儀

暗適應儀又稱夜間視力檢查儀。可用於檢查人眼的快速暗適應能力，視網膜光感絕對閾值的測定，眩光照眼後暗適應恢復時間的測定，夜間視力的檢查等。因此，在心理學暗適應實驗以及有關職業人員選拔方面常用。

㈠暗適應儀的構造

它是一個暗箱，箱內有一套標定的發光系統，一套可變換不同數量級的減光系統，以及精確到秒級的計時系統。箱外有上述三個系統的控制開關，供主試者操作。

㈡暗適應儀的操作

　　將儀器置於實驗台上，接好儀器之地線，接通電源（220V±10%）。

㈢快速暗適應檢查

　　將光旋鈕轉到「2」位，將視標旋鈕轉到「B」位，按下明燈按鈕，開始明適應。計時數碼管由 0 開始跳字計時，顯示二分鐘時即按下暗燈按鈕，開始暗適應。同時，將視標旋鈕轉至＋字或＝號，待受試者發現視標後，即按時間顯示按鈕，主試者記錄暗適應時間。

㈣視網膜光感絕對閾限的測定

　　將減光旋鈕轉到「0」位，將視標旋鈕轉到「B」位，按下明燈按鈕，開始明適應。數碼管從「0」開始跳字計時，到五分鐘後，按下暗燈按鈕，進入暗適應。同時應將視標旋鈕「＋」或「＝」，當受試者發現視標後立即按時間顯示按鈕，數碼管所顯示的數字即爲暗適應時間。同時旋轉減光旋鈕至「1」位，使亮度下降一級。當受試者再發現視標後再次按時間按鈕。如此逐級降低亮度，直至看到10^{-6}時的視標，或者檢查時間達到三十分鐘爲止。主試者可隨時記錄各級亮度的暗適應時間。

㈤眩光照眼後暗適應恢復時間的測定

　　視網膜光感絕對閾值測定後，按住眩光按鈕，對已暗適應的眼睛給予五秒鐘的眩光照射。按眩光按鈕時，計時數碼管即開始跳字（記下按前的時間和跳字次數），到五秒鐘時，即開始放開按鈕（該時刻即保留在時間顯示窗上），受試者開始暗適應。記下再發現視標的時間，二者之差即爲暗適應恢復時間。

㈥夜間視力的測定

　　將減光旋鈕轉至「0」位，將視標旋鈕轉至「B」位，按明燈按鈕，開始明適應。計時數碼管從「0」開始跳字記時。數碼管顯示二分鐘後即按暗燈按鈕，同時將視標旋鈕轉至「E」位。讓受試者由上而下逐步說出視標的缺口方向，（主試者可由視力表示意板判斷對錯），記錄其在一分鐘內所能看清的最小視標行，即爲夜間視力值。

應用實驗示例

　　暗適應曲線。

□目的□

學習檢查光感受性的方法，證實暗適應時間長短與明適應時間的關係。

□程序□

1. 預備實驗：

1.1 主試者熟悉儀器的操作程序。

1.2 讓受試者明確如何反應。

2. 正式實驗：

2.1 受試者坐好用雙眼（亦可用單眼）通過觀察孔觀察正前方。

2.2 明適應的時間分別爲三分鐘、五分鐘，明適應的強度可爲 1800 阿波熙提（abs）與 4000 阿波熙提（abs）兩種（2×2 = 4，共四種實驗條件）。

2.3 每個受試者可在一種條件下明適應，明適應時要求受試者正視前方，不能閉目，要主動接受光刺激。

2.4 明適應結束，主試者立即按下暗適應鈕，並將視標撥至「＝」或「＋」檔上，同時將減光板調到「0」檔，這些操作都要求主試者越迅速越好。

2.5 當受試者看清正前方的視標時，立即按反應鍵，這時主試者立即記下受試者暗適應的時間。

2.6 受試者對「0」檔反應後，主試者立即將減光旋鈕調至「2」，受試者反應後再調至「3」，以此類推直調至「6」，每次都要記錄受試者的暗適應時間。

2.7 做完一種條件後休息十分鐘，再做第二種、第三種、第四種條件。

2.8 可按上面程序，換受試者重複實驗。

□結果□

1. 繪製不同條件下的暗適應曲線圖，並比較不同條件暗適應曲線的差異。

2. 若有不同受試者的結果，可分別求出不同減光條件下暗適應時間的平均數，並檢查其差異是否顯著。

□討論□

不同條件暗適應曲線的差異及實驗中各種變量因素的影響。

七、照度計與亮度計

照度計與亮度計是測定光的強度（亮度）的物理測量儀器。在心理實驗中主要用於測量視覺實驗環境中的亮度、照度，檢查視覺實驗儀器的亮度是否符合規定指標。測量教室照明條件是否符合人體衛生要求。測量辦公室、居家照明條件，從而確定一種有利於人正常活動的照明環境；確定生產車間照明條件與工作效率的關係，不同工種的照明要求的最佳亮度確定；確定信號和背景光的最佳對比亮度，夜間野外作業的照明條件的研究等。

㈠照度計的操作

將測光探頭的光敏面置於待測位置，並將其插頭插入讀數單元的插孔內，按下採樣鍵並根據光的強弱選擇適宜的量程因子，此時在窗口上顯示數字，如只顯示「1」表明照度過載，應按下更大的量程來測量，或表明在按下量程鍵前已誤將「保持」鍵先按下了，故應正確操作。讀數：窗口顯示數字 X 量程因子＝照度（單位：Lux）。欲保持數據，可按「保持鍵」。讀完數恢復到採樣狀態，如測量完畢，各鍵抬起、復位。

㈡亮度計的操作

亮度測量將量程鈕置於「關」的位置。取下物鏡蓋，從瞄準鏡觀察使儀器對準目標，對物鏡調焦使視場成像清晰。將通道鈕旋至「2」，同時把旋鈕由「關」轉為適宜量程。亮度讀數 B V ＝ LCD 示值×量程因子。色溫度測量用通道「5」、「7」，測出待測源的相對讀數，並求得兩數比為 B_7/B_5，並求出對應的色溫度 T。對弱源測量時，可用儀器直接對準光源測得 B_7/B_5。對強源可用測量源照明下的標準白板得到 B_7/B_5。顏色的測量：分別將通道鈕轉至「1」、「2」、「3」三通道並測出讀數。待測目標根據色坐標 X Y Z 決定，其中 X Y Z 分別為紅、綠、藍的測色係數。

```
應用實驗示例
```

視敏度標準背景光的測定。

□目的□

不少升學、職業選拔時須了解對象的視敏度（俗稱視力），視敏度的背景

光與視敏度有一定關係，總的來說，背景光應保持某一固定值，從理論上來說 100～1500Lux 即可保證受試者最大限度地辨認視力表，但哪一種照度既適合人們辨認視力表，同時又比較經濟呢？本實驗設計幾種照明環境，探討合適的背景光。

□程序□

1. 受試者：視力分別爲 0.5、1.0、1.5 的受試者各九十人共二百七十人，每組受試者又分爲三個等組，即年齡、職業、性別、身體健康狀況正常的受試者各三十人，這裡受試者的視力可根據以前檢查結果，或當前在任何一所醫院檢查的結果。

2. 測試：將所有受試者在同一時間、同一地點重新進行視力檢查，所不同的是每組九十名受試者中接受三種不同照明條件下的視力檢查，這三種照度是 100Lux、130Lux、150Lux，每三十人接受其中一種照度下的檢查，並求每三十人的平均視力。

□結果□

1. 視力爲 0.5 的受試者前測後測三種照明條件下結果的統計分析。

2. 視力爲 1.0 的受試者前測後測三種照明條件下結果的統計分析。

3. 視力爲 1.5 的受試者前測後測三種照明條件下結果的統計分析。

□討論□

1. 不同視力受試者適宜的照明條件。

2. 實驗必須等組的意義。

八、大小常性估計器

該儀器主要用於大小常性的測定，使學生進一步了解知覺恆常性的含義。研究「大小與距離的關係」問題、學習用平均差誤法測量感覺的差別閾限及製作面積的心理比例量表。

㈠大小常性估計器的結構

由黑背景上的白色等邊三角形構成，由立柱支撐，三角形面積大小和立柱的高矮均可調節。三角形面積變化通過調節其高度來控制，高度的變化範圍從 65mm～165mm，並可從儀器背面的刻度上看出讀數，測量的精確度可達到 0.1mm。實驗時需兩件儀器配套使用，一件做爲標準刺激由主試者掌握，另一

件做爲變異刺激由受試者按主試者要求進行調節。

㈡大小常性估計器的操作

按實驗要求將兩件儀器分別放到適當位置，調節立柱達適當高度（與受試者視線平行）並加以固定，儀器正面（即白△面）面對受試者，背面面對主試者，以便觀測、記錄。主試者將標準刺激調整到要求位置，注意標尺刻度的讀法：標尺由主尺和游標兩部分組成。游標上分十個刻度，每格讀數爲 0.1mm，讀數時先看游標的零刻度與主尺上什麼數字相對，如果正與主尺上某刻度對齊，則可直接在主尺上讀出讀數。如果游標的零位界於主尺上某兩刻度之間（如71mm～72mm之間），就要看游標上的哪個刻度與主尺上某個刻度對齊（如游標上的刻度「5」與主尺上某刻度正對齊，則說明游標讀數 0.5mm）。將游標的讀數加到主尺讀數上，即是此時三角形高度的準確讀數（71.5mm）。按照主試者要求，受試者根據自己的感覺調節三角形的面積，主試者從背面讀出讀數。應注意，受試者應按照他們的感覺進行判斷，不得根據儀器上的任何標記去判斷，也不要根據距離計算三角形的面積。

> **應用實驗示例**

A. 大小常性測定

□目的□

學習測量大小常性的方法，比較分別用單眼、雙眼、人工瞳孔觀察時大小常性程度的變化。

□儀器材料□

大小常性估計器兩件，遮眼罩（單眼），人工瞳孔、記錄紙。

□程序□

1. 用極限法測定，實驗中標準刺激爲離受試者有一定距離的高爲 140mm 的等邊三角形。作爲變異刺激的等邊三角形高度從 120mm～160mm 之間變化二十個梯級（間隔 2mm），放在受試者近處適當位置，主試者用最小變異法依次呈現變異刺激。

2. 實驗開始時讓受試者端坐在椅上，將標準刺激與變異刺激的三角形高度調

至與受試者雙眼同高，先看遠處標準刺激，再看近處主試者呈現的變異刺激，報告變異刺激比較標準刺激「大」、「相等」或「小」。主試者將受試者每次報告的結果記錄在按極限要求的表上。標準刺激分別放在離受試者 1m、2m、3m、4m、5m 處讓受試者進行比較，每個距離做四次，共做二十次，四次中變異刺激的呈現順序分別爲「↑↓↓↑」。每做完十次休息五分鐘。

3. 先用雙眼按上述程序調節不同距離三角形面積的大小。二十次做完後休息十分鐘。

4. 再用單眼調節不同距離三角形面積的大小，實驗中分別用左右眼，按上法進行比較，各做二十次。做完後休息十分鐘。

5. 再左右眼分別戴上人工瞳孔，調節不同距離的三角形面積的大小，方法同上。

□結果□

1. 將每個距離所得的四個結果計算出平均數，即受試者所知覺到的三角形面積的大小。

2. 根據大小常性公式分別求出三種情況下標準刺激不同距離的大小常性係數。

3. 根據結果繪製出三種情況下大小常性的表與圖。

□討論□

分析三種情況下大小常性的差別。

B. 製作心理比例量表

□目的□

學習運用分段法製作面積的心理比例量表

□程序□

1. 將兩件大小常性估計器並排置於受試者面前，距受試者約 30cm～40cm，並調到適當高度。

2. 受試者端坐儀器前，主試者坐於儀器背面以便掌握數據。

3. 確定高度分別爲 80mm、100mm、120mm、140mm、160mm 的五種等邊三角形爲標準刺激，按事先規定好的順序將標準刺激呈現在一個大小常性估計器上，要求受試者根據自己的感覺在另一儀器上調出標準刺激面積一半

的三角形。

4. 正式實驗前受試者要多次練習，體會感覺三角形面積的一半含義。

5. 擬好實現順序：為使空間誤差、順序誤差以及習慣誤差和期望誤差得到較好的控制，採用循環法呈現標準刺激，每個標準刺激呈現時，必須分別呈現於左右兩件儀器上，如第一輪實驗。

順序	一	二	三	四	五
1	80	100	120	140	160
2	100	140	80	160	120
3	120	80	160	100	140
4	140	160	100	120	80
5	160	120	140	80	100

變異刺激系統按 ABBA 由大到小，或由小到大呈現，讓受試者調節，按上述順序畫好呈現刺激表，兼作記錄表。

6. 主試者按上述安排呈現標準刺激，受試者根據自己的感覺調出標準刺激一半的三角形，主試者記下受試者的反應。每做完一輪實驗休息八分鐘。

7. 換另一受試者重複以上實驗（最少四個受試者重複實驗）。

□結果□

1. 將幾個受試者多次實驗的結果計算幾何平均數，得到感覺為面積減半的三角形高度。

2. 求標準刺激和感覺結果的對數值，以此畫出面積減半圖。

3. 依據面積減半圖畫出面積的比例量表。

□討論□

1. 用此方法畫出面積比例量表還受哪些無關變量的影響。這些無關變量是否得到控制，如何進行控制。

2. 寫出心理量與物理量關係的經驗公式，並計算出公式中的常數。

九、繆勒錯覺儀

　　繆勒錯覺儀是爲測量視錯覺現象而設計的。本儀器每套分爲三種規格，即箭頭的夾角有 30°、60°、和 120°三種，可根據一定的實驗設計了解錯覺量的大小與夾角的關係。畫有箭頭的主線長固定（即作爲標準刺激長度 100mm），畫有箭尾的主線長可調節，儀器的背面畫有刻度，以指出所調帶箭尾線的長度與標準刺激之間誤差的大小。所謂視錯覺是人眼不正確的知覺，視錯覺分爲長度錯覺、方向錯覺和大小錯覺等。從本質上看，視錯覺是人類視系統正常加工外界圖像信息的結果，其中視系統中的光學成分、網膜成分、皮層成分、認識成分各起了不同的作用。繆勒錯覺是一種重要的視錯覺現象。

應用實驗示例

□目的□

　　運用繆勒錯覺儀測量人的視錯覺現象，學會測量視錯覺的方法，探索視錯覺現象的基本規則。

□程序□

1. 將錯覺儀置於受試者前方三十公分處，受試者端坐，目光平視儀器。

2. 控制照明條件，一般要求在日光或日光燈照度在 150～500Lux 範圍內進行。

3. 主試者告訴受試者指導語：「請你調節、比較帶有箭尾的線段與有箭頭的線段的長度，一定憑感覺判斷，使其相等。」

4. 讓受試者向左或向右調比較刺激，調到主觀感覺上認爲同標準刺激長度相等爲止。

5. 錯覺儀按 30°、60°、120°三種角度，採取 ABBA 法平衡，三人一小組。爲控制練習誤差、空間誤差、動作誤差，就其中一人的實驗設計如下：

    (1)標準刺激夾角：30°　60°　120°　120°　60°　30°

    (2)標準刺激位置：左　右　右　左　左　右　右　左　左　右　右　左

    (3)變異刺激：長短短長長短短長長短短長長短短長長短短長長短短長

    每個受試者共作二十四次。第二、三個受試者只是標準刺激夾角大小順序不同，其餘程序與上相同。

□結果□

用平均差誤法計算實驗結果。

1. 算出比較刺激被調整的位置的平均數，這就是主觀相等點。

2. 算出常誤，常誤＝主觀相等點－標準刺激。

3. 算出各個調整位置的標準差，可根據需要進一步求出機誤。機誤＝
0.6475SD（標準差）。

□討論□

1. 視錯覺現象測量中的變量是否得到很好的控制？

2. 視錯覺量是否存在個體差異？

十、深度知覺儀

深度知覺儀又稱霍瓦—多爾曼深度知覺儀，是測定深度知覺準確性的儀器。在心理學教學中，可用此儀器驗證深度知覺的有關內容。深度知覺儀可測定人的深度視銳。比較雙眼和單眼在辨別深度中的差異。還可用來作為對深度知覺準確性要求較高的航空、建築、軍事、體育、運動、儀表裝配、車工等工業人員的一種職業選擇測驗。

㈠*深度知覺儀的構造*

三根垂直的豎棒，位於兩側，兩根固定，並為標準刺激，位於中間的一根可前後移動，為比較刺激。一台可以驅動豎棒的電機和使豎棒向前和向後以不同的速度移動，操縱按鈕可由主試者和受試者分別操縱。儀器各部分均放在一個長方形的箱子內。箱子的頂部有兩支螢光燈照明，在箱子前端有一個供受試者用的觀察窗。

㈡*深度知覺儀的使用方法*

要求受試者坐在離觀察窗二公尺處，固定頭部，使之只能看到三根豎棒的中間。接通電源，按下電源開關，當用漸增法時，主試者將變異刺激置於觀察窗和標準刺激之間；用漸減法時則置於標準刺激和箱子的另一端之間。受試者手持控制變異刺激的按鈕，按下「前進」或「後退」按鈕，調節變異刺激的位置，直到他認為變異刺激和兩個標準刺激排成一條水平線時，即放鬆按鈕，同時變異刺激也立刻停止移動。主試者從標尺上讀出的變異刺激和標準刺激的實際距離誤差，就是該受試者深度知覺的誤差。

應用實驗示例

深度知覺實驗。

□目的□

學會使用深度知覺儀測量深度知覺閾限，並比較雙眼和單眼在辨別深度中的差異。

□程序□

1. 學習使用深度知覺儀，受試者坐在儀器前面二公尺，頭部位置固定，通過觀察孔只能看到儀器內部三根立柱的中間部分。確定變異刺激與標準刺激，先由主試者將變異刺激調到某一位置，然後由受試者根據觀察，自由調整到他認為與兩根標準刺激在一個平面上為止，由主試者記錄誤差。

2. 在雙眼視覺的情況下進行十次試驗，其中有五次是變異。刺激在前，由近向遠調整；有五次是變異刺激在後，由遠向近調整，順序及距離隨機安排，求出十次的平均結果。

3. 按照上述程序，再以單眼視覺試驗十次，並求出平均結果。

□結果□

1. 計算在雙眼觀察情況下，表示深度閾限的視差角。

2. 根據樣本受試者的平均結果，比較雙眼和單眼深度視覺閾限的差異，並考驗差異的顯著性。

□討論□

1. 單眼與雙眼的深度知覺準確性差異原因。

2. 實驗設計中有哪些無關變量影響結果？

十一、棒框儀

棒框儀是用於測量場依存性與場獨立性的心理學儀器，是研究垂直判斷與認知方式差異的重要儀器，用於在視覺場中受試者垂直判斷的實驗教學，研究受試者認知方式的個體差異。將棒框儀稍加改動（用黑膠布遮蓋亮框），可驗證圖形後效現象及研究有關問題。

㈠棒框儀的構造

是在一個暗視場中，提供一個亮度均勻的亮框和亮棒。棒在框的內部，都可作順時針或逆時針轉動。棒框儀的正面有讀數盤，用以顯示框和棒的傾斜角度。方框：150×150mm；棒：135×1mm；暗箱縱深長度360mm；棒長視角：a = 21.2°；所調範圍：0°～90°。

㈡棒框儀的使用方法

選擇好自然光源，將棒框儀置於實驗桌上，鬆開後蓋板鎖緊螺母，打開儀器箱，放平後蓋板，支起觀察支架，拉緊布袋暗箱，安裝好受試者調節桿。調整棒框儀頂端水平儀，待儀器置於水平後，方可進行施測。框的傾斜度量尺，在棒框正面上方中央的長方形框裡，每一小格為 1 度。棒的傾斜度量尺在棒框正面的下方，有主尺與副尺。框的不動刻度尺為主尺，可動刻度為副尺。主尺的變化單位「度」，主尺「0」與副尺「0」區間的刻度為整數；副尺「0」左，「0」右對齊主尺的讀數乘上 $\frac{1}{3}$ 即為小數點後的讀數。整數加小數點後的讀數，即為棒的傾斜角度。

應用實驗示例

框傾斜 17°時對棒的垂直判斷影響。

□目的□

了解當框的位置傾斜 17°時的視覺場，對棒的垂直判斷的影響；練習用極限法和平均差誤法做心理物理實驗；探索在棒框儀測驗中，受試者認知方式的個別差異。

□程序□

1. 極限法：

1.1 主試者按棒框儀使用方法，調置好儀器，主試者與受試者練習調節儀器一～二次。

1.2 主試者擬好並熟悉指導語：「請您注意觀察框和棒，當您認為棒已調至與地面垂直時，請就您報告『垂直了』。並且，每次判斷垂直的標準要前後一致」。

1.3 按極限法擬好刺激呈現順序表。棒每次在 0°～40° 度之間變化,每次變化的梯級為 2°,增減系列按 ABBA 排列,框按左右右左的順序傾斜 17°。

1.4 正式實驗時讓受試者端坐、放鬆、雙眼緊貼觀察窗,暗適應二～五分鐘後施測。施測前主試者要準確地向受試者陳述指導語。

1.5 主試者按測驗順序表呈現刺激,先調框的位置,變換框和棒的位置時,請受試者緊閉雙眼。棒的位置每次變換 2°。

1.6 由主試者調節棒的位置,受試者只是觀看,然後作垂直判斷的口頭報告。

1.7 每測四次休息二分鐘,每次休息後再測時,都要先暗適應三分鐘。

1.8 精確地記錄受試者每次判斷的誤差數。不要告訴受試者每次判斷的結果。

1.9 請受試者陳述其垂直判斷的參照系統,主試者照實記錄,錄音更好。

2. 平均差誤法:

2.1 框按左右右左的順序傾斜 17°。棒在 +17° 和 -17° 之間按 ABBA 呈現。

2.2 讓受試者自己調節棒與地面垂直,主試者記下結果。

2.3 其它同極限法。

□結果□

1. 計算受試者調節誤差絕對值的平均數。

2. 列結果統計表。

□討論□

1. 比較平均差誤法與極限法結果並分析;

2. 各受試者藉以作垂直判斷的參照系統有什麼差異?差異的原因?

十二、動景盤與似動儀

㈠動景盤的結構

機械動景盤和似動儀都是用來具體演示研究似動現象基本規律的心理教學常用實驗儀器。

機械動景盤採用手動機械結構,景盤直徑為 178mm,沿圓壁均勻分布十六個長方形孔,盤速可由操作者控制,它自 1833 年普拉梯製造的第一個動景盤以來,直到現在還用於演示似動現象,儘管不同的生產廠家有不同的改動。其原

理是要有轉動平穩的圓桶，圓桶外壁可掛連續動作的分解圖片，圓桶外圍配有觀察孔，當轉速一定時，可從觀察孔看到圖畫的連續動作。似動儀就是根據這一原理研製的，由信號發生器和二個呈現箱組成，呈現箱 I 通過調換圖片，可演示四種似動現象。呈現箱II的兩個信號孔距調節範圍爲 70～190mm。似動儀適用於教學演示以及作研究似動現象產生時間和空間的實驗，實驗必須在暗室裡進行。

(二)機械動景盤的操作

先將實驗用的卡通片放入動景盤，使之緊貼內壁，觀察者用眼湊近觀察窗口觀察，同時用手徐徐轉動手輪，隨著動景盤的旋轉，觀察者從窗口內能看到卡通片上的靜止圖形隨之活動起來。控制動景效果最佳的動景盤轉速，一般是每秒變化十六～二十四格。重複觀察幾次即可體會似動現象的基本原則。

(三)似動儀的使用方法

信號發生器與呈現箱 I 接通，裝上圖形插片（圖形分爲三類），觀察者即可看到不同的似動現象。信號發生器與呈現箱II接通，呈現箱上有兩個小孔，一個固定，一個可移動不同距離，再選定不同頻率作爲時間條件，與空間條件一起編排實驗順序。即可實現用於顯示似動現象產生的時間和空間條件的實驗。實驗需要在暗室內進行，受試者坐在呈現箱前的二公尺遠處，眼睛注視著呈現箱上兩個圓孔中出現的兩個亮點，並報告兩個亮點是同時出現，或者先後出現，或向一個方向移動，受試者掌握了似動現象的標準後，即開始正式實驗，將實驗統計的「同時」、「先後」、「運動」三種情況分別填入實驗數據表上，最後整理出出現次數的百分數，畫出各種時間、空間條件下似動現象出現的曲線圖。

應用實驗示例

似動現象產生的時空條件。

□目的□

探索似動現象的研究方法，掌握似動現象的基本規律，分析影響似動現象產生的時間與空間條件。

□程序□

1. 按要求接好實驗儀器電路：穩壓電源、信號發生器、呈現箱、時間控制器。

2. 受試者在暗室內熟悉實驗條件：受試者坐在似動現象呈現器前的二公尺的地方，眼睛注視著似動現象呈現器上的小燈。要求受試者報告觀察到的兩個光點是同時出現，還是相繼出現，或者由一個方向向另一個方向移動。重複多次，主要是要受試者掌握似動現象的標準，以便開始正式實驗。

3. 主試者按事先安排好的兩個亮點相繼呈現的時間間隔和空間距離的實驗順序表，如：規定四種空間距離 7、10、13、16 公分，八種時間間隔 50、100、150、200、250、300、350、400 毫秒，那麼每種時空條件做八次，一共一百九十二次，爲了消除系列影響，採用空間距離與時間距離兩層次循環法排列。四十八次爲一單元系列，中間休息三分鐘。

4. 每一單元系列開始前，主試者調好兩光亮點的空間距離，再按不同的時間間隔呈現刺激。每種時間間隔做三次，依序做完八種時間間隔，再將時間間隔的次序倒過來，再做二十四次。

5. 固定光點呈現的時間間隔，改變亮點空間距離，再重複一系列實驗。

6. 做完上述系列實驗後，要求受試者回答，他是否已掌握了辨別似動現象的標準。

□結果□

1. 分別統計「同時」、「先後」、「運動」三種情況下出現次數的百分比。

2. 求出不同空間距離條件下的似動閾值（毫秒）的範圍，從觀察到「同時」到「動」爲下限，而從「動」到「先後」爲上限。

3. 求出不同時間間隔條件下的似動閾值（毫秒）的範圍。

4. 分別對同一受試者在不同情況下的結果，以及不同受試者結果進行比較，畫出在各種時空條件下似動現象出現刺數的曲線圖。

□討論□

1. 根據實驗結果說明似動現象產生的時間與空間條件。

2. 分析似動現象產生的個體差異。

3. 實驗結果與經典實驗結果有何差異？這種差異如何從實驗上加以分析？

4. 似動現象在實驗中的意義如何？

十三、聲級計

精密聲級計是一種攜帶式聲音測量儀器。它可以用來測量和分析環境噪聲，也可測定聲源的聲壓和聲級；也可以用來測量和分析隔音係數和音響設備的效果；也可以利用它來進行聽力計校準。它在心理學實驗及科學研究中主要測量聽覺實驗的聲學條件。

(一)聲級計的結構

將聲信號轉化爲電信號的電容傳聲器、輸入衰減器與輸出衰減器。輸入與輸出衰減器裝在套軸開關上，輸出衰減器透明旋鈕上二條紅線之間所指量程包括兩個衰減器總的衰減量。「計權網絡」開關、電源開關、指示燈、放大器輸出的交流信號。供記錄儀、示波器等測量使用。外接插孔、電位器，分別爲外接輸入與外接輸出，是用來外接濾波器的。紅線表示輸出衰減器變化的範圍，電源開關選擇檔共有四檔：斷開、檢查（檢查電力是否充足及儀器是否能正常工作），「快」、「慢」。計權網絡開關選擇檔級共有五級，線性爲用來測定聲壓級，A、B、C 都是用來測聲級。顯示單位爲分貝。計權網絡頻率特性濾波器，用來對聲音的頻譜進行分析。

(二)聲級計的操作方法

從攜帶箱中取出聲級計，打開聲級計背面中部的條形電池蓋板，將電池按規定放入、蓋好。然後將電源開關打至「檢查」檔。三十秒後指示燈（P）應發紅色微光，電表的指針應落在紅線的區域內。這說明電池電力充足，儀器正常可以進行測量。否則指示燈亮而電表的指針落在紅線區域之外，說明電力不足應換電池。若指示燈不亮，電表指針不動則應對儀器進行檢查。(1)校準：使用活塞發聲校正。「計權網絡」開關放在「線性」位置，透明旋鈕（輸出衰減器）順時針旋到底，使旋鈕上兩條紅線對準面板上紅線，黑色旋鈕（輸入衰減器）上 120db 刻度對準紅線，並在透明旋鈕紅線之間，將活塞發聲器緊密套在電容傳聲器頭上，推開活塞發聲器開關至「通」位置，活塞發生器產生 124db±0.2db 聲壓級。用起子調節「V」電位器，使電表指示出相應聲壓級讀數，關閉並取下活塞發聲器，聲級計已經準確校正完畢。(2)用內部電氣校正信號校正：保持透明旋鈕位置不變，使黑色旋鈕上的「V」置於透明旋鈕的二條紅線之間，用起子調節「V」電位器，使電表指示在相應於所用電容傳聲器靈敏度的修正值

上。聲級計按 50MV／N／m²校正。如電容傳聲器的靈敏度為 50MV／N／m²則其修正值為 0db，校正時使指針指在紅線上。若電容傳聲器的修正值為+2db（靈敏度為 39.7MV／N／m²），則校正時應使指針在紅線以上 2db（即+8db）處，其餘類推（如已用活塞發聲器進行校正，就不必再進行這一校正）。進行上述檢查和校正後，聲級計即可進行測量。在測量過程中不應再調節「V」電位器。

（三）測量操作

*1.*聲壓級的測量：兩手平握聲級計兩側，並稍離人體，傳聲器指向被測聲源。使「計權網絡」開關放在「線性」位置，透明旋鈕順時針旋到底，調節「輸入衰減器」旋鈕，使電表有適當偏轉，由透明旋鈕二條紅線所指量程和電表讀數，即獲得被測聲壓級。例如透明旋鈕二條紅線指「90db」量程，電表指示為+4db，則被測試聲壓級為 90db+4db ＝ 94db。又如「輸入衰減器」處於「70db」位置，「輸出衰減器」反時針轉兩檔，二條紅線指「50db」量程，電表指示-1db，則被測聲壓級為 50db-1db ＝ 49db。

　　2.聲級的測量：如上述進行聲壓級測量後；開關放在「A」，一般噪音的測量都放在「A」處（因為一級噪音為低頻組成），「B」或「C」位置使用較少，因其測中頻或高頻噪聲用就可進行聲級測量。如指針偏轉較小，則可降低「輸出衰減器」的衰減量，而不要去降低「輸入衰減器」的衰減量，以免輸入放大器過載。例如測量某聲音聲壓級，須將聲級（A）開關至「A」位置，電表偏轉太小，反時針轉動「輸出衰減器」，例如當二條紅線指到「70db」量程時，電表指示「+5db」，則得聲級（A）為 70db ＋ 5db ＝ 75db（A）。

㈣背景的噪聲影響

　　在實際測量時，除了被測聲源所產生的噪聲外，還會有其它噪聲存在，這種噪聲叫背景噪聲，或本底噪聲。背景噪聲對測量準確性的影響，可根據修正圖進行修正。例如測某發動機噪聲，當發動機未開時，測得背景噪聲為 76db；開動發動機，則測得總的噪聲（包括發動機噪聲和背景噪聲）為 83db，兩者之差為 7db，查修正圖曲線，修正值為 1db，於是發動機的噪聲應為 82db。由修正曲線可知，如果總的噪聲與背景噪聲之差小於 3db，最好換一個比較安靜的環境，否則測量誤差就比較大。如果總的噪聲與背景噪聲之差大於 10db，則背景噪聲的影響可以忽略不計。儀器使用注意事項前必須先閱讀說明書，了解儀器

的使用方法和注意事項。電池極性和外接電源極性切勿接反，以免損壞儀器。電容傳聲器是一種精密測量元件，使用時必須十分小心，一般不要打開前面的保護柵，切忌用手或其它東西碰觸膜片，如有污物沾在膜片上，可用軟毛刷沾無水酒精擦去。裝卸電容傳聲器時應將電源關閉，輸入衰減器旋鈕只能從70db轉到「V」位置，輸出衰減器旋鈕只能由順時針旋到底（二條紅線對準面板上紅線），向反時針方向轉動四檔，切勿用力過猛，使旋鈕轉過頭造成錯位，影響測量準確性。儀器應放置於乾燥通風處，嚴防受潮。儀器如果運作不正常，可送有關修理單位檢修，在不熟悉儀器線路結構時，請勿擅自檢修，以免進一步損壞儀器。

十四、示波器

　　示波器主要作為一種輔助儀器，它通過對聲音信號頻率、振幅、頻譜組成分析對聽覺心理實驗提供定性和定量方面的測量。可演示音波的物理特徵。用音頻信號發生器呈現不同頻率的純音，通過示波器精確測量聲波的頻率，並能顯示其形狀。改變聲音的強度，通過示波器精確測量、顯示聲波振幅大小，隨後用毫伏計測量，對純音的強度經過換算，將其用音強的分貝數表示。

示波器的操作

　　首先檢查儀器所用電源是否與所用之電源電壓相符，爾後開啟電源開關指示燈亮，儀器處於預備狀態，待預熱約十五分鐘，電子管工作正常後再行使用。

　　1.調節「輝度」控制電位器使亮度適宜，要注意不可太亮，否則將有損陰極射線示波器的使用壽命。

　　2.調節「聚焦」電位器使之成為一個小圓點，使其直徑不大於一公釐。

　　3.要使波形在屏幕上下或左右移動，可調節「Y軸移位」和「X軸移位」控制電位器。

　　4.當Y軸輸入信號時，將被測信號接至「Y軸輸入」及「接地」端，再根據Y軸輸入信號幅度的大小，適當地選擇衰減檔級開關。

　　5.在對Y軸輸入信號波形觀察時，取機內掃描，將「X軸衰減」置於「掃描」處。當儀器須在「X輸入」端接入信號時，則應將「X軸衰減」開關旋鈕轉向右邊「X軸衰減」位置。這時「掃描範圍」選擇開關應指向關的位置，而後根據信號幅度的大小選擇適當衰減檔級。

　　6.掃描頻率的選擇應視 Y 軸信號頻率的大小，以及擬在示波器屏幕上顯示完整波形的個數來決定。如 Y 軸輸入頻率為200Hz，而須在示波器屏幕上觀察到兩個完整的波形時，則掃描頻率為$\frac{200}{2}=100$Hz。然後將「掃描範圍」選擇開關轉向此頻率的檔級，再緩慢調節「掃描微調」控制電位器，使屏幕上所顯示的完整波形數與所需要個數相同為止。

　　7.為使所觀察的波形穩定，必須使 Y 軸輸入信號頻率恰為掃描頻率的整數倍，因此要加入適量的整步電壓起整步作用。調節整步電壓時應先將「整步微調增幅」控制電位器旋鈕轉向零位，然後再調節「掃描微調」控制電位器，使觀察信號略呈緩慢移動，而後再逐漸調節「整步增幅」控制電位器，使觀察信號呈緩慢移動，使其波形穩定。

十五、聽力計與聽覺實驗儀

　　聽覺實驗儀和聽力計都是廣泛應用於聽覺實驗的儀器。二者的基本原理及主要功能是一致的，都用於提供不同頻率、不同強度的聲音刺激。聽覺實驗儀專為聽覺實驗而設計，聽力計則專門檢測人的聽力，它比前者更精確，功能更完備。可進行純音響度絕對閾限的測定、純音響度差別閾限的測定、噪音掩蔽、雙耳響度平衡實驗、語言響度測試、聽覺疲勞的測定等。證明聲音響度的差別閾限與標準刺激的大小有關。可用極限法、平均差誤法、階梯法測定一定頻率下的響度絕對閾限或差別閾限，以描繪一個人的等響曲線。可用於演示或驗證物理量「頻率」與心理量「音高」之間的函數關係，繪製可聽範圍內的音高量表。研究或驗證聲音強度對音高的影響，繪製「不同頻率聲的音高隨音強改變」的等高曲線。用於演示聲音的掩蔽現象；驗證不同聲音對語言的掩蔽效果的差異；研究一個可聽聲由於其它聲音的干擾而產生的「閾移」現象及其中的數量關係。用於演示「聽覺疲勞」和「聽覺適應」的現象，學習用疲勞狀態時的「聽覺閾移值」作聽覺疲勞量的指標，研究影響這一指標的因素及其相互關係。用於提供不同信噪比的聽覺信號和背景供演示或研究。為勞動保護、人事決策、職業諮詢、司法鑒定、臨床醫療、聾啞教育等部門提供聽力篩選，噪聲耐受性預測、噪音損傷鑒定、詐聾鑒定、耳患診斷、助聽器匹配建議等方面的服務。

(一)聽覺實驗儀的操作

聽覺實驗儀可提供 64Hz～16KHz 按倍頻程分爲九檔的純音刺激，其聲強的衰減分一百檔，最大衰減量可達一百分貝。主要用於測量受試者在不同頻率下的純音響度絕對閾限值，據此可以描繪出一個人的聽力曲線。由於該儀器的輸出功率和耳機的匹配未經過嚴密的計量鑒定，所以只能測出針對該儀器來說的響度衰減值，不能據此計算該聲音強度準確的分貝值。操作步驟：按說明書要求連接主機、耳機和反應鈕。接通電源預熱五分鐘，受試者戴上耳機，背向主試者與儀器，手握反應按鈕。將頻率選擇器置於所測頻率，調節「校準鈕」，使面板上的電表指針指向「0db」刻度（每次變頻都應在半分鐘以後重調一次）。「信號呈現方式鍵」與「左右耳選擇鍵」均置於實驗所要求的位置。主試者按實驗要求旋動聲強衰減鈕（分粗調和細調兩個），使耳機內呈現的純音信號增強或減弱。受試者按照實驗要求作出反應（按動按鈕），儀器面板上的指示燈亮，主試者停止動作並記錄數據。儀器備有四個耳機插孔，可供四個受試者同時施測。

(二)聽力計的操作

該儀器能提供 125Hz～10KHz，分爲十一檔的純音刺激。聲強在 -10db～100db 之間可調，分二十三檔，每檔 5db。連接電唱機或錄音機，此儀器還可提供不同強度的語言信號刺激，最大輸出可達 100db。此儀器能在聽力測試過程中提供白噪聲掩蔽，噪聲強度在 -10db～100db 之間可調，分二十三檔，每檔 5db。儀器備有氣導和骨導兩種耳機。氣導耳機一般用於正常聽力的受試者，對於聽力不正常，尤其是 2KHz 以下的中、低頻音聽覺閾限較高的受試者，可用骨導耳機進行有關測試。

1. 純音響度絕對閾限的測定

按說明書要求連接耳機和有關插件，接通電源。將「電源旋鈕」置於「通」。「頻率選擇」置於要測檔位，儀器預熱二分鐘。規定反應的手勢信號，例如：用食指的伸屈表明聽到與否，左手表示左耳，右手表示右耳等。受試者戴好耳機（注意左、右），背對主試者。主試者將「阻斷器」置於「斷續」檔。耳機內呈現斷續的聲音信號。根據實驗要求和受試者的反應，主試者調節「聽力級」旋鈕增大或減少聲音強度，調整到能夠確認「受試者剛好能夠聽得到」的聲強，此時的分貝值即爲該頻率下的純音響度絕對閾限。

2.純音響度差別閾限的測定

「頻率鍵」置 500Hz～4KHz 之間任一位置；「純音——語言」 鈕置被測耳；「阻斷器」置「斷續」位；「DL-SISI鈕」置最大的 6db 處，此時耳機中呈現強弱交替變化的純音刺激，教會受試者隨著聲音的變化頻率作手勢反應。主試者順時針調節「DL-SISI」鈕，耳機中強弱信號的差異逐漸減小，直到受試者不能正確反應（手勢混亂）。受試者能分辨出的最小差異值（db），即是他在該頻率下的響度差別閾限。

3.噪音掩蔽

根據實驗要求確定被掩蔽耳。「掩蔽—平衡」鈕置被掩蔽耳，調節「掩蔽級」鈕至實驗所要求的掩蔽音強度。此時被掩蔽耳中呈現一定強度的白噪聲刺激。測定此時受試者的純音響度閾限的變化。

4.雙耳響度平衡實驗

「頻率鍵」置所需頻率，「掩蔽—平衡」鈕和「純音—語言」鈕均置「平衡」位置，此時「聽力級」鈕控制右耳的響度，「掩蔽級」鈕控制左耳的響度。分別按實驗要求調至所需位置。將「阻斷器」置「斷續」位，則左右耳按調定的強度交替呈現純音刺激。「阻斷器」置「斷續」位時，左右耳同時呈現各自的純音刺激。受試者判斷兩耳響度的差異並作出手勢反應，主試者根據反應調節左或右耳的響度，至受試者感覺到左、右耳響度平衡為止。記錄此時兩耳的響度差異值（db）。

5.語言響度測試

將電唱機或錄音機的輸出端插入儀器背面的相應插口。「頻率」鍵置1KHz，「純音—語言」鈕置被測耳，「阻斷器」置「斷續」位置，「語言測聽—通話選擇鍵」置「語言測聽」位置。啟動電唱機（或錄音機），耳機中呈現語言刺激。按實驗要求調節「聽力級」旋鈕控制語言信號的強度。受試者作手勢反應，主試者記錄實驗數據。

6.骨導聽覺閾限的測定

確定骨導耳機放置的最佳位置（一般在測試耳的乳突前上部的骨質隆起處，挨近而不直接接觸耳廓的向顱面）。「純音—語言」鈕置「骨導」位置，「頻率」置250Hz～1KHz之間。調節「聽力級」旋鈕，受試者能聽到的最小信號的db 值，即為該耳在該頻率時的骨導聽閾。

應用實驗示例

聽覺疲勞的測定。

□目的□

領會「感覺系統在較長、較強的刺激作用下，其感受性將降低」的疲勞現象，學習確定聽覺疲勞量的指標──「聽覺閾移」的方法，掌握聽覺疲勞量的測定程序。體會「聽力損傷分界線」的心理學意義。

□程序□

1. 準備工作：

1.1 按要求連接聽力計儀器各部分，接通電源，預熱五分鐘。指定整個實驗所用的一側耳。

1.2 對選定的聽力正常的受試者甲、乙、丙、丁給予必要的訓練，使其了解刺激的呈現方式並學會用手勢作出反應，實驗使用氣導耳機。

1.3 用階梯法測定四個受試者對 4KHz 純音的響度絕對閾限值。

2. 正式實驗

2.1 對受試者甲的自變量是：疲勞聲的強度，爲 60、80、100、120 分貝。讓受試者甲戴上耳機，分別接受頻率爲 500Hz，四種疲勞聲強度作用三分鐘的純音疲勞聲刺激。刺激停止 0.5 分鐘（在這 0.5 分鐘的時間之時受試者靜坐等待）以後，再測他對 4KHz 純音的響度絕對閾限值，其與疲勞實驗前所測定的 4KHz 的閾限比較。

2.2 對受試者乙的自變量是：疲勞聲的頻率。讓受試者乙戴上耳機，分別接受響度 100db，時間爲一分鐘的四種純音 1KHz、1.5KHz、2KHz、3KHz 疲勞聲刺激，刺激停止（在此 0.5 分鐘時間內，受試者靜坐等待）以後，再測其對 4KHz 純音的響度絕對閾限值。

2.3 對受試者丙的自變量是：疲勞聲的作用時間。讓受試者丙戴上耳機，接受頻率爲 500Hz，響度爲閾上 100db 的純音疲勞聲刺激，刺激停止（在此 0.5 分鐘內，受試者靜坐等待）以後，再測他對 500Hz 純音的響度絕對閾限值。時間分別爲 1 分、2 分、4 分、8 分。

2.4 對受試者丁的自變量是：恢復區間（即疲勞聲停止到再測閾值時的時

間間隔）。讓受試者丁戴上耳機，接受頻率為 500Hz，響度為閾上 100db，時間為三分鐘的純音疲勞聲刺激，刺激停止後，再測其對 4KHz 純音的響度絕對閾限值，共做一分、二分、三分、四分四個間隔時間。在疲勞恢復區間內，受試者靜坐等待。

□結果□

1. 計算四個受試者在各種情況下各自的閾移值 TTS db，並列表。

2. 在直角坐標系上描繪甲、乙、丙、丁四個受試者的「閾移」變化曲線。

□討論□

1. 上述各種情況下，自變量與因變量（閾移）之間有何關係？

2. 以閾移作為衡量聽覺疲勞的指標是否合理？

3. 據測試，對於 1KHz～4KHz 的疲勞刺激聲，當強度增大到 900db 時，TTS 將急遽增加，曲線呈一明顯轉折，估計這一轉折點可能是標誌「能恢復的聽覺疲勞和不能恢復的聽力損傷的分界線」。為此，國家規定的允許噪聲標準在 80～90db 之間。你對這一估計和標準有何看法？

十六、音籠

音籠又稱聲籠，它是一種測定人對聲音定位能力的儀器。音籠主要用於研究聽空間知覺。在心理學教學中可以通過音籠實驗驗證有關聽覺定位原理及差別閾限測定。在選拔有關人才可以通過音籠測試受試者的空間定位辨別能力，也可以檢查發現某人有無這方面的疾病。1901 年皮爾斯最早設計了音籠，綜述了聲音定位的早期研究成果。

㈠音籠的結構

音籠主要有能夠水平方向轉動 180°的坐椅，垂直方向轉動 360°的曲柄及發聲器，全圓儀等部件組成。由於曲柄下方連結能夠水平方向轉動 180°，垂直方向轉動 360°的轉柄，因而曲柄頂端發出聲音所經過的各點，可形成一個以受試者頭部為圓心的球面，發聲器可在球面任何地方發出聲音。發音器的按鈕位於曲柄中間。

㈡音籠的操作

1. 受試者須端坐在座椅上，將頭部固定好，並戴上眼罩。將升降桿上的曲柄圓心調到與被測聲雙耳同一平面上，這時在任何水平角度上轉動曲柄頂端的

聲源可形成以頭顱中心爲球心的球面。

　　2.將音量調節旋鈕調到所要的位置。

　　3.將曲柄的水平角度調到所規定的位置。

　　4.鬆動垂直調節旋鈕，使曲柄可以隨意轉動360°。

　　5.按聲音開關，在任何指定一點使發聲器發聲。

音籠實驗示例

□目的□

　　通過測定聽覺定向，學習音籠的使用，探索不同方位聽覺定向時的基本規律。

□程序□

　1. 準備工作：

　　1.1 畫好記錄表，安排好聲音呈現的方位。例如可安排垂直方向：下、前下、前、前上、上、後上、後八個方位（亦可多於或少於八個方位）；水平方向：左，左前、前、右前、右、右後、後、左後（亦可多於或少於八個方位）。垂直方向是指聲源通過頭的中心和沿鼻尖與地面垂直的平面上，水平方向是指聲源通過兩耳的中心與地面平行的平面上。兩種方向的各個方位出現二十次，垂直方向的共作一百四十次，水平方向的共作一百六十次。各刺激位置呈現的順序要隨機排列。可查隨機表，也可將每個方位製作二十個卡片混在一起，然後隨機抽取，按卡片指示的方位實驗。兩種方向的刺激方位可分開進行，即做完垂直方向的，再做水平向的。

　　1.2 擬好指導語：「在實驗中當你聽見聲音時就報告它是從什麼方向來的，即報告『左』、『右』或『左上』等」。

　　1.3 熟悉實驗條件。讓受試者戴上遮眼罩，坐在音籠的椅子上，將受試者的頭用固定夾固定起來。讓受試者熟悉實驗用的聲音信號，要求受試者只對本實驗用的信號作出反應。

　2. 正式實驗：

　　2.1 按事先擬定好的順序呈現刺激。呈現刺激前要反複說明指導語。

2.2 在實驗中，一旦主試者發現，受試者是藉額外的信號（如主試者移動的聲音等）來判斷聲源方位時，一方面要受試者立刻報告情況，另一方面這一次不算，要重新補做。

2.3 做二十次之後，可休息一分鐘。

2.4 每次測試後，主試者要記下來聲音定位誤差值。

2.5 用音頻訊號發生器，採用 100Hz、500Hz、1KHz、3KHz、4KHz、10KHz 六種聲音頻率進行不同頻率垂直聲源定向的實驗。

2.6 用上述六種聲音頻率進行不同水平聲源定向的實驗。

□結果□

1. 計算各受試者對刺激呈現的每一方位判斷正確次數的相對百分數。

2. 將垂直聲源定位的結果列出表格，畫出曲線與直方圖。

3. 將水平聲源定位的結果列出表格，畫出曲線與直方圖。

4. 計算各受試者對不同頻率垂直聲源定向錯誤定位次數的相對百分數。

5. 計算各受試者對不同頻率水平聲源定向錯誤定位次數的相對百分數。

□討論□

1. 根據實驗結果說明垂直與水平方位聲源定位的差異。

2. 聲音定位的正確性與誤差，與聲音頻率的關係。

3. 分析不同受試者聲音定向錯誤的原因。

4. 聽覺定向是否存在個體差異？

5. 聽覺定向實驗結果有何實際意義？

十七、反應時測定儀

反應時測定儀又稱計時器，是心理學常用的實驗儀器，主要用於對反應時的實驗研究以及應用反應時為指標的其它心理學問題的研究。反應時測定儀還可以為交通、體育等專業人員的培訓和選拔提供測試條件。

常用的計時器有簡單反應時計時器和選擇反應時計時器之分。也有機械計時器與電子計時器之別，所有的計時器都可用電腦代替。

㈠反應時測定儀的使用

現以電子數字計時器為例予以說明。

將反應器上的連接線插入刺激呈現器主試者面板左下方的插孔內。將連接

線一頭插入刺激呈現器主試者面板右下方標有「毫秒」字樣的小圓孔內，連接線的另一頭插入計時器背面右下方標有「機控」字樣的插孔內。將電源線一端插入計時器背面左下方標有「電源」字樣的插孔內。分別將計時器及刺激呈現器的電源線接通電源，開啟計時器右下方的電源開關。根據實驗需要選擇計時單位。將計時器右方標有一不同時間單位（ms，s）的旋鈕轉到適當位置。將計時器左下方標有「自動」、「手動」字樣的開關撥到「自動」，並適當調節「復位延遲」的旋鈕，計時顯示會自動歸零（若將開關撥到「手動」位置，則必須撥動「手復」鍵，才能使計時顯示歸零）。將刺激呈現器的受試者面板朝向受試者，並放在離受試者一公尺處（最好將小屏障緊貼刺激呈現器主試者面板附近，使受試者看不到主試者操作的情況）。受試者的優勢手的食指輕觸反應器上的反應鍵，作反應的準備狀態。主試者撥動刺激呈現器主試者面板右上方「光」或「聲」刺激的選擇開關，再撥動在刺激選擇開關下方的信號發生開關，立即呈現光（或聲）的刺激，計時器同步計時。當受試者感到刺激出現時，立即按壓一下反應鍵。計時器立即顯示出反應時，主試者當即記下顯示的讀數，待計時顯示復位後，再繼續實驗。

㈡**選擇反應計時器的使用**

　　基本上同簡單計時器，只是受試者優勢手的四個手指（或左、右手各兩個手指）輕觸反應器的四個反應鍵，作反應的準備狀態。主試者撥動刺激呈現器主試者面板右上方白、綠、藍、紅下方的某一刺激選擇開關，再撥動右下方信號發生開關，立即呈現相應顏色的燈光刺激，計時器同步計時。當受試者感到某種色光刺激出現，立刻按壓一下相應顏色的反應鍵（見到紅光刺激，就按壓紅色的反應鍵，其它亦然），計時器立即顯示出反應時，主試者當即記下顯示的讀數，待計時顯示復位後，再繼續實驗。當受試者正確作出反應，計時器立即顯示反應時，並且刺激呈現器主試者面板上的燈會自動熄滅；如果受試者作出錯誤反應——即按錯了反應鍵，計時器也會顯示反應時，但刺激呈現器主試者面板上的燈不會熄滅，主試者就不用記下顯示讀數。

應用實驗示例

　　注意力集中和不集中簡單反應時的比較

□目的□

　　了解在注意力集中與否的條件下，反應時有何變化。學習簡單反應時裝置的使用及反應時實驗的操作和設計。

□程序□

1. 準備實驗：

　1.1 將反應器與刺激呈現器、刺激呈現器與數字計時器連接好，接通電源，預熱三～五分鐘。

　1.2 選擇計時單位，將計時器的選時旋鈕轉到 1ms 位置，將計時器左下方的開關撥到「自動」位置，並適當調節「復位延遲」旋鈕。

　1.3 主試者將錄音磁帶裝入錄音機，調節響度（60db）。讓受試者戴上耳機，錄音機離受試者一公尺。

　1.4 主試者將刺激呈現器的受試者面板朝向受試者，並放在離受試者一公尺遠處。受試者優勢手的食指輕觸反應器的反應鍵，作反應準備狀。

　1.5 主試者將刺激呈現器的刺激選擇開關撥到「光」的位置。主試者在發出「預備」口令後約二秒鐘，撥動信號發生開關，呈現光刺激。或者在撥動信號發生開關的同時按下錄音機播放鍵，要求受試者感到光刺激時，就立即按一下反應鍵。受試者每作一次反應，主試者當即記下計時器上的讀數。練習實驗可作二～四次。指導語為：「請你聽到預備口令時請作好準備，當你感到燈亮時，就立即按一下反應鍵。」

2. 正式實驗：

　2.1 刺激呈現方式按光—光＋噪音—光＋噪音—光安排，每單元各作二十次，總次數為八十次。

　2.2 為檢查受試者有無超前反應，在每單元的二十次插入一次「空白刺激」，即在發出「預備」口令後，不給光刺激。如果受試者發生對「空白刺激」作出反應，主試者須向受試者宣布該反應單元實驗結果無效，重做二十次。

　2.3 做完二十次，休息一分鐘。

□結果□

　　計算有噪音干擾和無噪音干擾反應時的平均數和標準差，並比較兩種簡單反應時是否有顯著差異。

□討論□

1. 根據實驗結果說明兩種簡單反應時的差別，解釋注意力集中與否的條件下反應時的變化。

2. 實驗的控制是否符合要求？

應用實驗示例

視覺選擇反應時的個別差異。

□目的□

學習測定視覺反應時的方法，了解視覺選擇反應時的個別差異。

□程序□

1. 預備實驗：

1.1 將反應器與刺激呈現器、刺激呈現器與數字計時器分別連接好。

1.2 接通電源，開啓電源開關，預熱三～五分鐘。

1.3 選擇計時單位 1ms，選擇自動復位，適當調節「復位延遲」旋鈕。

1.4 將刺激呈現器朝向受試者，並離受試者一公尺。受試者用優勢手的四隻手指（或左、右手各兩個手指）輕觸反應器的反應鍵，作反應的準備狀。

2. 正式實驗：

2.1 主試者按預先列出的程序，開啓刺激呈現器的白、綠、藍、紅的某一刺激選擇開關，再撥動信號發生開關，立即呈現相應顏色的燈光刺激。

2.2 當受試者感到某種色光刺激出現，立刻按壓一下相應顏色的反應鍵，計時器立刻顯示出反應時，主試者當即記下顯示的讀數。如果受試者作出錯誤反應，主試者不記錄反應時，並告訴受試者結果無效，須重做。練習實驗可作四～六次。指導語爲：「請你聽到預備口令時，做好準備。當你感到色燈亮的時候，立即按一下相應顏色的反應鍵。例如，見到紅燈亮時，立即按下紅色反應鍵。」

2.3 四種色光刺激各呈現二十次，隨機排列。

2.4 每做完二十次休息一分鐘。一受試者測完八十次後，換另一受試者進行實驗。

□結果□

1. 計算個人選擇反應時的平均數和標準差。

2. 比較不同人選擇反應時平均數的差異。

□討論□

1. 根據實驗結果說明視覺選擇反應時的個別差異。

2. 實驗的控制是否符合要求。

十八、電子節拍器

電子節拍器是按一定頻率發出有規律的聲和光的儀器，主要用於測試對不同節拍反應的閾值，節拍（頻率）辨別的準確性等，也可以用於計時或控制其它實驗儀器等。電子節拍器的頻率範圍在 40～203 次／分鐘之間。

電子節拍器的操作

1. 接通電源，選擇實驗所需的聲、光或聲光合檔、或是節拍信號輸出檔。

2. 根據實驗研究需要選擇不同的節拍檔，節拍器共分四個大檔次，每的檔次又細分十檔，可提供所需之節拍（頻率）。

應用實驗示例

意義和無意義材料對識記和保持的影響。

□目的□

比較有意義和無意義材料對識記和保持的影響，學習提示法和重學法。

□程序□

1. 用提示法識記對偶材料。

1.1 準備漢—英單詞十組，分寫在十張卡片上；無意義音節—數字十組，也分寫在十張卡片上。

1.2 主試者用節拍器控制卡片呈現的速度，每張卡片呈現二秒，把十張卡片依次向受試者呈現一遍，並要受試者記住卡片上的詞對。

1.3 主試者第二遍呈現卡片時，先呈現漢字，要求受試者說出對應的英文字，如受試者說對了，就在記錄表上記下符號「△」，否則記符號「×」。不論受試者能否說出或說的正確與否，過三秒呈現有關的字

對，十個字依次呈現。

1.4 隨機地變十個字對的呈現順序，再按第二遍的方法繼續做下去，直到
受試者能把每一字對看著漢字能把對應的英文字連續二遍無誤地背出
為止。

1.5 記下這次實驗結束時的時間。

2. 識記「無意義音節—數字」卡片十張。實驗進行的方法同上。

3. 用重學法檢查保持量。

3.1 記下開始實驗的時間，並註明與第一次實驗結束的間隔時間。

3.2 用提示法進行再學漢—英單詞十組，直至達到原來識記的標準，即連
續兩遍無誤為止。記下第二次達到原標準的學習遍數。

3.3 記下實驗開始的時間與第一次實驗結束時的間隔時間。

3.4 用提示法進行再學「無意義音節—數字」，直至達到原來識記的標準，
即連續兩遍無誤為止。記下第二次達到原標準的學習遍數。

□結果□

1. 整理兩種材料在初學時達到學會標準所須學習的遍數和每遍記住材料的百
分數，用表和圖比較識記兩種材料的進度。

2. 整理兩種材料在重學後達後學會標準所須學習的遍數和每遍記住材料的百
分數，分別計算對兩種材料的保持量。

□討論□

1. 根據本實驗結果說明不同材料對識記和保持的影響。

2. 如何用再現法檢查對偶材料的識記過程和保持量？比較提示法、重學法和
再現法的異同。

十九、動作穩定測量器

動作穩定測量器，主要用於測量簡單動作的穩定性，以及檢驗情感對動作
穩定的影響。可用於要求手臂動作穩定的有關職業人員的選拔測試。

動作穩定測量器的操作

本儀器由一塊多孔的金屬面板和一根插入洞孔的金屬棒組成，常見有九洞
動作穩定測定器。這種儀器的面板上一般有九個洞，洞孔的直徑分為2.5、3.0、
3.5、4.0、4.5、5.0、6.0、8.0 和 12.0 公釐。使用前先將動作穩定器、計數器、

訊響器、電源等串連成一閉合電路，受試者端坐在動作穩定器前，使穩定器的邊緣與桌邊齊平（約一公尺高），並與受試者的右肩相對。然後受試者手拿電筆，手臂懸空，電筆與動作穩定器表面垂直。當主試者發出「預備」口令時受試者做好準備，主試者發出「開始」口令，同時記錄時間。受試者將電筆尖端插入最大的洞孔內，深度為1～2公釐，旋即取出，要盡量做到不碰洞邊，然後依洞的大小順序用同法插入其餘八個洞。如果探筆碰到第七個洞邊，訊響器就響了，則須再做第七洞，第二次沒碰邊就繼續做第八洞；如果第二次又碰邊再做第七洞，假如第三次又碰邊，就不再往下做。本實驗的指標是，受試者在15秒鐘內能通過的最小洞的直徑。左手與右手各試驗十次。在每次左右手輪換之間，相隔十五秒鐘。本測定器還可以測定比賽時緊張情緒對動作穩定的影響：兩組進行比賽，共分成四對，每對比三次，三戰兩勝。比賽進行時主試者要在旁邊分別報告進行的情況，造成競賽時的緊張氣氛。

二十、手指靈活性測試儀

手指靈活性測試儀是測定手運動機能的心理學儀器。它可以測試手指尖、手、手臂的靈活性、柔軟性，以及手和眼的協調性。應用此測試儀進行能力的動態研究，能夠彌補和用快速法進行職業諮詢和職業選擇時的不足。通過長期動態地對個人進行研究，可以取得向受試者提出選擇職業建議所需要的寶貴資料，這個方法在對學生進行職業指導方面正得到越來越廣泛的採用。適用於教育、體育、職業訓練、職業選拔、心理治療等部門作心理測量的儀器應用。

手指靈活性測試儀要求在規定的時間裡用鑷子把金屬棒分別插入規定的盒內，或測試把一百根金屬棒分別插入規定的洞裡所需的時間。II型手指靈活性測試儀是測試把四十只墊片和螺帽分別旋到螺母上去所需的時間。儀器配有電子計時器。

按說明書接線圖，正確連線，經檢查正確無誤後方可打開電源開關，然後按「歸零」按鈕，把信號波段開關撥到所需要的位置（一般撥至1秒或0.1秒檔）。「定時」開關的作用是專門供預定實驗時間用，當實驗時間到，即發出報警聲，此時檢查一下受試者完成的數量，即可作為手指靈活性指標。計時開關的作用是當受試者把一個金屬棒插至第一個小洞中或墊片放入第一個螺桿上，計時器即自動開始時，一直到把一百個洞插滿或四十個螺母、墊片放完，計時

器自動停止計時，並把記錄的結果保持著，這一時間數就是受試者完成該實驗所需的時間。

應用實驗示例

□目的□

本實驗的目的是學會測定動作協調與穩定性的方法，並了解它們在技能形成過程中的應用。

□程序□

1. 計時實驗：

    1.1 讓受試者先進行手—眼協調的練習，主試者向受試者發出指導語：「手指靈活性測試儀，它測出完成全部工作量所需要的時間或單位時間內所完成的工作量。請注意手與眼的協調，越快越符合要求越好。

    1.2 主試者將波段開關撥至「計時」檔。用 I 型實驗板。主試者告知受試者用右手放在金屬棒上，聽到主試者「開始」即啟動。

    1.3 受試者開始把金屬棒放在第一個洞孔上，隨後第二個、第三個……，直到一百個金屬棒全部放至洞孔為止，這時主試者記下受試者所用的時間。這樣重複實驗，共做十次。

    1.4 用 II 型實驗板。主試者告知受試者：用右手放在第一個螺栓上，聽到主試者「開始」時，即把螺栓帽放進去，隨後將第二個、第三個……，直到四十個全部放完為止。

    1.5 主試者記下受試者完成全部工作量所需要的時間，同時，再要求受試者把螺栓拿下來，主試者記下受試者完成全部工作量所需要的時間。這樣重複實驗，共做十次。

2. 定時實驗

    2.1 主試者將波段開關撥至「定時」檔（1秒）。

    2.2 用 I 型實驗板。主試者要求受試者聽到主試者口令：「開始」口令時，將金屬棒放在第一個洞孔上，隨後按放第二個、第三個直至時間到為止，主試者記下受試者插入洞孔的個數，這樣重複實驗，共做十次。

    2.3 用 II 型實驗板。主試者要求受試者聽到「開始」的口令時，即把螺栓

帽放進去，隨後按放第二個、第三個直至規定的時間，這時主試者記下受試者所放螺栓的個數，重複實驗，共做十次。

□結果□

1. 列表整理每次的練習結果。

2. 根據結果用坐標紙畫出個人的練習曲線。

3. 統計受試者隨著增加練習次數完成任務所需要的時間的變化情況。

□討論□

1. 本實驗所得的練習曲線屬於哪種形式（即負加速、正加速）？

2. 根據本實驗所得的練習曲線，分析手指動作技能形成的進程及趨勢。

二十一、動覺方位辨別儀

動覺方位辨別儀，可測量人的動覺感受性差異，也可測定左右前臂位移的動覺感受性，及通過練習，動覺感受性的變化情況。此外，可測定關節活動方位控制能力，測定人關節的靈活性。

動方位辨別儀的操作

儀器由一個半圓儀和一個與半圓儀同圓心的鞍座，八個制止器，實驗者可用食指在半圓儀上把它托起來或放下去，它在圓周上的位置從30°到150°各間隔20°，對各度數的標記共有兩行，都是從0°到180°，上邊一行的數字是按順時針方向增加的，下邊一行是按逆時針方向增加的。實驗時讓受試者戴上遮眼罩，胳臂放在鞍座上，前臂平放在支架上，用指頭夾緊與鞍座相連的支架上的手指夾桿。當主試者將制止器在某度數上托起時，受試者從半圓儀的0°處擺動他的前臂直到碰到止止器為止。然後主試者移去制止器，要求受試者重複他剛才擺動的幅度。受試者如用右臂，必須按順時針方向擺動，如用左臂則擺動方向相反。如果檢驗透過練習動覺感受性是否提高，應按上述程序重做幾次並將結果進行比較。

> 應用實驗示例

動覺感受性的測定。

□目的□

透過測定左右臂位移的動覺感受性，了解練習對動覺感受性的影響。

□程序□

1. 受試者戴上遮眼罩，把胳臂放在鞍座上，前臂放平在與鞍座相連的支架上，用手指夾緊支架上的手指夾桿。

2. 當主試者將制止器在某度數上托起來時，受試者從半圓儀的 0°處擺動他的前臂直到碰到制止器為止，然後主試者移去制止器，要求受試者重複製剛才擺動的幅度。

3. 受試者如用右臂必須按順時針方向擺動，如用左臂則擺動方向相反。

4. 主試者將每次所做運動的實際幅度和標準幅度之間的「誤差度」記錄下來。

□結果□

1. 將每次實驗所得的誤差度記下，看受試者通過多少次練習，動覺感受性是否提高（從一個受試者的結果來看）。

2. 對不同受試者的結果加以統計分析比較。

□討論□

本實驗對無關變量的控制如何，在實驗中出現哪些問題？

二十二、敲擊板

敲擊板透過測量手的敲擊速度，從而可了解個人的堅持性或疲勞的速度。可研究人的堅持性和疲勞速度的個別差異。本儀器可作為一種能力測驗應用。

敲擊板由帶有絕緣套的金屬敲擊棒、金屬板、電子計數器組成。接通電源，當金屬棒與金屬板接觸時，即形成一個閉合電路。與此同時，計數器計入一個數字。每接觸一次，計數器加「1」。實驗時讓受試者用優勢手拿住金屬棒的絕緣套部分，盡快地、交替地敲兩塊銅板，敲擊棒與銅板垂直。各受試者手臂與身體及敲擊板之間的相對位置要基本相同。做完一次實驗時，顯示屏上的數字就是受試者在一定時間內敲擊的次數。

可根據不同的研究目的，進行不同的取樣研究。

二十三、兩點閾量規

兩點閾量規是為測量膚覺，特別是觸覺感受性而設計製作的。本儀器由一個游標卡和A、B、C三個刺激點構成。膚覺兩點閾的測定，對於科學研究、生

產以及臨床疾病的診斷與針灸鎮痛的研究，也具有重要的實用價值。

應用實驗示例

□目的□

　　透過兩點閾量規測定人體皮膚兩點閾的實驗，學會測定皮膚兩點閾的方法，探索身體不同部位膚覺兩點閾的差別，以及練習與疲勞因素對兩點閾的影響。

□程序□

1. 準備實驗：

　1.1 備好實驗材料：兩點閾量規、遮眼罩、記錄紙。

　1.2 檢查兩點閾量規的游標尺，使a、b兩個刺激點的距離能由短變長或由長變短。

　1.3 主試者選定受試者皮膚的某部分爲測量區，並蓋上標記，測量在其內進行。指導語爲「請注意，當感覺到兩點時報告兩點，感覺爲一點時就說一點，如果不能確定是一點還是兩點時，就說不知道」。

　1.4 主試者在自己皮膚如手肘上練習數次，掌握給出刺激的用力標準，然後再在受試者的非測驗區練習幾次。

　1.5 排好恆定刺激法實驗序列表。兩點長度通過預備試驗確定七個刺激點，每種間距可做二十次，按隨機表排列順序。

2. 正式實驗：

　2.1 讓受試者戴上遮眼罩。

　2.2 主試者按事先排好的呈現刺激表，給受試者施予刺激，爲防止受試者瞎猜，主試者有時用C點刺激，檢查受試者是否感覺到兩點。

　2.3 作好記錄，主試者對受試者回答正確的記「＋」，回答錯誤的記「-」，回答不知道的記「?」。受試者不管作何種答覆，都應按原定計劃將一個系列實驗做完，然後再重複這一系列實驗，以取得確定的判斷來代替代懷疑的判斷。

　2.4 使用兩點閾量規時，兩尖點必須垂直落在皮膚上，並使兩個尖點同時、用力、均勻地接觸皮膚，每次接觸不超過二秒鐘。每次用力要保持基本相同。

2.5 受試者每做完一百次實驗後，休息五分鐘，根據已有的實驗報導，受試者有時會產生一種持久的兩點後像（儘管只有一點），或距離很近的兩點刺激，受試者也會感到有兩點的印象。在這種情況下，要給予受試者以充分的休息，使他們恢復兩點的標準，爲了驗證這種現象是否存在，主試者可以每隔數十次插進一次一點刺激，以證實兩點後像。

2.6 測定完一個區域後，再選定受試者其它部位進行同樣的實驗。

□結果□

1. 分別求出同一部位各測驗區的兩點閾值，並用直接內插法計算兩點閾。

2. 分別求出不同部位各測量區的兩點閾值，並用同樣方法進行差異的顯著性。

3. 求出同一系列實驗的不同次數中，兩點閾值的變動情況。

□討論□

1. 人身體上的不同部位膚覺兩點閾有何差異？

2. 練習與疲勞因素對膚覺兩點閾的變化有何影響？

3. 爲什麼人身上膚覺感受性在不同部位有很大的差別？

二十四、數字鏡畫儀

鏡畫儀是心理學學習實驗中常用的儀器，主要用於練習效果的研究和動作技能的遷移研究。

本儀器由一個金屬雙軌構成的六角星圖案板、平面鏡、遮板和計數器、計時秒表等構成。實驗時，受試者前方的遮板擋住直視圖案的視線，而透過平面鏡觀察繪圖，要求受試者探筆不得接觸雙軌任何一邊。當探筆接觸到金屬軌時有聲音報響和燈光顯示，並由計數器自動記錄接觸次數，畫完一遍圖案的時間也自動顯示。實驗的結果是，初學者對這件工作感到困難很大，但進步很快。透過學習進程的研究和分析，就可了解練習和技能遷移的效果。

數字鏡畫儀的使用方法

將平面鏡插好、調正，使鏡內圖案正對受試者。連好導線使計數器、計時器能夠工作。接通電源，將探筆觸一下計時圓點，此時電子秒表開始計時，當探筆接觸到金屬軌時有聲音報響和燈亮顯示，計數器自動記錄接觸次數。受試者畫完一遍應再觸一下計時圓點，電子秒表顯示畫完一遍的時間，主試者將次數和時間記下。計數器數據可保持八分鐘，在八分鐘內只要按一下「0」即可重

新計數，超過八分鐘應重新輸入計數程序。

應用實驗示例

動作技能的遷移與動作技能的練習曲線。

□目的□

　　檢驗右手鏡畫練習對左手練習的遷移作用，學習繪製練習曲線與鏡畫儀實驗的方法。

□程序□

　1. 動作技能的遷移：

　　1.1 受試者面對鏡子正坐。調正平面鏡，使鏡內圖案正對受試者；調節遮板，使受試者不能直接看見圖案板，只能在鏡中看見。

　　1.2 由受試者的非優勢手執筆，主試者發出「開始」，受試者先用探筆觸一下計時圓點，然後在六角星雙軌內盡快地畫一遍，要求不能接觸雙軌任何一邊，探筆接觸雙軌邊一次，就算一次錯誤，由計數器自動記錄。受試者畫完一遍再觸一下計時圓點，電子秒表顯示畫完一遍的時間，主試者將次數和時間記下。

　　1.3 受試者再用優勢手做鏡畫練習十遍，做法同程序 1.2，主試者做好每遍記錄。

　　1.4 受試者再用非優勢手按程序 1.2 做一遍，由主試者記錄。

　2. 動作技能的練習曲線：

　　2.1 受試者優勢手執筆，練習鏡畫，主試者做好每遍記錄。

　　2.2 最後要求達到連續兩次不出錯為止。

□結果□

　1. 列表記下左右手鏡畫練習的每遍錯誤次數和時間。

　2. 比較非優勢手前後兩次鏡畫練習的結果，計算進步的百分數。

　3. 列表整理每遍的練習結果。

　4. 根據結果用坐標紙畫出兩條練習曲線：時間曲線和錯誤曲線。

□討論□

1. 根據實驗結果分析右手鏡畫練習對左手練習的遷移作用。
2. 分析鏡畫顯形圖的最難畫的部分和最易畫的部分，解釋其原因。
3. 從本實驗的鏡畫練習中看視覺在動作技能練習中的作用。
4. 本實驗所得的練習曲線屬於哪種形式？
5. 根據本實驗所得的練習曲線，分析動作技能形成的進程及趨勢。

二十五、雙手調節器

　　雙手調節器是仿車床操作原理製造的。是通過縱橫絲杠的旋轉使觸頭在二十公分長彎曲的金屬板間隙中運動。可供注意分配和技能練習實驗及相關的選拔測驗用。還適用於工人、軍人訓練眼手協調操作。

雙手調節器的操作

　　受試者左手握縱向搖把，右手握橫向搖把，眼睛看著觸頭，通過眼睛協調左右手的搖動，使觸頭在彎曲的金屬間隙中運動。觸頭由間隙的一端移到另一端，然後再回到始端，所用的時間作為測驗的時間指標，觸頭接觸金屬板的次數作為錯誤的指標。

　　本儀器由雙手調節器和計時計數器兩部分構成。將導線接到雙手調節器的接線柱上，然後連接計時計數器，接通電源，預熱五分鐘，將計時計數器歸零，即可開始做實驗。

應用實驗示例

　　注意分配實驗。

□目的□

　　通過本實驗了解注意分配和雙手調節器的應用。

□程序□

1. 準備好儀器及校正數字表：加3運算數表，減3逆運算數表。
2. 練習雙手調節器。待受試者了解操作步驟和實驗意圖後，讓他練習十遍，主試者記錄每遍練習時間和錯誤數。操作練習完畢後，讓受試者談自己練習的體會。
3. 心算加練習雙手調節器。做完第一程序後，讓受試者休息五分鐘，再讓受

試者操作練習雙手調節器，同時作加 3 正運算，並要求大聲地說出 4、7、10、13、16、19、22、25……。

4. 練完一遍後在進行下一遍練習時作減 3 逆運算，如 241、238、235、232、229……。共練習十遍，每遍練習時，運算的起點都改變。主試者記下練習每一遍的時間，錯誤數和心算的錯誤數。

5. 練完後，讓受試者談談自己的體會。

□結果□

1. 根據每遍練習時間和錯誤數，作出練習時間曲線和錯誤曲線。

2. 算出每遍的練習時間和錯誤數，包括口算錯誤，注意分配練習的時間曲線和錯誤曲線。

3. 比較兩種程序下的結果，看差異是否顯著。

□討論□

1. 根據測試結果，分析說明影響注意分配的條件及注意分配的可能性。

2. 分析注意分配的個別差異。

二十六、注意集中能力測定儀

注意集中能力測定儀又稱追蹤儀，是根據心理學教學科研實驗及體育運動中心心理訓練的實際需要而設計製造的。是測定注意集中能力的基本儀器之一。注意是人們在一定時間內對某種特定對象的指向和集中。在多數情況下需要排除外界刺激的干擾，借助於自己的意志努力，使注意力較長時間集中於某種特定的對象上，可是由於特定對象的不同，所受干擾的類別和程度各異，致使每個人的注意集中能力存在著個別差異。因此，一些職業選拔注意力集中、抗外界干擾能力強的人員，就顯得十分必要。借助該儀器可快速而準確地達到此目的。

測定儀的原理與使用方法

注意集中能力測定儀是借助一個可調轉速的圓盤，被測人員用手追蹤圓盤上的不同圖形，藉以測量人的注意集中能力。使用時將測試盤和數字記錄儀（顯示控制）置於實驗台上，同時把干擾儀器置放一旁，將追蹤桿的末端插入數字顯示儀的輸入插孔，分別接通測試盤和數字顯示儀電源。在數字顯示儀選定時間，選定測試盤的轉速檔及測試盤蓋的圖形（蓋上有三角形、圓形和六邊形三

種，據實驗設計可任選一種）。受試者手拿測試棒，把其末端對準指示燈，沿著不同圖形的軌跡開始追蹤。測驗結束，數字顯示儀發出信號，記錄下錯誤時間和錯誤次數，按復位鍵數碼管歸零，可以進行下一次測驗。測試時若受試者戴上耳機，打開錄音機，可測試在樂音和噪音干擾情況下追蹤的錯誤時間和錯誤次數。

應用實驗示例

不同條件下注意集中能力的比較。

□目的□

透過測定不同條件下的注意集中能力，熟悉注意集中能力測定儀的使用及注意集中能力實驗的設計。

□程序□

1. 準備工作：

1.1 按實驗要求和儀器使用說明，連好各種電路，分別打開數字顯示儀和測試盤的開關。

1.2 受試者練習用測試桿追蹤目標。

1.3 選定一種時間、一種轉速、一種圖形，連續作在沒有任何干擾、樂音、噪音三種條件下，各十五次，共四十五次。

2. 正式實驗：

2.1 受試者坐在測試盤前，優勢手拿測試棒追蹤目標，數碼管開始計時，直到數字顯示儀發出警報為止。

2.2 追蹤目標時，測試棒不能停止，應沿著圖形的軌跡時刻跟隨指示燈旋轉。

2.3 進行五次實驗後，受試者應休息二分鐘。

2.4 一個受試者做完三種情況後，可換其他受試者重複實驗。

□結果□

1. 計算在無任何干擾、樂音和噪音三種情況下錯誤時間和錯誤次數的平均數。

2. 比較各種情況下的平均數差異情形。

□討論□

1. 不同情況下錯誤時間和錯誤次數是否存在差異？

2. 注意集中能力是否存在個別差異？

3. 注意集中能力是否在男女性別上存在差異？

4. 選定不同轉速、不同時間、不同圖形是否結果有所不同？

5. 本實驗設計上存在哪些問題？應如何改進？

二十七、劃銷測驗儀

劃銷測驗儀又稱注意穩定性測試儀、銷零自動記錄儀。它是將劃銷測驗採用電子手段實現儀器化，用以測定注意的穩定性、靈活性。是研究注意品質的適用實驗儀器，也是選拔某種職業人員的較好儀器。注意穩定性是注意在時間上的特徵，是指在一定的事物上注意集中能力所持續的時間。這一注意品質是很多職業所需要的，因此，對注意穩定性進行測試、研究很有必要。注意穩定性受多種因素所制約，如性別、年齡、職業、環境以及個性特點等，所以它也是進行科學研究活動不可缺少的儀器（如研究不同年齡、不同性別、不同職業的人的注意力穩定性的不同）。總之，它是心理學實驗常用的儀器。

本機在測試板上有兩千個定距孔，與之對應的標準測試紙上隨機排列從0～9的數字，用測試筆扎零時計數器記錄扎「0」次數，若扎到「非0」數字時，另一記數器記下扎「非0」次數，「0」與「非0」計數均自動顯示。

應用實驗示例

不同條件下注意穩定性的比較。

□目的□

通過測試不同年齡人員單調工作時的注意穩定性，學習注意穩定測試儀的操作劃銷測驗的應用。

□程序□

1. 準備工作：

　1.1 將注意穩定儀平放在桌面合適的位置上，將帶插頭的導線分別與計算器和主機上的「0」插孔和「W」插孔連接好，將測試筆插入「B」插孔。

1.2 將測試板上四個定位柱上的螺柱頭拿下，並取下有機玻璃壓板，將標準歸零紙放在測試板上，將四個定位圓圈對準定位按壓穿孔適當調好，用有機玻璃板和螺柱頭輕輕固定測試紙，最後用手按壓四個角的數字使其對準下面的定距孔，若不準可適當移動調好，將定位螺柱頭鎖緊，並給各計數器輸入計算程序即可實驗。

1.3 給受試者歸零紙兩張，讓受試者端坐在桌前，用拇指和食指拿住測試筆，作一次練習，熟悉實驗條件。

1.4 擬好指導語：「請注意，將測試筆拿好，用筆尖垂直去扎歸零紙上的『0』字中間，越快越好，每個『0』只要求扎一次」。

2. 正式實驗：

2.1 按預備實驗要求，主試者將兩個計數器的程序輸入好，把秒表按回到零，準備記下劃銷完一張試紙的時間。

2.2 主試者複述指導語，然後說：「開始」，隨即計時。

2.3 受試者按主試者的指導語開始歸零。

2.4 操作完畢分別統計正確劃銷數字與錯誤劃銷數字，並記下劃銷時間。

2.5 受試者作完後，再按上述程序換受試者實驗。

□結果□

1. 根據公式計算每一受試者的注意穩定指數。

$$指數 = \left(\frac{總查閱數字}{劃銷時間}\right)\left(\frac{正確劃銷數字 - 錯誤劃銷數字}{應劃銷數字}\right)$$

2. 統計不同受試者注意穩定性的差異。

□討論□

1. 影響實驗結果的主客觀因素是什麼？

2. 實驗中是否存在練習誤差或疲勞誤差？

3. 不同受試者注意穩定性的差異情形。

二十八、注意分配實驗儀

注意分配實驗儀是測量注意分配力大小的一種儀器，也可以檢驗受試者同時進行兩項工作的能力，還可用於研究動作、學習的進程和疲勞現象。

注意分配實驗儀的操作

　　首先接上電源，打開儀器開關，電源指示燈亮，預熱五分鐘，即可使用。這時主試者可根據需要選擇信號呈現方式（分為試音、聲、光、聲光四檔）。確定測試時間（分為一分鐘、二分鐘、四分鐘、不限四檔），根據測試方式統計正確次數。如此，儀器啟動後就能自動計數並顯示。若是聲刺激，還可按需要調節控制聲音的大小。受試者按動電鍵時工作指示燈亮，數字顯示器為零，表示注意分配實驗開始，受試者隨即開始操作，具體如下：

　　1. 聲刺激

　　聲音刺激分高音、中音和低音三種，要求受試者對儀器發出的連續、隨機、不同聲調的聲音刺激作出判斷和反應，用左手按下和不同音調相應的按鍵，盡快地工作一個單位時間，由儀器記錄下正確的反應次數。

　　2. 光刺激

　　光刺激由八個小燈泡組成，要求受試者對儀器發出的連續、隨機、不同位置的燈光刺激作出判斷和反應，並用右手按下和不同位置燈光相應的按鍵，關掉燈光，盡快地工作一個單位時間，由儀器記錄下正確的反應次數。

　　以上兩類刺激可分別出現，也可同時出現，兩類刺激的出現是隨機的，並按規定的時間自動、連續地出現。實驗結果由儀器自動顯示。一次測試完畢後按鍵，注意分配實驗儀將重新工作，可以進行下一次測驗。

應用實驗示例

　　注意分配實驗。

□目的□

　　研究注意分配的一般性質及其條件。學習使用注意分配實驗儀。

□程序□

1. 受試者端坐在儀器前，兩手放在儀器的工作台上。
2. 主試者把注意分配實驗儀上的旋鈕旋到「試音」檔位，讓受試者先熟悉儀器發出的高、中、低三種聲刺激，然後按所需分別選擇好測試方式、測試時間。
3. 指導語為：「請集中精神，當看到和聽到信號後，左右手即迅速、準確地分別按下相應的電鍵，直到信號停止。好，現在開始。」

4. 受試者聽到主試者的指導語後，即按下啓動電鍵，工作指示燈亮，此時儀器就能按要求發出連續、隨機、不同聲調的聲音刺激或連續、隨機、不同位置的燈光刺激。受試者的任務是把注意分配到兩種動作（按動燈光鍵和聲音鍵），迅速而準確地按動相應的燈光鍵和聲音鍵，直到工作燈熄滅爲止。若能準確按下相應的電鍵，即算作一次成功。受試者每作出一個反應，儀器即進行自動的正確反應統計。主試者記錄好每次練習的時間及正確數。

□結果□

1. 整理單一刺激（單一工作）的結果，表列每遍練習時間與正確數，並在同一坐標上畫出兩條練習曲線（時間曲線和正確曲線）。

2. 整理聲光同時呈現（雙重工作）的結果。比較單一工作與雙重工作時間的工作效率。注意分配大小的公式：

$$Q = \left[(R_2 / R_1) \times (L_2 / L_1) \right]^{\frac{1}{2}}$$

R_1：單一聲刺激

R_2：同時聲刺激

L_1：單一光刺激

L_2：同時光刺激

□討論□

1. 描述注意分配的練習曲線。

2. 在操作注意分配實驗儀中，是如何分配注意的？

3. 一個人能同時做兩個不同種類的工作嗎？要具備什麼條件？請舉例說明。

二十九、速示器

用途及發展過程

速示器是一種短時呈現視覺刺激的儀器。在知覺、記憶和學習等方面的研究中，經常要用適當的儀器把視覺刺激呈現給受試者，以記錄他們的反應。在精確的實驗中要求速示器。1859 年伏爾曼（A. W. Volkmann）最先把短時呈現視覺的儀器叫速示器。早期常用的是馮特實驗室中所用的利用自由落體原理裝成的速示器。1893 年哥爾沙德爾（A. Goldsheides）與繆勒（R. P. Müller） 把轉

盤原理用於速示器的裝置。在電子技術未發達的年代，這些機械控制方法是製
造速示器的主要原則。今天，雖然這些儀器完全由電子線路控制，但它的原理
和早期的速示器是一樣的。有單通道、雙通道、四通道、六通道等不同形式的
速示儀，以及用計算機編程實現的速示功能。

應用實驗示例

感覺記憶。

□目的□

證實感覺記憶現象及其性質。

□程序□

1. 即時部分報告法：

   1.1 將單通道速示器接通電源，調好呈現時間。

   1.2 準備好由數字和英文字母組成並隨機編有順序號碼的卡片一百張（每
   張上寫有數字和英文字母共十二個，排列成三行，每行四個，共占面
   積 15×15 公釐）。

   1.3 速示器距離受試者二十五公分與受試者眼高同一水平。不要有光直接
   照射速示器呈現屏幕。

   1.4 使受試者熟悉實驗條件，主試者任取一張卡片裝在速示器上。發出「預
   備」口令後，讓受試者注視速示器的中心部分，二秒後呈現卡片，每
   張呈現時間為 50～500 毫秒。要求受試者立刻回憶並寫出主試者指定
   的三行中的任一行數字和字母。

   1.5 擬好指導語：「我現在用速示器給大家看一些卡片，每張上面都編排
   有三行數字和英文字母，你們要注意看速示器的中心部分，呈現卡片
   的時間很短，你們要盡快地看清楚每行數字和字母，看過每張後，根
   據要求立刻把三行中的一行寫出來。例如聽到高音，就把卡片上的第
   一行寫出來；聽到中音就寫第二行；聽到低音就寫出第三行。」並讓
   受試者練習五次後，開始試驗。

   1.6 主試者要求開啟速示器，分別呈現所有的實驗材料，讓受試者即時進
   行部分報告。

1.7 要求受試者寫出一或二或三行的三種方式各做十次，每次呈現的卡片不同，共做三十次。每做十次休息二分鐘。

2. 延遲部分報告法實驗

2.1 實驗的基本方法與計時部分報告法相同。

2.2 當每張卡片呈現後過二秒鐘，主試者再發出「高」或「中」或「低」音，受試者再部分報告。三種方式各做四次，共做十二次。

□結果□

1. 將受試者寫出的結果與卡片對照，統計出每次正確回憶的數字和字母個數。

2. 分別求出即時報告法和延遲報告法的平均值，並用表和圖加以比較。

□討論□

1. 根據實驗結果說明瞬時記憶的特質。

2. 試說明部分報告法的特點。

三十、記憶儀

記憶儀也稱記憶鼓，是一種研究記憶的儀器。它的字盤是被一個鋁片屏遮起來，使受試者不能看到。只從一個小窗口中，以固定的間隔不斷向受試者呈現刺激材料，要求受試者識記。字盤的轉動是由電動機驅動，時間控制採用電子線路。該儀器可以用 0.5 秒、1 秒、2 秒、3 秒、4 秒、5 秒六種時間連續呈現六十個字詞、系列或聯合對偶的文字與符號刺激，並且具有三種顯示面積。是心理學教學和科學研究的必備儀器之一。

記憶儀的使用方法

接通電源，指示燈亮，此時字盤開始轉動，若不需要字盤轉動，可按下小控制盒上的暫停鍵，字盤即可停止不動。實驗時可將控制盒取出作遙控使用，選擇顯示時間，如 1 秒。選擇顯示種類，若實驗環境較暗，字盤顯示不清，可打開機內顯示照明開關。

應用實驗示例

短時記憶。

□目的□

測定短時記憶的廣度，學習再現法和再認法。

□程序□

1. 再現法測數字記憶廣度：

1.1 將0～9這十個數字按隨機順序填在顯示盤上組成數字盤和數字表。

1.2 主試者和受試者共同學習使用記憶鼓。實驗開始時，受試者坐在記憶鼓前的適當位置，要能清晰地看見記憶鼓的顯示部分。

1.3 先呈現五位數字，每個數字呈現時間為一秒鐘，呈現完畢，主試者按下控制盒上的暫停鍵，受試者須立刻把呈現過的數字按原來順序背誦出來。主試者用數字表核對，並記下「對」或「錯」。

1.4 以同樣方法再呈現三遍五位數字，如果在四組五位數中，答對兩組以上就算通過。

1.5 再呈現六位、七位、八位等數字，直到某種長度的數字系列連續兩次不能通過時為止。

2. 再認法檢查短時記憶：

2.1 選字形相似的兩個漢字配成十五對，隨機分成兩套。

2.2 把第一套十五個漢字，按每個一秒的速度呈現給受試者看一遍。

2.3 再把第一套和第二套漢字混合起來組成一張文字顯示盤，順序也屬隨機排列。然後把這三十個漢字，仍按每個一秒的呈現速度呈現給受試者看，要求受試者對每個漢字看後立即報告這個字剛才是否看過，並記下答案「是」或「否」。

□結果□

1. 統計受試者的數字記憶廣度（即最後通過的數字系列的長度）。

2. 計算對漢字的保持量：

$$P = \frac{（認對的項目－認錯的項目）}{（原識記的項目＋新的項目）} \times 100\%$$

□討論□

1. 根據本實驗的結果，分析說明短時記憶的特點。

2. 記憶材料相似程度對再認有哪些影響？

應用實驗示例

長時記憶。

□目的□

比較有意義和無意義材料對識記和保持的影響，學習提示法和重學法。

□程序□

1. 用提示法識記對偶材料：

   1.1 漢—英單詞十組，分寫在一張顯示盤上；無意義音節—數字十組，也寫在一張顯示盤上。

   1.2 按每組 2 秒的呈現速度，將十組材料依次向受試者呈現一遍，並要受試者記住呈現的詞對。

   1.3 呈現第二遍時，先將英文單詞部分用窗口的活動部分遮住，只呈現漢字，要求受試者說出對應的英文字，如受試者說對了，就在記錄表上記下符號「△」。否則記下符號「×」。不論受試者能否說出，或說的正確與否，經三秒就打開遮蔽部分，即呈現有關的字對。十個字對依次以同法呈現。

   1.4 隨機地改變十個字對的呈現順序，重新組成一張顯示盤，再按第二遍的方法繼續做下去，直到受試者能對每一字對看著漢字把對應的英文字兩遍無誤地背出為止。

   1.5 記下實驗結束的時間。識記「無意義音節—數字」十組，方法同上。

2. 用重學法檢查保持量：

   2.1 檢查「漢—英」單詞的記憶保持量。記下實驗開始的時間，並註明與第一次實驗結束時的間隔時間。一開始就用提示法進行再學習，直至達到原來識記的標準，即連續兩遍無誤為止。記下第二次達到原標準的學習遍數。

   2.2 檢查「無意義音節—數字」的記憶保持量：實驗開始的時間與第一次實驗結束時的間隔時間，方法與再學「漢—英單詞」的實驗相同。

□結果□

1. 分別整理兩種材料初學時達到學會標準所須學習的遍數和每遍記住材料的

百分數,用表和圖比較識記兩種材料的進度。

2. 分別整理兩種材料在重學後達到學會標準所須學習的遍數和每遍記住材料的百分數,分別計算對兩種材料的保持量,計算公式如下:

$$保持量 = \frac{（初學遍數－再學遍數）}{初學遍數} \times 100\%$$

□討論□

1. 根據本實驗結果說明不同材料對識記和保持的影響。

2. 比較提示法、重學法和再現法的異同。

三十一、觸棒迷宮

觸棒迷宮主要用於研究運動學習,它可以研究一般的運動學習進程,動作技能的遷移,也可以比較動作技能形成的速度和所犯錯誤次數的個體差異。

觸棒迷宮的操作

連接計數器和迷宮,接通電源。受試者蒙上眼睛,手拿金屬棒,主試者把受試者拿著的小棒放在迷宮起點。放好後就發口令:「預備……走!」。受試者聽見「走」,就從起點開始在迷宮中移動小棒直至終點為止。實驗過程中不讓受試者看見迷宮的路線,受試者在迷宮要連續移動小棒,不得停頓。做完一次實驗時,顯示屏上的數字就是受試者在這次實驗中所需的時間及犯錯誤的次數。

應用實驗示例

動作技能的遷移。

□目的□

學習使用觸棒迷宮的方法,檢驗一隻手的動作技能對另一隻手的動作技能所發生的遷移。

□程序□

1. 連結計數器和迷宮,接通電源。開啓計數器,歸零,接著按（+）鍵,再按（1）鍵。

2. 擬定指示語:「當你聽到『走』時,就立即用小棒沿著迷宮通道探索前進,

不得停頓，直至聽見『停』爲止。」

3. 受試者戴上眼罩、手持小棒，主試者把受試者拿著的小棒放在迷宮入口處。

4. 將受試者隨機分成人數相等的實驗組和控制組。實驗組先用左手練習走迷宮十次，記下每次所需時間及錯誤次數。然後用右手練習走迷宮十次，記下每次所需時間及錯誤次數。再用左手練習走迷宮十次，記下每次所需時間及錯誤次數。要求控制組受試者先用左手練習迷宮十次，記下每次所需時間及錯誤次數。然後要求受試者休息，左右手均不做任何動作。休息時間長短相當於實驗組用右手練習走迷宮二十次長的時間，再要求用左手練習走迷宮十次，記下每次所需時間及錯誤次數。

5. 錯誤的次數是指進入死巷的次數，每次進入死巷時都會發生響聲。

6. 每做完一次後，在第二次開始以前先把受試者拿著的小棒放在迷宮起點處，整個實驗過程不得讓受試者看見迷宮的路線。

□結果□

1. 整理每次練習結果，按時間和錯誤次數兩個指標畫出練習曲線。

2. 計算實驗組遷移效果 $=\dfrac{（左手前測－左手後測）}{左手前測}\times 100\%$

3. 計算控制組遷移效果 $=\dfrac{（左手前測－左手後測）}{左手前測}\times 100\%$

設實驗組用左手先練習時的第十次練習所需時間或錯誤次數爲前測，用左手後練習的第十次所需時間或錯誤次數爲後測。

4. 進行差異顯著性檢驗。

□討論□

1. 根據實驗結果分析動作技能雙向遷移的程度受哪些因素影響。

2. 根據實驗所得練習曲線，分析動作技能在練習後所發生的變化。

3. 根據實驗結果分析受試者間是否存在個別差異。

應用實驗示例

動作技能形成的進程和趨勢。

□目的□

學習使用觸棒迷宮，了解動作技能形成的進程和趨勢，學會繪製練習曲線。

□程序□

1. 事先不讓受試者看見觸棒迷宮的路線。受試者戴上眼罩，手持小棒，主試者引領小棒，使它放在迷宮的入口處。

2. 告訴受試者，聽見「開始」口令時，立即用小棒沿著迷宮通道探索前進，直到聽見「到了」為止。

3. 主試者發布口令「開始」，受試者聽見後立刻在迷宮中快速移動小棒，當受試者的小棒到達出口處時，主試者即說「到了」，受試者即停止動作，這算一遍。主試者再引領小棒到入口處，做好下一次練習的準備，練習直到受試者沒有錯誤地連續完成兩遍為止。

4. 記錄每遍練習所需時間及所犯的錯誤次數。

□結果□

1. 列表整理每遍的練習結果。

2. 根據結果，用坐標紙畫出兩條練習曲線：錯誤曲線及時間曲線。

□討論□

1. 本實驗所得練習曲線屬於哪種形式？

2. 根據本實驗的練習曲線，分析在排除視覺的條件下，動作技能形成的進程及趨勢。

3. 讓受試者口頭報告，他是依什麼線索（語言的、表象的、動覺的等）完成練習的。

4. 動作技能練習過程中心理因素的影響。

三十二、學習遷移記憶廣度儀

本儀器是為測定數字的記憶廣度和進行學習遷移實驗設計的，儀器由記憶廣度測試儀、學習遷移測試儀和計時器三部分組成，其使用方法敘述如下：接通電源，連接好操作琴鍵盒。

㈠測定數字記憶廣度的方法

測定數字記憶廣度時，將主試者面板上的開關推向「廣度」處。啟動琴鍵盒上的回車鍵，儀器自動提取三位數的一個數組，每一數字逐一呈現，呈現時間為 0.7 秒。當受試者面板上的缺位燈和回答燈變亮後，機器允許回答，受試者根據記憶的數字按琴鍵盒上相應的數字鍵。如受試者回答正確，儀器自動記

分，缺位燈自動熄滅，表示對某位數一個數組回答完畢。受試者再啓動回車鍵，提取下一個數組，按上述同樣方法操作。當三位數的四個數組提取和回答完畢，缺位燈又變亮，再按啓動鍵就可以提取四位數的組按上述程序繼續做，直到十六位數的數組提取和回答完畢爲止。如受試者回答錯誤，則受試者面板上的答錯燈亮，再啓動回車鍵提取下一個數組。如回答連續錯八次，則儀器自動停機，並出現蜂鳴，測試記憶廣度的操作即結束。主試者將 K5 扳上，即顯示出受試者數字記憶廣度分數和實驗中發生錯誤的次數。

㈡**遷移實驗時**

　　將主試者面板上的開關推向「遷移」處。有三組受試者學習碼Ⅲ供實驗選擇，選好學習碼後，啓動回車鍵，受試者面板上顯示出一組圖形（五個）或一組字母（五個），同時缺位燈回答燈亮，機器允許回答。受試者參照編碼牌對圖形或字母作出反應（按相應的數字鍵）。如果受試者對一組五個圖形或字母反應都正確，儀器自動記 1 分；再啓動回車鍵繼續做；如果受試者反應有錯，答錯燈亮，記錯誤一次，不予計分，並將以前所記的分數清除。受試者對三種碼學會的標準都是：連續得十分（即十組五十次反應正確），這時儀器出現蜂鳴聲。按下時間開關，顯示受試者學會一種編碼所用的時間（秒）。否則顯示學習中發生錯誤的次數和計分。

應用實驗示例

　　學習遷移的測試。

□目的□

　　學習類似材料時先學習的材料對後學習的材料的遷移效果。

□程序□

1. 準備工作：

　1.1 選取四名受試者：視力正常、手臂靈活、年齡、文化水平相當，性別一致。

　1.2 把受試者分成實驗組和控制組，各二人。

　1.3 讓受試者熟悉實驗操作和實驗目的，實驗前不得看實驗材料。

　1.4 擬好學習測試順序：

學習順序	先學	後學
實驗組	編碼 I	編碼 II
控制組	編碼 III	編碼 II

1.正式實驗：

1.1 接好電源，置好測試廣度的各檔。

1.2 按擬好的學習測試順序對受試者進行測試，受試者按前述操作反應。

1.3 受試者連續得十分時，機器出現蜂鳴，主試者記下所用時間或錯誤次數。

1.4 更換受試者，重複進行實驗。

□結果□

1. 計算遷移效果＝

$$\left[\left(\frac{\text{實驗後}-\text{實驗先}}{\text{實驗先}}\right)-\left(\frac{(\text{控制後}-\text{控制先})}{\text{控制先}}\right)\right]\times100\%$$

□討論□

1. 根據本實驗結果，分析說明學習類似材料時所產生的遷移作用。

2. 在學習類似材料時，如何克服彼此的干擾作用？怎樣設計檢驗它？

三十三、時間知覺測量儀

時間知覺測量儀用於時間知覺實驗，它可用來檢查各種因素對時間知覺的影響，檢查刺激不同方式對估計時間的影響，檢查自我估計在估計時間中的作用，研究成人和兒童利用時間標尺進行時間知覺的有關問題。還可測定不同年齡階段兒童的時間知覺，來研究兒童的心理發展成熟程度，因為時間知覺是人心理發展程度的重要指標。本儀器還可以代替定時裝置。有些特殊的職業，對時間知覺的準確性要求較高，因此，這方面的選拔和培訓就顯得重要。

時間知覺測量儀的操作

把電動秒表和時間知覺控制器分別接通電源，預熱十分鐘，然後把反應鍵、時間知覺控制器、計時器接通線路，主試者坐在實驗桌前，面對著儀器的面板，

而受試者則應坐在主試者對面的實驗桌後，用優勢手拿著反應鍵，並注視時間知覺控制器的後板。

應用實驗示例

不同條件下時間知覺的準確性。

□目的□

學習測定時間知覺的方法，檢查各種因素對時間知覺的影響。

□程序□

1. 準備工作：

　1.1 擬好指導語：若聽到主試者的「預備口令」，就要注意看或聽時間知覺控制器後板上的閃光燈的閃光或喇叭的鳴叫，如果有光或聲音出現，就要根據閃光燈閃光的時間或喇叭鳴叫的時間長短，按下反應開關的複製鍵對刺激所呈現的時間進行再現（複製），直到你主觀上覺得再現的時間與刺激呈現的時間相等時，即可放鬆複製鍵，停止再現。

　1.2 選定呈現方式：時間間隔呈現方式有兩種：一種是呈現一段空的時間間隔，如光閃一下，隔一短時間後再閃一下，把兩次閃光之間的時間間隔作為標準刺激，另一種是刺激延續一段時間，以刺激延續時間的久暫作為標準刺激。要求受試者再現所呈現的刺激間的時間間隔或刺激的連續時間作為匹配（比較）刺激。

　1.3 擬好實驗順序，實驗要按 ABBA 法安排的順序進行。

　1.4 受試者要做五～十次操作練習，熟悉操作。

2. 正式實驗：

　2.1 估計快閃光和慢閃光呈現時間的準確性。開啟時間知覺控制器，按下「光」信號按鈕，再分別選定 5Hz 與 1.2Hz 二個閃光頻率，呈現時間取 8～16 秒之間，儀器板面不要讓受試者看見。受試者再現時按複製鍵。主試者的操作和秒表表面不要讓受試者看見。在受試者每次再現完畢，控制器與計時器要歸零。主試者發出預備口令，受試者注視光信號。當一種閃光呈現後即要求受試者再現此光信號，受試者按複製鍵，當他感到光亮的時間和第一次相同時，就鬆開按複製鍵的手。這

時，主試者要記下電秒表讀數，每種刺激做二十次，前後各半，共做四十次。每二十次後休息二分鐘。

2.2 檢查不同呈現方式對時間估計的影響。一種呈現方式為給出持續的光，另一種呈現方式為給出空時距（第一次光滅到第二次光亮之間的時間），其方法是主試者呈現光刺激一秒鐘，經過一定時間後再呈現同樣的光，要求受試者再現出二光間隔時間。主試者在 5～10 秒之間選定一個時距（不要讓受試者知道），實驗次數四十次，按 ABBA 的順序排列。

2.3 檢查自我估計在估計時間中的作用。選定刺激時間為二秒左右，而且不要讓受試者知道。然後，連接好用聲音刺激的電路。在這系列實驗中將受試者分為甲、乙兩組。甲組受試者要在主試者呈現約二秒左右長的聲音刺激後，再現這一連續的時間。再現後，主試者立即把結果告訴受試者。此系列實驗共做二十次。乙組受試者要在主試者同樣呈現二秒左右長的聲音刺激後，再現這一連續的時間，然後再讓受試者自己先根據體驗，猜測結果，口頭報告「長了」、「短了」、「正好」。最後，主試者再告知結果。此系列也要做二十次實驗。

□結果□

1. 算出對閃光快慢作出時間估計的正確率與正和負的常誤（短的時間被高估稱為正的常誤，長的時間被低估稱為負的常誤），並用關係表和圖表示。

2. 算出對不同方式呈現的刺激作出時間估計的正確率與正和負的常誤，並用關係表和圖表示。

3. 算出自我估計法在訓練時間估計後的正確率與正和負的常誤，並用關係表和圖表示。

□討論□

1. 實驗中有無低估、高估時間的現象發生？其規律如何？

2. 實驗中的無差別點（正確估計時）的範圍如何？有何個別差異？

3. 哪些因素影響時間估計的正確性？

4. 受試者用哪些內在的時間標尺來提高時間估計的正確性？

5. 上述的時間知覺的規律性現象有何實踐意義？

永然法律事務所聲明啟事

　　本法律事務所受心理出版社之委任為常年法律顧問，就其所出版之系列著作物，代表聲明均係受合法權益之保障，他人若未經該出版社之同意，逕以不法行為侵害著作權者，本所當依法追究，俾維護其權益，特此聲明。

永然法律事務所 

李永然律師

心理學 16

心理實驗學

作　　者：孟慶茂、常建華
執行編輯：鄭裴雯
執行主編：張毓如
總　編　輯：吳道愉
發　行　人：邱維城
出　版　者：心理出版社股份有限公司
社　　址：台北市和平東路二段 163 號 4 樓
總　　機：(02) 27069505
傳　　真：(02) 23254014
郵　　撥：19293172
　E-mail：psychoco@ms15.hinet.net
駐美代表：Lisa Wu
　　　　Tel：973 546-5845　　Fax：973 546-7651
法律顧問：李永然
登　記　證：局版北市業字第 1372 號
印　刷　者：玖進印刷有限公司
初版一刷：2000 年 3 月

ISBN 957-702-367-3

國家圖書館出版品預行編目資料

心理實驗學 / 孟慶茂、常建華著. ― 初版. ――
臺北市：心理, 2000（民 89）
面；　　公分. ―（心理學；16）

ISBN 957-702-367-3（平裝）

1.實驗心理學

171   89002852

讀者意見回函卡

No. _____   填寫日期： 年 月 日

感謝您購買本公司出版品。為提升我們的服務品質，請惠填以下資料寄回本社【或傳真(02)2325-4014】提供我們出書、修訂及辦活動之參考。您將不定期收到本公司最新出版及活動訊息。謝謝您！

姓名：_____   性別：1□男 2□女

職業：1□教師 2□學生 3□上班族 4□家庭主婦 5□自由業 6□其他_____

學歷：1□博士 2□碩士 3□大學 4□專科 5□高中 6□國中 7□國中以下

服務單位：_____ 部門：_____ 職稱：_____

服務地址：_____ 電話：_____ 傳真：_____

住家地址：_____ 電話：_____ 傳真：_____

電子郵件地址：_____ _____

書名：_____

一、您認為本書的優點：（可複選）

　　❶□內容 ❷□文筆 ❸□校對 ❹□編排 ❺□封面 ❻□其他_____

二、您認為本書需再加強的地方：（可複選）

　　❶□內容 ❷□文筆 ❸□校對 ❹□編排 ❺□封面 ❻□其他_____

三、您購買本書的消息來源：（請單選）

　　❶□本公司 ❷□逛書局⇨_____書局 ❸□老師或親友介紹

　　❹□書展⇨____書展 ❺□心理心雜誌 ❻□書評 ❼□其他_____

四、您希望我們舉辦何種活動：（可複選）

　　❶□作者演講 ❷□研習會 ❸□研討會 ❹□書展 ❺□其他_____

五、您購買本書的原因：（可複選）

　　❶□對主題感興趣 ❷□上課教材⇨課程名稱_____

　　❸□舉辦活動 ❹□其他_____   （請翻頁繼續）

心理出版社 股份有限公司

台北市 106 和平東路二段 163 號 4 樓

TEL:(02)2706-9505
FAX:(02)2325-4014
EMAIL:psychoco@ms15.hinet.net

沿線對折訂好後寄回

六、您希望我們多出版何種類型的書籍
　　❶□心理❷□輔導❸□教育❹□社工❺□測驗❻□其他

七、如果您是老師，是否有撰寫教科書的計劃：□有□無
　　書名/課程：＿＿＿＿＿＿＿＿＿＿＿＿＿＿＿＿＿＿＿

八、您教授/修習的課程：

上學期：＿＿＿＿＿＿＿＿＿＿＿＿＿＿＿＿＿＿＿

下學期：＿＿＿＿＿＿＿＿＿＿＿＿＿＿＿＿＿＿＿

進修班：＿＿＿＿＿＿＿＿＿＿＿＿＿＿＿＿＿＿＿

暑　假：＿＿＿＿＿＿＿＿＿＿＿＿＿＿＿＿＿＿＿

寒　假：＿＿＿＿＿＿＿＿＿＿＿＿＿＿＿＿＿＿＿

學分班：＿＿＿＿＿＿＿＿＿＿＿＿＿＿＿＿＿＿＿

九、您的其他意見

謝謝您的指教！　　　　　　　　　　　　　　11016